国家级一流本科课程"篮球"配套教材
首届辽宁省优秀教材

实用篮球运动教程

（第2版）

《实用篮球运动教程》编写组　编

人民体育出版社

图书在版编目（CIP）数据

实用篮球运动教程 /《实用篮球运动教程》编写组编 . -- 2 版 . -- 北京：人民体育出版社，2024

ISBN 978-7-5009-6405-6

Ⅰ.①实… Ⅱ.①实… Ⅲ.①篮球运动—高等学校—教材 Ⅳ.① G841

中国国家版本馆 CIP 数据核字 (2023) 第 243916 号

*

人 民 体 育 出 版 社 出 版 发 行
天津中印联印务有限公司印刷
新 华 书 店 经 销

*

787×1092　16 开本　18.5 印张　459 千字
2013 年 12 月第 1 版　2024 年 7 月第 2 版
2024 年 7 月第 2 版第 1 次印刷（总第 7 次印刷）

*

ISBN 978-7-5009-6405-6
定价：66.00 元

社址：北京市东城区体育馆路 8 号（天坛公园东门）
电话：67151482（发行部）　　邮编：100061
传真：67151483　　　　　　　邮购：67118491
网址：www.psphpress.com

（购买本社图书，如遇有缺损页可与邮购部联系）

本书编写人员
(以姓氏笔画为序)

甘荔桔　由世梁　任纪飞　刘　宁　刘　排
刘光宇　李成梁　李杰凯　杨尚千　佟　瑞
辛艮伟　张云鹏　林子健　荣　霁　秦　聪
袁　野　徐立武　崔鲁祥　魏晓磊

FOREWORD 前 言

  篮球运动历经130多年的发展,现已成为全世界广受人们喜爱的运动项目之一。人们在欣赏篮球比赛的同时,有越来越多的爱好者参与其中,体验篮球运动的无穷乐趣。篮球运动是体育专业院校的必修课程,为适应新时代青少年多元化的篮球需求,篮球课程一直以"教球育人"的理念改革创新,以"讲好篮球故事、回归游戏本质、享受篮球乐趣、引领篮球教育"为宗旨,通过传播篮球知识,提高篮球技能,塑造学生品格,培养爱篮球、懂球道、会打球、能教球、能裁球、守规则、知合作和坦然面对挫折的中小学篮球教师和教练员。

  《实用篮球运动教程》自2013年出版以来,一直是体育教育专业和运动训练专业篮球必修课程的使用教材,于2020年获批首届辽宁省优秀教材。同年,沈阳体育学院篮球课程获批国家级线下一流本科课程,并建成在线开放课程。为使教材更加适应社会转型和数字时代发展需求,打造与在线篮球课程相融合的立体化精品教材,新版教材对原有内容和展现形式进行了升级改造。

  新版教材打破传统篮球教程编写思路,通过导读明确提出预期达成的课程目标,以课程目标为引领,开篇按照篮球发展演变要素的理念引领学生学习简易篮球,随后学习篮球规则和裁判法,提高学生欣赏篮球比赛水平,然后从学习打篮球比赛的视角总体介绍篮球比赛基本策略,继而根据比赛策略要求引入篮球技术和战术学习,再基于职业能力培养思路撰写篮球教学、训练、竞赛管理和科研等模块内容,每部分内容都根据课程目标和篮球运动价值凝练思政元素,挖掘篮球课程和教学方式中蕴含的思政资源,并通过创新教球手段达成育人目标。

  新版教材内容丰富、翔实、前沿,语言通俗易懂,插图直观形象,注重理论与实战有机结合,在练习方法选择上,突出趣味性、对抗性和思政性,努力使教材内容贴近中小学和社会俱乐部篮球教学训练的实际。教材按照数字化建设要求,以二维码形式分别展现了在线篮球课程、篮球技战术动作和练习方法视频,便于读者自学和实践。

  新版教材由《实用篮球运动教程》编写组全体成员结合多年实践经验,在学习、总结国内外不同时期各类篮球教材内容的基础上,集思广益、群策群力、分工合作并最终完成。教材的技术示范者为沈阳体育学院的祝小周和王玺琦同学,图片由张琳琳老师处理。在此,谨向多年来对本书出版给予大力支持的单位和个人表示真诚谢意和美好祝福。同时，也希望得到同仁的批评、检验，期待有同路人并肩前行，更期冀能为中国青少年篮球教学训练提供有价值的实例借鉴或理论参考。

尽管执着努力，但水平有限，文笔拙劣，错误难免，望尊敬的读者海涵作者的不足，斧正本书的观点，赐教宝贵的意见！

《实用篮球运动教程》编写组

2024 年 4 月 13 日

图 例

④　　　　4号进攻队员

④·　　　4号进攻队员持球

④　　　　4号防守队员

⊗　　　　教练员

▲　　　　标杆

╌╌▶　　　传球

∽∽▶　　　运球

——▶　　　投篮

——▶　　　队员移动

———(　　掩护

—()—　　　夹击

CONTENTS 目 录

第一章	篮球运动发展概述	001
第一节	世界篮球运动发展简史	001
第二节	中国篮球运动发展简史	011
第二章	篮球竞赛规则和裁判方法	018
第一节	篮球竞赛规则	018
第二节	三人制裁判法	035
第三节	记录台工作人员的职责和权利	042
第三章	篮球比赛基本策略	051
第一节	篮球场上位置说明及战术图例	051
第二节	篮球比赛进攻策略	053
第三节	篮球比赛防守策略	058
第四节	篮球比赛攻守转换策略	060
第四章	篮球技术	064
第一节	篮球技术基础动作（基本功）	064
第二节	投篮技术	076
第三节	拼抢球技术	085
第四节	支配球技术	093
第五节	一对一攻防技术	101
第五章	篮球战术	116
第一节	篮球战术概述	116

第二节　篮球战术基础配合 …… 118
第三节　快攻与防守快攻 …… 138
第四节　半场人盯人防守与进攻半场人盯人防守 …… 145
第五节　区域联防与进攻区域联防 …… 150

第六章　篮球教学设计与实施 …… 156
第一节　篮球教学概述 …… 156
第二节　篮球教学设计 …… 157
第三节　篮球教学实施 …… 176

第七章　篮球训练设计与实施 …… 183
第一节　篮球训练概述 …… 183
第二节　篮球队伍训练计划设计 …… 185
第三节　篮球训练实施 …… 193

第八章　篮球竞赛组织与管理 …… 205
第一节　篮球竞赛的意义和种类 …… 205
第二节　篮球竞赛的组织管理 …… 207
第三节　篮球竞赛的方式和方法 …… 213

第九章　篮球游戏创编与实施 …… 222
第一节　篮球游戏概述 …… 222
第二节　常见篮球游戏示例 …… 226

第十章　篮球体能训练设计 …… 236
第一节　现代篮球体能训练概论 …… 236
第二节　篮球运动员体能测试与评价 …… 237
第三节　篮球体能训练计划制订 …… 239

第十一章　篮球运动科学研究 …… 250
第一节　篮球科学研究的基本程序 …… 250
第二节　篮球科学研究方法 …… 254
第三节　篮球科学研究成果的评价 …… 256

第十二章　三人篮球和小篮球运动 ·· 259

第一节　三人篮球运动发展简介 ·· 259
第二节　三人篮球比赛规则 ·· 260
第三节　三人篮球比赛裁判方法 ·· 266
第四节　小篮球比赛方法 ·· 269
第五节　小篮球教学 ·· 277

参考文献 ·· 282

第一章 篮球运动发展概述

CHAPTER 01

【导读】

篮球自1891年发明以来，不再只是一项简单的球类游戏，已发展为深受人们喜爱的竞技运动。通过本章学习，期待读者能够从篮球场地、器材、规则和技战术的演变历程中获得启示，创新青少年篮球教学，辩证分析世界篮球和中国篮球发展历史，客观评价历代篮球人为中国男女篮取得辉煌成绩的付出和贡献，讲好中国篮球故事，传播好中国篮球声音。

目前，世界上有200多个国家和地区数以亿计的爱好者参与篮球运动，其已成为现代社会的一种文化现象。通过参加篮球运动，人们可以健身益智，提高竞争力、创造力，增强团体意识，提升互助精神，培养良好的品质和高尚的道德情操，塑造完美的人格。

第一节 世界篮球运动发展简史

一、世界篮球运动的起源与演进

（一）世界篮球运动的起源

19世纪中叶以后，随着欧洲工业革命的发展，生产劳动技术不断创新，生产力水平不断提高，人们的社会思想观念也逐步转变。此时，希望通过坚定信仰和推动社会服务活动来改善青年人精神生活和社会文化环境的基督教青年会创立，并逐渐发展成以"德育、体育、智育、群育"四育为宗旨的社会活动机构。它不但注重个人的品德，而且看重体、智、群三方面的养成。因此，许多属于现代体育活动范畴的各种活动性游戏应运而生，并流行于世界各国，成为社会文化形态的活动形式。其中，有些活动性游戏经过实践，从理论到具体活动方式方法不断创新、完善和发展，形成了现代竞技体育运动项目。篮球运动便是在这种社会发展进步的大环境下，在人类追求文明、进步、健康和富裕的背景下产生并逐步完善起来的。与此同时，更多球类运动相继产生，与篮球运动一起形成了交织影响和共同发展的时代（表1-1-1）。

表 1-1-1　世界主要竞技球类运动的起源

运动项目	项目起源国	起源时间	运动项目	项目起源国	起源时间
篮球	美国	1891 年	羽毛球	英国	1873 年
棒球	美国	1839 年	垒球	美国	1887 年
冰球	加拿大	1855 年	乒乓球	英国	1890 年
曲棍球	英国	1861 年	排球	美国	1895 年
足球	英国	1863 年	手球	丹麦	1898 年
水球	英国	1869 年	橄榄球	英国	1823 年
网球	英国	1873 年	高尔夫球	苏格兰	15 世纪

美国是现代篮球运动的发源地。为了培养大批信奉教义和精通专业的体育教师，1885 年，马萨诸塞州春田竞技场的大卫·亚伦·李德（David Allen Leed）创建了一所基督教传教士学校，最初命名为"青年会干事学校"。该学校 1886 年增设了体育部，培训受过专业训练的师资和教练员，1890 年更名为"基督教青年会培训学校"，1891 年更名为"国际基督教青年会干部训练学校"，1954 年更名为"春田学院"。1887 年担任该学校体育部主任的卢瑟·哈尔西·古利克（Luther Halsey Gulick）为了解决美国东部冬天天气寒冷，参加青年会活动的人明显减少的问题，组织教师研讨，希望能设计一项室内体育项目，以吸引更多的青年人参加教会活动。最终他将该任务委托给詹姆斯·奈史密斯（James Naismith）。奈史密斯借鉴当时已有的足球、长柄曲棍球、古代玛雅人的场地球以及儿时玩过的"打小鸭"等游戏，于 1891 年发明了适宜冬季在室内进行的篮球游戏。

（二）世界篮球运动的演进

1. 篮球场地的演进

在篮球游戏发明的最初两年，比赛场地只有假想的界线，只要在体育馆两侧栏杆上挂一个桃筐就可以进行比赛。由于体育馆场地大小不一，就造成了篮球游戏场地大小不等。从 1893 年开始，出现了两种形式的篮球场地：一种是三区 9 人制篮球比赛场地，每区 3 人，不得越区攻防，直到 1938 年被改成两区；另一种是两区 5 人制篮球比赛场地，1893 年设立罚球线距离端线 20 英尺（1 英尺 = 0.3048 米），1895 年缩减到 15 英尺，并规定场地必须有界线限制，离墙至少 3 英尺。1897 年增加了罚球区，将场地面积统一规定为 100 英尺×50 英尺、90 英尺×45 英尺和 70 英尺×35 英尺三种。

1910 年，为改变篮下激烈混战状况，增加了 5.8 米×1.8 米电灯泡式罚球区（进攻限制区）。1932 年，国际业余篮球联合会成立，篮球场地面积确定为 26 米×14 米，并增加了 3 秒钟规则。20 世纪 40 年代末 50 年代初，随着乔治·麦肯（George Mikan）等高大运动员的出现，篮球场上的进攻限制区被扩大至 5.8 米×3.6 米。1956 年后，因威尔特·张伯伦（Wilt Chamberlain）等身材高大巨星的出现，进攻限制区被进一步扩大为 5.8 米×6 米的梯形。此外，取消了中场在边线中点处画的 10 厘米的短线，将小圆圈改为跳球圈。

为了鼓励外线队员增加投篮，防止比赛都密集在篮下致使比赛失去活力，1984 年增加了 3 分投篮区，球场面积被扩大为 28 米×15 米，球场上空高度被增加至 7.5 米（图 1-1-1）。2010 年 3 分投篮区域被进一步扩大，半径由原来的 6.25 米扩大至 6.75 米；进攻限制区被扩大至 5.8 米×4.9 米，并在限制区内设立无撞人半圆区域（图 1-1-2）。

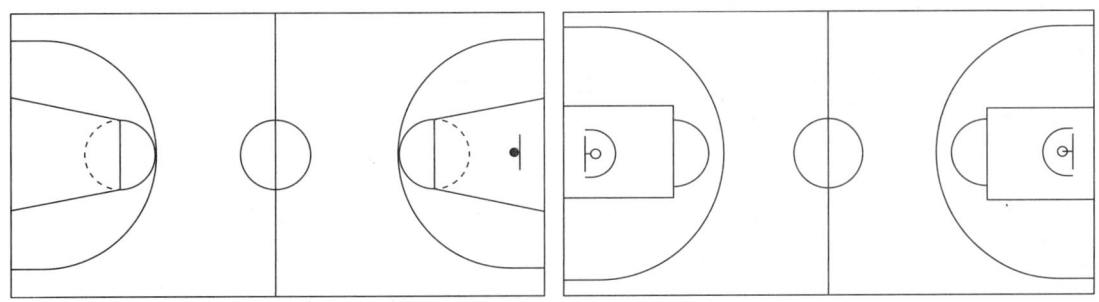

图 1-1-1　1984 年篮球场地示意图　　　　图 1-1-2　2010 年篮球场地示意图

2. 球篮的演进

最初用的球篮是装桃子的篮子，直径 15 英寸（1 英寸 = 0.0254 米），将其钉在高 10 英尺的墙上，篮子有底。每次投中，都要有人搬梯子爬上去把球拿出来，才能重新进行比赛。从 1893 年开始设计了圆形的桶，桶底为铁丝网，以方便把球捅出。1897 年，出现铁制篮圈，装有拉绳的有底线网，拉动绳子便可使球滚出来。直到 1906 年才将网底切开，使球能通过篮圈从篮网直接落下。

3. 篮板的演进

奈史密斯创造篮球运动时，篮筐后面是没有篮板的。后来因为投不进去的球常常飞落到观众席，影响比赛的正常进行，于是就用铁丝网遮在篮筐后面，这是最早出现的篮球"遮网"。

1894 年，开始出现形状各异的木制遮板，没有统一规格；1896 年，统一采用 4 英尺×6 英尺的木制篮板。1909 年，美国大学生规则委员会开始批准使用玻璃篮板，为了防止队员借助球馆墙壁的反冲力占据一些不公正的优势，篮板于 1920 年被从墙壁向场内挪动了 2 英尺，并于 1939 年向端线内挪近 4 英尺，以便队员在篮下活动。1940 年，美国曾批准使用扇形篮板。1946 年，透明的篮板被引入比赛中。1954 年，国际业余篮球联合会统一规定篮板为厚 3 厘米、大小 1.20 米×1.80 米的长方形，篮圈内径为 45 厘米，篮板与篮圈内沿的最近点为 15 厘米，篮圈与地面距离为 10 英尺。1990 年，为了保护运动员和规范篮板，规则将篮板下沿提高至距离地面 2.9 米，将篮板大小改为 1.05 米×1.80 米，这些规定直到今天都没有再变动。

4. 篮球的演进

篮球运动初创时期，以当时流行的足球为统一比赛用球。1894 年，使用的是用皮革缝制的一种比英式足球稍大的篮球，俗称"开口篮球"，此种篮球一直被使用了半个世纪。1937 年，皮制全封闭篮球问世，1940 年国际业余篮球联合会批准用这种球比赛。20 世纪 40 年代末 50 年代初，出现了模压橡皮篮球。现代篮球比赛用球由皮、合成皮革、橡胶或合成物质制成，球是圆形的、单纯的橙色并带有 8 瓣黑色的接缝，球的接缝宽度不得超过 0.635 厘米，球的圆周不得小于 74.9 厘米、不得大于 78 厘米（7 号），重量不得少于 567 克、不得多于 650 克。

5. 篮球规则的演进

1892 年 1 月，奈史密斯制定了世界上第一套篮球规则，主要内容包括 5 项原则和 13 条规则。1893 年，篮球规则被增加到 21 条。

5 项原则：第一，采用不大的、轻的、可用手控制的球。第二，不准持球跑。第三，严格限制队员之间的身体接触。第四，球篮安装在高处，应该是水平面。第五，任何时候都不限制两队任何队员获得正处于比赛中的球。

13 条规则：第一，可用单、双手向任何方向扔球。第二，可用单、双手向任何方向拍球，但不准用拳击球。第三，不准带球跑、不能运球，接球队员可以在快速跑动中做急停接球，但必须在接球地点把球掷出。第四，必须用手持球，不准用胳膊或身体夹、停球。第五，不准用肩、手、脚等向对方队员做撞、推、拉、绊、打等动作。如违反此项规则，第一次是犯规，第二次再犯规就令其停止比赛，直到投中下一个球才允许其上场。如果是故意犯规伤害对方，则取消其参加整场比赛的资格。第六，用拳击球算犯规。第七，如果任何一方连续犯规 3 次，就算对方命中一球（连续是指在这期间内对方队员未犯规）。第八，如果防守者未接触到球或干扰球，球投入筐内就算命中，如球停留在篮筐边而对方队员移动了篮筐，也算得分。第九，当球出界，由对方一名队员掷入场内。若有争议，由裁判员在靠近出界的边线外将球掷入场内。掷界外球时，应在 5 秒内掷球入场；超过 5 秒，则判给对方发球；如故意拖延时间，则判犯规，连续 3 次违反规则取消比赛资格。第十，边线裁判是运动员的仲裁者，他要注意犯规情况，当某队已 3 次犯规时，他要报告主裁判，他有权根据规则第五条取消队员比赛资格。第十一，主裁判是球的仲裁者，他可以判定什么时候（球）处于比赛状态，球在界内属于哪一队和计时、记录得分，还有其他通常由主裁判执行的职责。第十二，比赛分两个 15 分钟进行，中间休息 5 分钟。第十三，比赛时间到，以中球多者为胜。如平局，经双方队长同意，比赛可延至谁先命中一球为止。

1893 年以前，规则对人数没有限制。1893—1897 年，规定人数有 5 人、9 人两种，由中圈跳球开始比赛，增加犯规罚球规定，进攻队员投中一球得 2 分，罚中一球得 1 分。1901 年，允许运动员拍球 1 次，并可以持球后继续拍球 1 次，其间曾规定拍球队员不能投篮。1909 年，连续运球和运球后投篮的规则被正式确立，二次运球被彻底禁止，该时期主要采用双手投篮。

1932 年，规定比赛共分两节，每节时间为 20 分钟，增加 3 秒、10 秒和球回后场的规则，增加后场持球队员被严密防守 5 秒判为争球的规定。1936 年，规则正式确定每队上场人数为 5 人，取消投中后在中圈跳球的规定，改由对方在端线外发球继续比赛，并规定队员累计犯规 4 次将被取消比赛资格。与此同时，20 世纪 30 年代就读于斯坦福大学的汉克·路易塞蒂（Hank Luisetti）因使用单手投篮而成为著名投手，单手投篮技术也开始被广泛使用。1956 年，增加了一次进攻时间限定为 30 秒和持球队员在前场被严密防守达 5 秒应判争球的规定。1972 年，增加球回后场和全队 10 次犯规的规则；增加控制球队的犯规，规定对投篮队员犯规时投中有效再追加 1 次罚球，如未投中则实行"3 代 2"罚球，并将"垂直原则"和"合法防守位置"等身体接触的原则正式列入规则。1980 年，将全队每半时犯规次数由 10 次改为 8 次。1984 年，将全队每半时犯规次数由 8 次改为 7 次，增加全队每半时 7 次犯规后执行 1+1 罚球的规则。1994 年，国际业余篮球联合会将全队每半时 7 次犯规后执行 1+1 罚球改为 2 次罚球。1998 年，为适应篮球运动技战术迅速发展，对抗强度加剧，以及商业化、职业化的需求，国际业余篮球联合会允许选择 4×10 分钟或 4×12 分钟的比赛时间，增加了违反体育道德犯规的规定。2000 年，将一次进攻时间修改为 24 秒，将后场推进到前场的时间由 10 秒改为 8 秒，规定每队每节犯规 4 次以后所有的犯规都要执行 2 次罚球（进攻犯规除外）。从 2000 年奥运会开始，将比赛时间一律改为 4 节制，每节 10 分钟，并采用三人制执裁。

  1905 年，停表概念被引入篮球规则。但在那时，只有裁判员可以决定何时停表，其他任何死球情况，包括出界和罚球都不停表。直到 1925 年，规定由裁判员判定的受伤、换人、罚球及暂停情况予以停表，其他情况不予停表，包括球出界。1947 年，规定比赛最后 3 分钟的所有死球情况都可以停表。到 1963 年，为了避免对比赛的不合理拖延，违例停表被引入规则。1993 年，新规则规定全场比赛及加时赛的最后 1 分钟内进球之后停表，此项规则一直被沿用至今。

  暂停和替换暂停在篮球规则的发展过程中从无到有，从最开始只有受伤情况的暂停到后来有了清晰的条款，规定只有队长可以请求暂停且每队每场有 3 次暂停机会。在 1999 年，20 秒短暂停被增加到 30 秒。篮球诞生之初，其换人规则沿用了足球规则，即替换下场的队员不能再次返回球场。到 1920 年，规定替换下场的队员可以重新返回球场一次。到 1933 年，该返回次数被增加到两次。从 1944 年开始，无限制换人规则开始执行。

  在最初的篮球规则中，每一次中篮得分之后都由双方在中场跳球恢复比赛。1905—1906 年，活球时请求的暂停都通过跳球来恢复比赛。从 1931 年开始，跳球开始成为争球之后恢复比赛的方式。到 1937 年，得分之后的中场跳球被取消。从 1981 年开始，跳球正式成为比赛开场及每个加时赛开始的方式，交替拥有箭头开始为争球情况指示球权方向。如今，国际篮球联合会组织的比赛只有开场一次跳球，其余都采用交替拥有原则。

二、世界篮球运动现状与发展趋势

  目前，国际篮球联合会会员已达到 200 多个，全球各类形式的篮球人口已超 25 亿，现代篮球运动已成为国际体育组织中单项运动人口最多的运动项目之一，也成了一种世界性文化。然而，篮球运动的普及和全球性整体水平的发展并不平衡，从世界性最高级别比赛优胜名次来看，冠军始终由欧洲、美洲国家占据。

（一）世界篮球运动现状

  从近年世界篮球大赛情况来看，美国队综合实力仍是当今世界最强，但是优势已经不显著，欧洲各队实力迅速提高，其中德国、塞尔维亚、法国、西班牙等国实力接近，均能与美洲区的加拿大、阿根廷展开前 4 名的争夺。亚洲区成绩最好的是澳大利亚（2017 年加入亚洲篮球联合会），实力可与欧美国家抗衡。亚、非区整体水平在第三层次，成绩在第 8~16 名徘徊。亚洲女队经过一个时期的特殊训练，中、澳、日等国能够进入世界前 4 名行列；男子则少有队伍能突破前 6 名。

从历届世界男子篮球锦标赛、世界杯前 3 名国家名次排列看（表 1-1-2），1950 年第 1 届开始到 2023 年第 19 届为止，共产生冠、亚、季军 57 块奖牌。除亚洲区菲律宾队在早期获 1 次季军外，其余奖牌均被欧美区国家包揽。美洲区的美国队获 5 次冠军、3 次亚军、4 次季军，巴西队获 2 次冠军、2 次亚军、2 次季军，阿根廷队获 1 次冠军、2 次亚军，智利队获 2 次季军，加拿大队获 1 次季军，美洲区获奖国 5 个，共获 24 块奖牌。欧洲区的俄罗斯（苏联）队获 3 次冠军、5 次亚军、2 次季军，南斯拉夫队获 5 次冠军、3 次亚军、2 次季军，西班牙队获 2 次冠军，德国队获 1 次冠军、1 次季军，塞尔维亚队获 2 次亚军，希腊队和土耳其队各获 1 次亚军，法国队获 2 次季军，克罗地亚队和立陶宛队各获 1 次季军，欧洲区获奖国 10 个，共获 32 块奖牌。

表 1-1-2　历届世界男子篮球锦标赛、世界杯前 3 名国家名次排列

时间	届次	地点	第 1 名	第 2 名	第 3 名	备注
1950 年	1	阿根廷	阿根廷	美国	智利	—
1954 年	2	巴西	美国	巴西	菲律宾	—
1959 年	3	智利	巴西	美国	智利	—
1963 年	4	巴西	巴西	南斯拉夫	苏联	—
1967 年	5	乌拉圭	苏联	南斯拉夫	巴西	—
1970 年	6	南斯拉夫	南斯拉夫	巴西	苏联	—
1974 年	7	波多黎各	苏联	南斯拉夫	美国	—
1978 年	8	菲律宾	南斯拉夫	苏联	巴西	中国第 11 名
1982 年	9	哥伦比亚	苏联	美国	南斯拉夫	中国第 12 名
1986 年	10	西班牙	美国	苏联	南斯拉夫	中国第 9 名
1990 年	11	阿根廷	南斯拉夫	苏联	美国	中国第 14 名
1994 年	12	加拿大	美国	俄罗斯	克罗地亚	中国第 8 名
1998 年	13	希腊	南斯拉夫	俄罗斯	美国	中国未入围
2002 年	14	美国	南斯拉夫	阿根廷	德国	中国第 12 名
2006 年	15	日本	西班牙	希腊	美国	—
2010 年	16	土耳其	美国	土耳其	立陶宛	—
2014 年	17	西班牙	美国	塞尔维亚	法国	—
2019 年	18	中国	西班牙	阿根廷	法国	中国第 24 名
2023 年	19	菲律宾	德国	塞尔维亚	加拿大	中国第 29 名

从历届世界女子篮球锦标赛、世界杯前 3 名国家名次排列看（表 1-1-3），自 1953 年第 1 届开始到 2022 年第 19 届为止，共产生冠、亚、季军 57 块奖牌。美洲区的美国队获 11 次冠军、1 次亚军、2 次季军，巴西队获 1 次冠军、1 次季军，智利队获 1 次亚军，加

拿大队获 2 次季军，古巴队获 1 次季军，美洲区获奖国 5 个，共获 20 块奖牌。欧洲区的俄罗斯（苏联）队获 6 次冠军、5 次亚军，捷克（捷克斯洛伐克）队获 3 次亚军、4 次季军，西班牙队获 1 次亚军、2 次季军，保加利亚队获 1 次亚军、1 次季军，南斯拉夫队获 1 次亚军，法国队获 1 次季军，欧洲区获奖国 6 个，共获 25 块奖牌。亚洲区的澳大利亚队获 1 次冠军、1 次亚军、4 次季军，中国队获 2 次亚军、1 次季军，韩国队获 2 次亚军，日本队获 1 次亚军，亚洲区获奖国 4 个，共获 12 块奖牌。可见，女子篮球运动的优势依然在欧美国家，但亚洲区的中国队和澳大利亚队具有冲击决赛的实力。

表 1-1-3　历届世界女子篮球锦标赛、世界杯前 3 名国家名次排列

时间	届次	地点	第 1 名	第 2 名	第 3 名	备注
1953 年	1	智利	美国	智利	法国	—
1957 年	2	巴西	美国	苏联	捷克斯洛伐克	—
1959 年	3	苏联	苏联	保加利亚	捷克斯洛伐克	朝鲜第 8 名
1964 年	4	秘鲁	苏联	捷克斯洛伐克	保加利亚	韩国第 8 名
1967 年	5	捷克斯洛伐克	苏联	韩国	捷克斯洛伐克	日本第 5 名
1971 年	6	巴西	苏联	捷克斯洛伐克	巴西	韩国第 4 名
1975 年	7	哥伦比亚	苏联	日本	捷克斯洛伐克	韩国第 5 名
1979 年	8	韩国	美国	韩国	加拿大	日本第 6 名
1983 年	9	巴西	苏联	美国	中国	韩国第 4 名
1986 年	10	苏联	美国	苏联	加拿大	中国第 5 名
1990 年	11	马来西亚	美国	南斯拉夫	古巴	中国第 9 名
1994 年	12	澳大利亚	巴西	中国	美国	韩国第 10 名
1998 年	13	德国	美国	俄罗斯	澳大利亚	中国第 12 名
2002 年	14	中国	美国	俄罗斯	澳大利亚	中国第 6 名
2006 年	15	巴西	澳大利亚	俄罗斯	美国	—
2010 年	16	捷克	美国	捷克	西班牙	—
2014 年	17	土耳其	美国	西班牙	澳大利亚	中国第 6 名
2018 年	18	西班牙	美国	澳大利亚	西班牙	中国第 6 名
2022 年	19	澳大利亚	美国	中国	澳大利亚	—

从历届奥运会男子篮球比赛前 3 名国家名次排列看（表 1-1-4），1936—2021 年男子篮球共进行 20 届奥运会篮球赛，产生冠、亚、季军 60 块奖牌。美洲区的美国队获 16 次冠军、1 次亚军、2 次季军，阿根廷队获 1 次冠军、1 次季军，加拿大队获 1 次亚军，巴西队获 3 次季军，乌拉圭队获 2 次季军，墨西哥队和古巴队各获 1 次季军，美洲区获奖国 7 个，共获 29 块奖牌。欧洲区的俄罗斯（苏联）队获 2 次冠军、4 次亚军、4 次季军，南斯拉夫队获 1 次冠军、4 次亚军、1 次季军，西班牙队获 3 次亚军、1 次季军，法国队获 3 次亚军，意大利队获 2 次亚军，克罗地亚队和塞尔维亚队各获 1 次亚军，立陶宛队

获 3 次季军，欧洲区获奖国 8 个，共获 30 块奖牌。亚洲区的澳大利亚队获 1 次季军。可见，奥运会男子篮球比赛前 3 名几乎被欧美区国家包揽，两区呈对抗态势。

表 1-1-4　历届奥运会男子篮球比赛前 3 名国家名次排列

时间	届次	地点	第 1 名	第 2 名	第 3 名	备注
1936 年	11	德国	美国	加拿大	墨西哥	—
1948 年	14	英国	美国	法国	巴西	—
1952 年	15	芬兰	美国	苏联	乌拉圭	—
1956 年	16	澳大利亚	美国	苏联	乌拉圭	菲律宾第 7 名
1960 年	17	意大利	美国	苏联	巴西	—
1964 年	18	日本	美国	苏联	巴西	—
1968 年	19	墨西哥	美国	南斯拉夫	苏联	—
1972 年	20	联邦德国	苏联	美国	古巴	—
1976 年	21	加拿大	美国	南斯拉夫	苏联	—
1980 年	22	苏联	南斯拉夫	意大利	苏联	—
1984 年	23	美国	美国	西班牙	南斯拉夫	—
1988 年	24	韩国	苏联	南斯拉夫	美国	澳大利亚第 4 名
1992 年	25	西班牙	美国	克罗地亚	立陶宛	—
1996 年	26	美国	美国	南斯拉夫	立陶宛	中国第 8 名
2000 年	27	澳大利亚	美国	法国	立陶宛	中国第 10 名
2004 年	28	希腊	阿根廷	意大利	美国	中国第 8 名
2008 年	29	中国	美国	西班牙	阿根廷	中国第 8 名
2012 年	30	英国	美国	西班牙	俄罗斯	—
2016 年	31	巴西	美国	塞尔维亚	西班牙	中国第 12 名
2021 年	32	日本	美国	法国	澳大利亚	—

从历届奥运会女子篮球比赛前 3 名国家名次排列看（表 1-1-5），女子篮球自 1976 年第 21 届奥运会被列为正式项目，到 2021 年第 32 届为止共进行了 12 届奥运会篮球赛，产生冠、亚、季军 36 块奖牌。美洲区的美国队获 9 次冠军、1 次亚军、1 次季军，巴西队获 1 次亚军、1 次季军，美洲区获奖国 2 个，共获 13 块奖牌。欧洲区的俄罗斯（苏联、独联体）队获 3 次冠军、3 次季军，保加利亚队获 1 次亚军、1 次季军，南斯拉夫队获 1 次亚军、1 次季军，法国队获 1 次亚军、1 次季军，西班牙队获 1 次亚军，塞尔维亚队获 1 次季军，欧洲区获奖国 6 个，共获 14 块奖牌。亚洲区的澳大利亚队获 3 次亚军、2 次季军，中国队获 1 次亚军、1 次季军，韩国队和日本队各获 1 次亚军，亚洲区获奖国 4 个，共获 9 块奖牌。

表 1-1-5　历届奥运会女子篮球比赛前 3 名国家名次排列

时间	届次	地点	第1名	第2名	第3名	备注
1976 年	21	加拿大	苏联	美国	保加利亚	日本第 5 名
1980 年	22	苏联	苏联	保加利亚	南斯拉夫	—
1984 年	23	美国	美国	韩国	中国	—
1988 年	24	韩国	美国	南斯拉夫	苏联	澳大利亚第 4 名
1992 年	25	西班牙	独联体	中国	美国	—
1996 年	26	美国	美国	巴西	澳大利亚	中国第 9 名
2000 年	27	澳大利亚	美国	澳大利亚	巴西	韩国第 4 名，中国未入围
2004 年	28	希腊	美国	澳大利亚	俄罗斯	中国第 9 名
2008 年	29	中国	美国	澳大利亚	俄罗斯	中国第 4 名
2012 年	30	英国	美国	法国	澳大利亚	中国第 6 名
2016 年	31	巴西	美国	西班牙	塞尔维亚	中国第 10 名
2021 年	32	日本	美国	日本	法国	中国第 5 名

另外，2020 东京奥运会（举办年为 2021 年，但仍称 2020 东京奥运会）首次将三对三男、女篮列为比赛项目。男子前 3 名分别是拉脱维亚队、俄罗斯奥委会队、塞尔维亚队；女子前 3 名分别是美国队、俄罗斯奥委会队、中国队。

综上可见，美国是当今世界篮球运动的第一强国。第二层次强国中欧洲区居多，中国男篮与世界顶级球队间仍有较大差距。另外，中国女篮近年来成绩有所提高，但仍需进一步稳定。

（二）世界篮球运动发展趋势

现代篮球运动发展趋势表现为：队伍大型化、队员技术全面、位置趋于模糊、进攻速度和攻守转换速度快、更加注重进攻节奏、防守凶狠、身体接触频繁、防守阵型变换多、中锋活动范围大、战术打法更加灵活。世界篮球运动职业化和产业化的发展方向使篮球运动员的技术、战术、体能、智能条件与要求逐步向篮球运动专项特征靠拢；篮球规则围绕"智、高、壮、快、准、悍、全、巧、变"不断地完善与补充，激励攻守技术、战术不断创新发展，推动攻守对抗的速度、力量、准确性、技巧性全面提高，拼争强度更加凶悍激烈，篮球运动更具魅力。

认识与把握篮球运动趋势与潮流的前提是对篮球运动本质特征、规律的深刻认识和理解。美国、西班牙、塞尔维亚等世界篮球强队能始终处于世界最高水平，根本原因之一就是其能深刻认识和把握篮球运动的专项特征及基本规律，认为篮球运动主要特征就是在特定时间限制条件下，在凶悍的拼抢对抗中将球准确地投进高空中的篮圈。因此，篮球训练必须抓住"高"字、突出"准"字、强调"悍"字、重视"对抗"二字，并围绕"高""准""悍""对抗"进行深入研究，明确训练指导思想，从而形成进攻要"快"、拼斗要"悍"、技术要"全"、战术要"精"、打法要"变"、队伍有"星"、身材要"高"、体能要"强"、球场上的一切行动要"准"的执教理念。

总之，篮球运动将继续沿着共同方向发展，即智博谋深、身高体壮、凶狠顽强、积极快速、机敏多变、全面准确，不同流派与风格的打法融合、创新发展，充分体现智勇、高壮、全面、快巧、精准、多变的发展趋势。高智慧、高身材、高体能、高速度、高强度、高技术、高比分将仍是21世纪高水平球队比赛的特点，呈现出智在充实、狠在凶悍、高在制空、快在敏捷、特在绝招、全在拓宽、巧在技艺、准在提高、精在扎实、变在机动的特色，它们的外延和内涵都将更加丰富，体现出新时代世界篮球运动发展的新趋势。

三、世界重大篮球赛事介绍

目前，世界重大篮球赛事主要有奥运会篮球比赛、篮球世界杯（世界篮球锦标赛）、各大洲篮球锦标赛和美国职业篮球联赛。

（一）奥运会篮球比赛

在柏林1936年奥运会上，男子篮球被列为奥运会比赛项目，截至2022年已举行了20届奥运会男篮比赛。在蒙特利尔1976年奥运会上，女子篮球被列为奥运会比赛项目，截至2022年已举行了12届奥运会女篮比赛。

（二）篮球世界杯（世界篮球锦标赛）

1950年首届世界男子篮球锦标赛在阿根廷举行，1953年首届世界女子篮球锦标赛在智利举行，截至2013年男女篮均已举行了16届篮球比赛。历届比赛某些情况下间隔时间不同，一般是4年一届。从1986年起，男子和女子的比赛都在同一年进行，时间间隔为4年一届。2012年1月28日，国际篮联宣布，每4年举行的世界篮球锦标赛将更名为篮球世界杯（Basketball World Cup），首届男篮世界杯于2014年在西班牙举行。2019年，第18届国际篮联篮球世界杯（世界男子篮球锦标赛更名为篮球世界杯后的第二届世界杯）于2019年8月31日至9月15日在我国的8座城市举行。

（三）欧洲篮球锦标赛

欧洲篮球锦标赛是由欧洲篮球协会主办的国家队之间每两年进行一次的锦标赛，为欧洲地区最高水平的篮球比赛。自1935年首次举办，在1946年第4届举办后，从1947年起改为逢奇数年举办，截至2022年已举行了41届。

（四）国际篮联亚洲杯（亚洲篮球锦标赛）

亚洲篮球锦标赛是由亚洲篮球联合会主办的国家队之间每两年进行一次的锦标赛，为亚洲地区最高水平的篮球比赛，也是奥运会和世锦赛亚洲区资格赛，锦标赛冠军获奥运会参赛资格，冠、亚、季军获世界男子篮球锦标赛参赛资格。该项赛事于1960年在菲律宾首次举办，每两年举办一届，共举办了28届。2015年，国际篮球联合会和亚洲篮球联合会召开新闻发布会，宣布自2017年起，亚洲篮球锦标赛更名为国际篮联亚洲杯，举办时间从两年一届改为四年一届，大洋洲的澳大利亚和新西兰两支球队加入。亚洲杯成绩与奥运会脱钩，改为世界杯上成绩最好的亚洲球队和大洋洲球队直通奥运会。

（五）美国职业篮球联赛

1946年6月6日，由美国波士顿花园老板沃尔特·阿布朗发起，11家冰球馆和体育馆的老板共同成立了"全美篮球协会"（BAA）。1949年，美国两大篮球组织BAA和"全国篮球联盟"（NBL）合并为"美国职业篮球联赛"（NBA）。1976年，NBA吞并了"美国篮球协会"（ABA），球队增加到22支。在此后的时间内，不断有新的球队加入，2004年，夏洛特山猫队（2014年更名为夏洛特黄蜂队）加入NBA，球队总数达到了30支。其比赛形式包括季前赛、常规赛、全明星赛、季后赛，2023—2024赛季又加入了季中锦标赛。

第二节 中国篮球运动发展简史

一、中国篮球运动的起源

现代篮球运动于1895年由来会理（David Willard Lyon）博士带入我国。来会理于1870年出生于中国浙江，少年时代随父去美国。1891年，他到芝加哥麦考密克神学院学习期间接触掌握了篮球运动。1895年9月回到中国后，他在天津创办了中华基督教青年会并担任总干事，开始推广篮球运动。天津青年会于1896年1月11日举行了我国第一次正式篮球比赛。随后，篮球运动又传入北京、上海的基督教青年会。1900年以后，全国一些大城市的教会学校逐渐把篮球运动作为课外体育活动的内容之一。1914年，中国现存的第一个室内篮球馆在天津基督教青年会东马路会所落成。

二、中国篮球运动的演进过程

篮球运动在我国的发展进程可以分为三个阶段：1949年以前我国篮球运动的发展；1949—1994年我国篮球运动的发展；1995年我国篮球职业化改革后的发展。

（一）1949年以前我国篮球运动的发展

篮球运动传入中国初期，主要在天津、上海及北京等城市基督教青年会组织和某些中等以上学校少数学生中开展。1901年后，国内几个大城市的教会学校将篮球作为课外活动的体育锻炼手段。1908年，上海青年会举办的体育训练班，正式将篮球编入教科书。男子篮球在1910年举行的第一届全国运动会（以下简称全运会）上被列为表演项目，在1914年被列为正式比赛项目；女子篮球在1930年举行的第四届全运会上被列为正式比赛项目。截至1948年，共举办了6届全运会篮球比赛，国际交流仅限于1913年以后的10次远东运动会篮球比赛和2次奥运会篮球比赛，我国男篮仅在1921年于上海举行的第五届远东运动会上获得了冠军。1936年中国加入国际业余篮球联合会，中国男篮参加了第11届奥运会，仅战胜法国；1948年中国男篮参加了第14届奥运会，先后取得5场比赛胜利，获得第18名。在国民党政府统治下的中国，广大人民群众生活贫苦，群众性篮球运动无法开展，所以发展非常缓慢。1949年中华人民共和国成立前的篮球运动员，缺乏全面和系统的训练，身体素质不强，技术动作缓慢，战术变化少。虽然也出现过基本技术较好的运动员，但中国篮球水平整体很低。在中国共产党领导下的革命根据地为活跃军民文化生活，经常组织篮球比赛。当时，贺龙同志领导的120师"战斗"篮球队和陕甘宁边区"东干"篮球队在革命根据地负有盛名，这对开展体育活动、增强军民体质、鼓舞抗日士气起着积极的作用。

（二）1949—1994年我国篮球运动的发展

1949年，中国大学生篮球队参加了在匈牙利布达佩斯举行的第10届世界大学生夏季运动会的篮球比赛，这是中华人民共和国成立后我国篮球队的首次国际交往。中华人民共和国成立初期，我国篮球运动处于低水平状态。1950年12月，中华人民共和国成立后第一支来访的外国强队——苏联国家男子篮球队，带来了新技术、新战术、新打法、新经验，对我国篮球运动水平的提高有较大的促进作用。为了迅速提高我国篮球运动水平，1951年全国篮球、排球比赛大会后，选拔成立了男、女篮球国家队。1952年全军运动会后，成立了"八一"男、女篮球队。随后几年，全国各省、自治区、直辖市和部分行业先后组建了篮球队，进行有计划的正规训练。

1954年，我国篮球界就篮球战术问题展开了讨论，认为快攻和紧逼盯人防守是提高我国篮球运动水平的有效途径，进一步明确了我国篮球运动的训练指导思想和发展方向。1955年，确定了我国篮球运动应坚持"积极、快速、灵活、准确"的训练方针。1956年，建立了全国联赛的竞赛制度，并开始试行运动员、教练员、裁判员等级制度。这些制度的实施，对我国篮球运动水平的提高具有深远意义。1959年，在北京举行的第一届全运会篮球比赛中，四川男队和北京女队分别获得男、女篮冠军。当时，我国篮球在技战术上逐步形成了以"快攻""跳投""紧逼防守"为制胜法宝的独特风格。1963年，我国男、女篮在新兴力量运动会上均获冠军。

至1966年，我国篮球运动已接近世界先进水平，战胜了不少欧洲强队，后因十年"文革"影响而处于停滞状态，从而拉大了与国际强队的距离。1972年，国家体委在北京召开了篮球训练工作会议，提出了"积极主动、勇敢顽强、快速灵活、全面准确"的技战术风格要求。1975年，中国篮球协会在亚洲业余篮球联合会取得了合法席位，中国男、女篮首次参加亚洲篮球锦标赛，双双获得冠军。1976年，国际业余篮球联合会通过决议，恢复中国篮球协会的合法席位。

1981年，国家体委、中国篮球协会在杭州召开全国篮球训练工作会议，提出了"冲出亚洲、走向世界、勇攀高峰、为国争光"的口号，确立了"以小打大""以快制高""以巧胜大"的指导思想，制定了"女篮先上，男篮跟着上"的战略方针。

我国女篮在1983年第9届世界女子篮球锦标赛上获得第3名，在1984年第23届奥运会篮球比赛上获得第3名，在1992年第25届奥运会和1994年第12届世界女子篮球锦标赛上均获亚军，也是至今中国篮球运动在世界大赛中的最佳名次，涌现了郑海霞、宋晓波等优秀女子篮球运动员。这一时期我国男篮在世界大赛上取得了历史性突破，在1986年第10届世界男子篮球锦标赛上获得第9名，在1994年第12届世界男子篮球锦标赛上获得第8名，涌现了巩晓彬、阿的江等优秀男子篮球运动员。中国男、女篮逐渐进入辉煌时期。

(三)1995年我国篮球职业化改革后的发展

1995年,我国男子篮球进行竞赛体制改革,全面推进职业化进程,中国男子篮球职业联赛逐步走向市场化,有力地推动了中国篮球运动与世界篮球运动的接轨。1996年,我国男篮在第26届奥运会篮球比赛中获得第8名,取得了奥运会参赛史上最好成绩。1997年,我国男篮在亚洲男子篮球锦标赛上失利,未能取得世界男子篮球锦标赛的入场券。1999年,我国女篮在亚洲女子篮球锦标赛上失利,获第4名,跌入50年最低谷,未能取得悉尼2000年奥运会篮球比赛的参赛资格;我国男篮在亚洲男子篮球锦标赛上获得冠军,取得悉尼2000年奥运会篮球比赛的入场券。2002年2—4月,首届中国女子篮球联赛(WCBA)举行,比赛中我国首次实行女篮联赛主客场制。我国女篮在2002年10月第14届亚运会女篮比赛中获得了近16年来的第一块亚运会女篮金牌,再次站上了亚洲篮球的最高领奖台。同时,我国男、女篮双双获得雅典2004年奥运会篮球比赛的入场券。

2004年,中国篮球协会对多年来的工作进行全面总结,认为中国男篮必须树立"向世界水平冲击"的勇气和信心,加强队伍的教育和管理,提高全队的凝聚力和战斗力,明确训练指导思想和技战术风格,学习和掌握世界最先进的篮球理念、训练方法和手段,加强与世界强队的交流,并借鉴其他运动项目的成功经验,才能尽快提高技战术水平和运动成绩,从而推动中国篮球运动整体水平的提高。2月20日,我国聘请了NBA达拉斯小牛队教练戴尔·哈里斯担任国家男篮主教练、原立陶宛国家队主教练尤纳斯担任助理教练,与阿的江、闵鹿蕾共同组成教练员队伍。在雅典奥运会篮球比赛上,年仅24岁的姚明大显身手,带领中国男篮第二次打入奥运会前八名,获得国际篮球历史总分最佳纪录;而中国女篮惨败于新西兰后无缘女子篮球奥运会八强。为了备战2008年奥运会,2004年中国篮球协会聘请了汤姆·马赫担任女篮国家队主教练,2005年聘请了尤纳斯担任男篮国家队主教练,在他们的带领下,中国女篮实现了"保八争四"的目标,获得第4名,中国男篮第三次冲进奥运会八强。北京奥运会后,中国男篮更换主教练为郭士强,但其在2009年亚洲男子篮球锦标赛上带队惨败于伊朗队后"下课"。2010年4月,美国人鲍勃·邓华德接任了中国男篮主教练一职,带领中国男篮在2011年武汉亚洲男子篮球锦标赛上夺取冠军,并带队参加伦敦2012年奥运会,但中国男篮由于身体对抗上的劣势,最终五战全败,未能小组出线。中国女篮在主教练孙凤武的带领下,最终取得伦敦奥运会第6名的成绩。2013年希腊著名教练员扬纳基斯被聘任为中国男篮主教练,其带领球队参加了在菲律宾举办的第27届亚洲男子篮球锦标赛,最终取得第5名的成绩,创造了男篮一队自1975年以来的最差战绩。里约2016年奥运会上中国男篮主教练为宫鲁鸣,其带队最终取得了第12名的成绩。2017年3月,许利民担任中国女篮主教练;2021年,许利民率领中国女篮获得东京奥运会女篮第5名、女篮亚洲杯亚军的成绩。2022年郑薇率领中国女篮时隔28年再次获得悉尼女篮世界杯亚军。2017年,中国篮球史上首次成立双国家队,中国篮球协会宣布李楠和杜锋分别担任两支男篮国家队主教练,共同备战2019年世界杯及2020年奥运会,但是很遗憾,中国男篮未获得直通东京奥运会的资格,最终37年来首次无缘参加奥运会篮球比赛。在2023年世界杯上,中国男篮聘请塞尔维亚的乔尔杰维奇担任主教练,最终取得1胜4负的战绩,再次无缘参加巴黎奥运会。

三、国内重大赛事介绍

（一）中国男子篮球职业联赛

中国男子篮球职业联赛（CBA）是由中国篮球协会主办的跨年度主客场制最高级别的中国男子篮球赛事。中国篮球协会于1995年推出了与国际接轨的赛事——中国男子篮球甲A联赛，2005年正式将其更名为中国男子篮球职业联赛，参赛队伍由原来的12支逐年扩展到18支，截至2023年已经扩大到20支球队。

（二）中国女子篮球联赛

中国女子篮球联赛（WCBA）是由中国篮球协会主办的跨年度主客场制最高级别的中国女子篮球赛事，该赛事于2002年拉开帷幕，共有12支球队参赛，截至2023年已有参赛球队18支。

（三）全国男子篮球联赛

全国男子篮球联赛（NBL）是我国除CBA外的又一个职业篮球赛事，由中国男篮甲B联赛与乙级联赛合并而成。由于NBL各支球队水平参差不齐，为了保证联赛的质量，NBL会在比赛正式开始前进行预选赛，最终选出实力最强的10~12支球队进行比赛。自2010赛季NBL改组后，正赛由10支球队组成。

（四）中国大学生篮球联赛

中国大学生篮球联赛（CUBAL）是由中国大学生体育协会主办的高校间篮球联赛，其宗旨是"发展高校篮球，培养篮球人才"，模式参照美国全国大学体育协会（NCAA）篮球联赛形式。联赛于1996年开始酝酿，1997年建立章程，1998年开始正式推行，设男子组和女子组，历经多年的发展，已成为国内篮坛重大赛事之一。

四、中国篮球运动发展战略性对策

由于国家重视、人民喜爱，我国篮球竞技运动具有良好的社会基础和舆论导向，表现出良好的发展态势，但是整体实力与世界强队相比仍存在很大差距，不容忽视。所以，当前必须抓住矛盾的主要方面，深化内部管理改革，在改革中寻求克服困难与解决问题的途径，全方位建立起篮球运动的管理新秩序，促进我国篮球运动尽快发展。

（一）统一认识，更新篮球观念

全面推进篮球运动领域内的综合改革，在改革中建立指导全国篮球训练工作的管理体系和秩序。当前，中国篮球在许多层面仍存在问题。只有正确认识中国篮球运动内外环境的优势与差距，特别是各线队伍的整体实力，才能提高水平。为此，要重视对现代篮球运动观、管理观、史实观、训练观、市场观、学科观和篮球竞技与竞赛观等理论问题的深入研究，树立改革发展的新观念，特别是要提高对现代篮球竞技本体特征规律的认识，积极鼓励创新，在法律范围内允许多渠道、多形式发展和竞争。

（二）确立中国特色的篮球训练工作指导思想

我国篮球运动在总结多年实践经验的基础上，从实际出发，并审视篮球运动发展特征趋势，在立足于以"我"为主的基础上，倡导"勇敢顽强、积极主动、快速灵活、全面准确"的指导思想，坚持"三从一大"的科学训练原则，在原有基础上要求我国篮球运动应进一步贯彻"以我为主、以小打大、以快制高、以巧克强、以智应变、以悍拼搏、以准取胜"的训练指导思想，并在完善"智、快、灵、准、全、特、悍"的技战术风格的基础上，坚持从小抓起、系统训练、打好基础、强化体能和勇于创新的方针。

（三）建立中国特色的篮球运动管理新模式

中国篮球运动职业化体制改革的根本目的是迅速提高篮球竞技运动水平，在国际大赛中取得最好成绩，营造篮球人文气氛，促进优秀后备人才成长，形成中国特色的篮球文化。同时，提高产业经济水平和建立以符合中国特色社会主义的篮球市场规律为准则的竞赛市场，大力扶植职业篮球俱乐部，理顺管理层次职能，明晰产权，支持俱乐部模式促进篮球市场的开发和产业化进程。

全国性篮球运动管理中心的建立是体育领域改革的重要举措之一，是中国篮球运动的一种特殊管理模式，也是我国篮球体制改革的特殊成果，有利于领导与推进中国篮球事业在当前举国体制和全国一盘棋的优势下寻求发展。进入21世纪后，为响应国家体育总局关于体育协会实体化的总体要求，提升中国篮球协会的管理水平和治理能力，2017年姚明当选新一任中国篮球协会主席，真正开始推行实体化改革。继续以赛制改革为龙头、以制度建设为重点、以职业俱乐部建设为前提，推进中国篮球职业化、产业化改革的具体设想，并强调对目前尚未规范化的不同性质和形式的俱乐部进行宏观管理，规范职业化俱乐部建制，推动我国篮球竞技运动有序地与国际接轨，逐步走向完善，形成中国特色的职业化、产业化模式。

（四）全面培养高素质的教练员、运动员、裁判员队伍

要重视教练员、运动员和裁判员三支队伍的合理结构。由国际现状可知，在这三支队伍的年龄结构、智能与技能结构和专项职业综合结构等方面，各篮球强国具有相似的特征。就年龄、智能和技能等综合结构而言，世界优秀教练员年龄普遍在40～60岁，50岁左右是中坚力量；他们的文化程度较高，普遍是大学本科、研究生毕业，不少是大学的教授或教练员，相关的现代科技知识丰富；他们普遍对篮球运动执着、敬业，具有扎实的篮球专项理念，理论观点自成体系，教学、训练、管理风格及手段各有特长；他们都有自强的竞争目标以及丰富的篮球运动实践经历，掌握科学的执教之道。世界优秀男子运动员平均年龄在25～30岁，女子运动员平均年龄在24～28岁，基本为大学毕业，对现代篮球理解深刻，篮球意识强，观察、分析、理解能力全面，具备敬业精神，训练比赛自觉主动，身体和体能基础好，基本功扎实，个体特点突出，竞赛拼争作风顽强，心理状态稳定，大赛经验丰富。世界优秀裁判员年龄普遍在35～50岁，属大、中学教师及中、高级职员和业余篮球爱好者较多，他们重视执法修养，国际大赛经验丰富，基本素质高，讲究职业道德，爱岗敬业，对现代篮球竞赛和规则特点把握较准确。建设高素质的教练

员、运动员和裁判员队伍的关键要有规划、有层次、有重点、有具体方法和手段，从严抓好这三支队伍的综合建设，缩短与国际同类队伍的差距。同时，要抓好国家级男女篮和各级别教练员、运动员和裁判员的选拔、培训、教育、管理和聘用，特别是要有计划地组织、安排他们更多地参加国际高层次训练、比赛实践和理论实习，并严格制定管理与考核制度。

（五）多途径地培养与储存篮球后备人才

我国篮球运动十分普及，参与篮球活动的人口为世界之最，这为我国篮球运动发展提供了丰富的后备人才资源。然而，由于举国体制下人力资源的整合调配相对烦琐，造成了后备人才队伍的浪费。同时，由于没有树立起打造篮球强国必须从青少年抓起的观念，致使人才资源没有得到充分发掘。所以，当前应迅速完善原有的三级训练网络体系，特别是篮球传统项目学校和业余体校，以生动活泼的形式吸引青少年的参与，培养他们对篮球运动的兴趣，促使人才梯队结构合理，逐步形成以篮球学校和体育运动学校为龙头、以篮球基层布局单位和业余体校为重点、以篮球传统项目学校为基础的社会性篮球一条龙后备人才训练体制，辅之建立以大学为龙头（CUBAL联赛）、以中学为重点、以小学为基础的教育系统人才培养网络，最终形成高层次的以国家篮球队为龙头、以多支国家青年队和希望队为重点、以俱乐部为基础、以各类基层青少年队为源泉的全国大网络。

（六）坚持贯彻"三从两大"科学训练原则

"三从两大"科学训练原则是我国竞技工作者通过长期实践总结出来的制胜经验，即"从严、从难、从实战出发、科学大运动量和大恢复"，其核心是"从实战出发"，就是要将世界性大赛场上残酷的拼争体现在平时训练中。贯彻"三从两大"科学训练原则的关键是教练员现代训练理念的确立和自身科技文化水平的提高，重点是要突出篮球本质规律性的核心内容，其训练指标及达到指标的身体负荷必须量化，以数字表述，决不能淡化"大运动量"训练与实战脱节，或把"大运动量"训练同科学训练技术与技术创新割裂开来。实践证明，要科学大运动量和大恢复训练，就要提倡吃苦耐劳，要摸索训练负荷极限，只有具备量的积累和科学恢复，才能达到质的飞跃。

因此，当前必须加深对篮球科研水平的认识，要采取非常措施，把院校篮球理论和教学工作者与篮球竞技训练工作者两支队伍有机地结合起来，协同发展，并设计由中国篮球协会和基层省（区、市）俱乐部、科研单位、高等院校共同参与的科研攻关网络，针对我国篮球竞技运动中暴露出的问题，分轻重缓急确立科研方向和科研重点课题，并给予人力、财力和实验、检测条件的保障，定时召开全国性、系统性的科研成果交流与展示活动。对确有新意和对运动实践有指导意义的成果，要给予积极鼓励，并提供机会应用到运动实践中，从而逐步通过科学研究，在篮球理论和技战术训练手段、方法及其他篮球有关领域中，形成高层次的中国篮球运动科学理论与实践体系，指导篮球运动实践。

思考题

1. 请阐述篮球场地、器材和规则的演变对您从事少儿篮球教学训练有何启示。
2. 请对比阐述欧美篮球强队技战术风格的异同。
3. 您认为CBA按照美国NBA模式发展是否可行？为什么？
4. 请结合最近举办的奥运会篮球比赛或篮球世界杯分析世界篮球发展现状。
5. 请结合中国竞技篮球的发展历程阐述中国竞技篮球发展的方向。

即测即评

CHAPTER 02 第二章
篮球竞赛规则和裁判方法

【导读】

　　一场高水平篮球比赛的呈现，离不开运动员、教练员、裁判员、记录台工作人员和管理人员等众多参与者的共同努力和精诚合作。通过本章学习，期待读者能够从篮球裁判视角欣赏篮球比赛，对篮球比赛有正确的认识和评判，能理性评价并积极参与篮球裁判工作，明晰记录台工作职责，具备篮球临场裁判和记录台工作实践的基本能力，形成团队协作、公平公正、遵守规则、勇于担当的精神品质。

　　篮球规则和规则解释是篮球比赛的"法"，是篮球裁判员执裁和管理比赛的依据。为了确保比赛精彩、有序，结果公平、公正，篮球运动员、教练员、裁判员和记录台工作人员都要在比赛中认真地遵守规则和执行规则。记录台工作人员主要由记录员、计时员、进攻计时员和助理记录员组成，他们的工作职责是辅助临场裁判员的工作。三人制裁判法就是3名裁判员执裁一场篮球比赛的工作方法，它可以帮助裁判员在正确的位置、正确的时间做出正确的宣判。掌握好篮球规则和裁判法能够帮助我们更好地参与和欣赏篮球运动。

第一节　篮球竞赛规则

一、比赛场地和器材

（一）场地的线

　　正式篮球比赛场地的界线，边线长28米，端线长15米（从界线的内沿丈量），场地的界线属于界外部分。比赛场地上的线应由白色或其他能明显区分的颜色画出，宽度为5厘米。

　　中线从两边线的中点画出并平行于两端线，并向每条边线外延伸0.15米。

　　罚球线应与每条端线平行。从端线内沿到它的最外沿应为5.80米，其长度为3.60米。

　　掷球入界线是每条边线各两条共四条0.15米长、画在记录台同侧和对侧、比赛场地外的边线上的线，其外沿距离最近端线内沿为8.325米。

　　3分投篮线是分别位于场地两侧的两条长的圆弧线，其两端伸出的直线与端线相交。

（二）场地的区域

球场中央的圆圈叫中圈，直径是 3.60 米。比赛开始前，裁判员在中圈执行跳球。

中线把球场分成了前场和后场两个部分。某队前场由对方的球篮、篮板的界内部分，以及对方球篮后面的端线、两条边线和距对方球篮最近的中线内沿所限定的比赛场地部分组成。中线属于进攻队的后场。

限制区是一个长 5.8 米、宽 4.9 米的长方形区域。它由端线、延长的罚球线和起自端线终于延长的罚球线外沿的线围成。

某队的 2 分投篮区域是由大的圆弧形 3 分线和前场的端线围成的区域，3 分线属于 2 分投篮区。2 分投篮区域之外的整个比赛场地则是 3 分投篮区。

（三）篮球

篮球是圆形的，由皮革制成。正式比赛应充气到使球从大约 1800 毫米的高度（从球的底部量起）落到比赛地板上，反弹起来的高度在 1035～1085 毫米（从球的顶部量起）。正式男子篮球比赛采用 7 号球，女子篮球比赛采用 6 号球。

（四）篮圈

篮圈的顶沿应水平放置，距地面 3050 毫米。

（五）篮板

篮板横宽 1800 毫米，竖高 1050 毫米，下沿距离地面 2900 毫米。

二、球队

（一）球队的组成

球队由不超过 12 名有资格参赛的球员（包括 1 名队长），以及 1 名主教练和最多 8 名球队随行人员（包含助理教练）组成。

（二）队长的职责与权力

队长（CAP）是由他的主教练指定在比赛场地上代表他的球队的队员。在比赛期间，为了获取信息，他只能在球成死球和比赛计时钟停止时才可以有礼貌地与裁判员交流。球队如果抗议比赛结果，队长应在比赛结束后 15 分钟之内通知主裁判并在记录表上的"球队申诉队长"栏内签名。

（三）主教练和第一助理教练的职责和权力

至少在比赛开始之前 40 分钟，双方主教练或他的代表应提交本队参加本场比赛的队员姓名及对应号码，以及本队队长、主教练和助理教练姓名的名单。至少在比赛开始之前 10 分钟，主教练在记录表上签字确认这份名单，并指明首发上场的 5 名队员。

在比赛期间，队长离开比赛场地时，主教练须将场上担任队长的队员号码通知裁判员。比赛期间，主教练或第一助理教练只允许其中一人在比赛中保持站立。在所有规则没有限定的罚球中，由主教练指定罚球队员。

三、比赛通则

（一）比赛时间、比分相等和决胜期

正式的篮球比赛分 4 节，每节 10 分钟。第 1 节和第 2 节统称为"上半时"，第 3 节和第 4 节统称为"下半时"。常规比赛时间内比分相等，将进行若干个 5 分钟决胜期比赛，直至分出胜负。决胜期是下半时的一部分。

在比赛开始之前应有 20 分钟的比赛休息时间。在上半时的第 1 节和第 2 节之间、下半时的第 3 节和第 4 节之间，以及每个决胜期之前都应有 2 分钟的比赛休息时间。半场的比赛休息时间应是 15 分钟。

（二）一节、决胜期比赛的开始和结束

中圈跳球，当（抛）球离开主裁判员的手时，第 1 节比赛开始。如果某一队在比赛开始时场上队员不足 5 名，比赛不能开始。所有其他各节或每个决胜期，掷球入界的队员在记录台对侧骑跨中线位置可处理球时比赛开始。当结束比赛时间的比赛计时钟信号响时，此节、此决胜期或比赛结束。

在所有比赛中，秩序册上队名在前的"主队或 A 队"应坐在记录台（面对比赛场地）左侧的球队席，进攻记录台左侧的球篮，也就是"坐左打左"。如果两队同意，两队可互换球队席和球篮。在第 1 节和第 3 节比赛前，球队有权在对方的球篮场地进行赛前热身活动；球队在下半时应互换球篮。在所有决胜期中，球队应继续进攻与第 4 节比赛方向相同的球篮。

（三）球的状态

球分为活球和死球两种状态。

1. 球成活球

跳球中，主裁判将球抛出，离开自己手时；罚球中，裁判员将球交到罚球队员手中，罚球队员可以罚球时；掷球入界中，裁判员将球交到队员手中，队员可处理球时。以上三种情况下的球开始成活球。

2. 球成死球

球成死球的情况包括：投篮命中或罚球命中时；活球中，裁判员鸣哨时，包括之后球被任一队员触及时；在罚球时，球明显不会中篮，且接下来还有一次或多次罚球时或者接下来有进一步罚则时；某队控制球，进攻计时信号响时，包括之后球被任一队员触及时；当投篮的球还在空中飞行，比赛计时信号响时，包括之后球被任一队员触及时。

（四）队员和裁判员的位置

一般情况下，一名队员的位置是由他接触的地面决定的，当队员跳起在空中时，最后离开的地面就是他的位置，包括地面上的所有线。

确定一名裁判员的位置和确定队员的位置相同，当球触及裁判员时，如同触及裁判员所在的地面一样。

（五）跳球和交替拥有

1. 跳球程序

一名裁判员在任何两名互为对方的队员之间将球抛起，一次跳球发生。

跳球时，跳球队员的双脚应站在靠近他球队本方球篮一侧的中圈半圆内，并一脚靠近中线。如果一名对方队员希望占据圆圈上的一个位置，同队队员不能围绕圆圈占据相邻位置。裁判员应在两名互为对方的队员之间将球垂直向上抛起，其高度要超过任一跳球队员跳起能达到的高度。如果球没有被任何一名跳球队员拍击到，应重新跳球。

2. 跳球违例

违反以下条款是跳球违例。
（1）跳球队员的双脚应站在靠近他球队本方球篮一侧的中圈半圆内，并一脚靠近中线。
（2）在球被合法拍击前，任何一名跳球队员都不得离开他的位置。
（3）在球接触非跳球队员或地面前，任何一名跳球队员都不得抓住球或拍击球超过两次。
（4）主裁判抛起的球在上升尚未到达最高点时，跳球队员不得触及球。
（5）在球被拍击前，非跳球队员的身体部分不能在圆圈的线上或越过圆圈的线（圆柱体）。

3. 跳球情况

以下属于跳球情况：当宣判一次争球时；球出界，裁判员对是谁最后触球无法判定或有不同意见时；在最后一次罚球不成功，发生了双方队员违例时；活球停留在篮圈和篮板之间；除第1节之外的其他各节和各决胜期开始时等情况。

4. 交替拥有程序

交替拥有是当出现跳球情况时用掷球入界而不是用跳球来使球成为活球的一种方法。

跳球后，未获得控制活球的队应拥有第一次交替拥有的球权。记录台交替拥有箭头指向表明下次交替拥有球权的球队。在比赛随后发生的所有跳球情况中，双方球队应根据交替拥有的箭头方向交替在距离发生跳球情况地点最近的界外掷球入界。

交替拥有掷球入界开始：球被执行掷球入界的队员可处理时。

交替拥有掷球入界结束：球接触赛场上的任一队员或被赛场上的任一队员合法触及时；执行掷球入界的队发生违例时；在掷球入界中，活球停留在篮圈和篮板之间时。

当交替拥有掷球入界结束时，交替拥有的箭头须立即反转。

在任一节或任一决胜期结束时享有下次交替拥有球权的队，将在下一节或下一决胜期开始时，在记录台对侧的中线延长部分掷球入界，除非有进一步的罚球和球权罚则要执行。

（六）如何打篮球

比赛中，队员不能抱球跑，不能故意用脚踢或腿的任何部分阻挡或用拳击球。如果球意外地接触到腿的任何部分，或腿的任何部分意外地触及球，不是违例。

比赛中队员将球置于两腿之间假装传球是违例。为了增加身高或扩展其能力，举起队友去打篮球是违例。队员故意的用头击球是违例。

（七）控制球

某队的一名队员持着或运着一个活球，或在掷球入界或罚球中可处理一个活球时，该球队控制球开始。

一名对方队员控制球时；球成死球时；投篮或罚球中，球离开该队员手时，该球队控制球结束。

（八）正在做投篮动作的队员

投篮是指队员持球向对方球篮将球投或掷入空中。用手直接把球打向对方球篮的"拍"或用单手或双手迫使球向下进入对方球篮的"扣"被认为是投篮。

在原地投篮中，队员将球朝向对方球篮做连续向上的动作时，投篮动作开始。球已离开手时，投篮动作结束。如果队员跳起投篮，他双脚落回地面时，投篮动作结束。

在突破投篮和移动投篮中，当队员运球结束后双手触球或球在手中停留，投篮动作开始。当球已离开投篮队员的手时；投篮队员做了全新的投篮动作时，投篮动作结束。如果队员跳起投篮，他双脚落回地面时，投篮动作结束。

（九）球中篮和它的得分值

一个活球从上方进入球篮并停留其中或完整地穿过球篮是球中篮。

一次罚球中篮计1分；从2分投篮区域球离手，中篮计2分；从3分投篮区域球离手，中篮计3分；在最后一次罚球中，球触及篮圈后，在球进入篮圈前被任一队员合法地触及，中篮计2分。

如果队员意外地将球投入本方球篮，中篮计2分，并应在记录表上登记在对方队的场上队长名下。如果队员故意将球投入本方球篮，这是违例，中篮不计得分。如果队员使球整体从下方穿过球篮，这是违例。

（十）掷球入界

1.掷球入界的程序

当球被执行掷球入界的队员由界外传入比赛场地时，掷球入界发生。

裁判员必须将球递交给执行掷球入界的队员或将球置于他可处理的地方。裁判员距离执行掷球入界的队员不超过4米；执行掷球入界的队员须在裁判员指定的正确地点掷球入界。

2. 掷球入界的地点

队员应在最靠近发生违犯或比赛被停止的地点执行掷球入界，正好位于篮板后面的地点除外。

在第4节的最后2分钟和每一决胜期的最后2分钟期间，在后场拥有球权的队暂停之后，该队主教练有权选择是在记录台对侧该队前场的掷球入界线处掷球入界，还是在其后场原掷球入界地点掷球入界。

取消比赛资格或违反体育运动精神的犯规罚球后的掷球入界，应在该队前场掷球入界线处掷球入界开始比赛。

当球进入球篮，但该投篮或罚球无效时，随后的掷球入界应在罚球线延长线执行。

在一次成功投篮或最后一次罚球成功后，掷球入界队员可以在端线后向后或横向移动。同队队员可以在端线后相互传球，但是从第一个掷球入界队员控制活球开始，总时长不能超过5秒钟。

3. 掷球入界违例

执行掷球入界的队员不得：超过5秒钟球才离手；球在他手中时步入比赛场地内；掷球入界的球离手后，使球触及界外；球接触到另一队员前，触及在比赛场地上的球；使球直接进入球篮；在球离手前，从界线后面指定的掷球入界地点向一个方向或双向横移的全程超过1米。然而，只要环境允许，他从界线向后移动多远都可以。

其他队员不得在球被掷过界线前，将他们身体的任何部位越过界线；当掷球入界地点的界线外任何界外障碍物和界线之间少于2米时，其他队员距离执行掷球入界的队员不得少于1米。

（十一）暂停

1. 暂停定义

暂停是由主教练或第一助理教练提出请求的一个中断比赛的时段。

2. 暂停时间和次数

每次暂停应持续1分钟。每队上半时2次暂停；下半时3次暂停，第4节最后2分钟最多2次暂停；每一决胜期1次暂停。

3. 暂停机会

一个暂停机会开始于：球成死球，比赛计时钟停止并且裁判员已结束了他和记录台的联系时；在成功的最后一次罚球后球成死球时；投篮得分时，非得分球队允许暂停。

一个暂停机会结束于：当掷球入界的队员或执行第一次罚球的队员可处理球时。

（十二）替换

1.替换的定义

替补队员请求中断比赛成为队员是一次替换。在一个替换机会期间，一个队可以替换一名或多名队员。

2.替换机会

一个替换机会开始于：（对于双方队）球成死球，比赛计时钟停止并且裁判员已结束了他和记录台的联系时；（对于双方队）在成功的最后一次罚球后球成死球时；（对于非得分队）当比赛计时钟在第4节和每个决胜期中显示2:00或更少，投篮得分时。

一个替换机会结束于：掷球入界的队员或执行第一次罚球的队员可处理球时。

3.替换程序

只有替补队员有权请求替换。他应到记录台明确地要求替换，用双手做出正确的换人手势，或者坐在替换椅子上，做好立即上场比赛的准备。替换的请求可以被撤销，但只可在计时员对该替换的信号发出之前撤销。

替换机会一开始，计时员就要发出信号通知裁判员：已请求了替换。替补队员应停留在界线外，直到裁判员鸣哨，给出替换手势并招呼他进入比赛场地。许可被替换的队员直接去他的球队席，无须向计时员或裁判员报告。

替换应尽可能快地完成。已发生了5次犯规或被取消比赛资格的队员必须立即（不超过30秒）被替换。据裁判员判断，如果有对比赛不必要的延误，应给该违犯的队登记一次暂停。如果该队没有剩余的暂停，可登记该队主教练一次技术犯规，记作"B"。

如在暂停期间或在比赛休息期间请求替换（两个半时之间的比赛休息期间除外），替换队员在进入比赛前必须向计时员报告。

如果罚球队员因为受伤，或已发生了5次犯规，或已被取消比赛资格，他必须被替换。罚球必须由替换他的替补队员来执罚，并且该替补队员在比赛的下一个计时钟运行时段前不能再次被替换。

四、违例

（一）违例的定义和罚则

违例是对规则的违犯。罚则是将球判给对方队在最靠近（发生）该违犯的地点掷球入界，正好位于篮板后面的地点除外；除非在本规则中另有规定。

（二）球出界

1.球出界的定义

当球接触了：界外的队员或界外的任何其他人员时；界线上或界线外的地面，或在界线上方、界线上或界线外的任何物体时；篮板支撑架、篮板背面或比赛场地上方的任何物体时，是球出界。

2. 使球出界队员的判定

在球出界，以及球触及了除队员以外的其他物体而出界之前，最后触球或被球触及的队员是使球出界的队员。如果球接触了界线上或界线外的队员，或被这名队员触及而出界，则是该队员使球出界。在争球期间，如果队员移动到界外或他的后场，一次跳球情况发生。

（三）运球

1. 运球的定义

运球是指一名队员把一个活球掷、拍、滚、运或弹在地面上的一系列动作。

2. 漏接球

队员意外地失掉球并接着在比赛场地上又重新控制活球，被认为是漏接球。

3. 运球开始和结束

一次运球开始于：一名在比赛场地上控制活球的队员将球掷、拍、滚、运或弹在地面上，并在球触及另一名队员前再次触及球时。

一次运球结束于：运球队员双手同时触球或允许球在一手或双手中停留时。

4. 不是运球的判定

下述情况不是运球：连续的投篮；在一次运球的开始或结束时的漏接球；从其他队员附近用拍击球的方式来尝试获得控制球；拍击另一名队员控制的球；拦截传球并获得控制球；将球掷到篮板上并重新获得控制球；只要不发生带球走违例，将球在两手之间抛接，并且在球接触地面前允许球在一手或两手中停留。

（四）带球走

1. 带球走的定义

当队员在比赛场地上持一个活球时，他用一脚（称为"中枢脚"）始终接触着该脚与地面接触的位置，另一只脚可向任一方向踏出一次或多次。当他的一脚或双脚超出上述限制，向任一方向非法移动，即为带球走。

2. 带球走违例的判定

当一队员正双脚站在地面上抓住球时：一脚抬起瞬间，另一脚就成为中枢脚。
队员正在行进中或结束运球时抓住球时对中枢脚的规定。
（1）当一队员正在行进中或结束运球时抓住球，他可以采用两步完成停步，采用在两步后传球或投篮球使离手。

（2）如果队员是脚分先后落地完成（合法）停步时，他仅可以用那只先着地的脚作为中枢脚进行旋转。

（3）如果队员第一步停步是双脚着地，他的任一只脚都可以做中枢脚，一脚抬起的瞬间，另一脚就成为中枢脚。

（4）如果队员移动接球或运球结束后第一步单脚着地，随后第二步是双脚着地停步，他的任一只脚都不能做中枢脚。

（5）队员结束运球或获得控制球后，他不得用同一只脚或双脚连续地接触地面进行移动。

确定中枢脚后，队员开始运球时，在球离手前他的中枢脚不可抬起，该队员可以跳起中枢脚传球或投篮，但在球离手前他的任何一只脚都不可落回地面。当队员的任一只脚都不是中枢脚时，他只能先运球再抬脚，他也可以抬起一只脚或双脚传球或投篮，但在球离手前他抬起的脚都不可落回地面。若违反上述原则即为带球走。

当一名队员持球跌倒并在地面上滑行，或躺、或坐在地面上时获得了控制球，这是合法的；如果随后该队员持球滚动或持着球尝试站起来，这是违例。

（五）3秒钟规则

1. 3秒钟规则的规定

某队在前场控制活球并且比赛计时钟正在运行时，该队队员不得在对方限制区内连续停留超过3秒。当队员为避免"3秒违例"从端线处离开比赛场地，然后又重新进入限制区，这是违例。

2. 3秒钟规则默许的情况

队员如果出现下面这些情况不被判罚3秒钟违例：队员尝试离开限制区；队员在限制区内，他或他的同队队员正在做投篮动作，并且球正离开或恰已离开投篮队员的手时；队员在限制区内已接近3秒时运球投篮。

（六）被严密防守的队员

一名队员在比赛场地上正持着一个活球，一名对方队员在距离他不超过1米处，并采取积极的、合法防守的姿态时，该持球队员是被严密防守的队员。一名被严密防守的队员必须在5秒内传球、投篮或运球。违反此规则将被判罚违例。

（七）8秒钟规则

1. 8秒钟规则的规定

某队队员在他的后场获得控制活球时；或在掷球入界中，球触及在后场的任何队员或被在后场的任何队员合法触及，并且掷球入界队员的球队仍然在该队的后场控制球时，该队必须在8秒内使球进入该队的前场。

每当出现下列情况时，该队就已使球进入了前场：不被任何队员控制的球接触前场时；球被双脚完全在前场的进攻队员触及或合法触及时；球被有部分身体在后场的防守队员触及或合法触及时；球接触部分身体在控制球队前场的裁判员时；在从后场向前场运球的过程中，球和运球队员的双脚完全与前场接触时。

2. 8秒钟的计算

每当出现下列情况后，将球判给原先已控制球的球队在后场掷球入界时，8秒周期须从剩余的时间处连续计时：球出界；一名控制球的球队的队员受伤；控制球的球队发生一次技术犯规；一次跳球情况；一次双方犯规；判给双方球队的相等罚则相抵消。

（八）24秒钟规则

1. 24秒钟规则的规定

一个队员在比赛场地上获得控制活球时；在掷球入界中，球接触比赛场地上的任何队员或被比赛场地上的任何队员合法触及，并且那名掷球入界队员的球队仍然控制球时，该队必须在24秒内尝试投篮。

所谓在24秒内构成一次投篮：球必须在进攻计时钟信号发出前离开该（投篮）队员的手，并且球离开该（投篮）队员的手后，必须触及篮圈或进入球篮。

在临近24秒周期结束时尝试了一次投篮，并且球在空中时进攻计时钟信号发出：如果球进入球篮，不发生违例，该信号不予理会并且中篮应计得分；如果球触及篮圈但没有进入球篮，不发生违例，该信号不予理会并且应继续比赛；如果球没有触及篮圈，一次违例发生。然而，如果对方队员立即并完全地获得了控制球，则该信号不予理会并且应继续比赛。

2. 24秒钟规则的设置

（1）比赛由于非控制球的球队违犯，或任何非控制球的球队有关的正当原因，或任何与双方球队都无关的正当原因被裁判员停止时进攻计时钟的设置。

球权应判给先前控制球的球队。如果掷球入界在其后场执行，进攻计时钟应复位到24秒。如果在前场执行，进攻计时钟应按照下述原则复位：进攻计时钟上显示14秒或更多，进攻计时钟不复位，显示剩余进攻时间；若进攻计时钟上显示13秒或更少，进攻计时钟应被复位至14秒。

（2）判给原控制球队掷球入界不复位进攻计时钟的情况。

如果判给原控制球队掷球入界是因为出现了球出界；一名同队队员受伤；该队被判技术犯规；一次跳球情况（球夹在篮圈和篮板之间时除外）；一次双方犯规；判给双方球队的相等罚则相互抵消等情况，进攻计时钟停止但不复位，显示剩余进攻时间。

（3）裁判员因为控制球队的犯规或者违例（包括球出界）停止比赛后，判给对方掷球入界时，进攻计时钟的复位。

如果根据交替拥有程序新的进攻方拥有掷球入界权，进攻计时钟也应复位。此时，如果在该队的后场掷球入界，进攻计时钟应复位到新的24秒；如果在该队的前场掷球入界，进攻计时钟应复位到 14 秒。

（4）在球已经触及对方球篮篮圈之后，进攻计时钟的复位。

如果对方获得控制球，进攻计时钟复位到 24 秒；如果球触及篮圈前的同一控制球的球队再次获得控制球，进攻计时钟复位到 14 秒。

（九）球回后场

一个在前场控制活球的队，不可使球非法回到该队的后场，否则判定为球回后场违例。

如果在前场控制活球的球队，其队员在他的前场最后触球，并且球被该队有部分身体接触后场的队员首先触及；或球已触及该队后场后被该队队员首先触及，该队即使球非法回后场。这个限制适用于在该队前场的所有情况，包括掷球入界。

如果在空中的队员建立了一个新的球队控制，要等到他双脚落回地面，才能确定其位置是属于前场还是后场。

（十）干涉得分和干扰得分

1.干涉得分

以下情况发生干涉得分违例。

（1）在一次投篮中，当一名队员触及从最高点下落飞向球篮但还未接触篮圈，或已经碰击篮板且完全在篮圈水平面之上的球时干涉得分发生。当球不再有进入球篮的可能性时或已接触篮圈时，干涉得分的限制不再适用。

（2）在一次罚球中，当一名队员触及飞向球篮的、触及篮圈前的球时，干涉得分发生。

2.干扰得分

以下情况发生干扰得分违例。

（1）投篮后，或是最后一次罚球后，球接触篮圈时队员触及球篮或篮板。

（2）一次罚球后（随后还有进一步的罚球），球有进入球篮的可能性时，队员触及球、球篮或篮板。

（3）队员从下方伸手穿过球篮并触及球。

（4）球在球篮中，防守队员触及球或球篮，并以这样的方式阻止球穿过球篮。

（5）队员使球篮晃动或抓住球篮（篮圈和/或篮网），导致球非自然反弹或改变方向，从而妨碍球进入球篮或者使球进入球篮时。

（6）队员抓住球篮打球。

3.干涉得分和干扰违例的罚则

如果进攻队员发生了违例，不可判给得分。将球判给对方队员在罚球线延长线掷球入界，除非在本规则中另有说明。

如果防守队员对下述情况的球发生了违例，应该判给进攻队：罚球出手的球，得 1 分；从 2 分投篮区域出手的球，得 2 分；从 3 分投篮区域出手的球，得 3 分。判给的得分就如同球已进入球篮一样。如果防守队员在最后一次罚球中发生干涉得分违例，则判给进攻队得 1 分，随后执行防守队员技术犯规的罚则。

五、犯规

（一）犯规的定义

犯规是对规则的违犯，含有与对方队员的非法身体接触或违反体育运动精神的举止。分为侵人犯规、技术犯规、违反体育运动精神的犯规、双方犯规、取消比赛资格的犯规。

可宣判一个队任何数量的犯规，不管罚则是什么，每一次犯规都要登记在记录表上并且根据这些规则进行处罚。

（二）侵人犯规

1. 侵人犯规的定义

侵人犯规是无论在活球或死球的情况下，一名队员与一名对方队员发生的非法身体接触的犯规。

队员不得通过伸展他的手、臂、肘、肩、髋、腿、膝、脚或将身体弯曲成"不正常的姿势"（超出他的圆柱体）去拉、阻挡、推、撞、绊对方队员，或阻止对方队员的行进；也不得用任何粗野或猛烈的动作去这样做。

2. 侵人犯规的罚则

应登记犯规队员一次侵人犯规。

如果对没有做投篮动作的队员犯规：由非犯规的队在最靠近发生该违犯的地点掷球入界重新开始比赛；如果该违犯的球队处于全队犯规处罚状态，应由被侵犯的队员执行两次罚球。

如果对正做投篮动作的队员犯规，应按下列所述判罚：如果中篮，计得分并追加一次罚球；如果不中篮，根据投篮区域，罚球两次或三次；比赛或进攻计时钟信号发出时或恰好发出之前，投篮队员被犯规，如果球仍在该队员手中，并且随后投篮成功，则中篮无效，判给两次或三次罚球。

3. 判罚身体接触的一般原则

（1）圆柱体原则。

圆柱体原则被定义为一名（站立）在地面上的队员占据一个假想的圆柱体空间。圆柱体的大小，以及队员两脚间的距离将根据队员的身高和形体大小而改变，它包括该队员上方的空间。

防守队员或无球进攻队员所在圆柱体的边界被限定为：前面是手部的双掌；后面是臀部；两侧是双臂和双腿的外侧。在合法的防守占位中，双手和双臂可以伸展到躯干的前面但不超出双脚和双膝的位置。当持球的进攻队员在他的圆柱体内正在做着正常的篮球动作时，防守队员不得进入该进攻队员的圆柱体内并与其发生非法身体接触。

持球的进攻队员所在圆柱体的边界被限定为：前面至双脚、弯曲的膝盖和手臂，持球在臀部以上；后至臀部；两侧至双肘和双腿的外侧。持球的进攻队员在其圆柱体内必须有足够的空间去做正常的篮球动作。该正常的篮球动作包括开始运球、旋转、投篮和传球。进攻队员不能为了获得额外的空间而将他的腿或手臂伸到圆柱体之外，导致与防守队员的非法接触（图2-1-1）。

图 2-1-1　球员的圆柱体

（2）垂直原则。

在比赛期间，每一名队员都有权占据未被对方队员占据的比赛场地上的任何位置（圆柱体）。这个原则保护队员所占据的地面空间，以及当他在此空间垂直跳起时的上方空间。一旦队员离开他的垂直位置（圆柱体）并与已建立自己垂直位置（圆柱体）的对方队员发生了身体接触，则须由离开垂直位置（圆柱体）的队员对该接触负责。

防守队员在他的圆柱体内垂直离开地面，或在他的圆柱体内将双手和双臂伸展在他的上方，则不必判罚。

无论是在地面上还是腾起在空中的进攻队员，不应通过下列方式与处于合法占位的防守队员发生接触：用他的上臂为自己扩展更多的空间（清开障碍）；在投篮中或投篮后伸展他的腿或臂去造成接触。

（3）合法的防守位置。

当一名防守队员面对对手，并且双脚着地时，他就确立了最初的合法防守位置。

这个合法的防守位置从地面到天花板，垂直地伸展在他（圆柱体）的上方。他可以把他的手臂和手举过头或垂直地跳起，但他必须在该假想的圆柱体内将手臂和手保持垂直的姿势。

（4）防守控制球的队员。

当防守控制（持着或运着）球的队员时，时间和距离的因素不适用。每当防守队员在持球队员面前确立了一个最初的合法防守位置（甚至是在瞬间完成的），持球队员必须料到被防守，并且必须准备停步或改变他的方向。

防守队员要确立一个最初的合法防守位置，必须在占据位置前不造成接触。一旦防守队员确立了最初的合法防守位置，他可以移动去防守他的对手；但是他不得伸展他的臂、肩、髋或腿，去阻止从他身边通过的运球队员。

判断一起涉及持球队员的撞人/阻挡情况时，裁判员应该运用下述原则：防守队员必须面对持球队员并双脚着地来确立一个最初的合法防守位置；防守队员为了保持最初的合法防守位置，可以保持静立、垂直跳起、横移或后移；在保持最初合法防守位置的移动中，其一脚或双脚可以瞬间离地，只要该移动是横向或向后的，而不是朝向持球队员前移的；接触必须发生在躯干上，在这种情况下，可以认为该防守队员首先位于接触的地点；已经确立了一个合法防守位置的防守队员可以在他的圆柱体内转身以避免受伤。

在上述种种情况中，该接触应被认为是由持球队员造成的。

（5）防守不控制球的队员。

不控制球的队员有权在比赛场地上自由地移动，并占据任何未被其他队员占据的位置。当防守一名不控制球的队员时，时间和距离的因素应适用。

防守队员不能太接近和/或太快地在移动的对方队员的行进路径中占据一个位置，致使后者没有足够的时间和距离去停步或改变他的方向。该距离和对方队员的速度成正比，但绝不要少于正常的一步。

如果一名防守队员在确立他最初的合法防守位置的过程中不考虑时间和距离的因素，并和对方队员发生接触，则他对该接触负责。

一旦一名防守队员确立了一个最初的合法防守位置，他可以移动去防守对手。他不得在对方队员的路径中伸展臂、肩、髋或腿去阻止该对方队员从他身边通过。他可以在他的圆柱体内转身以避免受伤。

（6）队员腾空。

从球场某地点跳起在空中的队员有权再落回同一地点。他有权落在场上的另外一点，只要在起跳时，该落地点以及起跳和落地点之间的直接路径上尚未被对方占据。

当队员已经跳起腾空时，对方队员不允许占据其下落的地点，一经发生接触，通常是违反体育运动精神的犯规，严重者可以判罚取消比赛资格的犯规。

（7）掩护犯规。

当进攻队员给自己的同伴做掩护时，与防守队员发生的接触是静止的并将身体保持在自己的圆柱体内，同时双脚着地，这种情况下掩护是合法的。

非法掩护的情况包括：当进攻队员给自己的同伴做掩护与防守队员发生接触时正在移动；进攻队员给自己同伴做掩护时没有顾及在移动中的防守队员是否有足够的时间和距离作出判断和调整位置；当进攻队员给自己的同伴做掩护时，处于防守队员视野之外，且没有给防守队员留出足够的距离作出调整。

进攻队员可在防守队员的视野范围内做前面或侧面的掩护，只要没有接触即可；如果在防守队员视野之外做掩护必须保证其能向掩护方向移动一步而不和做掩护的进攻队员发生接触。

被合法掩护的队员（防守队员）与已建立该掩护的队员（去掩护的进攻队员）的任何接触，由被合法掩护的队员（防守队员）负责。

（8）用手和/或手臂接触对方队员。

用手接触对方队员，其本身未必是犯规。裁判员应判定造成接触的队员是否已获得了不公正的利益。如果造成接触的队员以任何方式限制对方队员的活动自由，这样的接触是犯规。

当处于防守姿态的防守队员将他的手或手臂放置在持球或不持球的对方队员身上并保持接触以阻碍他行进时，就发生了非法用手或非法伸展手臂。

反复地去触碰或"戳刺"持球或不持球的对方队员是犯规，因为该行为可能导致粗暴的比赛。

属于持球的进攻队员犯规情况：为了获得不公正的利益，用他的手臂或肘"勾住"或缠绕防守队员时；为了阻止防守队员防守或试图抢球，或为了扩展更多的个人空间而"推开"防守队员时；在运球中，使用伸展的前臂或手去阻止对方队员获得控制球时。

属于非持球的进攻队员犯规情况：摆脱去接球、阻止防守队员抢球或试图抢球、为他（自己）扩展更多的空间，而"推开"防守队员。

（9）中锋位置的攻防。

垂直原则（圆柱体原则）适用于中锋位置的攻防。

处于中锋位置的进攻队员和防守队员必须相互尊重彼此垂直位置（圆柱体）的权利。

处于中锋位置的进攻队员或防守队员用肩或髋将对方队员从占据的位置上挤顶出去，或使用伸展的手臂、肩、髋、腿或身体的其他部位去干扰对方队员的活动自由，是犯规。

（三）双方犯规

1. 双方犯规的定义

双方犯规是两名互为对方球队的队员大约同一时间互相发生侵人犯规或违反体育运动精神/取消比赛资格犯规的情况。

2. 双方犯规应符合的条件

把两个犯规认定为一起双方犯规，必须同时符合下述条件。
（1）两个犯规都是队员犯规。
（2）两个犯规都包含身体接触。
（3）两个犯规都发生在互为对方队的两名相互犯规的队员之间。
（4）两个犯规是两个侵人犯规或任何违反体育运动精神的犯规和取消比赛资格的犯规的组合。

3. 双方犯规的罚则

应登记每一名犯规队员一次侵人犯规或违反体育运动精神/取消比赛资格犯规。不判给罚球，比赛应按下述原则重新开始。

在发生双方犯规的大约同一时间，如果：

一次有效的投篮得分，或最后一次的罚球得分，则应将球判给非得分队在其端线后的任一地点掷球入界；

有一队已控制球或拥有球权，则应将球判给该队在最靠近发生该违犯的地点掷球入界；

既无球队已控制球，又无球队拥有了球权；则一次跳球情况发生。

（四）技术犯规

1. 技术犯规的定义

技术犯规是没有身体接触的犯规，行为种类包括但不限于以下几种。

（1）无视裁判员已给出的警告。

（2）与裁判员、技术代表、记录台人员、对方人员或被允许在球队席就坐的人员不礼貌地进行交涉和/或沟通。

（3）使用可能冒犯或刺激观众的粗话或手势。

（4）嘲讽和戏耍对方队员。

（5）将手靠近对方队员的眼睛摇动/遮挡，以妨碍他的视线。

（6）过分挥肘。

（7）当球穿过球篮后，故意触球或阻碍迅速开始执行掷球入界或罚球来延误比赛。

（8）骗取犯规。

（9）悬吊在篮圈上，致使篮圈支撑了队员的全部重量；除非队员在扣篮后瞬间抓住了篮圈，或据裁判员判定，他这样做是在防止自己受伤或防止使另一名队员受伤。

（10）在最后一次的罚球中防守队员干涉得分，应判给进攻队得1分，随后执行该防守队员的技术犯规罚则。

（11）当一名队员正在做投篮动作时，防守队员不允许大声喊叫、用力跺脚或靠近投篮队员拍手等行为。如果出现上述行为导致投篮不成功，则应立即判罚一次技术犯规；如果投篮成功，应给予一次警告。

2.技术犯规的罚则

如果判罚队员技术犯规，应作为队员的犯规在该队员名下登记一次技术犯规，并把它计入全队犯规之中。

如果判罚被允许在球队席中就座人员技术犯规，应在主教练员名下登记一次技术犯规，并且不计入全队犯规之中。

判罚技术犯规后应判给对方队员1次罚球。罚球后，应由宣判该起技术犯规时控制球或拥有球权的队在比赛停止时最靠近球所在的地点执行掷球入界。如果一次有效的中篮得分或最后一次罚球成功，比赛应在其端线后的任何地点掷球入界重新开始。如果既无球队控制球，又无球队拥有球权，一次跳球情况发生。

（五）违反体育运动精神的犯规

1.违反体育运动精神的犯规的定义

据裁判员的判定，队员对其对手如有以下情况的接触，发生的犯规是一起违反体育运动精神的犯规。

（1）不是按规则的精神和意图去争抢球而与对方队员发生的非法接触。

（2）队员在尽力抢球或在与对方队员尽力争抢中，造成与对方队员过分的严重接触。

（3）在攻防转换中，防守队员为了中断进攻队的进攻，对进攻队员造成不必要的接触，此原则在该进攻队员开始他的投篮动作之前均适用。

（4）当队员正朝对方球篮行进，并且在该行进队员、球和球篮之间没有其他队员时，对方队员从其后面或侧面去非法接触该队员，此原则在该队员开始他的投篮动作之前均适用。

2.违反体育运动精神犯规的罚则

应登记该犯规队员一次违反体育运动精神的犯规。

应判给被犯规的队员执行罚球,并随后在该队前场的掷球入界线掷球入界;第1节的开始时在中圈跳球。

应按下述原则判给若干罚球:

如果对没有做投篮动作的队员发生犯规:两次罚球;

如果对正在做投篮动作的队员发生犯规并且球中篮:应计得分并追加一次罚球;

如果对正在做投篮动作的队员发生犯规并且球未中篮:两次或三次罚球。

当一名队员被登记两次违反体育运动精神的犯规,或两次技术犯规,或一次技术犯规和一次违反体育运动精神的犯规时,他将被取消在该场比赛剩余时间内的比赛资格。

六、一般规定

(一)队员5次犯规

一名队员已发生5次犯规,裁判员应立即通知本人,并且他必须立即离开比赛,然后在30秒内被替换。

已发生5次犯规的队员,被认为是一名出局的队员,如果他再次犯规,应该登记在教练员名下,记录表上记入"B"。

(二)全队犯规处罚

某队在一节的全队犯规,其中包括队员的侵人犯规、技术犯规、违反体育运动精神的犯规或取消比赛资格的犯规,已发生4次后,该队处于全队犯规处罚状态。

所有发生在比赛休息期间的球队犯规应被认为是发生在随后一节或是随后决胜期比赛中的犯规。所有发生在每一个决胜期内的球队犯规应被认为是发生在第4节比赛中的犯规。

当球队处于全队犯规处罚状态时,所有随后对未做投篮动作的队员的侵人犯规应判2次罚球来替代掷球入界。发生犯规时被侵犯的队员应执行该罚球。

如果控制活球的球队队员或是拥有球权的球队队员发生了一次侵人犯规,应判给对方队一次掷球入界。

(三)罚球

一次罚球是给予一名队员从罚球线后面的半圆内的位置上,在无人争抢的情况下得1分的机会。

1.对罚球队员的规定

(1)在罚球线后面的半圆内站位。

(2)可使用任何罚篮的方式,并以这样的方式使球从上方进入球篮或触及篮圈。

(3)在裁判员将球置于他可处理后的5秒内使球离手。

（4）在球已进入球篮前或球接触篮圈前不得触及罚球线或进入限制区。

（5）不得做假动作罚球。

2.对罚球抢篮板球分位区队员的规定

（1）罚球抢篮板球分位区队员的站位。

队员们在分位区内需要交错站位，队员站在这些分位区内向后的深度应被看作是1米（图2-1-2）。

（2）对罚球抢篮板球分位区队员的规定。

在罚球中，这些队员不应该：占据他们无权占据的分位区；在球离开罚球队员的手前进入限制区、中立区或离开他的分位区；用他的行为扰乱罚球队员。

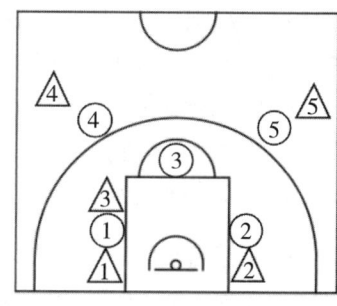

图2-1-2　在罚球中队员的位置

3.罚球中不在分位区内的队员们的规定

在罚球结束前，不在分位区内的队员们应在罚球线延长线和3分投篮线后面。

4.罚球违例的罚则

（1）如果罚球成功，但罚球队员发生了违例。

不计得分，将球判给对方队在罚球线的延长部分掷球入界；除非还有另外的罚球罚则或球权罚则要执行。

（2）如果罚球成功，但除罚球队员之外的任一队员发生了违例。

应计得分，对发生的违例应不予理会。如果是最后一次罚球，应将球判给对方队在其端线后的任何地点掷球入界。

（3）如果罚球不成功，并且发生了违例。

罚球队员或他的队友在最后一次的罚球中违例，应将球判给对方队在罚球线的延长部分掷球入界，除非该队还拥有进一步的球权；对方队员违例，应判给该罚球队员补罚一次；双方球队在最后一次的罚球中都违例，则一次跳球情况发生。

第二节　三人制裁判法

三人制裁判法是目前篮球比赛中运用最广泛的裁判方法，也是恰当运用个人执裁技术的最佳方法。三人制裁判法提供了更多时间用以在作出宣判前确定场上发生的情况，相比二人制裁判法，在弱侧增加了一名裁判员有效地解决了视野覆盖的问题，提高了裁判宣判准确率。

一、位置术语

（一）球侧

球场被两个篮筐假想连线一分为二，球所在的一侧称为"球侧"。

（二）裁判员

前导裁判（L）是落位在端线的裁判员，要尽可能保持在有球的一侧。

中央裁判（C）是位于前场前导裁判对侧的裁判员，落位于罚球线延长线周围。根据球的位置，中央裁判可能会在前场的任意一侧。中央裁判标准的执裁区域应当在场地里面。

追踪裁判（T）是落位在球队席区域界线到中线之间位置的裁判员，并与前导裁判位于同侧（永远是强侧）。

前导裁判和追踪裁判是在场地的同一侧，而中央裁判是在另一侧。

（三）对侧

远离记录台的场地一侧。

（四）弱侧

三人执裁中中央裁判所在的场地一侧。

（五）强侧

三人执裁中前导裁判和追踪裁判所在的场地一侧。

（六）轮转起始点位置

限制区的两条边线和端线的交点位置，也称为轮转起始点，轮转启动之前前导裁判需提前抵达这个位置。

二、比赛开始

（一）赛前和半时间准备活动时裁判员的占位和观察

（1）主裁判员和两位副裁判员占据记录台对面的边线位置。

（2）主裁判员（CC）站立在中线和边线的交接处。

（3）副裁判员1（U1）站在主裁判员左侧大约3米处，并在准备活动期间观察赛场左端的球队。

（4）副裁判员2（U2）站在主裁判员右侧大约3米处，并在准备活动期间观察赛场右端的球队。

（5）比赛开始前10分钟，主裁判员应去记录台查看已被整齐填入记录表内的球队名单和首先上场的队员。

（6）如有需要，比赛开始前6分钟，为了介绍双方球队，主裁判员应鸣哨，并确保所有运动员都回到球队席区域，同时三名裁判员回到记录台一侧。

（7）介绍双方球队之后，主裁判员应鸣哨并做出距比赛开始还有3分钟的手势，随后开始介绍裁判员。

（8）比赛开始前1分30秒，主裁判员应鸣哨并确保所有运动员停止热身，立即回到各自的球队席区域。

（二）跳球开始比赛时，裁判员的占位和责任（图 2-2-1）

（1）主裁判员（CC）面向记录台负责跳球中的抛球。

（2）副裁判员们在相对的边线站位，U1 在记录台一侧球队席边界与中线之间位置，U2 与球队席区域边界相齐。

（3）U1 的责任：抛球不当，宣判重新跳球或宣判跳球队员违例。当球被合法拍着时，给出开动比赛计时钟的时间开始手势。

（4）U2 的责任：观察 8 名非跳球队员。

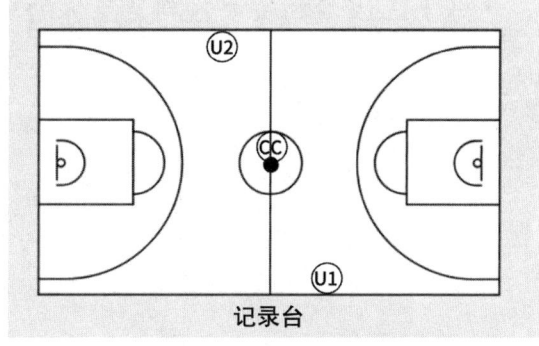

图 2-2-1　比赛开始时的跳球

（三）跳球开始比赛时裁判员的移动

1.比赛向记录台的右侧推进（图 2-2-2）

（1）U2 成为 C。
（2）U1 成为 L。
（3）CC 移至 U1 在跳球时所在的边线处并成为 T。

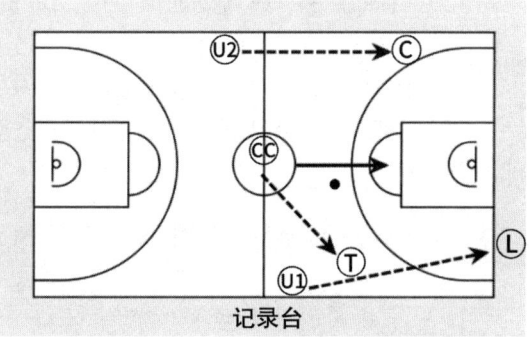

图 2-2-2　跳球——比赛向记录台的右侧推进

2.比赛向记录台的左侧推进（图 2-2-3）

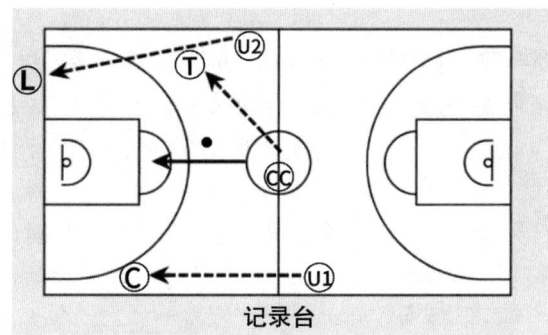

图 2-2-3　跳球——比赛向记录台的左侧推进

（1）U1 成为 C。
（2）U2 成为 L。
（3）CC 移至 U2 在跳球时所在的边线处并成为 T。

三、裁判员的占位和场地的区域分工

（一）三人裁判法中裁判员基本的场地覆盖范围（图2-2-4）

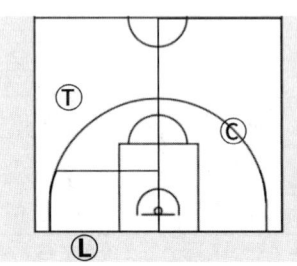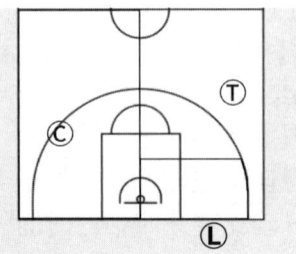

图 2-2-4　基本的场地覆盖范围

（1）当球在某裁判员的区域内，负责球周围的比赛。
（2）当球在另一裁判员的区域内，负责本区域内的无球队员们。
（3）C站在朝向球篮的罚球线延长部分以外2米处。
（4）T在球队席区域的边线站位。
（5）在掷球入界情况中，在把球递交给队员之前，执行裁判应核实两位裁判员是在球的同一侧。

（二）裁判员们在不同位置上的执裁和覆盖区域

1. 前导裁判的执裁位置和覆盖区域

前导裁判在端线面对篮圈，呈45°站位，站位地点不应该离端线超过1米，并且应当在油漆区的外侧。前导裁判的移动范围应当在3分线到限制区之间。

前导裁判的站位在场地外，具体站位要根据球的运转来决定，并确保他们位于比赛的边缘。

前导裁判应当能够判罚出强侧罚球线以下的所有违例和犯规，应杜绝发生在弱侧"前导的越区判罚"，在弱侧发生的违犯，前导裁判只能宣判发生在前导一侧的情况和违犯，因为此时中央裁判观察不到这些情况，前导裁判必须保证这些宣判都是在开角做出的。

当球在强侧时，前导裁判要时刻观察着向球篮的运球，此时应该向侧滑步，被称作"前导的滑步"，这能帮助前导裁判看清运球的过程，更好地观察防守，以及运用"距离和静止"的执裁原则。

2. 追踪裁判的执裁位置和覆盖区域

追踪裁判的工作区域位于球队席区域界线到中线之间。追踪裁判在场上要与队员保持适当的距离，因此他可以监控场上大多数状况，保持清醒的头脑对比赛进行预判。追踪裁判通常在比赛场地内执裁。

当球向追踪裁判负责的边线运行时，他应该向场内移动，并保持开角观察。当面前有运球队员时，追踪裁判应当积极预判运球队员可能前进的方向。当运球队员向一侧移动时，追踪裁判应当运用交叉步向另一侧移动。当这个比赛片段结束，追踪裁判应当回到他位于边线附近的站位地点（图2-2-5、图2-2-6）。

图2-2-5　追踪裁判工作区域图

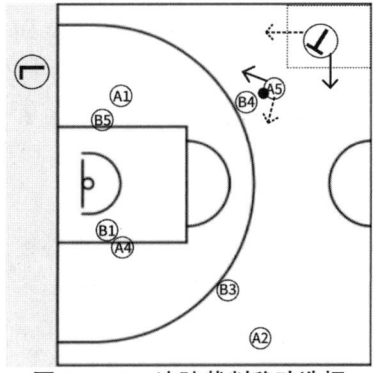

图2-2-6　追踪裁判移动选择

3. 中央裁判的执裁位置和覆盖区域

中央裁判工作区域保持在场地内，位于罚球线延长线到罚球区假想的弧线（上下）边缘，即罚球线延长线上下各两步的范围（图2-2-7）。任何弱侧朝向球篮的动作都属于中央裁判的职责，中央裁判要准确判罚职责内的违犯，否则，前导裁判将会承担巨大的压力。

当弱侧有队员突破时，中央裁判要向上线移动，这同样适用于追踪裁判，中央裁判的移动方向应当与运动员的突破方向相反，被称作"中央裁判的交叉步"。中央裁判与队员形成一条线的情况时有发生，但这只是短暂的瞬间，可以通过微调脚步来调整（图2-2-8）。

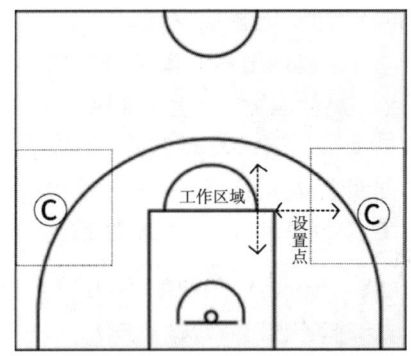

图2-2-7　中央裁判的站位和移动范围

（三）裁判员发动轮转的步骤和技巧

三人制执裁运用得成功与否，取决于前导和追踪裁判能够负责多少球侧的比赛情况，因此，三人制执裁才会有轮转。大多数轮转由前导裁判发起，前导裁判从端线的一侧移动到另一侧（轮转），不断寻找发动或中断轮转的理由，这种活跃的精神状态，得以使强侧和球侧尽可能重合。

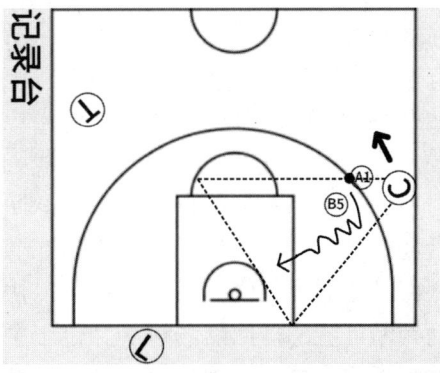

图2-2-8　球位于弱侧中央裁判观察突破

轮转的步骤如下。

（1）球位于靠近中场的位置：前导裁判位于轮转起始点。

（2）球移动到弱侧：前导裁判轮转到弱侧，追踪裁判变成新的中央。

（3）前导裁判已经完成轮转：中央裁判变成新的追踪裁判，轮转完成。

（4）当弱侧有快速投篮和运球切入时，前导裁判不需要发动轮转。

（5）当前导发动轮转时，快走移动不要跑，这样他可以在弱侧迅速投篮的情况下终止轮转，或对迎面而来的比赛做出判罚。

（四）球出界与掷球入界

判罚球出界违例时需要掌握必要的原则和方法如下。

（1）明确球出界的责任划分，三人制执裁可以监控到前场的每一条边线，只有追踪裁判需要负责两条线。基本法则是前导裁判监控端线，中央裁判监控弱侧区域边线，追踪裁判监控强侧区域边线及中线（球回后场违例）。

（2）球出界时只有一位裁判员鸣哨并结合口语宣判是很重要的，当宣判裁判没有看清楚谁使球出界时，同伴应给予协助（用手势给出界外球方向），而不能替他宣判。

（3）宣判出界的裁判员应始终看着场内的比赛情况，避免因发生了另一起违犯而被漏掉。

（4）当掷球入界恢复比赛时，掷球入界一侧总有两名裁判员（前导裁判和追踪裁判）。无论球从哪个界线出界，裁判员按照相应的轮转位置，确保掷球入界时有球一侧是两名裁判员即可（图2-2-9）。

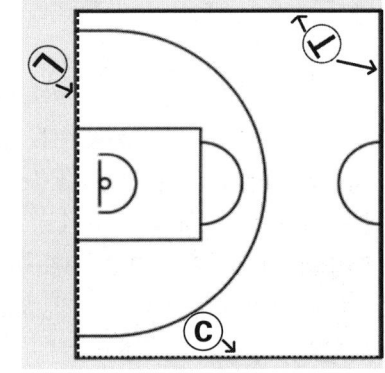

图2-2-9 前导和中央裁判各负责一条界线，追踪裁判负责两条界线

（五）紧逼防守时3名裁判员的合作与分工

裁判员必须在各自活动区域内使用宽阔的三角形分工来覆盖比赛，一般情况下，追踪裁判的主要责任是计算8秒。在所有全场紧逼的情况下，中央裁判应该做好协助追踪裁判的准备，在适当位置上协助追踪裁判观察后场和中线处的违例。追踪裁判同样对所有的球回后场违例有主要责任，有时当球在弱侧回场之前时，中央裁判同样可以协助判断可能的球回后场违例。位于中线附近的前导应注视快速突破或向球场底线的长传。所有的裁判员必须保持移动和警觉（图2-2-10）。

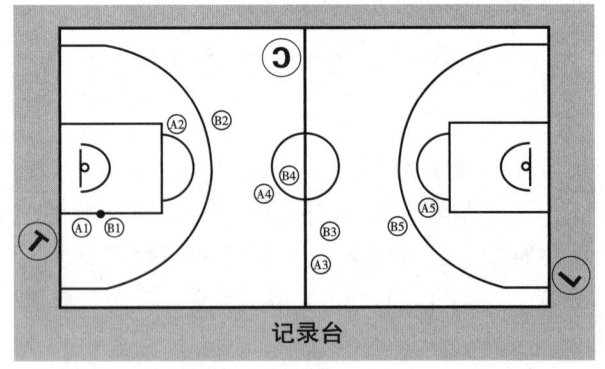

图2-2-10 4名以上非同队队员在后场，3名裁判员站位

（六）投篮时的区域分工

基本原则是前导裁判负责强侧的任何 2 分投篮，追踪裁判负责所有的 3 分投篮以及强侧的 2 分投篮，中央裁判负责弱侧的所有投篮。无论何时出现共管区，基本原则都是裁判员分别对各自的区域负主要责任（图 2-2-11）。

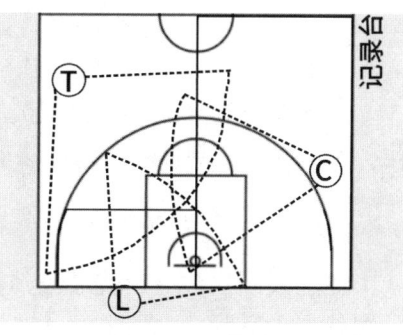

图 2-2-11　3 名裁判员在投篮情况下的区域分工

（七）暂停时的分工和职责

（1）记录台人员发出信号将暂停请求告知裁判员后，通常由最靠近记录台的追踪裁判或中央裁判做出暂停信号，如果是一起犯规后的暂停，由换位后的追踪裁判或中央裁判做出暂停信号，而不是宣判裁判。

（2）暂停期间，裁判员有三种标准的站位（总是在记录台对侧），应选择他们感觉最适合的一种站位方法（注意：把球放置在比赛将要恢复的位置上）。

（3）当暂停时间剩余 20 秒时，两名裁判员移动到球队席区域 5 米线附近，准备在 50 秒信号响时提醒球员做好准备回到场上。

（4）最后两分钟暂停规定（球队有机会选择在前场发球）。

在第 4 节或决胜期中，计时钟显示 2:00 或更少时，从后场掷球入界的球队请求了暂停：

A. 裁判员有三种标准的站位，可以任意选择一种他们感觉最适合的站位方法。

B. 暂停期间，球应该在主裁判的手里。

C. 暂停时间还剩 20 秒时，主裁判和一名助理裁判员将移动到球队席区域，主裁判移动到有掷球入界球权的球队。

D. 当 50 秒信号响起时，裁判员提醒球员们回到比赛场地。

E. 主裁判询问主教练决定在后场掷球入界还是在前场。主裁判会口头上确认主教练做出的决定，并通过指向并移动到指定的掷球入界位置来传达此信息，同时伴随口语。

F. 通常由主裁判来管理这次掷球入界，其他两名裁判员据此调整各自的位置。

G. 裁判员们应在掷球入界前确认计时钟设置准确（重置/保留）。

（八）替换时的分工和职责

（1）靠近记录台的追踪裁判或中央裁判管理替换。所有替换应尽可能快地完成，一旦所有的替换完成了，管理替换的裁判员应确认场上正确的球员人数并与准备发球的裁判员用眼神沟通。负责发球的裁判员一定要确认替换完成后再递交球。

（2）当宣判犯规的裁判员完成了向记录台的报告后，新的记录台侧的裁判员（追踪裁判或中央裁判）有责任管理替换。

（九）宣判犯规与换位

（1）向记录台报号的裁判员移动到记录台对侧位置，思考报号后移动到下一个位置。如果两名裁判员同时对一起犯规响哨，那么由记录台裁判宣判此犯规。

（2）宣告时声音清楚响亮；手势有力；节奏分明。

（3）另外两名裁判员填补其余空位。

（4）在所有情况下，裁判员应该尽量减少换位，根据现场情况，有时裁判员无须换位，有时3名裁判都需要进行移动。

（十）罚球时的分工和职责

在三人制执裁中，前导裁判在所有罚球的情况中都是执行裁判，前导裁判管理所有的罚球，在最后一次罚球中，前导裁判对记录台侧的限制区抢篮板的球员负有责任。

中央裁判做出罚球次数的手势，球成活球后手势就可以放下了。在所有的罚球中，中央裁判对罚球队员是否违例负有责任。在最后一次罚球中，中央裁判对对侧限制区抢篮板球员负有责任。在罚球中，中央裁判应站在靠近边线中央裁判的常规位置。

追踪裁判在罚球期间对站在罚球线延长线以外和三分线以外的球员负有责任。

在罚球期间出现了罚球违例并且球在空中时，裁判员应立即鸣哨宣判违例。

如果球进入了球篮：

（1）投篮队员违例——得分无效。

（2）其他队员违例——得分有效，哨声应被忽略，比赛应如同任何最后一次罚球成功，掷球入界恢复比赛。

（十一）官方裁判员手势

官方裁判员手势

第三节 记录台工作人员的职责和权利

一、记录员的职责

（一）记录员的工作职责

（1）登记记录表（图2-3-1）。

（2）操作交替拥有箭头来指明下一次的交替拥有。在上半时结束后，记录员应立即反转交替拥有箭头的方向，如同球队在下半时应改变球篮一样。

图 2-3-1 经国际篮球联合会技术委员会批准的记录表

（二）记录台如何填写记录表

1.赛前 40 分钟记录员应准备记录表（图 2-3-2）。

（1）在记录表顶部的空格内登录两个队的名称。"A"队应是（主）队或者在竞赛日程表中列前的队，另一队应是"B"队。

（2）登入竞赛的名称，比赛的序号，比赛的日期、时间和地点，主裁判员和副裁判员的姓名。

国际篮球联合会记录表

A队_____ B队_____

| 竞赛名称： | WCM | 日期： | 20.11.2014 | 时间： | 20:00 | 主裁判： | WAITON, M. |
| 比赛序号： | 5 | 地点： | GENEVA | 副裁判员1： | CHANG, Y. | 副裁判员2： | BARTOK, K. |

图 2-3-2　记录表顶部的记录

2.赛前 10 分钟双方教练员和记录员填写记录表（图 2-3-3）

（1）双方教练员应确认运动员名单，包括球队成员姓名和相应号码。

（2）双方教练员确认教练员和助理教练员的姓名。如果没有教练员和助理教练员，该队队长应为教练员，并在他的姓名后面填入（CAP）。

（3）双方教练员指明比赛开始时上场的 5 名队员，并在队员号码旁边的"上场队员"栏内画一小"×"。

（4）在记录表上签字。"A"队教练员应首先提供上述资料。

（5）在比赛开始时，记录员应在每一队比赛开始时上场的 5 名队员的"×"上圈上圆圈。

证件号码	队员	号码	上场队员	犯规 1	2	3	4	5
001	MAYER, F.	5						
002	JONE, M.	8						
003	SMITH, E.	9						
004	FRANK, Y.	12						
010	NANCE, L.	18						
012	KING, H.(CAP)	22						
014	WONG, P.	24						
015	RUSH, S.	25						
021	MARTINEZ, M.	33						
022	SANCHES, N.	42						
主教练	LOOR, A.							
第一助理教练	MONTA, B.							

图 2-3-3　记录表中的球队

3. 比赛期间登记替补队员

在比赛期间，当替补队员第一次进入比赛时，记录员应在该队员号码旁边的"上场队员"内画一个小"×"（不套圆圈）。

4. 登记暂停

（1）被准许的暂停应被登记在记录表上球队名称下适当的空格内，填入每节或决胜期的比赛时间（分钟）。如第1节比赛比赛计时钟显示3∶09，记录员应在暂停相应的空格内填写"7"。

（2）在每半时和决胜期结束时，未用过的空格用两条平行的横线标示。如果在第4节比赛计时钟显示2∶00之前，某队没有准予它的第一次暂停，记录员应在球队下半时暂停的第一格内画两条平行的横线。

5. 登记犯规

（1）队员犯规可能是侵人的、技术的、违反体育运动精神的或取消比赛资格的，应登记在该队员的名下。球队席人员的犯规可能是技术的或取消比赛资格的，应登记在教练员的名下。

（2）侵人犯规应登入"P"来表示。

（3）队员的技术犯规应登入"T"来表示。教练员因他自身违反体育运动精神的行为的技术犯规应登入"C"来表示。教练员因任何其他原因的技术犯规应登入"B"来表示。

（4）违反体育运动精神的犯规应登入"U"来表示。

（5）取消比赛资格的犯规应登入"D"来表示。

（6）包含罚球的任何犯规，应在"P""T""C""B""U"或"D"的旁边加上相应的罚球次数（1、2或3）来表示。

6. 在第2节结束和全场比赛结束时，填写记录表

在第2节结束和全场比赛结束时，记录员应在已经被用过的和还未被用过的方格之间画一粗线。在比赛时间结束时，记录员应用一粗横线将剩余的空格划掉。

7. 记录全队犯规

（1）在记录表中，每一节有4个空格（紧靠球队的名称下面，队员的姓名上面）供登入全队犯规用。

（2）每当一名队员发生了一起侵人的、技术的、违反体育运动精神的或取消比赛资格的犯规，记录员应使用一个大"×"依次在指定的空格内标示，对那名队员的球队记录犯规。

8. 登记累积分

（1）记录员应记录两队按时间顺序得分的累积分。

（2）记录表上有4个累积分栏。

（3）每一栏再被分成4列。左边的两列给"A"队，右边的两列给"B"队。中间列

是给每个球队的累积分（160分）（图2-3-4）。

（4）记录员应：在刚得分队所累积的新的得分总数上对任一有效的投篮得分画一斜线（惯用右手书写的画"/"，惯用左手书写的画"\"）；对任一有效的罚球得分在新的累积分上涂一实圆"●"。然后，在新的得分总数同一侧的空格内（在新的"/"或"●"旁边）登入投篮或罚球得分的队员号码。

9. 累积分总结

（1）在每节结束时，记录员应在记录表下端的适当空格内登录该节的比分。

（2）在比赛结束后，记录员应在"比赛结束时间"栏内填入比赛结束时间，格式为"时:分"。

（3）在比赛结束时，记录员应在每一球队的最终得分数下面以及得这些最后分数的每一队员号码下面画两条粗横线。而且，为了划掉每一队的剩余数字（累积得分），他应画一斜线到该栏的底部（图2-3-5）。

（4）比赛结束时，记录员应登录最后得分和胜队的名称。

（5）在助理记录员、计时员和进攻计时员在记录表上用印刷体字写入姓名后，记录员应在其上写入姓名。随后所有记录台人员应在他们的姓名旁边签字。

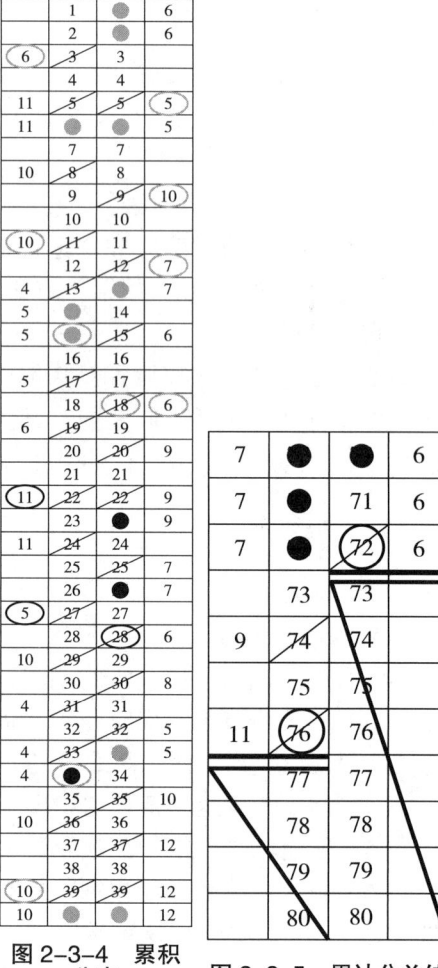

图2-3-4　累积分表

图2-3-5　累计分总结

（6）一旦副裁判员签字，主裁判员应最后批准并在记录表上签字（图2-3-6）。此时，裁判员结束了对比赛的管理和联系。

注：如果某队长在记录表申诉格内签字（使用标示"球队申诉队长签名"的空格），记录台人员和副裁判员应在主裁判员的处理中留下，直到他允许大家离开。

记录员	MAIKER, N.		得分	节①	A	15	B	18
助理记录员	SABAY, O.			节②	A	19	B	10
计时员	LEBLANC, R.			节③	A	26	B	19
进攻计时员	AUSTIN, K.			节④	A	26	B	25
				决胜期	A	/	B	/
主裁判员	M.Wattan		最后得分		A队	76	B队	72
副裁判员1	Y.Chang	副裁判员2　K. Bartok	胜队			HOOPERS		
球队申诉队长签名			比赛结束时间（时:分）			21:50		

图2-3-6　记录表的底部

二、助理记录员的职责

（一）供助理记录员使用的器材

（1）队员犯规标志牌（1~5号数字牌）。
（2）全队犯规次数指示器两个（即能指明全队犯规1~5次的装置）。
（3）全队犯规标志牌两个（规格：最小尺寸为宽20厘米、高35厘米）。
（4）犯规记录表。
（5）圆珠笔。

（二）助理记录员的工作职责

（1）根据记录员的要求，协助记录员工作。
（2）记录操作板。
（3）操作个人犯规标志牌。

A. 应面向两队球队席的方向直接向前举出，然后旋转面向场地，最后再次面向两队球队席的方向举出（图2-3-7）。

图2-3-7　助理记录员举牌

B. 当一个队员达到个人的第5次犯规时，记录员立即发出信号并举起5次犯规的标志牌（图2-3-8）。

图2-3-8　个人5次犯规，助理记录员举牌

（4）操作全队犯规指示器。

在某队全队犯规次数达4次时，告知宣告员，在球再成活球并宣告后，按下操纵装置按键，使指示器成全屏红色，同时将原来隐藏的数字恢复到0。一节结束后，将全队累计犯规指示器直接复位至0。

三、计时员职责

（一）计时员所需器材

计时员应配备一块比赛计时钟和一块秒表，分别计量比赛时间、暂停时间和比赛休息时间。保证每节比赛和加时赛时间结束时发出非常响亮的信号。如果信号器未能发出声音或未被听到，应立即采取任何可能的办法通知裁判员停止比赛。

（二）计时员的职责

（1）计量比赛时间、暂停和比赛休息期间

A. 开动比赛计时钟：在跳球时，球被跳球队员合法地拍击时；在最后一次的罚球不成功之后球继续是活球，球接触了任一场上队员或被任一场上队员触及时；在掷球入界中，球接触了任一场上队员或被任一场上队员合法触及时。

B. 停止比赛计时钟：如果一节和一个决胜期比赛结束的时间到时，比赛计时钟自身没有自动停止；活球中裁判员鸣哨；某队已请求暂停，对方投篮得分时；在第 4 节和每一节决胜期比赛计时钟显示 2∶00 或更少时投篮得分时；某队正在控制球，进攻计时钟信号响时。

C. 计量比赛暂停时间：当裁判员鸣哨并给出暂停手势时，应立即开动秒表计时；当暂停时间已经消耗 50 秒时，应发出第一次信号声，这是提醒裁判员召唤比赛双方队员进入场地准备比赛；当暂停时间已到时发出信号声，这就表示暂停时间已到，比赛将继续。

D. 计量比赛休息时间：当一节比赛或决胜期比赛结束，应立即开动秒表计量休息时间；在第 1 节和第 3 节以及决胜期比赛开始之前剩余 3 分钟和 1 分 30 秒时应通知裁判员；在第 2 节和第 4 节以及每一个决胜期比赛开始之前，距该节或该决胜期比赛开始还剩余 30 秒时发出信号；当比赛休息时间结束时发出信号，同时立即停止秒表。

（2）确保比赛计时钟在一节或一个决胜期比赛的结束时自动地发出非常响亮的声响信号。

（3）在信号失灵或未被听到时立即使用任何可能的办法通知裁判员。

（4）每一名队员发生犯规时，以举牌的方式显示犯规次数并让双方主教练员清楚地看到。

（5）队员 5 次犯规时，通知裁判员。

（6）一节中，在某队的第 4 次球队犯规后球成活球时，将球队犯规标志放置在最靠近已处于球队犯规处罚状态球队的记录台一端。

（7）完成替换。

（8）发起暂停。当球队请求暂停后，在该队暂停机会出现时通知裁判员。

（9）只有在球成死球后，然后球又成活球前的时段里发出信号。计时员的信号不停止比赛计时钟或停止比赛，也不使球成死球。

（10）举示取消比赛资格（GD）标志牌示意队员或主教练被取消比赛资格。

四、进攻计时员职责

（一）开动或重新开动进攻计时钟

（1）某队在场上控制活球时，如果防守队员仅仅是触及球，并没有控制球，那么原控制球队依然控制球，则进攻时间应该继续累积。

（2）在掷球入界中，球触及或者被场上任何队员合法触及时。

（二）停止但不复位进攻计时钟且剩余时间可见

（1）判给原控制球队掷球入界：球出界；一名同队队员受伤；该队被判技术犯规；一起跳球情况（不是球停留在篮圈和篮板之间时）；一起双方犯规；判给双方球队的相等罚则相互抵消。

（2）当原先的控制球队，因为一起犯规或违例被判给在前场掷球入界，且此时进攻计时钟显示 14 秒或更多时，进攻计时钟停止，也不复位。

（三）停止进攻计时钟并复位到 24 秒并且无显示

（1）球合法地进入球篮。

（2）球触及对方球篮的篮圈（球夹在篮圈和篮板之间除外），并且球权归球触及篮圈前未控制球的球队控制。

（3）某队获得后场掷球入界球权：作为一次犯规或违例的结果（球出界除外）；原先没有控制球的队由于一次跳球情况获得球权；不涉及控制球队行为的原因使比赛停止；不涉及任一球队的原因使比赛停止，但如果对方队将会被置于不利的情况，则除外。

（4）某队获得罚球。

（四）停止进攻计时钟并复位到 14 秒且 14 秒可见

（1）判给原控制球队在前场掷球入界，并且进攻时间及时显示 13 秒或少于 13 秒：作为一次犯规和违例的结果（球出界除外）；比赛因与控制球队无关的行为被停止；比赛因与双方都无关的行为被停止，除非对方会被置于不利的情况。

（2）出现下列原因，原先不控制球的球队被判给了在前场掷球入界：宣判了一起侵人犯规或一起违例（包括使球出界）；跳球情况。

（3）由于一起违反体育运动精神的犯规或一起取消比赛资格的犯规而判给球队在其前场的掷球入界线掷球入界。

（4）在一次不成功的投篮中，当球已触及了篮圈后（包括球停留在篮圈和篮板之间时），或在最后一次不成功的罚球中，或在传球中，当球已触及了篮圈后，如果球被在它触及篮圈前是控制球的那个队再次控制球时。

（5）在第 4 节或决胜期中比赛计时钟显示 2：00 或更少时，在后场拥有球权的队获得一次暂停，此时比赛计时钟停止，在进攻计时钟上显示 14 秒或更多的时间，当暂停后，该队主教练员决定让其球队在它前场的掷球入界线掷球入界重新开始比赛时。

（五）关闭进攻计时钟

在任一节或决胜期中，每当球成死球并且比赛计时钟停止时，任意方获得新的控制球，并且比赛计时钟少于 14 秒时，应关闭进攻计时钟。

进攻计时钟的信号既不停止比赛计时钟或比赛，也不使球成死球（某队正控制球除外）。

思考题

1. 国际标准篮球场地的界线长多少米、宽多少米？从界线的内沿还是外沿量起？
2. 正式的篮球比赛时间是如何规定的？
3. 什么是交替拥有？如何执行交替拥有程序？
4. 暂停和替换机会何时开始？何时结束？
5. 请简要说明违例和犯规的区别，并列举违例的类型。
6. 请简要说明什么是侵人犯规，并列举犯规的类型。
7. 侵人犯规的罚则是什么？
8. 请图示记录员如何登记累计分。
9. 请阐述三人制裁判法中裁判员如何进行轮转和转换。
10. 裁判员宣判犯规后，如何执行犯规程序？

即测即评

第三章 篮球比赛基本策略

【导读】

篮球比赛是各种不同复杂情境的集合，运动员需要根据比赛中出现的不同情境及时做出合理、正确的反应，可见，比赛中运动员的决策是技术运用的前提。通过本章学习，希望读者可以研究篮球比赛的基本规律，探索篮球比赛的基本策略，从打篮球的视角客观分析场上运动员攻防站位和移动的关系，并在比赛中敢于尝试，最终遵循一定原则选择合理的攻防行为，形成良好的打篮球习惯和意识。

篮球比赛自发明伊始就是两队通过拼抢球争夺球权而进行的比投准多的团队游戏，游戏中双方采取的任何行为，都是以决策为前提、以技术为支撑、以战术为保障。篮球比赛过程分为进攻、攻守转换和防守三个阶段，不同阶段有不同的攻防策略。篮球比赛从跳球开始，获得球权队首先进攻，进攻策略的选择既需要预设的移动和配合，包括进攻落位、移动路线、配合方式等，也需要队员根据场上情境做出临时决策和反应，包括持球移动、无球移动选择等；防守方则要对进攻方的持球队员和无球队员选择针对性的防守策略，奋力抢获球权。当对手获得球权时，比赛进入攻守转换阶段，获得球权队要按预定方案分散、接应、快下反击，力争在最短的时间内得分；失去球权队则要快速封挡、堵截、退防，采用合理的防守策略阻止对手在短时间内得分。

第一节 篮球场上位置说明及战术图例

篮球场上的位置有不同术语名称，熟悉这些术语的名称和作用对于球迷观看篮球比赛、运动员理解教练员意图并选择合理的攻防策略至关重要。

一、强侧和弱侧

把两个篮圈中心纵轴线相连，分为左、右半区，球所在的一侧称为强侧，另一侧就为弱侧（图3-1-1）。强侧和弱侧会随着球的移动发生动态变化，这也决定了防守队员在防守中的任务会发生变化。一般而言，强侧需要紧逼防守，弱侧需要向篮下收缩防守。

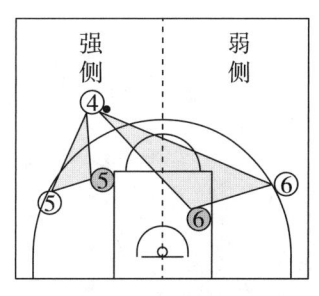

图3-1-1 强侧和弱侧

二、限制区和篮下

限制区也称 3 秒区,是篮下 4.9 米×5.8 米的长方形油漆区域。篮下指限制区内以 1.25 米为半径画的合理冲撞区,教练员提到的在篮下投篮一般指在合理冲撞区投篮(图 3-1-2)。

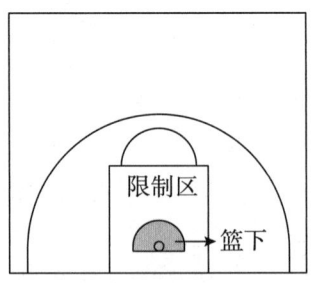

图 3-1-2 限制区和篮下

三、中轴区和侧翼区

中轴区是沿限制区两侧线画出的区域,是从弧顶通向篮圈的通道。侧翼区是罚球线延长线与三分线交界区域,是教练员要求区分两侧边锋队员落位两侧高位和低位的依据(图 3-1-3)。

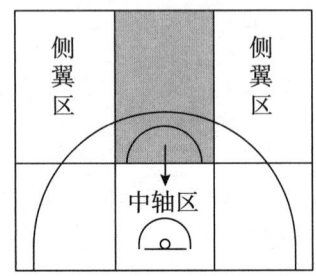

图 3-1-3 中轴区和侧翼区

四、高位、低位和核心位

高位是罚球线与限制区边线交界的位置,这个直角看起来像手肘,也称肘区,此位置是许多战术的发起点,包括掩护、策应、手递手配合等。低位是限制区中立区周围位置,是内线队员背身单打的常见位置。核心位是罚球线中间位置,是无球防守队员协防的关键位置,也是防守对手从弧顶通向篮下最重要的战略要地,占据此位置可以有效阻止对手突破篮下(图 3-1-4)。

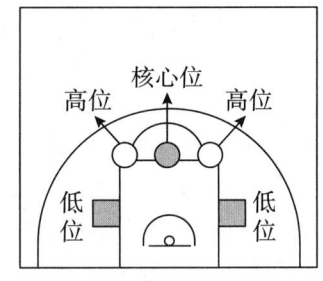

图 3-1-4 高位、低位和核心位

五、侧翼中距离区和底线中距离区

侧翼中距离区是篮圈侧翼中距离位置,NBA 许多球队主场在此位置印有球队标识(Logo),因此此位置也叫 Logo 区,是机动型内线队员喜欢接球面向篮圈进攻的区域。底线中距离区是限制区外与篮板平行位置的区域,是现代篮球比赛中重要的进攻区域之一,一般安排投篮技能相对较弱的高大队员落位在此区域,当其防守者参与协防篮下突破时,该队员就可以切入接球轻松扣篮,因此此位置也叫扣篮位(图 3-1-5)。

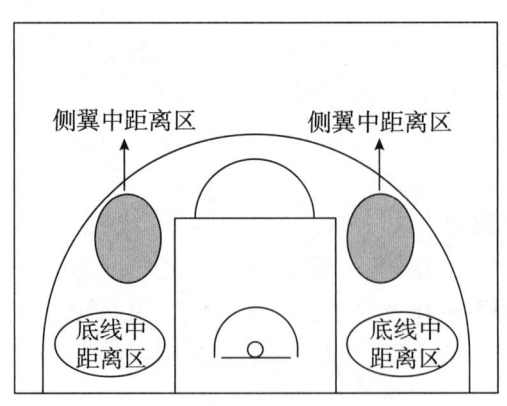

图 3-1-5 侧翼中距离区和底线中距离区

六、快攻快下区

快攻快下区是沿边线两侧位置区域，由守转攻时，两侧队员沿边路快下，直至端线底角位置，拉开进攻空间，随时准备接同伴传球切入上篮或远投 3 分（图 3-1-6）。

图 3-1-6　快攻快下区

七、战术图例

带箭头的实线代表球员无球移动路线；带 T 字的实线代表队员移动到某处做掩护；带箭头的波浪线代表队员运球移动路线；带箭头的虚线代表传球路线；一横两竖代表手递手配合（图 3-1-7、图 3-1-8）。

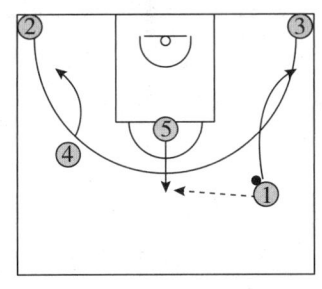

图 3-1-7　战术图例（1）

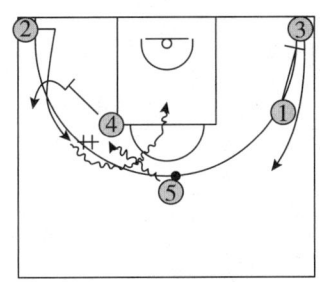

图 3-1-8　战术图例（2）

第二节　篮球比赛进攻策略

篮球比赛进攻策略是篮球比赛中队员依照一些特定进攻原则组织球队进攻的策略。这些原则明确限制或鼓励队员做出某些进攻行为，在球队统一思想过程中给队员自由发挥的空间，包括队员场上位置选择、持球移动和无球移动，以及相互之间合作配合，是队员个人技术的合理运用和队员之间相互协同配合的依据。其目的是更好地发挥本方队员的技术与特长，制约对手，力争掌握比赛的主动权。篮球进攻遵循的原则是通用的，适用篮球比赛中出现的多数情况，同时讲究灵活多变，需要根据对手防守策略，判定对手防守弱点，选择合理的站位，采取恰当的持球和无球进攻行为，通过掩护、切入、策应和突分等战术与同伴配合，让球队不同队员都能发挥出各自的优势。

一、篮球运动员场上进攻站位策略

在篮球比赛中，不同队员有不同的位置分工，承担不同的职责。一般分为 5 个位置，即 1 号位组织后卫（也叫控球后卫）、2 号位得分后卫、3 号位小前锋、4 号位大前锋和 5 号位中锋。在进攻到前场时，不同位置队员应根据教练员的要求落位到相应的位置。一般来说，组织后卫落位于弧顶位置，组织进攻和个人得分；得分后卫和小前锋落位于三分线两侧位置，持球进攻得分或无球跑动找进攻得分的机会；大前锋落位于限制区偏外位置，配合同伴或中距离得分；中锋落位于限制区周围，内线强攻或防守保护内线区域；大前锋和中锋根据战术需要经常拉出三分线外为外线队员做掩护、策应等。随着现代篮球运动的不断发展，球队为了增加进攻战术应用的组织度和自由度，根据不同位置队员的特点，逐步形成了最常见的进攻初始站位，主要有牛角站位、5外站位、1—4高位站位、空角站位、箱式站位、2—3站位、肘区站位、随机站位，每种站位都有各自的优势和特点（图3-2-1～图3-2-8）。

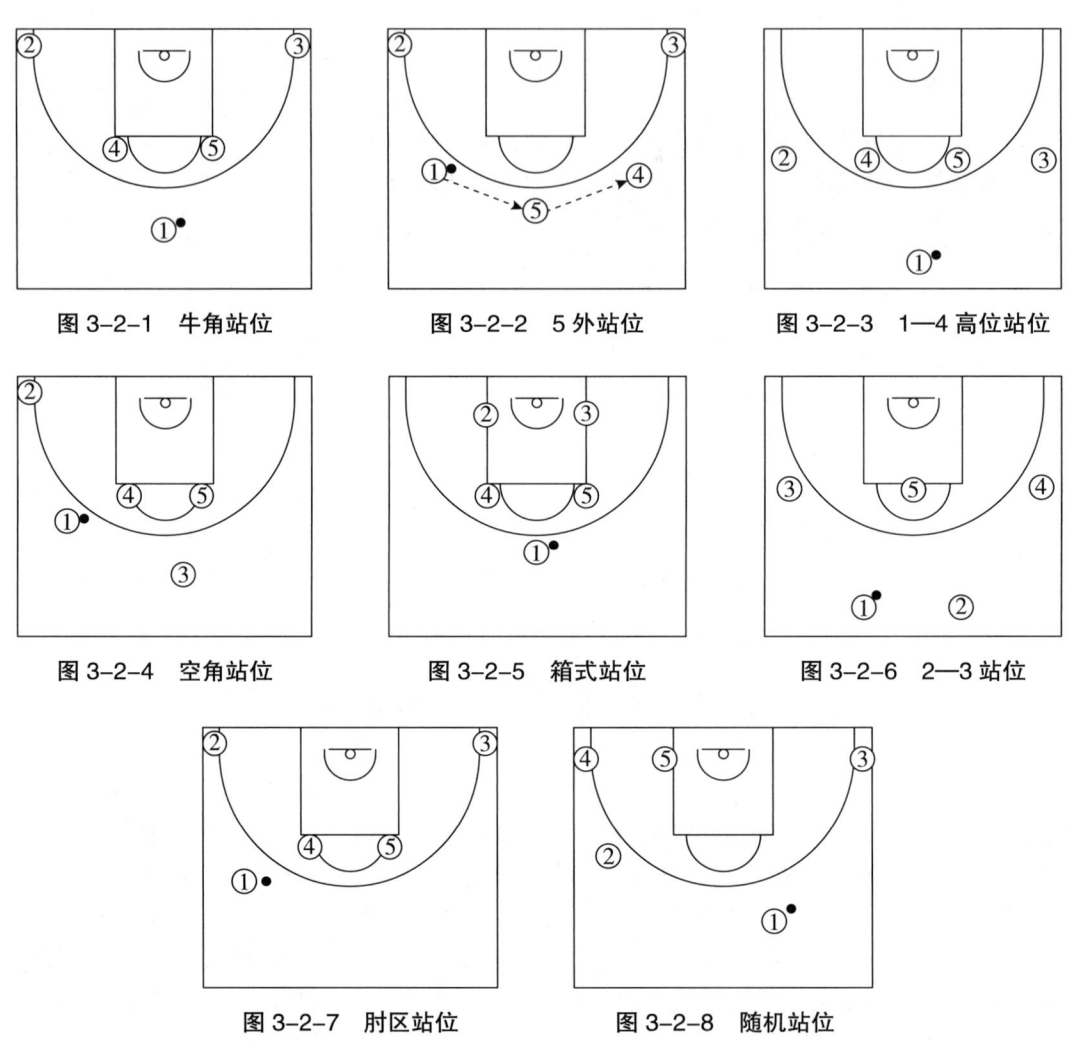

图3-2-1 牛角站位　　图3-2-2 5外站位　　图3-2-3 1—4高位站位

图3-2-4 空角站位　　图3-2-5 箱式站位　　图3-2-6 2—3站位

图3-2-7 肘区站位　　图3-2-8 随机站位

　　进攻落位时，队员之间要保持一定间距，除非是做掩护、策应、移动等，否则要保持4～5米的距离。尤其是强侧无球队员，一定要和持球队员保持一定距离，除非是上去给持球队员做有球掩护。同时，弱侧队员之间也要保持相应的间距，扩大防守空间，不让对方轻易获得协防的位置。但是距离不能过大，否则传球容易被抢断。

　　当然，随着现代篮球运动的不断发展，比赛场上队员位置趋向模糊化，对5个位置的队员也提出了更高的要求。如组织后卫也要具备较强的得分能力；前锋也要承担起组织球队战术的职责，不但要具备持球进攻能力，而且要具备无球移动摆脱防守的进攻能力。当球队抢获后场篮板球时，快攻是球队第一选择，抢获篮板球的队员（一般是5号位中锋）要第一时间持球向边线转身，同时观察是否有快下同伴，以便长传快速得分。如果没有长传快下直接得分的机会，拿到篮板球的队员要寻找接应的控球后卫，控球后卫要根据防守队员的位置，或选择拉边接应，或选择插中接应，2号位和3号位则要沿两侧边线侧身跑快下，注意一定要沿边线跑动快下，这样可以为中间快下的4号位拉开空间，当然根据转换时队员的位置情况，4号位可能会选择首先快下。5号位将球传给1号位后，需跟随4号位的跑动路线向前跑动接应传球。1号位接球后若没有快下队员在前方，其可沿中路或偏向一侧球场位置推进，与两翼队员形成三线快攻的阵型。5名队员在任何时候都要保持梯次推进路线发动快攻，在跑动过程中，队员间的位置尽量前后错开，这样才更有利于传球（图3-2-9）。

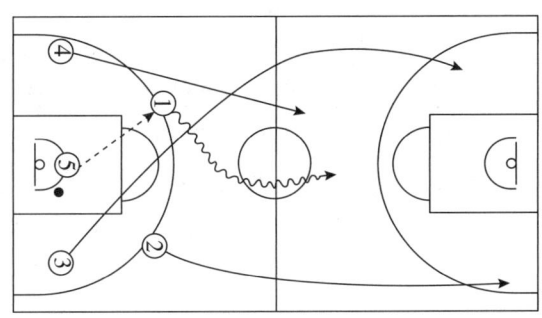

图3-2-9　快攻发动常规的梯次推进路线

二、篮球运动员持球进攻策略

在一场正式国际篮球比赛中，每队进攻时间约为20分钟，按场上5名队员计算，平均每名队员持球4分钟，加上替补轮转队员，每名队员持球2分钟左右。一般来说，后卫队员持球时间更长一些，其他队员控球时间短些，所以对于每个队员来说，接到球的一瞬间便迅速作出进攻决策及合理的行为是至关重要的。无论是哪个位置的队员，当在外线位置摆脱防守接到球时，首先要形成可投、可传、可突的三威胁姿势。所谓持球三威胁姿势如图3-2-10所示：①眼睛注视球篮和防守队员；②头部保持正直；③背部保持正直；④左手扶球左侧；⑤右手放于球后方，双手持球于胸腹部位；⑥屈膝降重心；⑦两脚开立与肩同宽；⑧重心落在两脚前脚掌上；⑨投篮一侧脚稍靠前。

图3-2-10　持球三威胁姿势

进攻队员接球后，若防守队员距离自己较远，此时恰好落位在自己投篮范围内时，就要选择果断投篮，当然此时篮下若出现同伴无防守的情景，则需要及时传球给篮下同伴投篮；若防守距离自己较近，则需要观察防守队员的位置和姿态选择合理的行动；若同伴切入篮下获得良好的进攻时机，则首要选择是传球给篮下同伴投篮；若对手紧逼防守，则需要利用摆球或脚步动作拉开与防守队员的空间，伺机持球突破对手。当这些选择都没有良好时机时，则需要充分发挥自己运球的天赋，利用娴熟的运球技术拉开与防守队员的空间或运球突破对手，当然也可以利用同伴身体的掩护，为自己或同伴创造投篮空间。

在攻守转换过程中，当中锋抢到后场篮板球时，后卫要第一时间拉边或插中接应中锋的一传准备发动快攻，接球瞬间若发现前锋已经快下到前场三分线两侧位置时，则不要运球，而是要快速长传球给快下的前锋进攻；若发现第一时间没有机会传球给同伴，则需要运球向前场推进，在快速运球过程中要观察防守队员的位置和同伴的进攻机会，伺机及时传球给最有机会得分的同伴进行进攻；若在攻守转换过程中始终没有直接得分的机会，则需要通过运球组织同伴进行战术配合，制造得分机会。

在阵地进攻过程中，中锋在限制区周围背对篮筐接到外线队员传球时，第一选择不应是运球，而应是双手架起持球于胸部位置，用背部感觉防守队员的位置，同时观察外线队员移动情况。若强侧外线队员能围绕中锋策应包抄切入或拉开摆脱防守接球时，则应传球给其投篮；若弱侧外线队员能切入篮下获得有利投篮位置，则应第一时间传球给其投篮；若弱侧无球队员在远距离出现投篮空间，则应长传球给其进行远投。当同伴均未出现合适的投篮机会时，则应考虑运球强攻，切记，运球不宜超过3次。中锋一般会通过1～2次运球并结合脚步动作创造出投篮的空间，伺机得分。当然在运球过程中，也要观察同伴的位置和投篮机会，若同伴出现较好的投篮空间，则需要果断向其传球。

三、篮球运动员无球进攻策略

在篮球比赛的进攻时间里，5名进攻队员中仅有1名队员能持球，其余队员在大部分的时间里都处于无球状态，这就对无球队员的移动提出了更高要求。无球队员既要根据教练员的战术安排选择有序移动，又要根据场上形势变化选择合理的无序移动，只有场上队员配合默契，才能保证进攻中无球队员获得更多好的机会。

在篮球比赛中，持球队员承担组织和进攻的职责，无球队员则承担重要的接应和牵制防守队员的重任。无球队员在移动时要学会观察防守阵型，根据本队破解防守阵型所需的布局来落位，并选择合理的接应和牵制行为。无球队员在移动过程中要注意观察防守队员的行为，即防守队员防进攻队员内侧还是外侧，若防进攻队员内侧则向外摆脱移动接球，若防进攻队员外侧则向内线反跑接球。无球队员要为持球队员进攻拉开空间并根据持球队员的移动路线选择合理的接应位置，要能找到有利于同伴传球和自己接球的最佳接应点，并能将其转化成最佳的攻击点。因此，无球队员要建立正确的移动观念，有目的地移动，为同伴创造良好的进攻机会，为自己找到最佳的接应位置。

一般来说，无球移动包括自己摆脱防守获得空当、为同伴掩护帮助同伴摆脱防守获得空当和利用同伴掩护摆脱防守自己获得空当。通过自己摆脱防守获得空当的方式有V型摆脱、I型摆脱、L型摆脱、传切、背切、空切、反跑、横切、溜底等；为同伴掩护或利用同伴掩护摆脱防守获得空当的方式有反掩护、下掩护、上掩护、横向掩护、双掩护等。切记，掩护是帮助同伴摆脱防守的重要方式，也是为自己创造得分机会的重要方式。

在篮球比赛中，场上5名队员的进攻站位应保持"头—手—心—脚"的位置（图3-2-11）。作为一个完整的人，头、手、心、脚缺一不可，因此无球队员的移动可以从人体器官的重要性中得到启发。在进攻过程中，人必须有头，否则面临死亡。因此，场上5名队员要协同一致移动，需要按照"头—手—心—脚"移动原则，随时观察其他队员位置。一般而言，邻近持球队员的无球队员首先要摆脱防守移动接球，常用的个人摆脱防守方式有 V 型摆脱、I 型摆脱、L 型摆脱等，或者与"脚"换位，通过无球移动获得接球空间。当持球队员向一侧传球时，经常选择向"心"移动，"心"要求不可以停留超过 3 秒，因此，停留 2 秒左右时，他就需要向空区"手"或"脚"移动，而"头"不可或缺，他的位置需要邻近的"手"进行补充，这就需要"手""脚""头"不断移动交换位置，确保"心"不过于拥挤。也就是说，"心"的位置不能超过 2 名队员，一旦"心"的位置的有队员占领，"手""脚""头"位置队员要伺机移动接应，同时，给"心"的再次移动留出适宜的空间。因此，无球队员移动一般遵循以下三点原则。

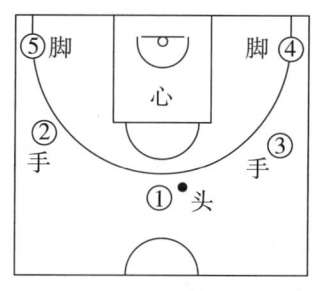

图 3-2-11　篮球场上队员头—手—心—脚落位

无球队员移动的第一原则：无球队员移动要目的明确，把握移动时机。要利用 V 型摆脱、反跑等各种策略摆脱防守接球成可投、可传或可突的三威胁姿势。要对有球或无球同伴进行掩护，使同伴获得空当或迫使防守队员交换位置从而使自己获得空当。要利用同伴掩护切入使自己获得空当，或迫使对手换防使掩护队员获得空当。要向远离球的位置移动，使防守队员难以同时看到你和球，且不能及时回防帮助防守持球队员的同伴。当球队失去球权时，要能追抢未被控制的球或队员马上由攻转守；要从投篮位置进行移动，冲抢进攻篮板球或回防。

无球队员移动的第二原则：无球队员移动要有序，避免同时移动，造成进攻混乱。根据球队战术布局，谁先动、谁后动要目的明确，动静结合、快慢结合，无球队员穿插应大幅度、长距离，轻易不走回头路，即使接不到球，也要移动到位。不管能否接到球，都要选择适当的位置和路线进行移动，通过不停地移动达到调动防守人和防守布局的目的，这样才能给对方造成最大威胁。

无球队员移动的第三原则：传球后必须移动，切忌站在原地不动。后卫队员，无论是传球给一侧前锋还是中锋队员，均需要移动。根据球队战术安排，传球后可以选择向限制区内切入，随时准备接同伴回传球投篮，或给同伴掩护；可以选择假动作切入后快速拉出，接同伴回传球，准备投篮或再次组织进攻；可以选择先反向移动，掩护同伴，协助同伴向篮下切入或补充弧顶空出位置；可以向球移动，给同伴掩护或利用同伴手递手策应投篮，后卫移动后空出的位置，前锋队员要移动轮转补充，以保证场上位置均衡。前锋队员传球给后卫队员，要选择向篮下切入，或 V 型摆脱、利用中锋掩护拉出再接同伴传球，或给篮下队员掩护，并给同伴创造得分机会；传球给中锋，绕中锋向篮下切入，或向左右移动拉开与中锋的距离，或给邻近后卫队员掩护。内线队员要主动上提给持球外线队员掩护，掩护后要马上转身下顺；或根据教练员战术安排，主动为溜底、横切、纵切的队员做掩护，掩护后向内线要位或向外线拉出创造得分机会。

篮球运动发明时就强调团队合作，不允许运球，虽然现代篮球运动发展使运球技术更加出神入化，但是篮球运动作为一项团队运动项目，每名队员分工不同，需要传球把团队融合到一起，这样大家才能在团队篮球运动中体验到快乐。

第三节　篮球比赛防守策略

篮球比赛防守策略是篮球比赛中球队的整体防守，以及队员的个人防守应遵循的一些既定的防守原则。这些原则明确限制或鼓励队员做出某些防守行为，在球队统一思想的过程中给队员自由抉择的空间，包括球员场上防守位置选择、防守持球队员移动和防守无球移动，以及相互之间协同防守配合，是队员个人防守技术的合理运用和队员之间相互协同防守配合的组织形式。

俗话说，赢球依靠防守。好的防守技术甚至比进攻技术更重要，它需要欲望和智力的支持。优秀的防守队员会用心去防守，在场上防守的每秒钟都尽最大的努力。影响防守最重要的因素是防守欲望，而强烈的防守欲望要有良好的身体素质做保障。成功防守时也需要智力的支持，比赛时，为了更好协防同伴、减少队员犯规、提高防守的攻击性，教练员会把具有良好防守意识的队员安排在合适的位置上。良好的防守指尽量减少对手在无防守情况下的投篮机会，这样不仅可以造成断球、封盖或让对手投篮不中，也能为自己的球队发动快攻创造更多的得分机会。篮球防守战术体系分为防守快攻、防守衔接段进攻、防守全场进攻和防守半场进攻四个阶段，每一阶段均有不同的防守要求、原则和方法。

一、篮球比赛防守的目标

防守的基本目标：扩大防守，给对手施加压力；迫使运球队员停球或转向；阻拦或严防所有从弱侧或篮下插上的切入队员；阻拦或控制弱侧进攻苗头；迫使对手隔人传球；迫使进攻队员在防守队员面前停球等。防守的另一个目标是让队员始终尽心尽力、互相鼓励，培养相互间的信任。防守要求 5 个人合作阻拦 1 个对手，球队里没有个人，防守正是团队精神的体现。一般不要求大中锋协防弱侧，而要求后卫和前锋协防弱侧。防守的最终目标是让每名防守队员都严密防守、争抢篮板球、积极跑动、盖帽、抢断及影响对手所有的传球和投篮。

二、篮球比赛防守的原则

（一）基本原则

（1）迅速撤回到与球平行的位置。
（2）干扰所有的投篮。
（3）人球兼顾。
（4）侧前防守对手向靠近篮圈方向的传球。
（5）弱侧防守队员的位置要尽量靠近持球人，保证自己可以阻断或干扰持球队员将球传给自己防守的进攻队员。
（6）绕前防守三秒区内的进攻队员。
（7）对于优势明显的所有低位进攻，都进行夹击。
（8）阻断对方向篮圈方向传球。
（9）尽量去封盖，而不是制造进攻方的撞人犯规。

（10）只有在对手有上篮威胁的时候才进行协防。

（二）低位防守的原则

（1）通过身体接触或侧前防守，迫使低位的进攻队员离开低位进攻位置。
（2）绕前防守三秒区内的对方队员。

（三）防守突破的原则

（1）迫使运球者向中路突破，与已经在那里站好位置的弱侧防守同伴配合。
（2）用不犯规的方式将对手的突破限制在距离篮圈 2.5 米以外的区域。
（3）尽量迫使对方突破的队员使用跑投的方式投篮，而不是急停跳投。

（四）防守有球掩护的原则

（1）限制突破是第一要务。
（2）防守掩护队员的队员要在自己和掩护队员之间空出一定距离。
（3）防守持球队员的队员要从掩护下方空出的地方穿过，阻止持球队员的突破。
（4）有必要的话可以换防，一旦换防，便要注意绕前防守向篮下空切的进攻队员，同时注意限制持球队员的突破。

（五）防守无球掩护的原则

（1）防守空切队员的队员要从掩护的有球侧挤过或穿过，除非防守队员判断出空切队员准备使用闪切的方式。
（2）防守掩护的队员员要在自己和掩护队员之间空出一定距离，以便队友穿过，之后要迅速回位来防守与自己对位的队员。
（3）只有在非常危险时才能换防。

三、篮球运动员个人防守策略

篮球比赛的本质是对球权的争夺，进攻方一旦丢失球，就成为防守方。防守的首要目标是争夺球权，无论是防守有球队员还是无球队员，其目的都是使进攻方出现失误，以便获取球权。

当防守外线持球队员时，一定要根据持球队员的进攻特点选择合理的防守位置和姿势，持续给对手压力，控制进攻队员出手的机会。如果持球队员投篮命中率很高，就需采用一手上举一手侧举的斜步防守姿势，尽可能接近持球队员。如果持球队员突破能力很强，则要选择偏向其强侧运球手的平步防守姿势，迫使持球队员向有协防的一侧突破，防守距离为与持球队员保持一臂距离。若持球队员既能投也能突，则要选择距离持球队员较近的位置偏向一侧有同伴协防的位置进行防守。持球队员一旦开始运球，则要偏向一侧贴身紧逼，防守全场运球时，要迫使其向边线运球，防守半场运球突破时，要迫使其向边线一侧运球突破，防守队员要始终保持在运球队员与球篮之间。一旦被突破过去，则要全力追防，保持与突破队员平行的位置，从侧面封盖干扰其投篮。若运球队员一旦停球，防守队员要用身体紧贴持球队员，两臂张开，封堵持球队员传球或投篮，尽力造成其5秒违例，并努力争抢地板球。当持球队员试图传球时，允许外线传球，但要在传球路线上尝试伸手抢断接球人，努力切断其向内线传球的路线。持球队员传球后，防守队员要向球和篮的位置收缩，协防或保护篮下。

当防守内线持球队员时，防守队员应在持球队员与球篮之间进行紧逼防守。当内线持球队员背对篮筐站位于限制区两侧位置时，要重心降低选位偏向一侧，一手臂架起顶住其腰背位置，另一手举起，准备封盖其投篮或传球。一旦内线持球队员开始运球，防守队员便要全力对抗，不给对手转身机会，注意不能伸开手臂推运球队员，否则会被裁判员判罚为犯规动作。当内线持球队员站位于罚球线位置时，防守队员要根据其进攻特点，站位于其身前，紧逼持球队员，不让其轻易运球突破，同时要尽力封盖其投篮。

当防守外线无球队员时，要始终遵循人、球、区、篮"四位一体"兼顾原则，距离球和篮越近，防守队员要越贴近对手。因进攻发起经常由向一侧传球开始，当对手离球较近时，面向对手侧对球的人球兼顾的抱防姿势是有效防守策略，尽量减少其接球，同时防止其反跑。当对手向篮下切入时，先要堵截对手向自己身前切入，迫使对手向自己身后移动。当进攻队员向限制区移动时，要面向对手紧贴跟随，不让其在限制区内接球，护送其向远离球和篮的位置移动。当距离球较近的进攻队员威胁不大时，要选择向持球队员一侧移动一步，防守自己对手的同时协防持球队员突破。当防守的外线无球队员距离球和篮较远时，要选择向篮下收缩，若对手外线投篮精准，则收缩位置距离对手要小，以便对手接到球后自己能及时回防到位。一旦远离球和篮的进攻队员向球和篮移动时，防守队员要及时调整防守位置和姿势，坚决堵截其向篮下切入接球，尤其是在限制区内，坚决不允许其在防守队员身前接球。切记，限制区是防守方的"家"，决不允许任何进攻队员入侵家园领域。当防守队员防守的对手从弱侧场角向强侧场角移动时，要保持人球兼顾姿势随对手移动，一旦对手进入限制区内便要贴身紧逼，在篮下瞬间面向对手，然后护送对手向强侧移动，成不让其接球的人球兼顾的抱防姿势。

当防守内线无球队员时，也要遵循人、球、区、篮"四位一体"兼顾原则。内线队员位于强侧时，要采用偏向球一侧贴身防守，一侧手臂上举不让其接球，另一侧手臂屈臂紧逼对手，逼迫其离开该区域。若内线队员攻击能力强，则要选择身前防守位置，两臂张开在内线队员身前紧贴，不让其接球，同时，弱侧防守队员要收缩协防，以便防守持球队员吊球。当内线队员位于弱侧时，防守队员要向篮下收缩，随时关注内线队员抢位移动，坚决不让其在限制区内接球。一旦内线队员向限制区内抢位移动，防守队员要主动对抗，争取把对手挤出限制区。

无论防守有球队员还是无球队员，防守意志和作风都很关键。要有顽强拼搏的防守意志，敢于对抗，才能防住对手。当然，要想成功防守对手，防守技巧和策略更关键。无论对手如何移动，提前预判进攻意图、选择合理防守位置、采取正确防守技巧、主动与对手对抗均是成功防守的保障。

第四节　篮球比赛攻守转换策略

篮球比赛的本质是在对球权来回争夺基础上的得分游戏。当获得球权时，就属于进攻方，组织队友得分；当失去球权时，就属于防守方，阻止对手得分。无论进攻方失去球权还是防守方获得球权，攻守转换自然发生，进攻方需快速向对方球篮进攻，防守方需快速退回本方球篮防守，攻守转换是篮球比赛的基本规律。篮球比赛中攻守转换发生的时刻就是球权获得或失去的时刻，比赛始终是进攻和防守不断转换的过程。根据球权获取或丢失的方式，攻守转换可分为被动转换与主动转换两种类型。被动转换指进攻方投篮命中或违例、犯规被判罚，防守方自然获得球权组织进攻过程，需要通过掷界外球组织下一回合进攻。主动转换指进攻方投篮不中被抢篮板球、跳球或失误后失去控球权时，被对手快速组织进攻的过程，属于防守方主动获得球权快速转换进攻的过程。攻守转换包括由守转攻和由攻转守两个过程。

一、篮球比赛中的由守转攻策略

由守转攻是防守方抢到防守篮板球、抢断球或对手得分后由防守转变为进攻后，瞬间进行快速反击的转换过程，一般包括快攻、衔接段进攻和阵地进攻三个阶段（图3-4-1）。

现代篮球快攻是在由守转攻时，以最快的转换速度、最简捷的推进方式，使对手退不及防，合理利用人数和时空优势抢攻得分的速决战，一般3~5秒完成。球队要形成有效的快攻，首先要具备快攻的思维和意识；其次要设计符合本队队员特性的快攻路线；再次要组织五人的快攻；最后要做好快攻不成，紧接执行本队衔接段进攻战术的准备。

所谓衔接段进攻，也称为快攻与阵地进攻之间的衔接进攻，指在快攻未成功时，利用对手"退不及防、防不到位"，人动、球动，连续利用各种穿插、掩护、突破、策应调动对手，机动灵活地实施攻击，一般5~8秒完成。衔接段进攻时，5个人要分工明确，保持分散站位，选择合适的快下路线，强侧、弱侧利用掩护、策应等基础配合快速进攻，当衔接段进攻不成时，后卫要组织全队落入半场阵地进攻。

半场阵地进攻是防守队员基本退守到位并形成一定的防守阵型，进攻队员在对手半场展开的攻击，可分为整体配合战术和局部配合战术。半场阵地进攻的设计要遵循一定的战术原则，这些战术原则是教练员对篮球客观规律的认识和总结，并与各自的执教理念相辅相成，保证了战术体系核心打法的体现和实施。同时，教练员需要根据队员的特点，在坚持自己的进攻理念和进攻原

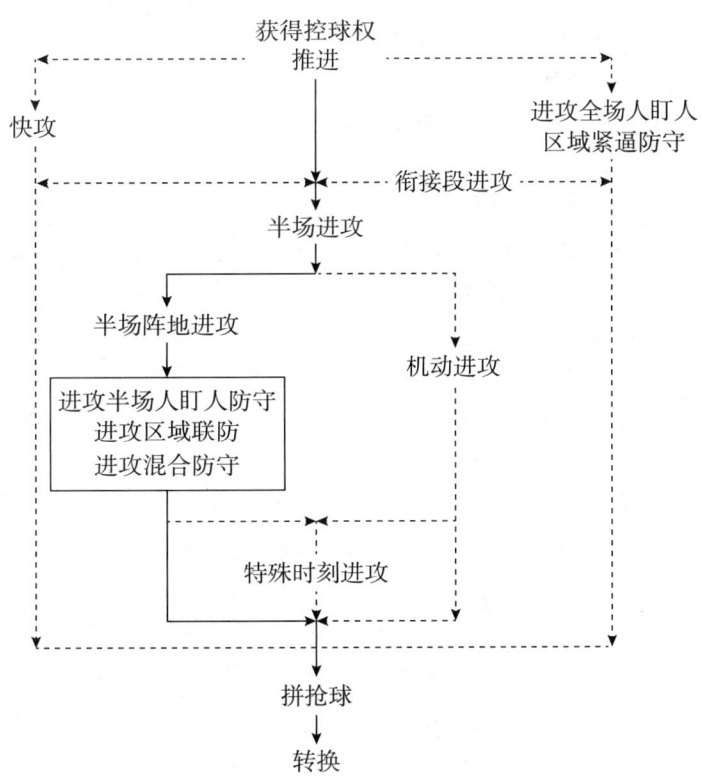

图3-4-1 篮球比赛由守转攻过程结构

则基础上合理设计进攻战术。进攻战术的设计主要包括战术落位、基本战术方法及变化。每个进攻战术体系都由若干个基本战术及变化组成，每个战术之间都能相互转化，不同进攻战术体系对配合性技术有专门的要求。

因此，由守转攻时，切记，首先，要明确职责分工，抓紧一切机会发动快攻，尽量通过1~2次传接球形成二打一、三打二或一打一的有利局面，最多不超过3次传球，上篮一定要果断，不要怕被封盖；其次，当失去快攻多打少机会后，要在对手退守立足未稳、尚未形成集体防守阵型时，在快速移动中完成衔接段进攻；最后，当衔接段进攻不能得逞时，要立即进入阵地进攻阶段，按照既定战术准备发起进攻，这些战术准备包括常规战术、灵活机动打法战术、必要的特殊打法战术和关键时刻发挥明星队员作用的战术，根据比赛不同进程和防守的不同阵型，选择不同的进攻战术打法。

二、篮球比赛中的由攻转守策略

由攻转守是因失误、投篮不进、被抢断等，由进攻结束瞬间到需快速回防的过程，包括防守快攻、防守衔接段进攻和防守阵地进攻三个阶段（图3-4-2）。

现代篮球运动防守策略彻底改变了过往在后场落位等对手失误的被动防守方法，而是从前场就开始组织防守，分别在前场、中场和后场形成多层防守体系。各种战术形式均以夺取球权为中心，重视对"球""人""区域""时间"的综合防守。一旦失去球权，首先要防守快攻反击和防守衔接段进攻，延缓对手进攻速度后有序组织对半场进攻的防守；

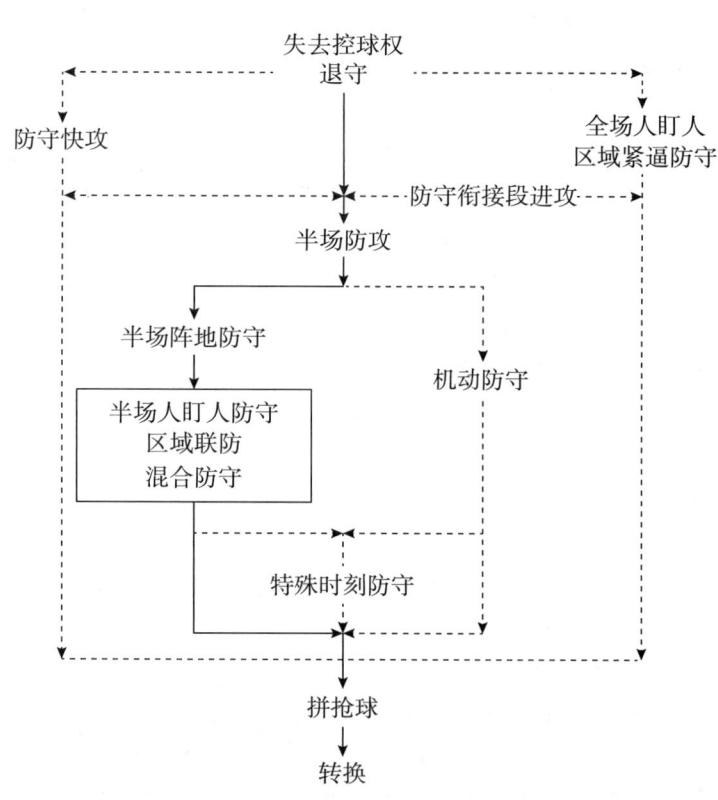

图3-4-2　篮球比赛由攻转守过程结构

若对手投篮命中，则可以选择组织全场紧逼防守。

当在前场发生攻守转换时，要就地逼抢或者夹击，防止对手一传快攻，争取利用对手的慌乱，伺机断球，夺取球权；如争夺未果，则根据战术需要后退到防守区域或者就近找人盯防。本方后卫对对手的控球后卫进行紧逼盯防，不断干扰对手，尽力让对方始终处于保护球的紧张状态，减少进攻方前场配合的机会，增加进攻方的失误，同时通过卡脚步、堵路线等方法，使进攻队员不能顺利进入前场落位，延误对手的推进速度，消耗对手的进攻时间。

在中场，防守运球队员要堵中放边，让对手进入中线和两边线交界处的夹击区域，同时防守的无球队员要大胆放弃自己的防守对象，与队友进行夹击，造成对手的传球失误或者球回后场失误。

在后场，要做到外线的平面争夺与内线的多层空间防守相结合。在外线时，防守队员要运用各种脚步动作，积极卡堵，对持球队员积极逼抢，并严防无球队员接球，使球尽可能远离篮圈，浪费对手进攻时间，使对手进攻组织仓促。内线要重视空间网状防守，外线要重视平面争夺。当对手在内线要位时，第一层防守队员要积极主动靠近对手，采用平步贴身或抢前绕防；对手获得球后，最靠近对手的防守队员要快速贴近对手，用身体和手臂抢占对手的投篮空间，迫使其改变投篮路线；第二层邻近的防守队员要快速回缩夹击对手，抢占防守的有利位置，运用合理的抢、打、断球等技术破坏对手的进攻；第三层靠近球侧的同伴要快速回缩补防，抢占有利的防守空间，快速起跳，在空中封盖对手的投篮。

因此，由攻转守时，切记，首先，要在进攻时就开始有防守对方快攻的意识和准备，一旦进攻投篮出手，每人冲抢篮板球和退防的职责分工要明确，通过封一传、堵接应、逼运球走边路、卡两边快下，不让对手通过快攻简单得分；其次，对手一旦获球，要全力向后场快速冲刺退防，回防过程中要观察球的动向，紧逼快下队员，在对手快速进攻过程中，防守队员之间要及时呼应交流，临时补防、适时换防，阻止对手衔接段进攻；最后，一旦防守逼迫进攻方无法在快速移动中获得投篮机会，就要在落入半场阵地防守过程中运用合理的防守原则，通过全场或半场人盯人防守、区域联防和混合防守等多种方式破坏对手的进攻战术配合。

攻守转换是篮球比赛的重要时刻，球队攻守转换意识是成功的关键。由守转攻时，如果进攻方比防守方更快、更默契、更努力，进攻方就会获得更有利的进攻机会；由攻转守时，如果防守方比进攻方更快、更默契、更努力，防守方就会更有效地限制对方的进攻配合和效果。

思考题

1. 如何理解现代篮球比赛中运动员场上位置模糊化？
2. 在篮球比赛中，运动员在场上进攻时应如何站位？
3. 在篮球比赛中，运动员接到球后应该如何进行抉择？
4. 请运用"头—手—心—脚"理论说明篮球运动员在比赛中移动应遵循哪些原则。
5. 在篮球比赛中，运动员防守持球队员应遵循哪些原则？
6. 在篮球比赛中，运动员防守无球队员应遵循哪些原则？
7. 篮球比赛由守转攻时，不同进攻反击阶段有何要求？
8. 篮球比赛由攻转守时，不同防守阶段有何要求？

即测即评

CHAPTER 04 第四章
篮球技术

【导读】

篮球技术是篮球运动的基础，投篮、传球、运球、抢篮板球、防守、持球移动技术和无球移动技术都是篮球运动员必须掌握的基本技术。通过本章学习，期待读者能够把团结协作、顽强拼搏、尊重对手、遵守规则等思政元素融入篮球攻防技术习练中，理解篮球基本功、投篮、拼抢球技术、获得球，以及一对一技术之间的关系，能够规范演练篮球技术动作，在篮球比赛中基本灵活应用，创新设计篮球技术练习方法和篮球技术教学实践。

篮球技术是篮球比赛的基本手段，比赛中队员的智慧、技能、运动素质、心理品质和文化素养等都是通过技术的运用表现出来的，因此篮球技术教学训练能够培养学生高超的运动技能、应变能力和创造力。现代篮球比赛是在高水平层面上进行的全面对抗，衡量队员运动技巧和能力的标准也在不断提高，这就要求教学训练要始终贯彻在激烈对抗的条件下完成各种技术练习的指导思想，使队员在快速、准确、稳定、配合和创造性的练习中提高对抗能力，培养队员在对抗条件下有效运用技术的意识和能力。

第一节 篮球技术基础动作（基本功）

一、篮球技术基础动作（基本功）的教学内容体系

篮球运动是以腰为核心，以手、脚协同运动为基本方法的体育项目，因此，专门的脚步动作和专门的控球手法是篮球技术的基础。所有篮球技术和技能都是建立在良好的手、脚动作基础之上，掌握良好的篮球技术基础动作是进行篮球活动的前提，也是学习篮球技术过程中必须具备的能力。

篮球技术基础动作（基本功）主要由各种专门的脚步动作方法和控球动作环节的手法组成。基本功的核心是由专项身体素质与专项所需的专门性知觉共同构成的技术方法体系，其中脚步动作表现为专门的脚步用力方法和身体位置知觉能力，而控球手法则表现为手指、手腕的触觉神经末梢对球体的感知能力及手部肌肉控制球的能力，这些能力的掌握，一般需要进行大量的重复练习。在篮球技术教学训练中，基本功

的教学是学习其他技术的前提，只有掌握了正确的技术，打下坚实的篮球基本功，才能使篮球技术水平真正得到提高。篮球技术基础动作（基本功）教学的主要内容如图 4-1-1 所示。

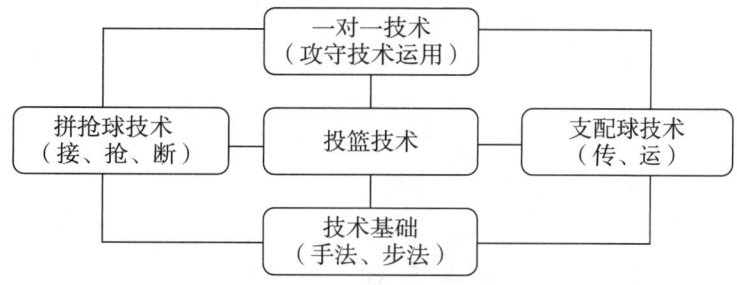

图 4-1-1　篮球技术基础动作（基本功）教学内容

二、篮球技术基础动作

（一）基本步法的技术范型

基本步法的技术范型主要有基本站立姿势和起动、跑、跳、急停、转身、跨步，以及防守步法等。脚步移动是所有篮球技术的基础，运动员依靠速度与平衡能力向任何方向起动、急停和移动都需要好的脚步动作，良好的脚步动作可以控制身体，以便更好地把握移动时机、做假动作和保持速度。进攻移动技术可以迷惑对手使其失去平衡，从而在进攻中占据优势；防守移动技术可以限制对手的行动，降低其进攻威胁，或迫使其失误。

各种步法技术范型的主要方法如下。

1. 基本姿势和起动

基本姿势包括进攻基本姿势和防守基本姿势，良好的基本姿势可以使篮球运动员快速移动、变向，有控制地急停和起跳，比赛中要养成随时保持良好基本姿势的习惯。

进攻基本姿势：上体保持正直，两臂自然屈于体侧，两手张开，两脚开立，稍宽于肩，重心落于前脚掌，两膝自然弯曲（图 4-1-2）。

进攻基本姿势

图 4-1-2　进攻基本姿势

防守基本姿势：上体保持正直，重心落在前脚掌，两脚平行（平步防守）或前后（斜步防守）站立，稍宽于肩，屈膝降重心以便向任意方向移动。基本手部姿势包括两种：第一种是平步防守时，两手自然屈于腰部两侧，手心朝上干扰运球队员（图4-1-3）；第二种是斜步防守时，一手前伸干扰投篮，另一手侧伸阻拦传球（图4-1-4）。

图4-1-3 防守基本姿势（平步）

图4-1-4 防守基本姿势（斜步）

防守基本姿势（平步）

防守基本姿势（斜步）

2.跑与跳

跑在篮球运动中广泛应用，主要有侧身跑、变速跑、后退跑、变向跑等方式。在篮球攻防对抗中可根据实际需要，随时变换跑动的方式。

变向跑：通过改变跑动方向来迷惑对手和摆脱防守的一项技术，变向跑的有效性是依靠从一个方向向另一个方向快速切入。变向跑时，首先一脚迈出，接着另一脚向另一侧跨步。以从右向左变向为例，右脚前脚掌内侧蹬地向左旋转，重心向左移动，上体向左前倾；接着左脚向左前方跨出一步，脚尖指向左侧，右脚快速向左前方跨出，加速跑动（图4-1-5）。

图4-1-5 变向跑

变速跑：通过改变跑动速度来迷惑对手和摆脱防守的一项技术，是在不改变基本跑动形式的前提下，从加速跑转换到减速跑再到加速跑的过程。当减速跑时，缩短步幅降低步频，后腿减少用力，膝关节不要完全伸展，上体保持正直；加速时，后腿前脚掌用力蹬地,加大步幅,身体前倾,支撑腿伸直,快速移动。

跳:篮球运动中为攻防争夺空间常用的主要手段。跳不仅取决于起跳的高度、起跳的速度、连续起跳的能力,还取决于起跳的时机、身体在空中的平衡能力。在篮球运动中,跳分为双脚起跳和单脚起跳。

原地站立时一般用双脚起跳。基本姿势站立,上体保持正直,两臂屈于体侧,屈膝降重心,重心落于前脚掌,起跳时,双脚用力蹬地,两臂上摆,起跳到最高点时,两臂上举,落地时屈膝,前脚掌着地。双脚起跳多用于跳起投篮、抢防守篮板球等情况(图4-1-6)。

双脚起跳

图 4-1-6 双脚起跳

跑动中一般采用单脚起跳。起跳前最后一步要小,上体保持正直,起跳脚快速用力蹬地,垂直向上起跳,另一条腿提膝,手臂上伸,落地时屈膝,前脚掌着地。单脚起跳多用于行进间投篮、封盖投篮、移动中抢进攻篮板球等情况(图4-1-7)。

单脚起跳

图 4-1-7 单脚起跳

3.急停、转身、跨步

急停、转身、跨步是篮球运动中被广泛运用并与其他攻防动作结合运用的基础技术。

急停:跑动的队员从动态到静态的制动方法,分为跳步急停和跨步急停两种。跳步急停：急停前单脚起跳，两脚同时落地，重心落于全脚掌，膝关节弯曲，两脚稍宽于肩（图4-1-8）。跨步急停：后脚跨出脚后跟着地，过渡到前脚掌，另一脚脚掌内侧着地，屈膝降重心，两脚宽于肩，目视前方，呈基本姿势（图4-1-9）。

跳步急停　　跨步急停

图4-1-8　跳步急停　　　　　　图4-1-9　跨步急停

转身：以一只脚为轴，另一只脚蹬地、转体并改变身体朝向的技术方法。转身时，上体保持正直，膝关节弯曲，一脚前脚掌为轴，另一脚前脚掌蹬地，用转头、转肩和转腰的力量带动身体弧形移动，使身体改变原来的朝向，身体重心保持平稳。转身技术包括前转身和后转身两种。移动脚蹬地在轴心脚前方进行弧形移动叫作前转身（图4-1-10），反之叫作后转身（图4-1-11）。前转身时胸部领先，保持平衡的身体姿势；后转身时背部领先，亦保持平衡的身体姿势。转身时要保持身体平衡，如果持球则要注意保护球。

前转身　　后转身

图4-1-10　前转身　　　　　　图4-1-11　后转身

跨步：在基本姿势的基础上，以一脚为轴，另一脚向侧方或前方跨出的技术方法，包括同侧步（又称顺步）和异侧步（又称交叉步）两种。同侧步是向移动脚的同侧跨出（图4-1-12），而异侧步是向移动脚的异侧跨出（图4-1-13）。跨步时，两腿屈膝，重心降低，轴心脚的前脚掌碾地，另一脚向侧方或前方蹬地跨出，跨出后要控制好身体重心，以便衔接下一个动作。

异侧步

图4-1-12 同侧步

图4-1-13 异侧步

4.防守步法

快速移动中保持身体平衡是防守的关键，防守移动时重心要均匀地落在两脚的前脚掌上，两脚间距离宽于肩部，脚步移动要短促、快速，当向移动方向跨出同侧脚时，异侧脚用力蹬地，移动时身体重心不要起伏。基本的防守步法包括滑步和后撤步。

滑步：个人防守时运用最广泛、最主要的脚步动作，分为侧滑步、前滑步、后滑步。以向右侧滑步为例，左脚前脚掌内侧蹬地同时，右脚向右跨出，落地时左脚紧随滑动，向右脚靠近，脚步移动要短促、快速。滑步时，要保持上体正直，身体重心不要上下起伏，两脚不要交叉，重心保持在两脚之间，眼要注视对手（图4-1-14）。前滑步和后滑步的动作方法与侧滑步相同，只是移动方向

侧滑步

图4-1-14 侧滑步

不同,两脚前后站立,向前(后)方移动,前滑步时后脚蹬地,前脚向前跨步(图4-1-15);后滑步时前脚蹬地,后脚向后跨步(图4-1-16)。

图4-1-15　前滑步

前滑步

图4-1-16　后滑步

后滑步

(二)基本步法的运用变式

(1)脚步动作的运用,以基本步法为基础,可根据比赛中移动的需要灵活组合运用,如起动与急停的结合、变向与加速跑的结合、急停与跨步的结合、急停与转身的结合、急停与跳的结合、起动与加速跑的结合等。

(2)基本步法的运用过程实质上是移动中控制身体重心的过程,因此,要始终注意适当降低身体重心,学会控制和转移身体重心的方法。

(3)移动过程中,无论采用哪种方法和变化形式,都有赖于观察场上情况并作出合理决断,因此,要养成抬头观察的习惯。

(4)移动过程中,要充分运用各种脚步和假动作迷惑对手,利用移动速度和方向的变化,在时间和空间上掌握对抗的主动权。

(三)基本手法的技术范型

基本手法的主要技术范型有持球手法、接球手法、传球手法、投篮手法和运球手法等。在每种手法的技术范型中,都可根据实战比赛的要求进行变换运用,下面所描述的技术范型是各种控制球方法的最基本的形式。

1. 持球手法

持球手法有双手和单手两种形式。双手持球手法是双手手指自然张开,掌心空出,用指根及以上部位触球(图4-1-17)。单手持球手法是五指自然张开,球置于手上,用手掌外沿、指根及以上部位托住球(图4-1-18、图4-1-19)。

图4-1-17 双手持球

图4-1-18 单手高手持球

图4-1-19 单手低手持球

2. 接球手法

接球是篮球比赛中进攻时最基本、最重要的技能,主要手法包括双手接球和单手接球。双手接球时,两眼注视来球,两臂伸出迎球,手指自然分开,两手呈半圆形朝向球;当手接触球的瞬间,双臂随球后引,缓冲来球的力量,呈双手持球姿势(图4-1-20)。单手接球时,伸手迎向来球,当手接触球的同时迅速借来球惯性将球后引至胸前,呈双手持球姿势(图4-1-21)。

双手接球　单手接球

图 4-1-20　双手接球

图 4-1-21　单手接球

3.传球手法

传球是进攻中最重要、应用最广泛的基本技能之一，是进攻中组成战术配合的纽带，最常见的传球手法有双手传球和单手传球两种。双手传球的手法是双手持球，借助蹬地力量，双臂前伸，手腕前屈，拇指下压，食、中指拨球将球传出（图 4-1-22）。以右手传球为例，单手传球的手法是双手持球，借助蹬地力量，右手臂前伸，手腕前屈，拇指下压，食、中指拨球将球传出（图 4-1-23）。

双手传球　　　单手传球

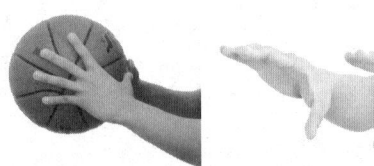

图 4-1-22　双手传球

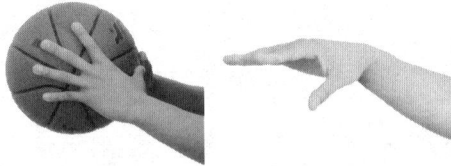

图 4-1-23　单手传球

4.投篮手法

投篮是所有技战术运用的最终目的，把球精准投入球篮是篮球比赛中最为重要的技能。因此，投篮手法在篮球技术中居于重要地位。最为常见的投篮手法有原地和行进间的双手胸前投篮、单手高手投篮、单手低手投篮等。

以右手投篮为例，单手高手投篮的出球方法是右手高手持球，左手扶球的左侧，右臂屈肘，上臂与地面平行。投篮时，下肢蹬地，右臂向前上方伸直，手腕前屈，食、中指拨球，将球投出（图4-1-24）。

单手高手投篮

图4-1-24　单手高手投篮

以右手投篮为例，单手低手投篮的出球方法是右手低手持球，持球手臂向前伸出，手心向上托住球，借助身体向上的力量，手腕上屈，手指上拨，将球投出（图4-1-25）。

单手低手投篮

图4-1-25　单手低手投篮

5.运球手法

运球是篮球比赛中个人攻击和与同伴组成配合攻击的重要技能。运球是用手指、手腕连续拍按使球借助地面反弹起来的动作过程。运球手法是运球时，非运球手手臂屈肘平抬保护球，运球手五指自然张开，朝向身体侧前方，主动迎接地面反弹起来的球，并随球的力量向上缓冲，然后用力向下拍按球，如此反复进行。前进时拍按球的后侧上方，变向时拍按球的外侧上方。拍按球的部位应与移动的方向、速度协调配合（图4-1-26）。

运球手法

图 4-1-26 运球手法

（四）基本手法运用变式的提示

（1）双手持球手法可在运用中变化为单手持球手法，单手也可以变化为双手。高手与低手之间也可相互转换。单手低手投篮手法可变化为勾手或反手投篮手法等。

（2）采用何种投篮手法取决于比赛中的具体情况，投篮手法的关键在于球出手时受力的精确程度。因此，无论采用哪种投篮手法，都必须做到稳定和准确。

（3）运球手法可有多种变化，如向前推与向后拉的结合运球、左手与右手交替的体前变向运球、单手的体前变向运球等，各种运球都可与身体动作结合成迷惑对手的假动作，伺机运球超越对手。

三、篮球技术基础教学与练习方法

（一）基本手法的练习

练习 1：原地双手持球，体前不同位置手指拨球练习。

要求：手指自然张开，不断变换拨球的位置，逐渐加快拨球的速度，可变式为两人相对手指拨球给对方练习。

练习 2：原地双手持球，绕头、腰、腿做绕环练习。

要求：换手递交球时手指触球，逐渐加快绕环的速度。可变式为两人相对镜面模仿绕环练习。

练习 3：胯下前后手交替抛接球练习。

要求：屈膝降重心，保持上体正直，两手交替要快，逐渐加快抛接球的速度，可变式为两人相对按节奏抛接球练习。

练习 4：胯下两手前后抛接球练习。

要求：屈膝降重心，上体保持正直，两手抛球后交替要快，逐渐加快抛接球的速度，可变式为两人相对按节奏抛接球练习。

练习 5：胯下"8"字绕环练习。

要求：两腿分开幅度要大，两手交接球时主动迎球，逐渐加快"8"字绕环的速度，

 手指拨球　 头、腰、腿绕环

 胯下前后手交替抛接球　 胯下两手前后抛接球

可变式为两人相对"8"字绕环抛接球配合练习。

练习6：单手高手和低手持球向上投、接球练习。

要求：持球手法正确，体会出球时手指、手腕的拨球动作，球投出后下落，要立即接住，可变式为两人单手持球投球给对方练习。

胯下"8"字绕环

单手高手和低手持球向上投、接球

练习7：双手高手持球向上投、接球练习。

要求：持球手法正确，体会双手拨球的用力方法，双手用力要均匀，球下落时立即接住，可变式为两人双手持球投球给对方练习。

练习8：原地做各种运球练习。

要求：保持正确站立姿势，手指自然张开，用力拍按球体，体会球的运动特性和规律，注意抬头观察，逐步养成观察的习惯，运球要大力并有节奏变化，可变式为两人相对运球镜面模仿练习。

（二）基本步法的练习

练习1：起动—冲刺跑练习。

脚踩端线以进攻基本姿势站立，听信号快速跑过中线，随后减速慢跑到对面端线，然后以同样的方式返回。

要求：起动时身体重心快速前倾，尽全力冲刺跑。采用竞赛方式更有利于激发学生兴趣。

练习2：起动—冲刺跑—急停练习。

脚踩端线以进攻基本姿势站立，听信号快速跑到中线急停，随后起动快速跑到对面端线急停，然后以同样的方式返回。

要求：起动时身体重心快速前倾，急停前不要刻意降低速度，急停时屈膝降重心。可以听信号急停，急停可由一组某同学发出指令。

练习3：起动—变向跑练习（图4-1-27）。

脚踩端线以进攻基本姿势站立，听信号快速起动连续变向跑到对面端线，然后慢跑回到起点准备进行下一次练习。

要求：变向跑时身体快速扭转，可先慢速进行，后逐渐加快速度，教练员也可规定变向前跑动的步数或听到信号变向。可要求两人变向要沟通交流，保持动作一致。

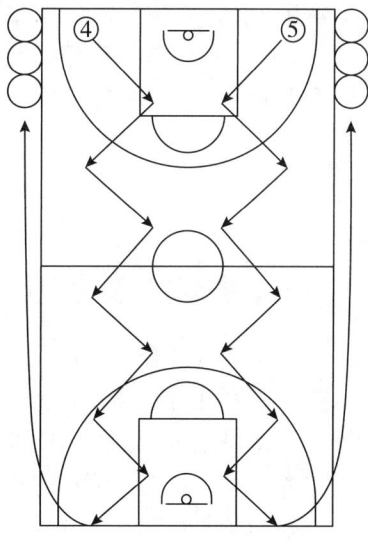

图4-1-27　起动—变向跑练习

练习4：起动—变向跑—跳步急停—起跳练习（图4-1-28）。

脚踩中线以进攻基本姿势站立，听信号起动到标志杆前变向跑，脚踩边线再次变向跑，到篮板下的位置时跳步急停，然后双脚起跳摸篮板。慢跑回到起点，进行下一次练习。

要求：起动要快，变向加速，起跳摸篮板时身体充分伸展，可规定摸篮板的次数，每组练习各动作要协同一致，提高沟通交流能力。

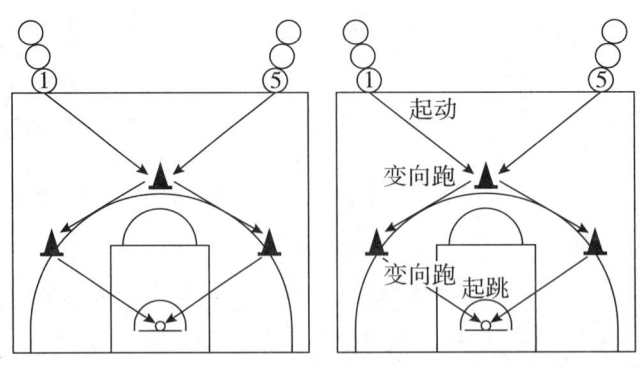

图 4-1-28　起动—变向跑—跳步急停—起跳练习

练习 5：限制区侧滑步练习。

采用平步防守姿势面向罚球线在限制区内站立，右脚踩在右边限制区线上。听到信号后在限制区左右边线之间尽可能快速地进行持续滑步练习。

要求：滑步要短促快速，尽量保持两脚之间的距离，重心不能上下起伏，脚踩到限制区边线即快速返回。一组人纵向站位的集体练习可提高练习兴趣。

练习 6：口令手势指挥下的滑步练习。

学生在口令手势指挥下进行练习，听到"防守"口令，迅速做出防守姿势；听到"滑步"口令，快速向手势指挥的方向滑步移动。根据指出的方向侧滑步向两侧移动，前、后滑步向前、后移动，快速变向时要保持良好的身体平衡姿势。

要求：基本防守姿势的重心要低，滑步过程中保持重心平稳，变换滑步方向要及时。练习过程中可以增加跳、转身等动作，教练员要激情参与，以培养学生的意志品质。

第二节　投篮技术

一、投篮技术的教学内容体系

投篮是进攻队员为将球投入对方球篮而采用的各种专门动作方法的总称。投篮是篮球比赛中唯一的得分手段，一切技战术的运用都是为了创造更多更好的投篮机会，因此投篮是篮球技术体系的核心。投篮得分多少决定比赛的胜负，掌握和运用好投篮技术，不断地提高投篮命中率，对学习篮球运动技能具有十分重要的作用。

投篮的动作方法有很多，依据临场运用的形式与特点，可把投篮的多种动作方式进行归类。篮球比赛中常见的投篮技术有原地投篮、行进间投篮和跳起投篮三种（图 4-2-1）。

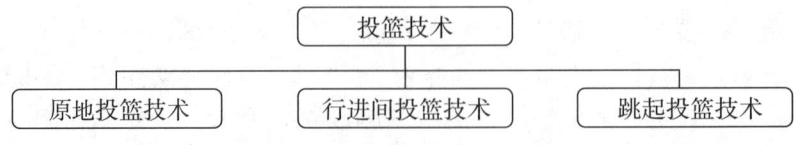

图 4-2-1　投篮技术的教学内容体系

二、投篮技术动作

学会打篮球要掌握各种各样的投篮基本技术，如单手肩上投篮、勾手投篮、行进间投篮、急停跳投等。这些投篮都遵循相同的技术原理，为了加深对投篮技术原理的理解，我们将投篮技术从动作用力和物理学原理两方面进行分析：投篮动作用力包括瞄篮方法、身体平衡、手的位置、肘内收姿势、用力过程、跟随动作；投篮的物理学原理包括球飞行时的旋转、球篮有效面积与误差允许度。

（一）投篮技术的动作用力分析

1. 瞄篮方法

瞄篮是投篮时眼睛注视篮圈或篮板的位置。根据投篮时瞄准方法的不同，可分为空心投篮和碰板投篮两种方法。对于大多数投篮，应该把篮圈作为瞄准对象，目光要注视篮圈。如果投篮者与篮板呈一定夹角，采用碰板投篮时，目光注视篮板上的矩形方框。不论是空心投篮还是碰板投篮，投篮者主要依靠自身的感知觉进行投篮。投篮者对所有投篮都应瞄准目标，直到球到达目标为止。不要急于去看球的飞行情况，把注意力集中在投篮目标上，这对掌握连贯的、准确的投篮是非常重要的。

2. 身体平衡

保持身体平衡可以在投篮时控制身体力量和节奏。脚的位置是身体平衡的基础，两脚与肩同宽，脚尖朝前，投篮手一侧脚稍前，膝关节弯曲，上体保持正直，头部稍向前倾，肩膀放松，脚尖、膝盖、肩膀和头部在一条垂线上。

3. 手的位置

投篮手放在球后下方，五指放松，自然分开，用指根以上部位触球，食指在球的中间，非投篮手放在球的侧面。

4. 肘内收姿势

将球自然举在投篮肩膀一侧耳朵与肩膀之间的位置，投篮肘内收，肘部稍微指向侧面。若柔韧性不足，投篮肘内收时，投篮手不能朝向球篮，则需要把投篮手转到球后指向球篮方向，然后在自己柔韧性范围内将肘内收。

5. 用力过程

投篮是通过脚蹬地、腰腹伸展、抬肘、伸臂、压腕、手指拨球动作来完成的。投篮的初始力量来自下肢，当脚蹬地时，伸膝、伸髋，手臂上伸，当腿完全伸直时，后背、肩膀和投篮手臂流畅地向上方伸展，并保持投篮手朝向球篮。投篮的最后力量来自手腕和手指的向前和向下弯曲，球从食指指尖飞出，后旋。若投篮距离近，则主要依靠手臂、手腕和手指用力；若投篮距离远，则需要腿、背和肩膀用力。

6.跟随动作

球出手后,保持手臂向上伸展,手腕前屈,掌心朝下。眼睛注视篮圈,保持手臂完全伸展,直到球触篮圈。

(二)投篮技术的物理学原理分析

1.球飞行时的旋转

投篮时,球的旋转是依靠手腕前屈和手指拨球动作产生的。由于投篮的动作方法与用力方向和大小不同,球的旋转也不同。一般中、远距离投篮时,大都使球围绕横轴向后旋转,这样易于加大球的飞行弧线,提高投篮命中率。在篮下低手投篮时,应使球围绕横轴向前旋转。在篮下碰板投篮时,应使球向篮圈一侧旋转或向后旋转,这样有利于缓和篮板的弹力,使球入篮。

2.球篮有效面积与误差允许度

(1)抛物线、入篮角与前后误差允许度。

投篮时,球出手后在空中飞行的弧线轨道称为投篮抛物线。投篮抛物线有低、中、高三种。抛物线的高低,直接关系到能否取得合适的入篮角,这对投篮命中率有极其重要的影响。而抛物线的高低取决于投篮出手角度、出手力量和出手速度。因此,投篮时必须根据不同的投篮距离,投出不同的抛物线(图4-2-2)。

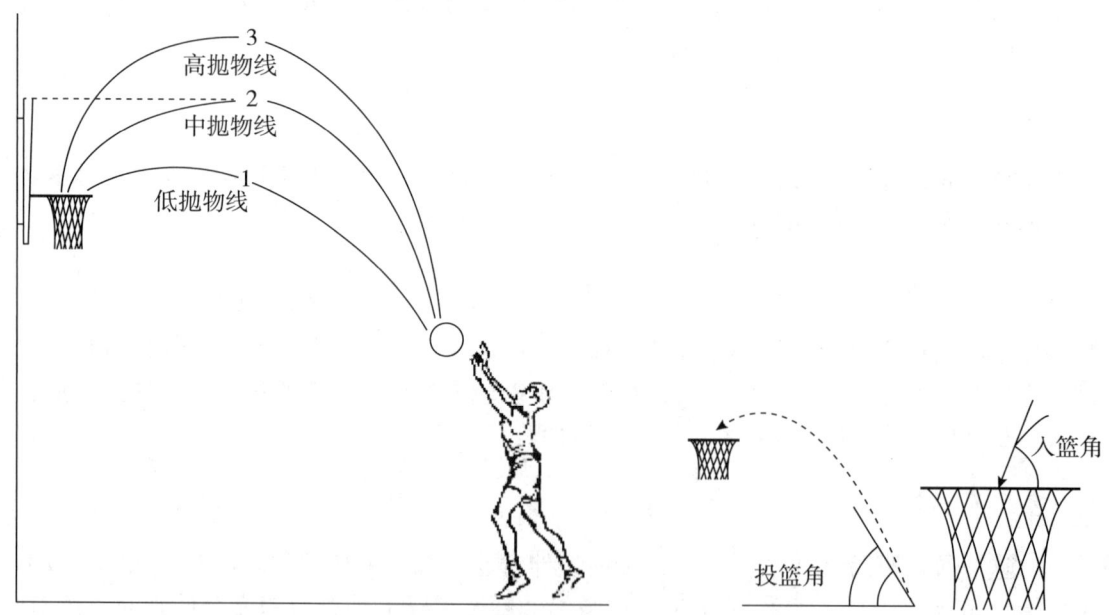

图 4-2-2 中距离投篮的三种抛物线示意图

采用低抛物线投篮时,球的飞行距离短,力量容易控制,但由于球的飞行弧度太低,趋于水平,篮圈暴露在球下的面积较小,大部分被球篮的前沿所遮盖,所取得的入篮角很小，因而不易投中。中抛物线球飞行的最高点大致与篮板上沿在同一水平线上，球篮的大部分暴露在球的下面，所取得的入篮角适宜，所以容易投中，是常用的抛物线。高抛物线球飞行入篮的弧线过高，近于垂直，虽然篮圈暴露在球下面的面积最大，球容易入篮，但由于球飞行的路线太长，需要较大出手力量，对用力的精度要求过高，不易掌握飞行方向，从而影响命中率。

（2）投篮距离与左右误差允许度。

投篮位置距离球篮越近，投篮命中率越高，反之越低。这是由于投篮除抛物线高低所产生的前后偏差外，还存在左右的偏差。抛物线可以在前后上较好地利用球篮目标的有效面积，提高投篮命中率。但是投篮过程中还存在偏左或偏右的可能，采用投篮距离与左右误差允许度原理可以说明角度偏离时对球篮面积的有效利用。投篮者在某一位置投篮，球在篮圈上方左右偏离，球仍然能够命中，这个允许偏离的角度称为投篮左右误差允许度（图4-2-3）。当投篮动作出现左右偏离的误差时，同样的误差在投篮位置距离球篮越近时越容易命中，一个微小的左右偏差会随着距离的加长而相应放大，当放大到左右误差允许度所允许的范围之外时，球就不可能投中，这也是通常情况下抢占距离较近的位置投篮能够获得较高命中率的原因。

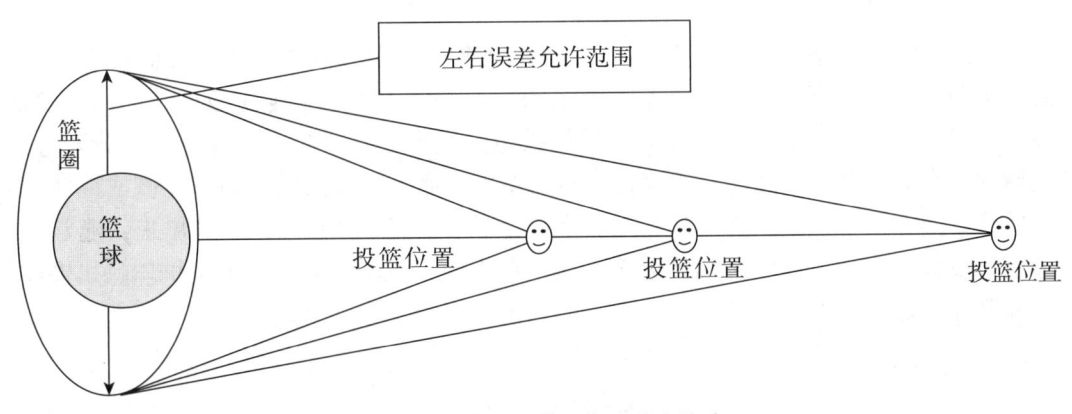

图4-2-3　投篮距离与左右误差允许度

（三）投篮技术范型

1.原地投篮

原地投篮是进攻队员出现防守空当和罚球时所使用的一种投篮方法，优点是投篮者不必考虑起跳时机，稳定性较高。当前常见的原地投篮方法为单手肩上投篮。

单手肩上投篮：以右手投篮为例，两脚与肩同宽，脚尖朝前，投篮手同侧脚稍前，髋部和膝关节弯曲，头、肩、膝、脚尖在一条垂线上。投篮手持球的后下部，手心朝向球篮，五指自然分开，指根以上部位持球，肘关节内收，保持上臂与地面平行，前臂与地面垂直的姿势持球于右肩上方，左手扶球的左侧下方。投篮时两脚蹬地，伸膝伸髋、伸臂、抬肘、压腕、手指拨球，把球投出，直到球触篮圈，投篮手臂保持向前上方伸展跟随动作（图4-2-4）。

单手肩上投篮

图 4-2-4　单手肩上投篮

不管采用哪种方式投篮，投篮不中，通常是多种原因造成的。如果投篮投不到，通常是因为没有运用腿部力量、没有跟随动作或节奏慢、用力不协调；如果投篮球砸篮脖或篮板，通常是因为投篮手手臂伸展不够使投篮弧度太小，肩膀后仰或持球手分开过大，影响球的上举；如果右手投篮，球触到篮圈的左边，通常是因为没有面对球篮或持球在右髋位置或距离右侧太远或投篮时从右向左推球；如果投篮后球触篮圈旋转出来，通常是因为投篮时投篮手在球侧或球从无名指而不是从食指投出或非投篮手的拇指推球；如果投篮缺乏控制并且球重重砸在篮圈上，通常是因为投篮手全手掌触球。

2. 跳起投篮

跳起投篮与原地投篮相似，区别在于跳投时持球更高，并且跳起后投篮需要上体、手臂、手腕和手指更多用力。跳起投篮优点是增加了防守队员封盖的难度。

准备跳起投篮时，投篮者应该采取一种较好的平衡姿势。以右手跳投为例，两脚与肩同宽，脚尖朝前，髋部和膝关节弯曲，后背保持正直，两肩放松，正对篮筐。投篮手持球的后下部，手心朝向球篮，五指自然分开，指根以上部位持球，肘关节内收，保持上臂与地面平行，前臂与地面垂直的姿势，左手扶球的左侧下方，双手持球于肩前部位。起跳时，双脚蹬地，伸膝伸髋，肘关节上抬，右臂伸展，手腕手指前屈，食指拨球，直到落地前保持投篮手臂跟随动作。一般而言，当在内线跳投被紧逼防守时，起跳高度要高，在最高点投篮出手，手臂、手腕、手指提供大部分投篮力量；对多数远距离外线投篮而言，则不需要跳很高，腿部的力量更多供应投篮而不是起跳高度，应该是起跳的同时投篮而不是在跳起的最高点投篮，此时跳起投篮的身体平衡比起跳的高度更关键，同时流畅的节奏和手臂充分伸展也是远距离跳投的重要影响因素（图 4-2-5）。

跳起投篮

图 4-2-5　跳起投篮

3. 行进间投篮

行进间投篮是在切入和突破到篮下时运用的投篮技术。行进间投篮过程中为了跳得高，投篮前的一步应适当小些，这样有利于起跳腿弯曲，变向前的动力为向上的动力。起跳时，投篮手一侧的膝关节要提起，投篮手持球的下部，非投篮手扶球的侧面，持球于胸腹部位，手臂向球篮伸展，球最后通过食指拨出。行进间投篮的基本方式包括行进间低手投篮、行进间高手投篮、行进间反手投篮、行进间勾手投篮等。

（1）行进间单手低手投篮。

以右手投篮为例，运球或跑动中右脚跨出一大步的同时接球，左脚接着跨出一小步并用力蹬地起跳，腿、背和肩部伸展，右膝提起，右手手心朝上，五指自然分开持球的下部，左手扶球的左侧上方，双手持球向球篮方向举球。当起跳接近最高点时，右手手腕上挑，手指上拨，球通过食指拨出，落地后保持身体平衡（图 4-2-6）。

行进间单手
低手投篮

（2）行进间单手高手投篮。

以右手投篮为例，运球或跑动中右脚跨出一大步的同时接球，左脚接着跨出一小步并用力蹬地起跳，腿、背和肩部伸展，右膝提起，右手五指自然分开持球的下部，左手扶球的左侧下方，双手持球于肩上位置。当起跳接近最高点时，右手臂伸展，肘关节上抬，手腕前屈，食、中指拨球把球投出，落地后保持身体平衡（图 4-2-7）。

图 4-2-6　行进间单手低手投篮

图 4-2-7　行进间单手高手投篮

4.急停跳起单手投篮

（1）接球急停跳起单手投篮。

以右手投篮为例，在移动中跨步或跳步急停，接球前屈膝降重心，接球时两手放松，右手在球后朝向球篮，左手在球的侧下方扶球，双手持球于胸腹前，呈三威胁姿势，举球到右肩上方，接着腿部蹬伸快速起跳，腿、背和肩部伸展，右臂前伸，肘上抬，手腕前屈，食、中指拨球，落地后保持身体平衡（图 4-2-8）。

接球急停跳起单手投篮

图 4-2-8　接球急停跳起单手投篮

（2）运球急停跳起单手投篮。

以右手投篮为例，运球中，右手在膝关节位置抄球，呈右手在上左手在下的持球动作，同时跳步或跨步急停，屈膝降重心。当向上举球投篮时，右手后旋朝向球篮，左手扶球的左侧下方，举球于右肩前上方位置。接着腿部蹬伸快速起跳，腿、背和肩部伸展，右臂前伸，肘上抬，手腕前屈，食、中指拨球，落地后保持身体平衡（图4-2-9）。

运球急停跳起单手投篮

图 4-2-9　运球急停跳起单手投篮

（四）投篮技术运用变式的提示

（1）投篮方法除所列技术动作范型以外还有多种形式，如头上投篮、勾手投篮、补篮、扣篮、后仰投篮等。

（2）投篮方法可根据防守的情况灵活运用、相互转换，如高手投篮与低手投篮的转换运用、单手低手投篮与勾手投篮的转换运用等。

（3）可采用多种脚步动作改变投篮时与对手的位置关系，创造有利的投篮时机，在对手远离时果断投篮。

（4）在实战比赛中，无论采用何种投篮方法，都应该视具体情况而定，要与其他技术，特别是假动作配合使用，通过投篮与过人技术的结合，创造更好的投篮机会。

三、投篮技术教学与练习方法

练习1：两人沿线相对投篮练习。

学生两人一球沿任意线相对站立，一人做投篮动作，把球投出，球落到线上，同伴接到球后做投篮动作。

要求：投篮时要喊出"蹬、伸、抬、压、拨"等关键词，同伴指出投篮出现的问题。两人距离先近后远，球要落到线上。

两人沿线相对投篮练习

练习2：罚球练习。

学生每人一球在罚球线上排成单行，自投自抢，依次反复进行。

要求：投篮时要喊出"蹬、伸、抬、压、拨"等关键词，后面同伴指出投篮出现的问题。随着技术熟练，对罚球不中提出惩罚要求或规定时间内全队命中次数要求，以提高学生注意力。

罚球练习

练习3：运球行进间投篮练习。

学生每人一球在3分线外排队站立，练习运球行进间投篮或急停跳起投篮。

要求：以适当的速度运球跑动，跨步接球时注意确定中枢脚，中枢脚落地前把球投出，随着技术熟练，增加脚步和上篮的衔接难度。可对运球次数进行限制以提高上篮难度，或采用教练员后面追击的方式给上篮学生增加压力。

运球行进间投篮练习

练习4：连续传球切入投篮练习。

学生分成两组，④号纵向切入，接⑤号的传球做行进间投篮或急停跳起投篮后抢篮板球，⑤号传球后横向切入，接另一名学生传球做行进间投篮或急停跳起投篮后自己抢篮板球，两组学生在投篮后依次交换位置（图4-2-10）。

要求：传球要准确到位，假动作摆脱后，侧身跑切入要把握节奏；接球后，投篮动作要流畅，力争把球投中。变换为接球急停跳投时，接球瞬间重心降低，跳起投篮控制好身体平衡，出球手法正确，投篮后球不落地，对集体和个人命中次数均需要提出目标要求。

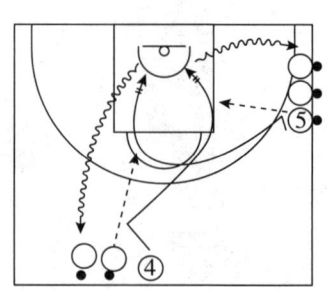

图4-2-10　连续传球切入投篮练习

练习 5：接球急停投篮练习。

学生依次站好，除排头外，其他学生每人一球。④号向一侧拉开跑动后做摆脱动作，移动中接⑤号传球急停投篮，自抢篮板球到队尾，如此反复进行（图 4-2-11）。

要求：拉开跑动时要侧身跑，观察来球，做好接球准备，接球急停时重心降低，跳起投篮控制好身体平衡，投篮出手手法正确。同伴传球要快速、及时、到位，便于接球者做后续动作。投篮后要冲抢篮板球，力争球不落地，对集体和个人命中次数均需要提出目标要求。

练习 6：全场运球—传球—接球投篮综合练习。

两边学生同时向中线运球，接近中线时传球给教练员，然后快速切入接球投篮，自己抢篮板到另一队队尾，依次反复练习（图 4-2-12）。

要求：运球时重心降低，抬头观察。看到教练员手势传球，传球准确，接球动作与投篮衔接流畅。

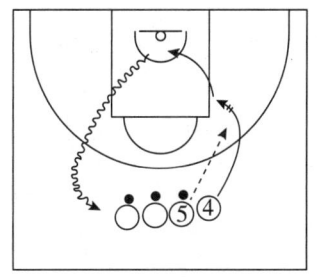

图 4-2-11　接球急停投篮练习

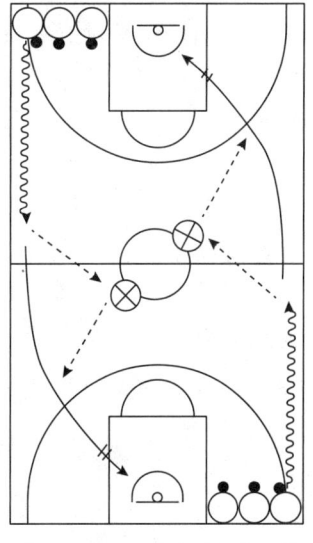

图 4-2-12　全场运球—传球—接球投篮综合练习

第三节　拼抢球技术

一、拼抢球技术的教学内容体系

拼抢球技术是篮球比赛中队员由无球向有球状态转换时所采用的动作方法的总称。进攻队员只有通过拼抢获得球权才有得分机会，因此，拼抢球技术是进攻队员在场上相互联系和组织进攻的中间环节，也是防守队员由守转攻的主要手段。能否掌握正确的拼抢球技术方法，不仅直接影响进攻的次数和质量，也影响防守的最终效果（图 4-3-1）。

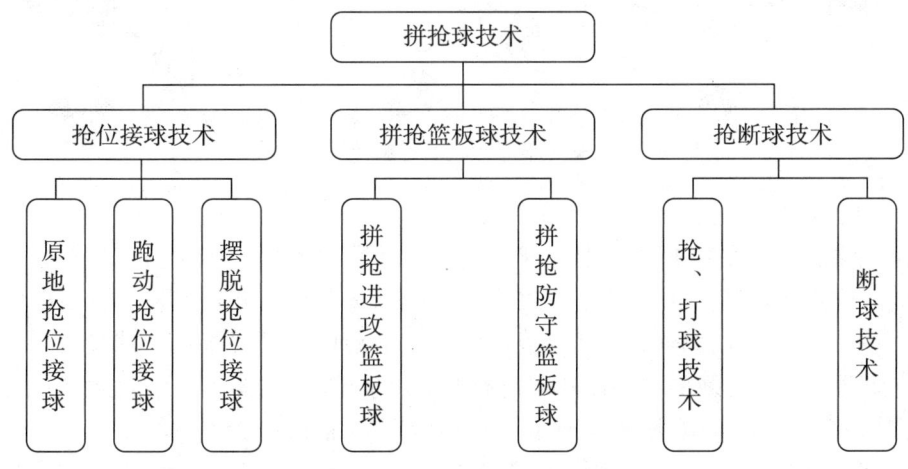

图 4-3-1　拼抢球技术的教学内容体系

二、拼抢球技术动作

（一）拼抢球技术范型

拼抢球技术范型是比赛中最常见的获得球的形式，主要有抢位接球、拼抢篮板球和抢断球，抢位接球又包括原地抢位接球、跑动抢位接球、摆脱抢位接球。

1. 抢位接球

（1）原地抢位接球。

原地抢位接球是拼抢球的基本方法之一，是进攻队员为在有利位置接到同伴传球而采用的抢位接球方法。其动作方法是面向或侧向同伴呈抢位接球姿势，用身体卡住防守队员位置，上体转向来球，远离防守队员的双手或单手伸出指示传球位置，注视来球，接球时身体重心降低，呈三威胁姿势，准备衔接下一个动作。

（2）跑动抢位接球。

跑动抢位接球是篮球比赛中常用的接球方法之一，是进攻推进和快攻过程中采用的主要拼抢球方法。其动作方法是在跑动过程中，主动抢在防守队员身体前面，脚尖朝着前进方向，上体侧转面向来球，双臂伸出，主动迎接来球。跑动抢位接球后可以运球、投篮或传球等（图4-3-2）。

图 4-3-2　跑动抢位接球

（3）摆脱抢位接球。

摆脱抢位接球是在阵地进攻中无球队员为了摆脱对手抢占有利持球进攻位置而经常采用的拼抢球方法。其方法是无球进攻队员利用脚步动作或同伴的掩护摆脱防守后接同伴传球，并采用相应的急停动作以衔接下一个攻击动作。摆脱抢位接球又可以分为摆脱迎上抢位接球、摆脱反跑抢位接球和摆脱插上抢位接球。

A. 摆脱迎上抢位接球是外线队员先向远离球的方向移动，然后突然抢位摆脱，向球移动迎前接球的方法。接球后一般采用急停面向对手呈三威胁姿势（图4-3-3）。

B. 摆脱反跑抢位接球是外线队员先向远离球篮位置或靠近球的方向移动，然后突然摆脱防守，向篮下反跑接球的方法。接球时可采用急停技术，以便衔接下面的进攻动作。反跑接球一般需要传球队员的配合，在反跑的同时同伴给出传球暗示，确保人到球到（图4-3-4）。

摆脱反跑抢位接球

摆脱插上抢位接球

C.摆脱插上抢位接球是内线队员利用转身或上步等脚步移动摆脱防守，绕到防守队员的前面，背向球篮接球的方法，多用于中锋策应。接球时可采用急停技术，接球后可通过转身等动作来衔接下面的进攻技术（图4-3-5）。

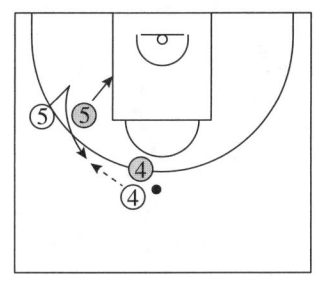

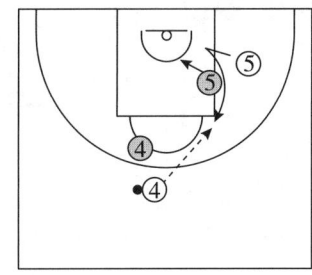

图4-3-3　摆脱迎上抢位接球　　图4-3-4　摆脱反跑抢位接球　　图4-3-5　摆脱插上抢位接球

2.拼抢篮板球

比赛双方队员争抢投篮未中从篮板或篮圈反弹出球的方法，统称为拼抢篮板球技术。拼抢篮板球分为拼抢进攻篮板球和拼抢防守篮板球，又称拼抢前场篮板球和拼抢后场篮板球。拼抢进攻篮板球时，进攻队员要判断球的落点，明确防守队员的位置，绕过挡人队员抢球；拼抢防守篮板球时，进攻队员投篮后，防守队员要观察判断对手移动方向，转身挡人，然后抢球。不管是抢进攻篮板球还是防守篮板球，在技术动作上有共同特点，都是由抢占位置、起跳动作、抢球动作和抢球后动作组成的。

（1）抢占位置。

抢占位置是抢篮板球技术的关键，对能否抢到篮板球起到极其重要的作用。抢占位置时，应根据对手和投篮队员所处的位置，正确判断篮板球的反弹方向、距离，运用快速的脚步动作，配合身体动作占据有利位置。篮板球的反弹方向有一定规律，一般情况下可遵循反弹角等于入篮角的原理。

抢防守篮板球的关键是抢占对手的内线位置，通常有两种抢占位置的策略：一是转身挡人，二是向对手移动路线上跨步挡人。转身挡人的方法有前转身挡人和后转身挡人，前转身多用于挡投篮队员抢篮板球，投篮后，只需向投篮队员跨步即可（图4-3-6）；后转身多用于挡无球队员抢篮板球，投篮后，首先观察对手的切入，然后向切入方向后转身，向对手切入方向撤步挡人，防守队员右脚跨步后转。抢进攻篮板球的关键是移动，应培养冲抢进攻篮板球的意识和意志。如果被挡住，进攻队员要尽力绕过阻拦，绕过挡人的方法有直接切入、假动作后切入、转身切入、向后跨步切入等。

转身挡人抢篮板球

图 4-3-6　前转身挡人抢篮板球

（2）起跳动作。

抢占位置后要保持身体平衡，两脚与肩同宽，重心落于两脚前脚掌，屈膝降重心，背部保持正直，两手上举至头上。起跳时，两脚迅速用力蹬地向上跳起，充分伸展身体以抢占空间位置。抢防守篮板球通常采用双脚起跳的方法，抢进攻篮板球通常采用单脚起跳的方法，摆脱对手冲抢篮板球。

（3）抢球动作。

抢球动作分为单手抢球和双手抢球两种。双手抢球时，双手在空中抓球，迅速把球收于前额位置，两肘架起保护球。单手抢球时，单手尽力向最高点伸展，当手触到球的上方时，手腕前屈，顺势向下拉球，另一之手顺势迎球，两手握球，置于前额位置，两肘架起保护球。若不能首先控制球，可以在空中单手直接将球点拨给同伴。

（4）抢球后动作。

当进攻队员抢到篮板球后，两肘架起保护球，以平衡姿势落地，准备强攻得分或传球给同伴重新组织进攻。防守队员抢到篮板球后，要向接应同伴转身，快速一传发动快攻。

3.抢断球

抢断球

抢断球是截获对方传接球的拼抢球技术。其前提是预先判断进攻队员的意图和位置。当球刚由传球队员手中传出的一刹那突然起动，单脚或双脚用力蹬地跃出，身体伸展，双臂或单臂前伸，将球截获（图 4-3-7）。

图 4-3-7　抢断球

（二）拼抢球技术运用变式的提示

（1）跑动抢位接球在运用中可以和多种脚步动作、传球、投篮、运球、突破等相结合，如跑动接球急停、跑动接球传球、跑动接球行进间投篮、跑动接球运球突破过人等。

（2）摆脱抢位接球在运用中要根据球的位置和对手的情况灵活应变，真假动作虚实结合。摆脱动作要在扎实的脚步基本功的基础上，机动灵活地运用变向跑、急停、侧身跑、转身等来调动对手，抢占有利的接球进攻位置，如变向跑接球急停、急停转身侧身跑接球投篮、急停转身接球投篮等。如果摆脱后同伴未传球，可以为其他同伴做掩护或重新选位进攻。

（3）拼抢篮板球在运用中首先要有积极拼抢的意识，了解篮板球反弹落点规律。要把脚步移动和起跳动作、抢球动作与抢球后处理球的动作结合起来。抢进攻篮板球要注意"冲抢"结合二次进攻，抢防守篮板球要注意"挡抢"结合快攻反击，如冲抢篮板球补篮、转身挡人抢篮板球空中一传等。

（4）抢断球时要判断对手的进攻意图，利用灵活多变的脚步动作或充分伸展的身体姿势果断出击。运用时要保持最佳防守位置，甚至可以欲擒故纵。抢断球之后要迅速发动反击。

三、拼抢球技术教学与练习方法

（一）原地抢位接传球的练习

练习1：原地二人相对接传球练习。

学生两人一组，使用一球，距离约5米站立。练习时，要求接球者上步并伸手迎球，接球结束后将球回传，反复进行。

要求：传球要准确、有力，把球传到同伴伸手指示位置。接球者要主动上步迎前接球，做到手法正确。逐渐增加传球队员之间的距离，传球者可有意传困难球，提高同伴的抢位接球能力。

原地二人相对接传球练习

练习2：原地三角接传球练习。

学生分成三组站立，练习时由各组排头开始，迎前上步接上一组传球，接球后传给下一组，传球后即跑到下一组的排尾，依次反复进行（图4-3-8）。

要求：三个组站位距离要适当，接球时要上步迎球，接球后身体扭转传球给同伴。传球时要注意球的落点，减少练习失误。练习时全体学生要相互配合，可对全队提出规定时间内成功次数要求，也可增加两个球同时传球。

原地三角接传球练习

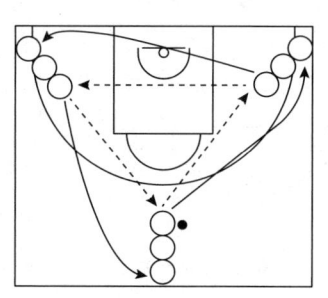

图4-3-8 原地三角接传球练习

练习3：原地四角接传球练习。

学生分成四组站立，练习由各组的排头开始，迎前上步接球，接球后上体扭转传球给下一组，传球后即跑到下一组的排尾（图4-3-9），依次反复进行。练习时可全体计数，以形成热烈的练习氛围，也可通过增加球的数量来提高练习的难度和密度。

要求：全体学生注意力要集中，减少练习失误。

（二）跑动抢位接传球练习

练习1：固定传球位置的跑动接传球练习。

学生持球于端线处站立，先传球给接球者，然后侧身跑动迎上，接回传球，接球后立即将球传给下一个固定接球者，继续侧身跑动迎上，接回传球跑动投篮（图4-3-10）。

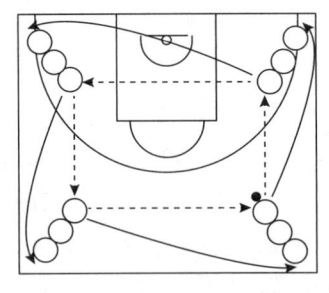

图4-3-9　原地四角接传球练习

要求：要主动迎上接球，并按弧线侧身跑动，接球后立即传球。传球要准确到位，掌握好球的落点。前面的人过中场线以后，下一人开始练习。教练员要提出全队连续命中目标，期间任何人失误都要重新计算。

练习2：二人平行接传球练习。

学生两人一组站立于场地端线后（图4-3-11）。练习开始后，侧身跑接传球，相互间保持3～5米距离，当接传球推进到三分线以内后，接球者跑动投篮，另一人则抢篮板球。各组依次往返练习。

要求：二人练习要默契配合，主动接球，控制好相互间的距离。传球时要有一定提前量，并逐步提高推进的速度，变换传球方式。可对全队连续接传球上篮成功次数提出要求，提高学生的团结协作意识。

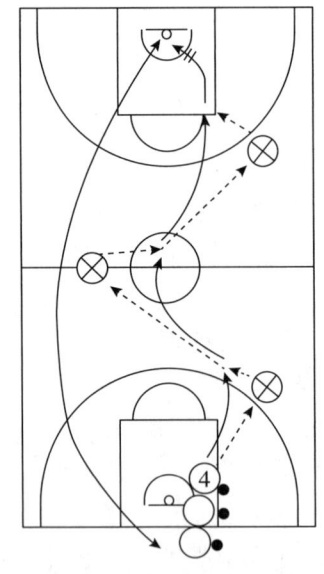

图4-3-10　固定传球位置的跑动接传球练习

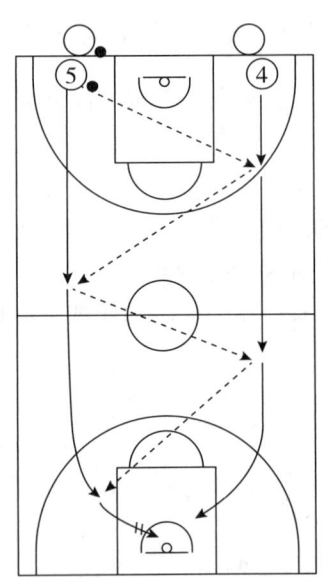

图4-3-11　二人平行接传球练习

练习3：三人平行接传球练习。

学生三人一组站立于场地端线后（图4-3-12）。练习开始后侧身跑接传球，推进过中场后，由边线一侧的学生接球跑动投篮。各组依次反复练习。

三人平行接传球练习

要求：三人练习要保持适当的队形，位于两侧的应适当突前，中间稍微落后，呈倒三角阵势。要传球到位，接球主动，并逐步提高推进的速度，变换传球方式。教练员要对全队连续接传球上篮成功次数提出要求，提高学生的团结协作意识。

练习4：四角跑动接传球练习。

学生分成四个大组在半场四角站立（图4-3-13）。练习开始后④传球给⑤，并切入接⑤的回传球，再传给⑥，然后跑至⑥的排尾。当④传给⑥时，⑤紧跟着起动切入接⑥的传球给⑦，然后跑至⑦的排尾，依次反复进行。练习中可通过增加球的数量来提高练习的难度和密度。

要求：保持好练习的开始位置，集中精力参加练习。传球后要及时跟进，侧身跑动接球，接球后的传球要准确到位。熟练后变换传球方式。教练员要提出全队成功练习的时间目标。

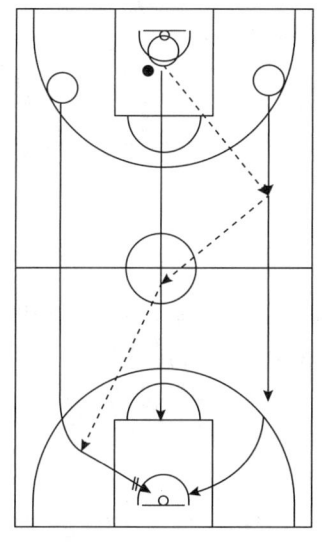

图4-3-12　三人平行接传球练习

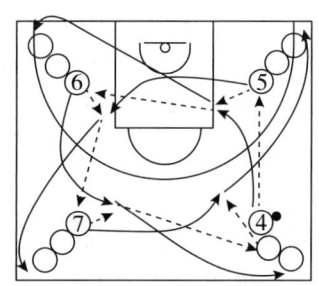

图4-3-13　四角跑动接传球练习

（三）摆脱抢位接球的练习

练习1：摆脱迎上抢位接球急停练习。

学生每人持一球，传球给教练员，然后向下移动突然变向摆脱，迎上接教练员的传球，面向标志杆接球急停后，结合投篮等假动作做运球突破投篮等技术（图4-3-14）。

要求：摆脱动作要快速突然，主动伸手接球，接球同时要降低重心，保持正确的持球攻击基本姿势，防守队员由消极到积极，创设真实比赛情境。

练习2：摆脱反跑接球急停练习

学生每人持一球，传球给教练员，做向教练员要球的假动作，突然变向朝底线反跑，并主动伸手示意教练员传球，接教练员传球上篮或急停投篮（图4-3-15）。依次反复练习。

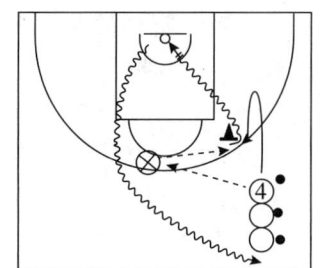

图4-3-14　摆脱迎上抢位接球急停练习

要求：摆脱动作要快速突然，反跑拉开时要主动伸手示意传球方向和落点，接球同时保持适当身体姿势，降低重心，快速衔接下一个动作，防守队员由消极到积极，创设真实比赛情境。

练习3：摆脱插上接球练习。

学生每人持一球于端线处站立。传球给教练员，向限制区移动，突然变向跑插上，在罚球线附近接教练员的回传球，急停做投篮、突破或突破急停投篮等动作（图4-3-16）。

要求：练习时要假想防守队员在身前位置，跨步主动接球，接球衔接后续动作时要掌握好速度和节奏，防守队员由消极到积极，创设真实比赛情境。

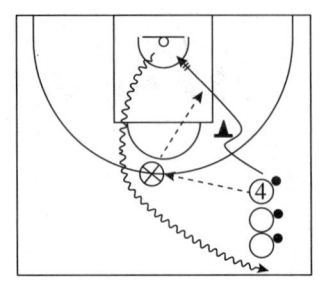
图4-3-15　摆脱反跑接球急停练习

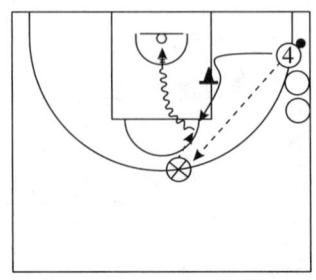
图4-3-16　摆脱插上接球练习

（四）拼抢篮板球技术练习

练习1：单、双手抢球动作练习。

学生每人持一球站立于球场中间，随教练员指示，自抛球后练习双手和单手抢球动作，原地练习后可结合跳起动作进行练习，也可相对站立，相互抛球抢球。

要求：手臂充分伸直，在最高点用手腕的力量把球迅速拉到胸腹之间。注意体会抢球的用力动作。

练习2：对篮板抛球的抢篮板球练习。

学生两人一组用一球，在篮下练习。一人将球抛向篮板，另一人跳起空中抢篮板球。抛球者也可扮演进攻队员角色，移动冲抢；另一人扮演防守队员，转身挡人，然后抢篮板球。若干次以后交换练习。

练习3：两人挡人抢位练习。

学生两人一组面对面站立，把球放于一人身后约1米位置，听到教练员哨声，背对球者转身挡前面同学，3秒内不让其抢到球，然后自己去抢球，并呈三威胁姿势保护球（图4-3-17）。

要求：背对球者先转身挡人，重心要低，主动与抢球者对抗，抢到球后要利用三威胁姿势保护球。

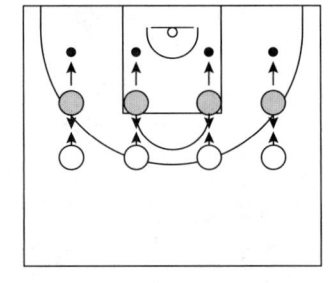
图4-3-17　两人挡人抢位练习

练习4：连续抛接篮板球练习。

全体学生呈一路纵队站位于罚球线后，练习开始时第一名学生将球抛向球篮，第二名学生跑上去跳起，在空中接球的同时把球抛向篮板，第三名学生接着做相同练习。抛球后落地要立即起动，跑向排尾准备下一次练习（图4-3-18）。依次往复练习。

要求：全体练习者要集中注意力，把握好起跳时机，抛球落点要准确，努力在最高点接球和抛球。可采用竞

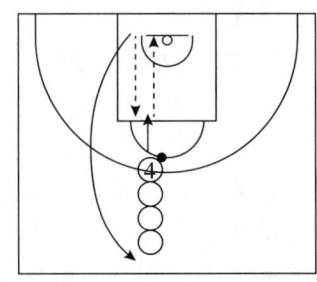
图4-3-18　连续抛接篮板球练习

赛方式，提出全体次数要求或者全队持续完成抛接篮板球的时间目标要求。

第四节　支配球技术

一、支配球技术的教学内容体系

支配球是比赛中队员在成功获得球的基础上，为了投篮或给同伴创造投篮机会而采用的各种运球和传球动作方法的总称。支配球技术是比赛中进攻队员之间相互联系和组织进攻的纽带，更是实现全队进攻战术配合的具体手段。根据支配球技术概念，可以按照传球技术和运球技术两大体系进行教学（图4-4-1）。

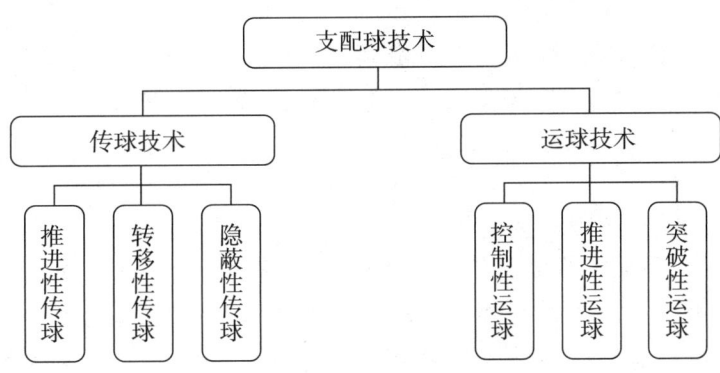

图4-4-1　支配球技术的教学内容体系

二、支配球技术动作

（一）传球技术范型

传球是篮球比赛中最容易被忽略的基本技术。一支球队中优秀的进攻组织者对防守有重大威胁，因为传球可以创造良好的得分机会，同时传球可以控制球权，从而控制比赛。

1. 传球的原则

传球时要把握以下几个原则：①注视篮圈，这样可以看到前面的整个球场；②先传后运，传球比运球速度快很多，尤其是在快攻和对手采用区域联防时传球的作用更为重要；③把握传球时机，判断同伴移动的位置和下面可能的进攻动作，当同伴处于最佳位置时，及时传球给同伴；④把握传球的提前量，判断同伴切入篮下的速度，传球要稍微领先于同伴的移动位置；⑤传球前要利用假动作，隐藏传球意图；⑥传球要快速准确，不要有多余动作，幅度也不要太大；⑦把握传球的力量，长距离传球力量要大，短距离传球力量要小；⑧传球要果断，好的传球是能被接住的传球，不要向人群中或同伴没有出现空当时勉强传球；⑨向远离防守一侧传球，当同伴被紧逼防守时，传球到远离防守一侧；⑩向出现空当的投篮队员的远侧手传球，这样有利于投篮队员快速出手。

2. 传球技术分类

根据传球的实战运用，传球最常见的技术范型可分为推进性传球、转移性传球和隐蔽性传球。

（1）推进性传球。

推进性传球是队员在后场获得球的基础上，利用各种传球技术动作向前场推进的各种不同传球形式的总称。

（2）转移性传球。

转移性传球是队员在获得球的基础上，在球场一侧有策略地连续运用传球，吸引防守队员向有球一侧移动靠拢，伺机给另一侧同伴创造进攻机会的各种传球方法的总称。

（3）隐蔽性传球。

隐蔽性传球是队员在获得球的基础上，利用隐蔽性传球技术动作，将球越过面前的防守队员，及时传给同伴的各种传球方法的总称。

3. 传球技术动作解析

（1）肩上传球。

肩上传球是推进性传球中一种远距离传球方式，经常用于一传快攻发动，给切入篮下队员传球或掷界外球的远距离传球。

肩上传球是从身体平衡姿势开始，上步转身朝向传球方向，肘内收，双手举球于右肩上方，传球手在球的后面持球，另一手在球前。传球时，脚蹬地，后脚向前跨步，传球手朝向目标，上臂带动前臂，手臂前伸，手腕前屈，球从食、中指传出。球出手后手臂跟随，手指指向目标，手心朝下（图4-4-2）。

肩上传球

图 4-4-2　肩上传球

（2）胸前传球。

胸前传球。是最普遍的传球方式之一，分为双手胸前传球和单手胸前传球。

双手胸前传球是从身体平衡姿势开始，两手持球，拇指相对呈八字，食、中指向上，指根以上部位触球，手心空出持球的后面，两肘自然屈于体侧，持球于胸前位置。双手传球时，两手臂前伸，手腕前屈，两手的拇指下压，食、中指拨球，手指指向传球方向，球后旋。

双手胸前
传球

传球后手心朝下,手臂跟随(图4-4-3)。单手传球时,左手或右手手臂前伸,手腕前屈,拇指下压,食、中指拨球,左手或右手手指指向传球方向,球后旋。传球后左手或右手手心朝下,手臂跟随。

图 4-4-3 双手胸前传球

(3)双手头上传球。

如图4-4-4所示,持球队员双手举球于头上,两肘自然弯曲,前臂伸展,手腕前屈,手指用力拨球,球从食、中指传出。传球后手臂跟随,手指指向传球方向,手心朝下。

双手头上传球

图 4-4-4 双手头上传球

（4）单手体侧传球。

如图 4-4-5 所示，传球前，双手持球于胸前位置。传球时，向防守一侧跨步，把球引到一侧肩和臀部之间的位置，传球手在球的后侧，非传球手在球的前面，然后传球手经体侧向前作弧线摆动，手腕侧屈，拇指朝上，用食指、中指拨球，使球从防守队员的体侧空当越过。球出手后手臂伸展，掌心朝向一侧，手指指向目标。

单手体侧传球

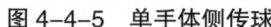

图 4-4-5　单手体侧传球

（5）双手击地传球。

如图 4-4-6 所示，持球者利用假动作吸引防守队员的手臂上举或侧举，然后迅速将球反弹传给同伴。传球时向前下方伸臂，手指指向传球方向，手的用力点作用在球的后上方，传球后掌心向下，手指指向接球人。击地点一般应传在距离接球者三分之一的位置。

双手击地传球

图 4-4-6　双手击地传球

（二）运球技术范型

运球是支配球的一种方式，当控制球移动时，进攻队员必须运球。所有进攻队员都要明确什么时候可以运球，什么时候不可以运球，不能养成接到球就立即运球的坏习惯，不必要的运球会错失传球给有空当同伴的机会，但是一旦开始运球，也不要轻易停球，直到同伴出现空当接球为止。

运球的时机包括：①把球运出防守密集的区域，当不能传球给同伴时，可以运用运球摆脱防守；②当紧逼防守无人接应时，利用运球突破防守向前场运球推进；③利用运球向篮下突破；④利用运球吸引防守为同伴创造空当；⑤利用运球组织进攻战术；⑥利用运球调整给同伴传球的位置和角度；⑦利用运球为自己创造投篮机会。

根据运球的具体用途可以分为控制性运球、推进性运球和突破性运球。

1. 控制性运球

当持球队员被紧逼防守时，必须保护好球，使球在自己的控制之下，这时就需要采用控制性运球。良好的身体姿势是控制性运球的基础，运球时要抬头，注视篮圈，保持头部和背部正直，两脚至少与肩同宽，身体重心均匀分布在两脚前脚掌，屈膝降重心，随时准备移动。运球手的肘关节靠近身体，五指自然分开，手心空出，用指尖控制球，通过手腕和手指的屈伸按拍从地面反弹起来的球，运球靠近身体，非运球手张开保护球，使身体在防守队员和球之间（图 4-4-7）。

控制性运球

图 4-4-7　控制性运球

2. 推进性运球

推进性运球是队员在获得球的基础上，在无人防守的情况下，运球从后场向前场推进的一种方法。推进性运球时，向体侧前方推球，然后追球，通过手腕和手指的屈伸按拍从地面反弹起来的球，球反弹到腰部高度，中枢脚离地前球要离手，抬头，注视篮圈，利用身体和非运球手保护球（图 4-4-8）。

推进性运球

图 4-4-8　推进性运球

3. 突破性运球

突破性运球是队员在获得球的基础上，利用各种脚步动作和运球手法，力求突破防守队员的各种运球过人方法。

（1）体前变向运球。

当对手堵截运球前进的路线时，运球队员突然从体前向左或向右改变运球方向而形成的运球过人技术。

体前变向换手运球：如图 4-4-9 所示，以从左侧突破为例。运球接近对手时，先向右侧做运球前进的假动作，当对手移动堵截时，运球队员突然按拍球的右后上方，使球经自己体前右侧反弹至左侧前方，同时右脚用力蹬地，向自己身体左侧前方跨出，向左转体，用侧肩挡住对手，同时换左手按拍球的后上方，加速从左侧突破对手。

体前变向换手运球

图 4-4-9　体前变向换手运球

体前变向不换手运球：如图 4-4-10 所示，运球接近对手时，先将球从自己身体右侧拉至体前中间的位置，同时上体向左做假动作，当对手向其右侧移动堵截时，左脚快速蹬地，向右移动重心，同时仍用右手迅速将球拉回右侧，然后按拍球的后上方，右脚向右前方跨出的同时，上体向右转，接着跨出左脚，同时侧肩挡住对手，从防守队员的左侧加速超越，继续运球前进。

图 4-4-10　体前变向不换手运球

（2）变速运球。

变速运球是队员运球时，利用速度和节奏的变换超越对手的方法。通常在接近防守队员时，跨步急停，身体重心降低，手按拍球的前上方，使球停止向前运行。当防守队员减速时，突然运球急起，两脚用力后蹬，上体前倾，迅速起动，同时按拍球的后上方，人、球同步快速前进超越防守队员。

（3）背后运球。

以右手运球为例，如图 4-4-11 所示，当对手紧逼防守时，运球队员向防守队员的左侧跨出右脚以吸引对手向其左侧移动进行堵截，同时右手将球拉到身后，迅速转腕拍按球的右后方并向左侧转体，将球从身后拍按至身体的左侧前方，然后换左手运球，同时右脚用力蹬地，左脚向前侧方跨出，加速运球超越防守队员。

背后运球

图 4-4-11　背后运球

（4）后转身运球。

以右手运球为例，如图 4-4-12 所示，当对手逼近时，运球队员降低重心，左脚在前做轴，右脚蹬地做后转身的同时，右手将球拉至身体右侧前方，然后用左手将球拍至身体左侧前方，右脚用力蹬地，左脚向前侧方

后转身运球

跨出，加速运球超越防守队员。

图 4-4-12　后转身运球

（5）胯下运球。

以从左侧突破为例，运球接近对手时，先向右侧做运球前进的假动作，当对手移动堵截时，运球队员左脚前跨，右手突然按拍球的右侧上方，使球经自己胯下反弹至左侧后方，同时右脚用力蹬地，向自己身体左侧前方跨出，向左转体，侧肩挡住对手，同时换左手按拍球的后上方，加速从左侧突破对手。

（三）支配球技术运用变式的提示

（1）传球技术在比赛中可以采用多种变化的形式，如背后传球、胯下传球和体侧传球时要结合假动作，采用声东击西的方法，这样效果更好。

（2）各种运球方法在比赛中可以综合运用，如体前变向运球与转身运球的结合、变速运球与变向运球的结合等，同时要特别注意加强运球过程中假动作的运用。

（3）传球和运球在比赛中可以相互结合，如后场队员获得球后，迅速将球传给前场队员，前场队员接球后运球突破上篮，以及控球队员运球超越对手后，伺机将球传给无人防守的队员等。

（4）比赛中采用何种支配球方法取决于场上的具体情况，因此，队员应时刻注意观察，抓住传球和运球的时机，果断处理手中的球。

三、支配球技术教学与练习方法

（一）直线结合速度变化运球练习

队员分成若干组，每人持一球站于端线后。教练员鸣哨开始，第一组运球起动，再次听到哨声即做减速或原地运球，反复3～5次，进行到对侧端线为止。第一组结束后，第二组开始练习。

要求：保持低重心的运球身体姿势，运球手法正确，与脚步动作协调配合，增加分组可提高练习密度，采用横半场练习密度更大。

（二）全场变向运球练习

队员分成两组，每人持一球站于两侧端线后，场地内设置标志杆（图4-4-13）。运球到标志杆前做变向运球，然后到下一标志杆处再做变向运球，一直到前场最后一个标志杆后，运球跑动投篮。此练习可在变向运球后改为运球转身练习或变向与转身结合的练习。

要求：运球过程中重心降低。变向和转身时要控制重心以保持平稳，动作快速突然，加速动作明显，有明显的练习节奏感，可变式为两人一组模仿跟随练习。

（三）半场运球与传接球结合的练习

如图4-4-14所示，队员成一路纵队站立于场边。队员运球沿中场线跑动，绕过标志杆时将球传给教练员，然后侧身跑，接教练员的回传球跑动投篮。

要求：运球与传接动作要衔接好。前面的练习者绕过标志杆时下一个练习者开始，投篮后迅速捡球到队尾，沿中线运球可设置更多障碍，提高练习密度，还可以增加全队连续命中次数的目标要求。

（四）全场三人"8"字围绕传、接球练习

全场三人"8"字围绕传、接球练习

如图4-4-15所示，三人一组，中路队员传球给插中的边路队员后，快速从其背后绕过向前弧线侧身跑。边路队员接球后传球给另一侧插中的队员，从其背后绕过向前弧线侧身跑，如此反复进行。

要求：要发扬集体主义精神，练习中同伴间主动沟通交流。传球要准确到位，传球后快速绕前跑动，逐渐减少传球次数。可以提出全队连续成功次数的要求，任意组出现失误，重新计算次数目标。

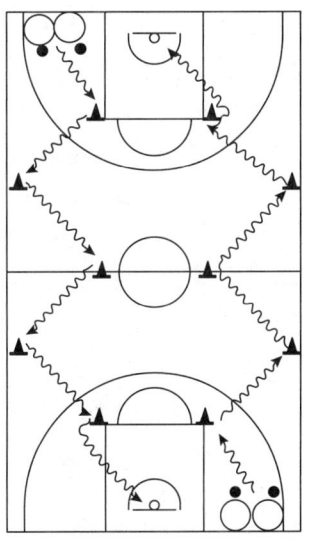

图4-4-13 全场变向运球练习

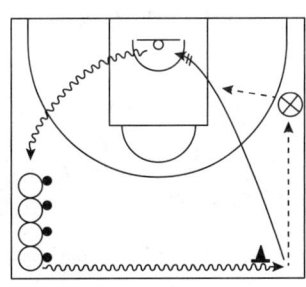

图4-4-14 半场运球与传接球结合的练习

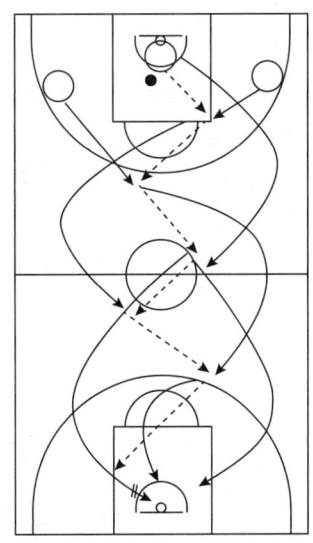

图4-4-15 全场三人"8"字围绕传、接球练习

第五节 一对一攻防技术

一、一对一攻防技术的教学内容体系

一对一攻防是篮球比赛中最基本的技战术表现形式，是在个人掌握篮球技术基础上的综合运动。只有每名队员都具备良好的一对一攻防能力，全队整体作战能力才能在比赛中更好地发挥。所以说一对一是全队攻、守战术行动的基础，也是篮球运动基本规律的集

中体现。根据队员在球场上所处的位置，一对一攻防技术的教学内容体系可以分为外线队员一对一攻防和内线队员一对一攻防两种。外线一对一攻防可以分为外线有球一对一攻防和外线无球一对一攻防；内线一对一攻防可以分为内线有球一对一攻防和内线无球一对一攻防（图4-5-1）。

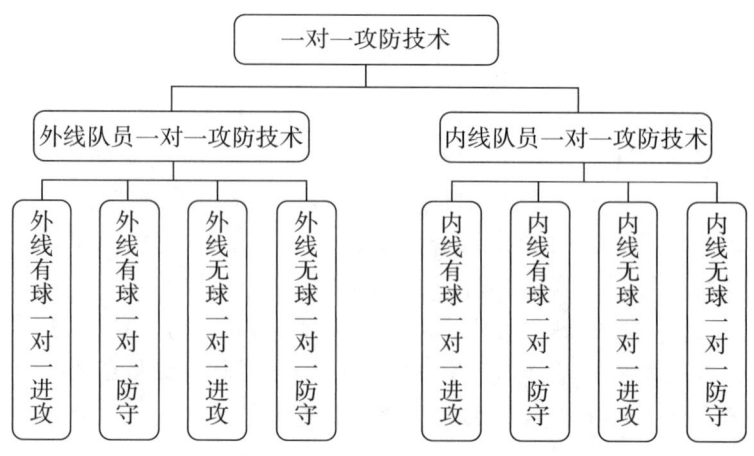

图 4-5-1　一对一攻防技术的教学内容体系

二、一对一攻防技术动作

（一）外线队员一对一攻防技术

1. 外线有球队员一对一攻防

（1）外线有球队员进攻行动。

当外线进攻队员在前场摆脱防守队员接到球时，应该面向球篮和防守队员，眼睛注视球篮和防守队员，形成可以传球、投篮和突破的三威胁姿势（图4-5-2）。要求上体保持正直，一只手持球的后下部，另一只手扶球的侧面，持球靠近投篮手胸腹位置，屈膝降低重心。

三威胁姿势

图 4-5-2　三威胁姿势

如果进攻队员摆脱了防守队员接到球，并处于自己习惯的投篮位置时，可以果断地直接投篮。如果防守队员及时赶到，可利用脚步或投篮等假动作持球突破过人。持球突破过人可以分为交叉步突破和顺步突破两种方法。当进攻队员被防守时，要注意判断防守意图，尤其是防守队员对进攻队员所做假动作的反应，以便及时地做出正确的进攻行动。当防守队员手在下面时，收回跨步假动作到投篮位置，果断跳投；当防守队员手上举封盖投篮时，向举手一侧突破。一般来说，防守队员上举的手与前脚在同一侧，因此当防守队员的手在跨步假动作一侧时，进攻队员可以选择直接顺步突破；当防守队员的手上举在进攻队员跨步假动作的对侧时，进攻队员可以选择交叉步突破。

A. 持球队员假动作是进攻队员利用头、肩、球和脚步等动作迷惑防守队员使其失去身体平衡，借机突破防守的动作方法。头部和肩部假动作一般是进攻队员先向某一方向做晃动假动作，然后快速向反方向突破或投篮。球的假动作一般是进攻队员做投篮假动作，当防守队员受骗时快速突破，做投篮假动作时注意投篮幅度不能太大，并且重心不能上下起伏；或向某一方向做传球假动作，然后向另一方向传球、投篮或突破；或向一侧做摆球突破假动作，然后向另一侧突破。脚步假动作主要是非中枢脚做跨步假动作，然后选择突破或投篮。要达到欺骗防守队员的目的，假动作必须逼真，并且速度不能太快，要根据其反应做出合理的进攻行为。

B. 交叉步突破又称"异侧步突破"。进攻队员在获得球并面对防守队员时呈三威胁姿势站立，两脚开立与肩同宽，屈膝降重心，持球于胸前位置。以右脚作为中枢脚为例，突破时，左脚前脚掌内侧蹬地，交叉步向右侧前方跨出，上体稍向右转，侧身，左肩前探，重心向右前方移动，紧贴防守队员的左侧身体，同时双手将球引于身体右侧，在中枢脚抬起前用远离防守队员的外侧手运球，用内侧手和身体保护球，然后中枢脚蹬地向前跨出，加速超越对手突破上篮、急停跳投或突破传球（图4-5-3）。

持球交叉步突破

图 4-5-3　持球交叉步突破

C. 顺步突破又称"同侧步突破"。以左脚作为中枢脚为例，进攻队员在获得球并面对防守队员时成三威胁姿势站立。突破时，左脚前脚掌内侧蹬地，右脚迅速向右前方跨出，同时向右转体侧身探肩，重心前移，紧贴防守队员的左侧身体，双手将球引于身体右侧，在中枢脚抬起前用远离防守队员的外侧手运球，用内侧手和身体保护球，然后中枢脚迅速蹬地向前跨出，加速超越对手突破上篮、急停跳投或突破传球（图4-5-4）。

图4-5-4 持球顺步突破

D. 运球突破。持球队员开始运球后，前面讲授的运球技术在突破对手的过程中被灵活运用，注意不要随意停球，要一直保持活球状态，直到有利的传球和投篮机会出现。在后场获得球的队员应运用快速传球或运球突破对方防守，力争迅速把球推进到前场。一般主要有三种进攻形式：有传球机会则传球给已摆脱切入或处于前方有利位置的同伴；没有传球机会则应向中场方向突破，避免把球运向死角；突破过程中及时将球传给策应或拉开的同伴。

（2）防守外线有球队员。

防守外线有球队员的任务是尽力干扰和破坏对手投篮，堵截其运球突破，封锁其助攻传球，并积极地抢断球以达到控制球权的目的。防守有球队员要及时抢占有利防守位置，观察判断对手的进攻意图，合理地运用防投、运、突、传等技术，不要轻易被对方假动作迷惑。要及时发现对手的进攻技术特点，有针对性地防守。对手运球停止时，立即上前封堵。

A. 防守位置。当进攻队员持球或运球时，防守队员应站在对手与球篮之间的位置上（图4-5-5）。一般对手离篮近则应靠对手近些，离篮远则应距离对手远些。此外还要根据对手的技术特点（善投、善传、善突），以及防守战术的需要调整防守位置。

B. 防守动作是指防守中采用的基本步法、身体姿势及手臂动作，包括防守持球队员、防守运球队员和防守死球队员。

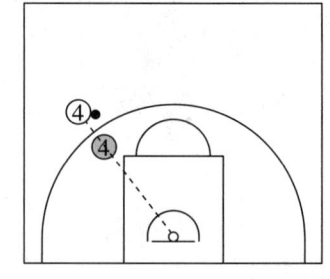

图4-5-5 防守位置

防守持球队员：在进攻队员接球尚未进入攻击状态时，防守队员要快速利用碎步或攻击步逼近对手，采用平步或斜步防守姿势，干扰持球队员运球、传球和投篮的行为选择。当进攻队员持球处于即刻攻击状态时，一般经常采用斜步防守姿势，前脚同侧手臂前伸干扰进攻队员持球的强侧手，另一只手侧伸阻拦进攻队员传球。例如，进攻队员右手是强侧手，防守队员左腿和左手在前迫使进攻队员用弱侧手传球或运球（图4-5-6）。

图 4-5-6　防守持球队员

防守运球队员：当进攻队员在后场运球突破时，防守队员要积极紧逼，堵中放边。在某些特殊情况下，可进行"领防"，有意放开一面，迫使对手把球传向或运向预先设置的"陷阱"，与同伴协同形成夹击。在前场防守运球队员时，两腿平行站立，快速滑动，两臂不停地挥摆，尽量迫使进攻队员转身运球、向边线运球、用弱侧手运球或停止运球（图4-5-7）。

防守死球队员：当进攻队员停止运球时，防守队员立即重心上提，紧贴防守队员，双臂张开上扬封堵持球队员传球或投篮，迫使其转身（图4-5-8）。

图 4-5-7　防守运球队员　　　　图 4-5-8　防守死球队员

2.外线无球队员一对一攻防

（1）外线无球队员进攻行动。

在篮球比赛中，一支进攻球队的 5 名队员中只能有 1 名队员有球，大约 80% 的时间其余 4 名队员处于无球状态，因此进攻的成败与无球队员的行动密切相关，为了协助球队创造得分机会，所有进攻队员必须无球移动。进攻无球移动主要包括利用自己的脚步动作摆脱防守或利用掩护切入来帮助自己或同伴摆脱防守队员。前场无球进攻队员的移动具有强烈的攻击性和策略性，其个人行动的主要目的有三：一是利用假动作或同伴的掩护摆脱防守队员抢占有利接球位置，获得球后进行个人攻击；二是采取为同伴做掩护、策应等助攻行动，为其创造进攻机会；三是当同伴投篮时，积极摆脱对手，拼抢篮板球，争取二次进攻机会。外线无球队员进攻的主要行动方法有摆脱拉出、摆脱切入和利用掩护摆脱移动三种。

A.摆脱拉出。当防守队员用一侧手和脚在传球路线上阻拦进攻队员接球时，进攻队员要带动防守队员向球篮方向移动，然后快速变向，拉出到外线接球进攻。摆脱防守队员后，前面的手要上举给同伴传球的目标，主动伸手迎球（图 4-5-9）。摆脱是否有效，取决于向篮下切入拉出至外线的假动作、时机和变向的速度。

摆脱拉出

图 4-5-9　摆脱拉出

B.摆脱切入。摆脱切入分为身前切入和背切。身前切入是从防守队员身前切入的动作方法，切入前一定要判断防守的位置，当防守队员随进攻队员移动，并且贴身紧逼防守时，进攻队员就可以选择直接向篮下快速切入接球；当防守队员后退远离进攻队员时，进攻队员则可以向远离球的方向做移动一两步的假动作，当防守队员跟随移动时，则可以快速变向，从防守队员身前向篮下切入接球投篮。背切是从防守队员背后快速切入的动作方法，当防守队员随进攻队员不断移动，且前手和前脚在进攻队员传球路线上阻拦其外线接球时，进攻队员可以快速变向，从防守队员背后向篮下切入接球投篮（图 4-5-10）。

摆脱切入

图 4-5-10 摆脱切入

C. 利用掩护摆脱移动。掩护是利用自身的身体挡住同伴的防守队员移动路线的一种策略，当进攻队员利用掩护摆脱防守时，要有控制地靠近掩护同伴，然后快速移动。根据防守队员的策略选择，进攻队员可以选择的切入方法包括外拉、绕切、背切和后退拉开。当防守队员利用穿过破坏掩护时，切入队员可以选择向外拉出接球投篮；当防守队员紧随切入队员挤过时，切入队员可以选择绕切接球上篮；当防守队员提前挤过破坏掩护时，切入队员可以选择背切篮下接球投篮；当防守队员选择绕过破坏掩护时，切入队员可以选择向远离球侧后退外拉接球投篮。

（2）防守外线无球队员行动。

在篮球比赛中，防守的绝大部分时间是在防守不持球的进攻队员。防守无球队员的主要任务是尽可能不让对手在有效攻击区内接球，或使对手勉强接球后处于被动地位。防守队员要及时判断对手的位置及其与球和篮的位置关系，并随对手的切入方向、球的转移和是否有掩护等合理地运用防守动作，阻截对手进入有利攻击区和习惯位置，割断对方重要的配合位置和区域间的联系，并抓住一切机会果断抢、打、断球，以达到破坏进攻、争得控制球权的目的。

A. 防守外线无球队员的要求。防守要有攻击性和破坏性，防守队员必须抢占"人球兼顾"的有利位置，在球—防守队员—进攻对手之间形成一个假想的三角形，对手离球越近，防守队员离对手应当越近，对手离球越远，防守队员离对手越远，以协防持球队员的防守队员。要遵循"球、人、区、篮四位一体兼顾"的防守原则，做到"内紧外松、近球紧远球松、松紧结合"，防止对手的摆脱空切（图 4-5-11）。要及时果断地进行防守配合，帮助同伴防守威胁最大和持球进攻的队员。要有随时补防、夹击和换防的集体防守意识与能力。

B. 防守外线无球队员的基本方法。前场防守时的位置选择非常重要，正确合理地占据有利位置，是防守中取得主动的重要条件。为了更好地理解全队防守位置，要考虑球场强侧（有球侧）和弱侧（协防侧）的划分，强侧指球场中有球的一侧，弱侧指球场中远离球的一侧（图 4-5-11）。防守队员要根据对手、球篮和球的位置与距离来选择防守位置。一般来说，防守队员为了做到人球兼顾，应站位于对手与球篮之间偏向有球一侧的位置上。

防守强侧无球队员：防守强侧距离球较近的无球队员时，防守队员要努力阻止给强侧队员的传球。经常采用面对对手、侧向球的防守姿势，靠近球一侧的脚和手在前阻拦传球路线，抬头从前手臂的肩上观察球和对手，前侧手的手心朝外，拇指向下准备断球，另一手臂弯曲靠近进攻队员身体。以屈膝降重心，两腿开立宽于肩的姿势准备移动，利用短促、快速的脚步对对手的移动做出反应（图4-5-12）。对于背切传球，防守队员要向球的方向转身断球。

防守强侧
无球队员

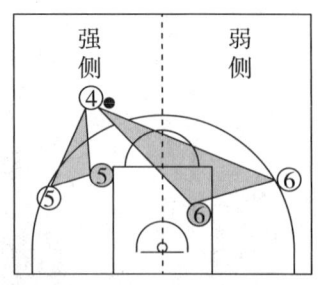
图4-5-11 防守站位

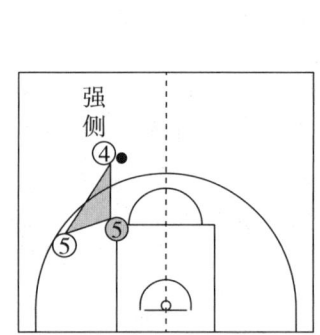

图4-5-12 防守强侧无球队员

防守弱侧无球队员：防守弱侧距离球较远的无球队员时，防守队员要收缩到限制区内占据合理的位置松懈防守对手。经常采用面向球、侧向对手的防守姿势，两脚开立屈膝降重心，一只手指指向球，另一只手指指向对手，准备协防持球队员向限制区的突破或传球（图4-5-13）。

防守弱侧
无球队员

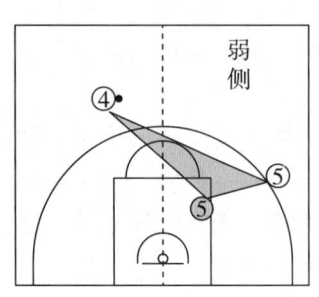

图4-5-13 防守弱侧无球队员

防守切入：当被紧逼防守的外线队员传球时，防守队员必须从防守对手位置上迅速向球移动。防守时要保持平衡稳定的身体姿势，以做好身体对抗准备，阻止切入队员在防守队员和球之间移动。对抗切入队员时，身体内侧要主动发力，随对手切入移动时，要采用面向切入队员的抱防姿势，当对手传球时向球的方向转身（图4-5-14）。

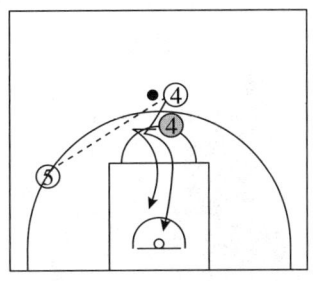

防守切入

图 4-5-14 防守切入

防守空切：空切是对手从弱侧向球的方向快速移动的一种进攻方法。当防守队员在弱侧时，防守队员应呈敞开防守姿势，选择能同时看到球和对手的恰当位置，当进攻队员向高位切入时，注意移动，阻拦其空切，靠近球一侧的手和脚在前呈抱防姿势阻断传球路线，并保持稳定平衡的身体姿势（图4-5-15）。当进攻队员紧接着向篮下背切时，要呈抱防姿势向进攻队员切入方向移动，当对手传球时要向球的方向转身。

防守空切

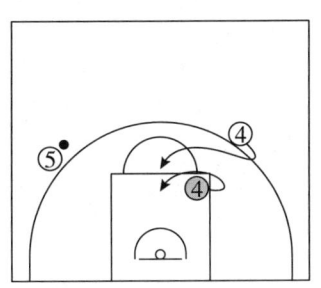

图 4-5-15 防守空切

（二）内线队员一对一攻防技术

1. 内线有球队员一对一攻防

（1）内线有球队员进攻行动。

内线队员抢位接球后背对球篮持球进攻是其最主要的得分手段。内线队员抢位接球位置主要集中于限制区中立区周围的区域，抢位接球的方式通常包括面向球的双手接球和侧对球的单手接球两种。抢位接球后基本的进攻方式主要是向端线后撤步强攻投篮、向中间后撤步勾手投篮、向端线前转身跳投或交叉步勾手投篮。

A. 抢位接球。当面对传球时，内线队员双手主动迎球，在限制区中立区以上位置跳步急停接球。接球后身体重心由两脚脚后跟过渡到前脚掌，两腿分开宽于肩，屈膝降重心，建立良好的身体平衡，两肘张开把球保护在头前（图4-5-16）。当侧对传球时，内线队员利用靠近球一侧手向球的方向伸展主动迎球，上步急停单手接球后，另一手迅速护球，两肘张开把球保护于头前位置。

抢位接球

图 4-5-16　抢位接球

B. 向端线后撤步强攻投篮。当内线队员在限制区中立区位置接球后，防守队员在高位防守，进攻队员两肘张开把球保护在身前，利用球或肩向高位做假动作，然后靠近篮板的内侧脚向端线后撤步，脚尖转向球篮，背部保持正直，尽量使肩膀与篮板平行，双手在两腿之间强力运球一次，然后拿球跳步急停，两脚跳起，两手投篮，落地保持身体平衡，两手准备抢前场篮板球（图 4-5-17）。

图 4-5-17　向端线后撤步强攻投篮

C. 向中间后撤步勾手投篮。当内线队员在限制区中立区位置接球后，防守队员在端线一侧防守，进攻队员两肘张开持球于头前，利用球或肩向端线做假动作，然后远离篮板的外侧脚向限制区内后撤步，脚尖转向与中线平行，背部保持正直，投篮手在球下，两手把球举到勾手投篮的位置，然后中枢脚提起，身体侧对球篮，非投篮手臂架起，阻拦防守的封盖，投篮手进行勾手投篮，落地时保持身体平衡，两手准备抢前场篮板球（图 4-5-18）。

图 4-5-18　向中间后撤步勾手投篮

D. 向端线前转身跳投或交叉步勾手投篮。当内线队员在限制区中立区位置接球后,不能感觉到身后的防守队员,向端线前转身保持三威胁姿势,眼睛注视篮圈和防守队员,做有攻击性的顺步或投篮假动作,若防守队员后退或没有反应则果断跳起投篮(图 4-5-19);若防守队员对突破或投篮假动作做出反应,用同侧脚向中间做交叉步突破,双手把球举到勾手投篮的位置,提起中枢脚进行勾手投篮,落地时保持身体平衡,两手准备抢前场篮板球。

向端线前
转身跳投

图 4-5-19　向端线前转身跳投

(2)防守内线有球队员行动。

无论内线队员在哪个位置接到球,防守队员都要迫使其运用弱势技术攻击。防守内线队员时,首先要在内线队员身后稍偏向端线的位置保持防守姿势,两腿开立宽于肩,屈膝降重心，靠近端线一侧的前臂屈臂顶住内线队员的后背，另一侧手臂上举干扰其向中路限制区移动（图4-5-20）。一旦内线进攻队员向限制区移动开始进攻，防守队员要利用短促的脚步移动封堵其移动路线，迫使内线队员远离球篮、停球或向端线方向返回。若内线队员返回端线方向进攻，防守队员则要腹部挺直紧贴对手，两手上举封盖其投篮；如果内线队员投篮，防守队员则要跳起封盖。

防守内线有球队员

图4-5-20　防守内线有球队员

2. 内线无球队员一对一攻防

（1）内线无球队员进攻行动。

由于经常在距离球篮很近的位置获得投篮机会，所以内线队员具有较高的投篮命中率。当内线队员篮下接球面对多人防守时，经常会投篮得分并造成防守队员的犯规，获得打"3分"机会，当防守队员对其包夹时，他也可以传球给外线队员，获得3分投篮得分机会。内线队员技术多数是背对球篮得分技术，经常在限制区两侧进行。限制区周围历来是兵家必争之地，受内线区域身体对抗激烈的影响和时机限制，内线队员无球抢位接球技术十分关键。

A. 内线队员基本站立姿势：内线队员双脚开立宽于肩，背部保持正直，屈膝降重心紧靠防守队员以建立更大的支撑面，两肘外展，上臂约与地面平行，同时双手展开上举，手指稍向前伸，指向天花板，做好接球准备，靠近防守队员一侧的背、肩和上臂主动用力阻拦防守队员抢到自己的身前（图4-5-21）。

B. 移动抢位接球：内线队员需要通过无球移动摆脱防守，抢占外线传球队员和自己的防守队员之间的空当。当防守队员侧前防守阻拦接球时，内线队员可以利用V型切入抢占位置。内线队员首先主动靠近防守队员向远离球侧移动几步，然后利用后转身把防守队员挡在身后抢占有利的位置接球；内线队员也可以先绕到防守队员身后避开防守队员的视线，然后快速绕防守队员切回到空当处接球。当防守队员绕前防守阻拦接球时，则要利用短促快速的脚步动作向限制区中立区以上位置移动，把防守队员拉到高位，然后用靠近防守队员的手臂顶住防守队员的背部，靠近球篮的一侧手伸出给同伴高吊传球的信号，准备向篮下切入接同伴的高吊球。

图4-5-21　内线队员基本站立姿势

总之，内线队员移动抢位时要利用灵活的脚步移动，尽量用身体占据空间位置并利用整个身体接触和背部主动挤靠防守,主动与防守队员保持身体接触。当防守队员在高位防守时,内线队员要继续向更高位移动;当防守队员在低位防守时,内线队员要继续向更低位移动;当防守队员在后面时,内线队员要继续向后移动,然后快速切回抢占位置。

（2）防守内线无球队员行动。

防守内线无球队员时,根据防守队员的位置,通常分为身前防守、身后防守和侧前防守三种。当内线队员攻击能力较强时,防守队员会选择身前防守以减少其接球。身前防守时,防守队员屈膝降重心,后背保持正直紧靠进攻队员,努力把进攻队员推进限制区,靠近球一侧手臂在空中高高扬起,准备打掉对手的高吊球（图4-5-22）。当内线队员进攻不构成威胁时,防守队员会选择身后防守,屈膝降重心,一侧或两侧手臂弯曲顶在进攻队员的背部,通过对抗尽量把进攻队员推离篮下位置（图4-5-23）。防守内线队员最通用的方法是侧前防守,通常靠近球一侧的手和脚在前,另一侧手臂弯曲顶在被防守队员身体一侧呈抱防的姿势。当球在罚球线以上时,要选位在内线队员的身前进行防守,当球在罚球线以下时,要选位于内线队员的身后进行防守（图4-5-24）。

图4-5-22　身前防守　　　　图4-5-23　身后防守　　　　图4-5-24　侧前防守

（三）一对一攻防技术应用变式的提示

一对一攻防技术是在综合各种技术基础上的综合性、对抗性技术内容,在实战过程中要始终结合场上的实际情况,机动灵活地应用。

（1）要把有球进攻与无球进攻、无球进攻与有球进攻、防守无球与防守有球、防守有球与防守无球等形式创造性地结合起来。

（2）在一对一攻防技术的教学训练基础上,进行二对二或三对三攻防的教学训练,使一对一攻防技术得到巩固和提高。

（3）一对一攻防技术是队员个人技术的运用和创造过程,要在以我为主的思想指导下进行练习，不要拘泥于技术运用的固定程式。

三、一对一攻防技术教学与练习方法

一对一攻防技术的本质是面对面的攻守对抗，因此，对抗性练习是一对一攻防技术教学的主要手段。在一对一个人攻防技术的教学与训练中，应将进攻与防守结合起来，练习进攻的同时也练习防守。初学阶段可以通过降低对抗强度的方法来调整练习的难度。每一个对抗练习都要有侧重点，有的练习以进攻为主，而有的练习以防守为主，通过练习来强化一对一个人攻防技术的要点。

练习1：顺步和交叉步突破过人技术练习。

队员两人一组，相距3~4米相对站立，一人持球。持球者传球给同伴后，迎上防守，同伴迎上急停接球，从同伴前脚位置做顺步或交叉步突破过人技术动作。两人交替反复进行。

要求：迎上接球急停的动作扎实、有力、连贯，突破过人的动作幅度大、重心低、衔接好，迎上队员要设置不同进攻场景。

练习2：徒手一对一个人攻防练习。

队员两人一组，一人进攻，另一人防守。进攻者以适当速度做各种脚步变换的移动，防守者始终选择在对手与球篮之间的位置，根据对手移动情况的变化做出适当的调整。可变式为两人横向相对站立，外侧人主动移动，内侧人滑步尽量保持与外侧人平行（图4-5-25）。

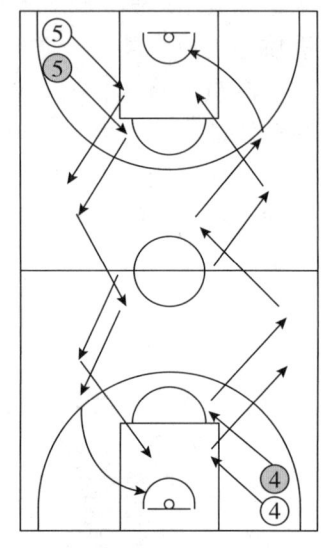

图4-5-25　徒手一对一个人攻防练习

要求：练习开始时，进攻者的速度要适当，移动变化要相对规律，随着练习的进程逐步提高速度和增加变化，为防守者创造练习条件。防守者要主动防守，判断对手移动变化，积极移动，调整至有利防守位置。

练习3：有球与无球结合的一对一个人攻防练习。

队员两人一组，用一球，一人进攻，另一人防守。进攻者徒手摆脱接教练员传球，然后做运球一对一个人攻防练习，在进入前场后再将球传给固定接球者，继续摆脱回传球，做一对一个人攻防练习。第一组完成后，第二组开始练习（图4-5-26）。

要求：掌握好攻守对抗的节奏，进攻者要大胆运用学过的技术，防守者要积极调整防守位置。根据技术运用的熟练程度，逐步加大对抗的难度，教练员可利用哨音创造"死球""投篮"等场景。

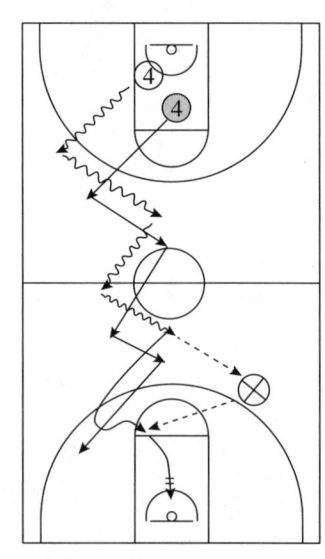

图4-5-26　有球与无球结合的一对一个人攻防练习

练习4：半场一对一个人攻防练习。

队员两人一组，用一球，在端线外站立。运球者沿3分线运球后将球传给教练员，对侧队员同时沿3分线移动，教练员传球给对侧移动队员，传球队员同时快速迎前选择合理的位置防守接球队员进行一对一攻防（图4-5-27）。第一组完成后，第二组开始练习。

要求：传球给教练员后要积极防守，快速调整脚步动作，选择适当防守位置。接球进攻者要大胆利用学过的各种超越技术，采用瞄篮、跨步等虚实结合的动作迷惑对手，攻击时动作果断、快速、有力。

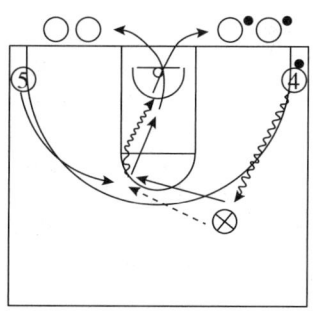

图4-5-27　半场一对一个人攻防练习

1. 篮球运动技术分为进攻和防守两大体系，它们分别包括哪些技术？
2. 篮球技术教学的内容体系包括哪些内容？
3. 篮球基本步法包括哪几种形式？
4. 请简述影响投篮技术的因素有哪些。
5. 请阐述原地单手肩上投篮技术要领和练习方法。
6. 请阐述如何保护防守篮板球。
7. 请简述支配球技术中传球和运球技术有哪几种方法。
8. 请图示说明防守外线无球队员的基本方法和要求。
9. 外线队员持球突破技术包括哪几种？有哪些易犯错误？
10. 请画图设计5种传接球的练习方法，要求逐步增加难度。

即测即评

CHAPTER 05 第五章

篮球战术

【导读】

篮球战术是以篮球技术为基础、比赛中队员之间协同行动的方法,包括战术基础配合和全队战术。通过本章学习,期待读者能够把沟通交流、顽强拼搏、团结协作、保家卫国等思政元素融入篮球攻防战术学习中,综合运用传切、突分、策应和掩护等进攻基础配合及关门、夹击、补协防、破坏掩护等防守基础配合方法,熟悉全队进攻战术和防守战术的基本方法、变化要求,辩证分析篮球技术和战术的关系,掌握篮球战术教学流程和方法。

篮球战术是篮球比赛中不可或缺的一部分,通过合理的战术安排和球员配合,球队可以充分发挥自身实力,战胜对手,取得比赛的胜利。篮球战术和技术是相互依存、相互促进的关系,技术是战术的基础,战术是技术的综合体现,任何战术意图和战术方法的实现,都取决于队员是否熟练而准确地掌握相应数量的篮球技术,并能够创造性地运用。先进的技术必然会促进战术的发展和变化,反过来,战术的发展和变化又会对技术提出更高的要求,只有技术与战术相结合,才能发挥出最大的威力,取得优异的成绩,从而促进篮球运动不断发展。

第一节 篮球战术概述

一、篮球战术的概念

篮球战术是比赛中个人技术的合理运用和队员之间协调配合的组织形式。任何战术都是为了更好地发挥本方队员的技术,制约对方,力争掌握比赛的主动权,争取比赛的胜利。

二、篮球战术分类

如图 5-1-1 所示,根据篮球运动对抗性的特点和比赛的主要内容,篮球战术分为进攻战术与防守战术两大部分。

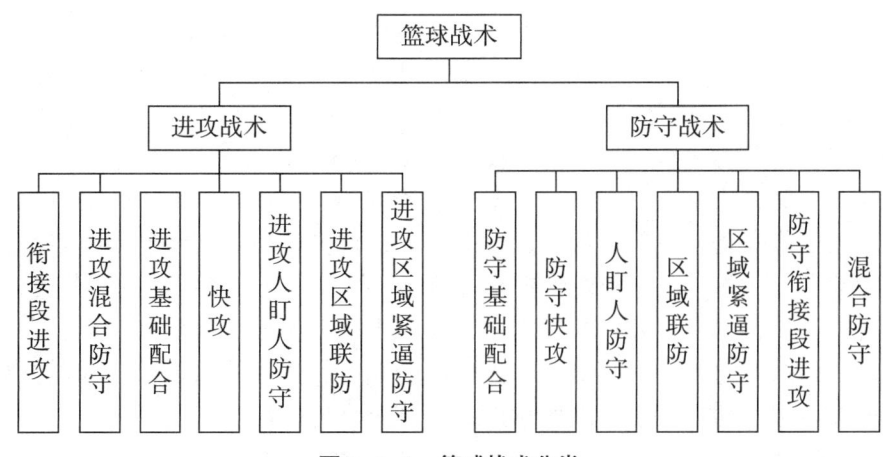

图 5-1-1 篮球战术分类

进攻战术基础配合是两三人之间有目的、有组织的协同进攻配合方法，常见的配合方法有传切配合、掩护配合、突分配合和策应配合，当然还有许多配合变式。

防守战术基础配合是两三人之间为破坏进攻队员之间配合组成的配合方法，常见的配合方法有关门配合、夹击配合、补防配合、协防配合、破坏掩护配合（挤过配合、穿过配合、绕过配合、交换防守配合、夹击轮转配合），当然也有许多配合变式。

全队进攻战术按照抢获篮板球或抢断球后，由守转攻的主动转换过程，可以分为快攻、衔接段进攻和阵地进攻。快攻是由防守转入进攻时以最快的速度将球推进至前场，争取造成人数上和位置上的优势与主动，果断合理进行攻击的一种进攻战术，一般3～5秒就会完成进攻。衔接段进攻是在快攻未成功时，利用对方"退不及防、防不到位"，连续地利用各种穿插、掩护、突破、策应调动对手，机动灵活地实施攻击的战术，一般5～8秒就会完成进攻。阵地进攻是防守队员基本退守到位并形成一定的防守阵型，进攻队员在对方半场展开攻击的战术。

根据对手半场防守阵型，可以分为进攻半场人盯人防守战术、进攻区域联防战术、进攻区域紧逼防守战术、进攻混合防守战术。当对手投篮命中发生由守转攻的被动转换过程，对手采用不同形式全场防守时，进攻球队应相应地运用进攻全场紧逼人盯人防守战术、进攻全场区域紧逼防守战术。

全队防守战术按照投篮未中被抢获篮板球后，由攻转守退防的主动转换过程，可以分为防守快攻、防守衔接段进攻和阵地防守。防守快攻和防守衔接段进攻是根据进攻球队特点，防守队采取的快速退防过程中的防守阵型，阵地防守则是落入半场后采取的防守阵型，通常有半场人盯人防守、区域联防、区域紧逼和混合防守。当本队投篮命中发生由攻转守的被动转换过程时，为了打乱对手进攻节奏，也会变化使用全场紧逼人盯人防守战术和全场区域紧逼防守战术。

三、篮球比赛场上队员的分工及职责

现代篮球运动的特点之一，就是既注意战术位置的分工相对稳定，又重视战术运用的机动、灵活和实效，因而战术的位置分工和锋、卫位置的职责也趋于模糊，而且已经成为一种发展的趋势。依据位置分工的角度，场上位置可以划分为前锋、中锋和后卫。

根据队员的不同特点，场上 5 名队员的安排：1 号位为组织后卫、2 号位为得分后卫、3 号位为小前锋、4 号位为大前锋、5 号位为中锋。由于现代篮球比赛中队员位置呈现模糊化发展趋势，每个位置队员可以胜任 2~3 个角色，国外学者对场上队员进行分类，把能打中锋和大前锋的球员称为内线，能打大前锋和小前锋的称为锋线，能打小前锋和得分后卫的称为侧翼，能打得分后卫和控球后卫的称为双能卫。内线队员一般身材高大、体格健壮、个人攻击能力强，具有良好的战术意识，能对全队战术组织起到枢纽作用，具有拼抢篮板球的意识和能力，随着现代篮球的发展，很多内线队员同时具备外线远投技术。锋线队员身材高大，具有良好的身体素质，技术上既要全面，又要有特点，个人攻击能力强，有良好的战术意识和助攻能力，内外线均具有较强的攻防能力。双能卫队员技术全面、控球能力强、能投善射、能妙传助攻，具有良好的战术意识和沉着、冷静、机智的头脑，以及观察、分析、判断、指挥全队攻守的能力。

第二节 篮球战术基础配合

战术基础配合是两三人之间有目的、有组织的协调行动的方法。它包括进攻战术基础配合与防守战术基础配合，是组成全队战术的基础。只有熟练掌握与运用战术基础配合，才能使全队战术更加灵活有效地发挥作用。

一、进攻战术基础配合

（一）传切配合

传切配合是进攻队员之间利用传球和切入技术组成的简单配合，实践运用中多采用一传一切和空切两种方法。

1. 传切配合的方法

（1）一传一切配合：持球队员传球后，利用起动速度或假动作超越对手，向篮下切入，接回传球投篮的配合方法。如图 5-2-1 所示，⑤传球给④后，立刻摆脱防守队员向篮下切入，接同伴④的回传球投篮。

（2）空切配合：无球进攻队员掌握时机摆脱对手切向防守空隙区域接球投篮或做进攻动作的配合方法。如图 5-2-2 所示，⑤传球给④后，⑥突然向篮下切入，接④的传球投篮。

2. 传切配合的要求和示例

（1）传球队员的要求。

A. 传球队员要具有一定的攻击能力和攻击意图，使防守队员不能判断出进攻队员下一步的动作，才能出其不意完

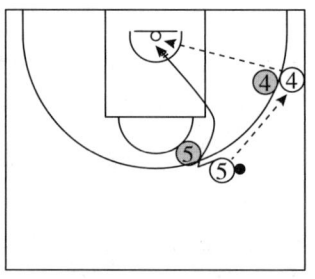

图 5-2-1 一传一切配合

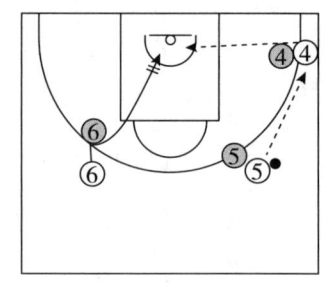

图 5-2-2 空切配合

成传球。

B.传球队员要不断观察场上队友的移动,传球要突然、隐蔽、快速、及时、准确。

(2)切入队员的要求和示例。

示例1:进攻队员前切(图5-2-3)。

进攻队员④将球传给队友⑤后,顺势从自己防守队员的身前切入,接同伴回传球投篮。

要求:④传球后要向异侧做假动作,利用防守队员④看球或放松的瞬间,突然向篮下切入。切入时靠近防守队员一侧的手臂要向球篮方向伸展,这样既有利于成功切入,又便于接球。

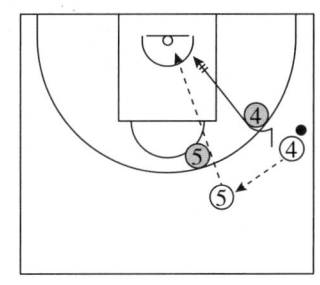

图 5-2-3 进攻队员前切

示例2:进攻队员后切(图5-2-4)。

进攻队员④将球传给队友⑤后,防守队员④贴逼④不让其接⑤的回传球,此时,④佯装向球移动,然后突然从防守队员④的身后向篮下切入,接⑤的回传球投篮。

要求:④要在防守队员④抢前防守时,果断从另一侧切入篮下,同时要伸展手臂,准备接球。

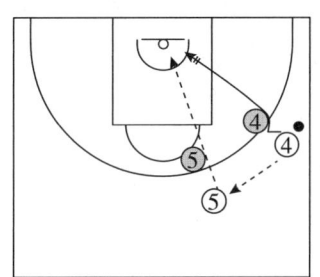

图 5-2-4 进攻队员后切

进攻队员
后切

(二)突分配合

突分配合是进攻队员运用持球突破技术超越对手受到阻截时,及时将球传给已经摆脱(或无)防守的同伴,使同伴获得进攻机会的一种配合方法。

1.突分配合的方法

根据突破队员与接应队员的位置、距离,可分为突破队员向靠近接应队员方向突破和突破队员向远离接应队员方向突破。

(1)向靠近接应队员方向突破:如图5-2-5所示,④持球从防守队员④的右侧突破,遇到⑤补防时,将球传给横插到有利位置的⑤投篮。

向靠近
应队员方
向突破

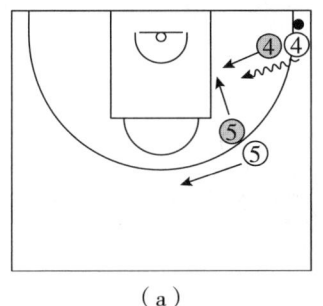
(a)

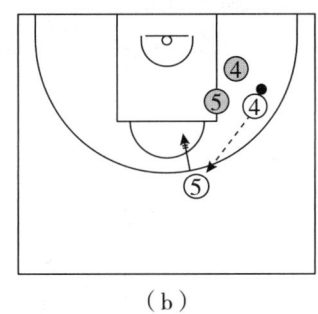
(b)

图 5-2-5 向靠近接应队员方向突破

（2）向远离接应队员方向突破：如图5-2-6所示，④持球从防守队员的左侧突破，遇到补防时，将球传给向底线移动的⑤投篮。

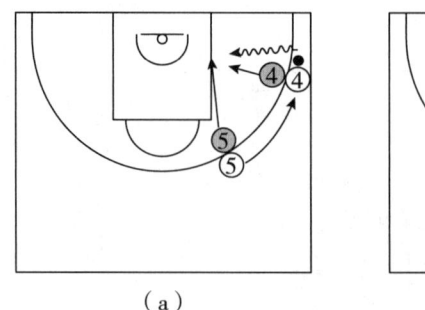
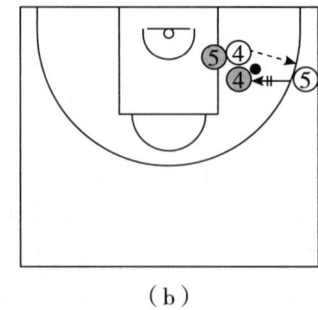

（a） （b）

图5-2-6 向远离接应队员方向突破

2. 突分配合的要求和示例

（1）突破队员的要求。

突分配合是由控球突破队员和接应队员完成的配合，其中突破队员是完成此配合的前提，只有形成突破才能有"分"（传球）的可能性，因此对突破队员提出了很高的要求。

A. 突破队员技术动作要突然、快速、及时，突破后既要有投篮准备，又要有传球的准备。

B. 突破队员在突破中，要注意观察防守队员与同伴的位置，根据同伴摆脱情况进行分球。

（2）接应队员的要求和示例。

接应队员要根据突破队员突破的路线，迅速进行轮转，移动到有利于接球的位置，随时做好接球的准备，同时要使自己保持在突破队友的视线之内。

A. 持球队员在45°位置突破。

示例1：接应队员在对侧45°移动接应（图5-2-7）。

当持球队员④突破时，⑤要根据防守队员补防位置及时向端线或弧顶移动，保持在④的视线之内，准备接应。

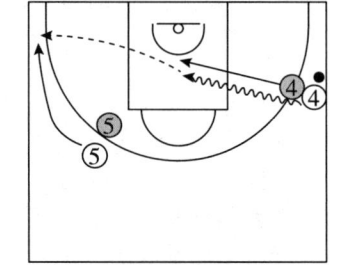

图5-2-7 接应队员在对侧45°移动接应

示例2：接应队员在弧顶移动接应（图5-2-8）。

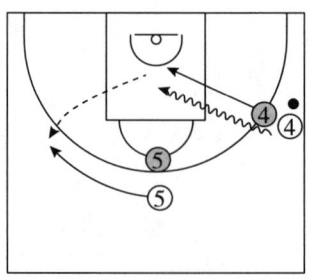

图5-2-8 接应队员在弧顶移动接应

接应队员在弧顶移动接应

当持球队员④突破时，⑤要及时向自己的左侧移动，保持在④的视线之内，准备接应。

示例3：接应队员在0°移动接应（图5-2-9）。

当持球队员④突破时，⑤要平行于端线向球篮方向移动，准备接应。

B. 持球队员在底线位置突破。

示例1：接应队员在45°移动接应（图5-2-10）。

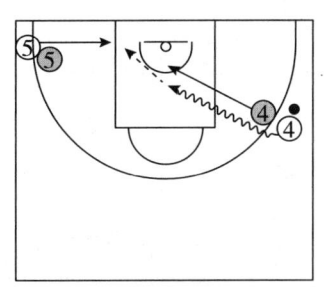

图5-2-9 接应队员在 0°移动接应

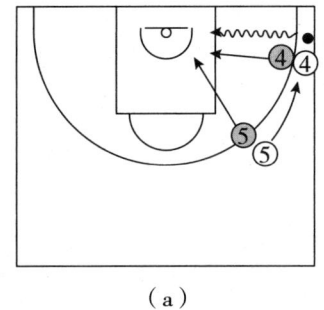 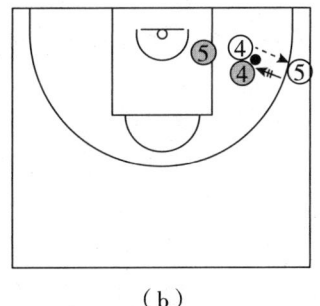
（a）　　　　　　　（b）

图5-2-10 接应队员在45°移动接应

当持球队员④突破时，若⑤及时预判，与④一起夹击④，⑤要向端线方向移动，跑到④原来所处的位置准备接同伴的回传球投篮。

示例2：接应队员在低位移动接应（图5-2-11）。

当持球队员④突破时，无论是处于强侧内线位置的⑤，还是处于弱侧内线位置的⑥都要向罚球线方向移动，准备接应。

C. 持球队员在弧顶位置突破。

示例1：接应队员在低位移动接应（图5-2-12）。

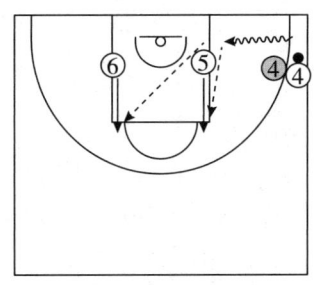

图5-2-11 接应队员在低位移动接应一

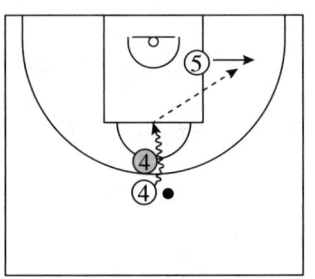

图5-2-12 接应队员在低位移动接应二

当持球队员④突破时，处于内线位置的⑤要向限制区外移动，为④突破拉开空间，同时准备接应。

示例 2：接应队员在 0°溜底接应（图 5-2-13）。

当持球队员④突破时，处于两侧外线 0°位置的⑤⑥要向限制区移动，准备接应。

（三）掩护配合

掩护配合是掩护队员采用合理的行动，用自己的身体阻挡同伴的防守队员的移动路线，使同伴借以摆脱防守获得进攻机会的一种配合方法。

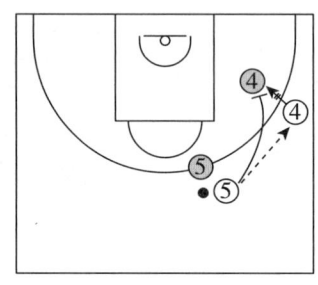

图 5-2-13 接应队员在 0°溜底接应

1. 掩护配合的方法

根据掩护队员掩护时选择位置的不同，掩护配合常有以下 3 种。

（1）前掩护：掩护队员跑到同伴的防守队员的前面，用自己的身体阻挡防守队员的移动路线，使同伴借以摆脱防守，获得进攻机会。如图 5-2-14 所示，⑤传球给④后，移动到④的前面给④做前掩护，④利用掩护投篮。

前掩护

图 5-2-14 前掩护

（2）侧掩护：掩护队员跑到同伴的防守队员的侧面，用自己的身体阻挡防守队员的移动路线，使同伴借以摆脱防守，获得进攻机会。在篮球比赛或教学与训练中，经常采用的侧掩护有以下 3 种。

给持球队员做侧掩护：如图 5-2-15 所示，进攻队员⑤移动到④的侧面，为持球同伴④做侧掩护，④运球突破投篮。

给无球队员做侧掩护：如图 5-2-16 所示，进攻队员⑤传球给④后，为⑥做侧掩护，⑥迅速向球篮切入，同时接④的传球投篮。

运球队员给无球队员做侧掩护（手递手）：如图 5-2-17 所示，持球队员⑤运球向同伴④移动，与④手递手传球，⑤传球后迅速为④做侧掩护，④接⑤的传球后向球篮切入投篮。

侧掩护

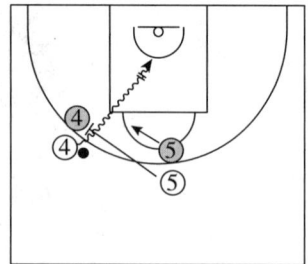

图 5-2-15 给持球队员做侧掩护

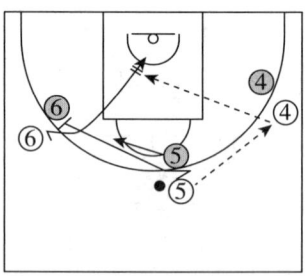

图 5-2-16 给无球队员做侧掩护

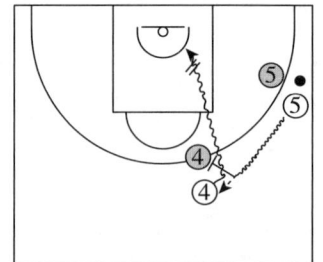

图 5-2-17 运球队员给无球队员做侧掩护

（3）后掩护：掩护队员跑到同伴的防守队员的身后，用自己的身体阻挡防守队员的移动路线，使同伴借以摆脱防守，获得进攻机会。如图 5-2-18 所示，⑤移动到④的身后为

④做后掩护，④利用⑤的掩护运球切入篮下投篮。

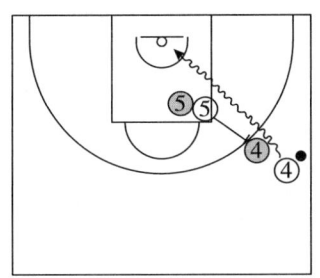

后掩护

图 5-2-18　后掩护

2.掩护配合的要求和示例

（1）给有球队员做掩护的要求和示例。

A.控球队员的要求。

a.控球队员要具有一对一攻击能力，能够通过投篮等假动作吸引防守队员，迷惑防守队员，为掩护形成创造条件。

b.在掩护形成时，控球队员要迅速超越对手，并根据防守队员防守方式的变化，果断应对，形成攻击机会。

B.掩护队员的要求和示例。

a.掩护队员要把握好掩护的时机，保持正确的掩护姿势，选择合理的掩护角度，避免移动掩护等犯规发生。

b.掩护队员要根据防守的变化，在掩护形成后及时移动到有利的攻击位置，吸引防守或接应进攻。

示例 1：掩护发生时防守队员补防不及时（图 5-2-19）。

在掩护形成时，防守队员⑤没有跟紧⑤，他们之间空隙足够大，④就可以利用速度果断向篮下突破。

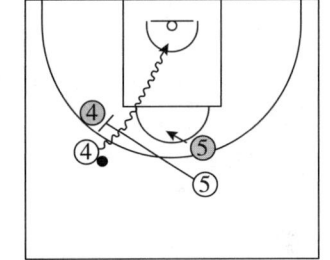

图 5-2-19　掩护补防不及时

示例 2：掩护发生时防守队员从掩护后面绕过，不换防（图 5-2-20）

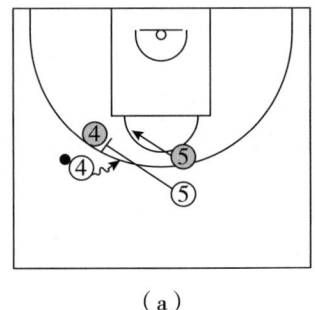
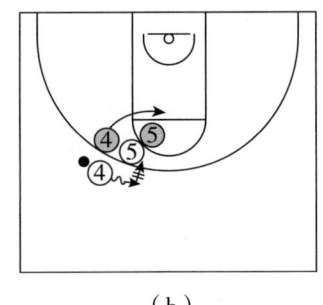

（a）　　　　　　（b）

图 5-2-20　掩护绕过不换防

在掩护形成时，防守队员④选择在⑤和⑤两名队员身后绕过等待进攻队员④的突破，④可利用此时的空隙果断投篮。

示例 3：掩护发生时防守掩护队员的队员进行"延误"（图 5-2-21）。

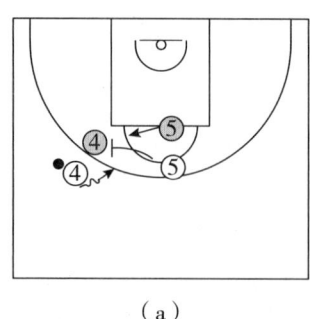 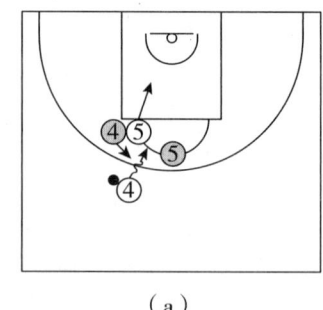

图 5-2-21 防守"延误"

在比赛中,尤其是高水平竞赛中,防守队员采用"延误"的方法对付掩护配合十分常见。防守队员采取此种方法主要是在掩护后为两名防守队员换防回位争取时间,迫使进攻队员在外线运球,不能向篮下突破。

控球队员④在突破时要注意观察防守队员⑤抢出的位置和时机,利用突破拉开防守队员之间的距离,延缓其换防的时间。在防守队员④换防回位时,如果控球队员④有空间,可以突破或直接投篮;如果掩护队员⑤有空间,可以接球进攻。

示例 4:掩护发生时两名防守队员夹击持球队员(图 5-2-22)。

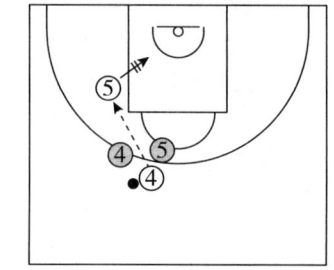

图 5-2-22 突破防守夹击

在掩护形成后,两名防守队员夹击控球队员④,此时,控球队员一定不要轻易停球,力争在夹击形成之前将球传给⑤。

示例 5:掩护发生时防守队员消极交换防守(图 5-2-23)。

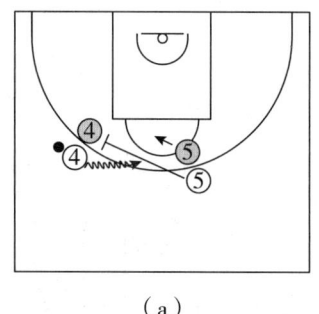 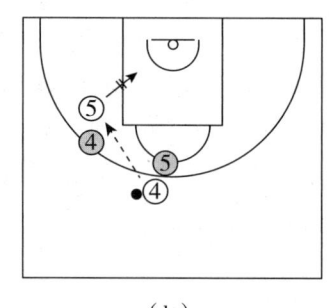

图 5-2-23 消极交换防守

掩护形成时,防守队员⑤换防④阻止其运球突破,此时④阻拦⑤后转身向篮下切入,若防守队员⑤换防后不积极迎前防守,④可以选择投篮;若防守队员⑤换防后迎前防守,④可以传球给切入篮下的⑤进攻。

示例 6:掩护发生时防守队员积极交换防守。

这种情况要求控球队员迅速观察防守,如果换防后出现内线"小防大"时,及时传球给内线队员进攻;当然,外线出现"大防小"时,控球队员也可以利用灵活性的优势进攻。

(2)给无球队员做掩护的要求和示例。

无球队员之间做掩护的方法、要求与给有球队员做掩护相似,只是参与无球掩护配合的进攻队员更多,这就要求队员之间的配合更加默契。控球队员、掩护队员与被掩护队员三人要有更强阅读防守的能力,及时把球传到处于最有利进攻位置的同伴手中。

示例1:掩护发生时防守队员没有及时换防(图5-2-24)。

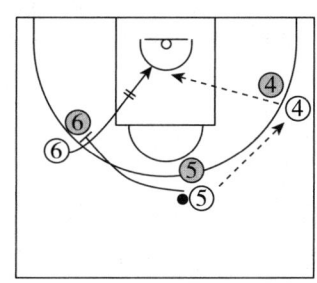

图 5-2-24　掩护后被掩护人切入篮下

掩护形成后,⑥要迅速切入篮下,若防守队员⑤没有及时换防,则⑥接球投篮。

示例2:掩护发生时防守队员换防切入队员(图5-2-25)。

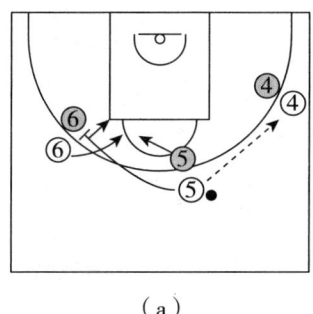 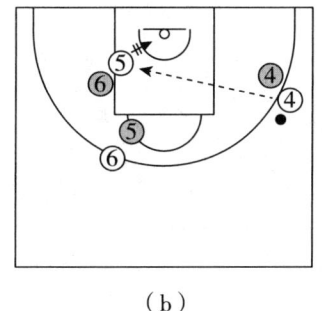

　　　　(a)　　　　　　　　　　(b)

图 5-2-25　换防切入

掩护形成后,如果切入队员⑥遭到防守队员⑤的换防,掩护队员⑤要迅速后转身切入篮下,准备接球投篮。

示例3:掩护发生时防守队员回缩篮下(图5-2-26)。

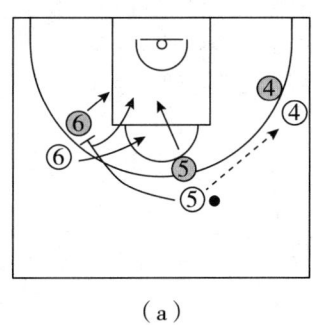 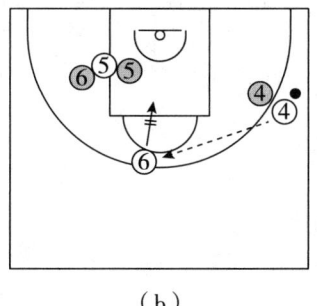 

　　　(a)　　　　　　　　(b)　　　　　　　　(c)

图 5-2-26　防守回缩

掩护形成后,防守队员⑤⑥迅速回缩,保护篮下,此时切入队员⑥不要继续切入篮下,要向罚球线附近移动,接球后果断中距离投篮。如果防守队员⑤出来封盖⑥投篮,

⑥也可以将球传给篮下的队员⑤进攻。

（四）策应配合

策应配合是指内线的进攻队员背对或侧对球篮接球，以他为中心与外线队员的空切或掩护相配合形成的一系列里应外合的配合方法。

1. 策应配合的方法

策应配合的方法分为高位策应配合和低位策应配合。

（1）高位策应配合：如图5-2-27所示，④移动到罚球线附近，即高位策应位置，接⑤传球，做策应，⑤伺机切入篮下，接④传球投篮。

（2）低位策应配合：如图5-2-28所示，④移动到低位策应位置后，接传球，做策应，⑤伺机切入篮下，接④传球投篮。

高位策应配合

低位策应配合

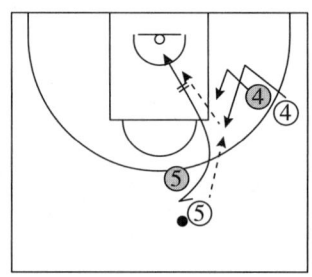
图5-2-27 高位策应配合

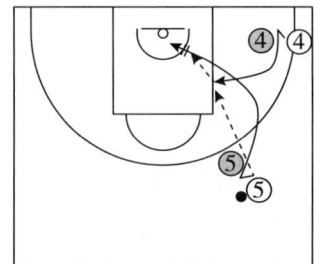
图5-2-28 低位策应配合

2. 策应配合的要求和示例

（1）策应队员的要求。

A.策应队员策应前要合理运用速度或假动作摆脱防守，迅速抢占有利的策应位置，并迎前接球。

B.策应队员接球时，两脚平行站立，比肩稍宽，两膝弯曲，上体稍前倾，保持重心平稳，两肘微屈，持球于胸前，用手臂和身体保护球。要用身体的感觉和眼的余光判断防守队员的位置，伺机传球给同伴或进攻。

（2）外线队员的要求和示例。

外线队员传球后，应利用速度或假动作摆脱防守，做接应或切入，以便获得更好的进攻机会。

示例1：防守队员不去协防内线中锋时，外线队员由底线方向切入（图5-2-29）。

外线队员④传球后要迅速向底线方向切入，准备接⑤的传球投篮。为保证配合成功，切入队员要注意同策应队员保持一定的距离，向低位切入。

示例2：防守队员不去协防内线中锋时，外线队员由上

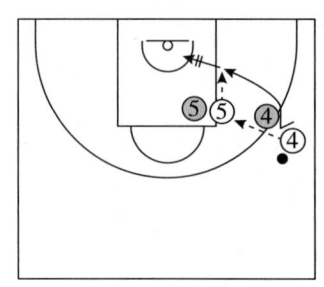
图5-2-29 策应配合—底线切入接球投篮

线方向切入（图 5-2-30）。

外线队员④传球后，要顺势向上线方向切入，准备接⑤的传球投篮。切入队员要从上线罚球线方向切入，与策应队员保持适当的距离。

在上面提到的两种情况中，如果防守队员预判切入队员的切入意图，抢先占据防守位置时，切入队员要采用无球摆脱的方法，利用假动作向球篮方向切入。

示例3：防守队员协防内线中锋时，外线队员在外线横向移动（图 5-2-31、图 5-2-32）。

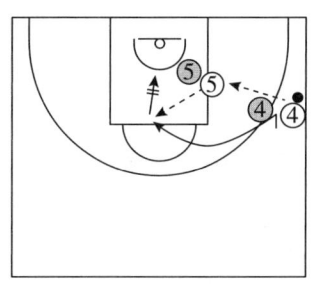

图 5-2-30 策应配合—上线切入接球投篮

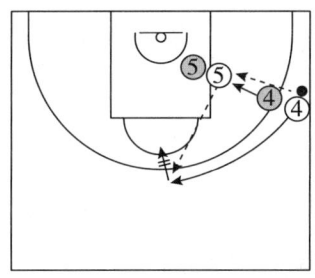

图 5-2-31 策应配合—弧顶移动接球投篮

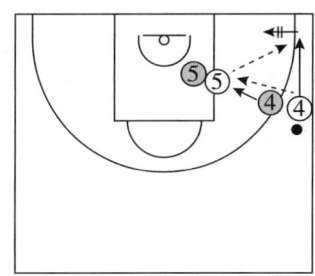

图 5-2-32 策应配合—底角移动接球投篮

如果外线防守队员④向篮下移动，对内线队员⑤进行协防，外线队员④就不要贸然向篮下切入，以免增加内线队员攻击难度。④要在外线横向移动，拉大与内线队员之间的距离，移动到不利于自己防守队员回防的位置，时刻准备接策应队员的传球投篮。

（五）进攻战术基础配合的练习方法

1. 传切配合的练习方法

（1）徒手切入练习。

练习1：两人徒手切入练习。

方法：队员分成两组，如图 5-2-33 所示位置站立，左右依次做切入练习，完成切入后，左右交换位置。

练习2：三人徒手切入练习。

方法：队员分成三组，如图 5-2-34 所示位置站立，三组由左至右依次做切入练习，完成切入后，顺时针交换位置。

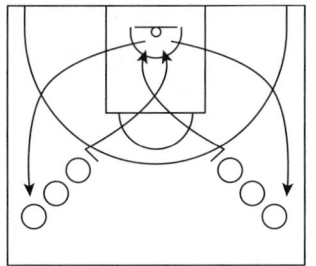

图 5-2-33 两人徒手切入练习

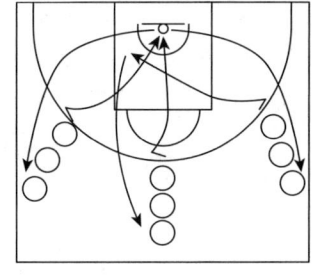

图 5-2-34 三人徒手切入练习

要求：切入时变向要迅速，同时必须侧身跑主动伸手要球。

（2）结合传球的切入练习。

练习1：两人传切配合练习。

方法：如图 5-2-35 所示，分成两组，左侧队员向篮下切入，接右侧队员传球上篮，练习完成后相互交换位置。

练习 2：三人传切配合练习。

方法：如图 5-2-36 所示，分成三组，中间持球队员将球传给左侧同伴，无球两组队员依次向篮下切入上篮，完成后，逆时针交换位置。

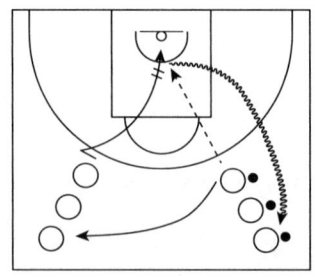

图 5-2-35　两人传切配合练习

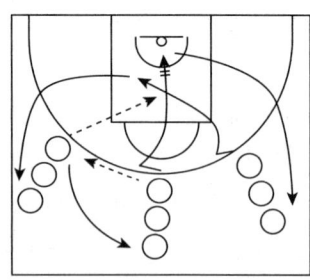

图 5-2-36　三人传切配合练习

要求：切入前必须做向异侧切入的假动作，切入时变向要迅速，同时侧身跑主动伸手要球，身体重心主动压下靠近防守一侧；传球队员必须做投篮、突破等假动作吸引防守队员，同时用余光观察队友切入。

（3）加防守的传切配合练习。

方法：如图 5-2-37、图 5-2-38 所示，分成两组，持球队员传球给同伴后，迅速向篮下切入，接同伴回传球投篮，完成练习后，两组交换位置。

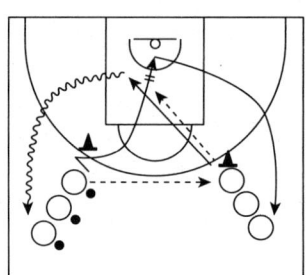

图 5-2-37　加防守的传切配合练习一

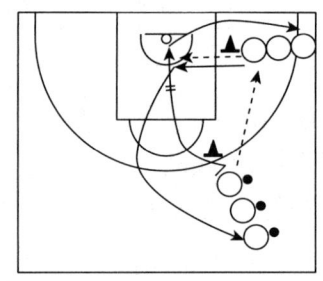

图 5-2-38　加防守的传切配合练习二

加防守的传切配合练习

要求：切入队员要正确运用假动作，突然摆脱防守，快速切入，随时准备接球进攻；持球队员应面向球篮，做投篮、传球、突破等假动作吸引防守队员，然后及时、准确、隐蔽地将球传给切入队员。

2. 突分配合的练习方法

（1）突破分球练习。

练习：45°位置和底线位置突破分球练习（图 5-2-39、图 5-2-40）。

方法：分成两组，持球队员运球突破，将球传给固定位置的接应同伴，完成练习后交换位置。

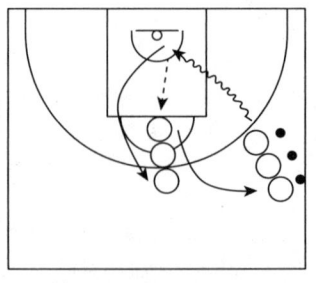

图 5-2-39　45°突破分球练习

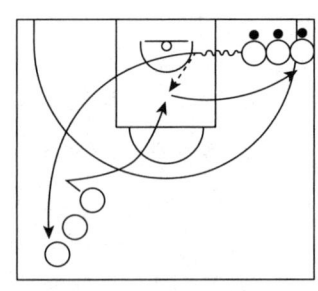

图 5-2-40　底线突破分球练习

要求：严格按配合路线进行练习，并掌握好时机和合理运用技术。

（2）突分配合练习。

练习1：持球突破分球练习（图5-2-41～图5-2-43）。

方法：分成两组，持球队员运球突破，将球传给接应队员，接应队员接球后投篮，完成练习后交换位置。

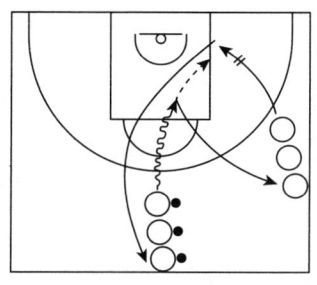 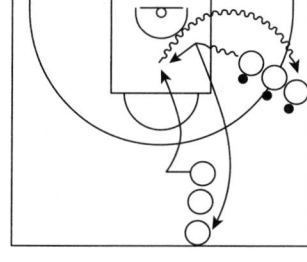 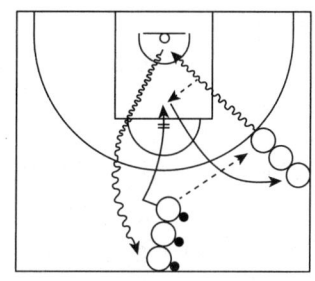

图5-2-41　持球突破分球　　　图5-2-42　持球突破分球　　　图5-2-43　持球突破分球
　　　　　练习一　　　　　　　　　　　　练习二　　　　　　　　　　　　练习三

练习2：接球突破分球练习（图5-2-44、图5-2-45）。

方法：分成三组，左侧持球队员通过两次传球，将球传给右侧队员，右侧队员接球后运球突破，将球传给两名接应队员中的一名，接应队员接球后投篮。完成练习后，三人顺时针交换位置。

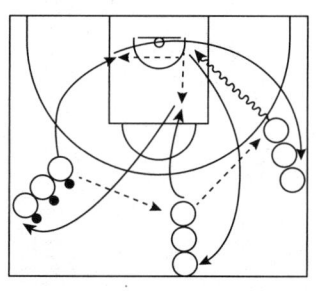 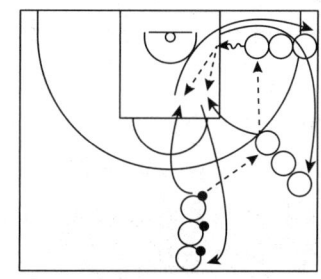

图5-2-44　接球突破分球　　　图5-2-45　接球突破分球
　　　　　练习一　　　　　　　　　　　　练习二

要求：严格按配合路线进行练习，并掌握好时机和合理运用技术。

（3）加防守的突分配合练习。

方法：练习形式同图5-2-41，在进攻队员身前加固定防守队员进行练习。

要求：持球或接球突破时应合理利用假动作，抓住时机快速突破，突破后随时观察，并判断分球的时机。

3.掩护配合的练习方法

（1）徒手掩护跑动练习。

方法：如图5-2-46、图5-2-47所示位置站位，掩护队员移动到防守队员一侧做掩护，再后转身。

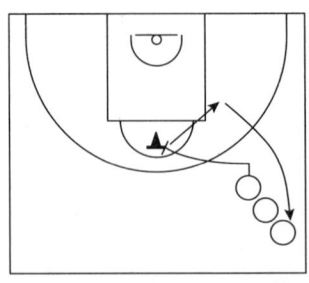 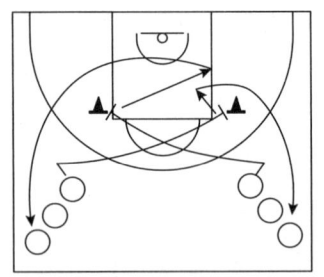

图 5-2-46　徒手掩护跑动练习一　　　图 5-2-47　徒手掩护跑动练习二

要求：掩护队员的姿势正确，掩护完成后要及时转身；被掩护队员要紧贴掩护队员迅速切入。

（2）结合球的掩护配合练习。

练习1：两人掩护配合练习。

方法：如图 5-2-48 所示，分两组站位，持球队员传球后，给同伴做掩护，同伴利用掩护运球突破到篮下投篮。练习完成后交换位置。

要求：掩护队员掩护姿势、位置正确；持球被掩护队员要利用假动作吸引防守，掩护形成后突破、投篮和传球行动要合理。

练习2：三人掩护配合练习。

方法：如图 5-2-49 所示，分三组站位，中间持球队员将球传给右侧同伴，然后给左侧同伴做掩护，左侧同伴迅速切入篮下，接球投篮。

要求：三人默契配合，相互提示跑位、移动路线；传球队员果断判断，将球传到最合适的队员手中。

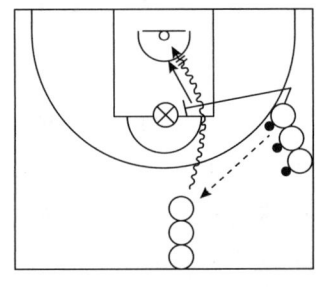

图 5-2-48　两人掩护配合练习

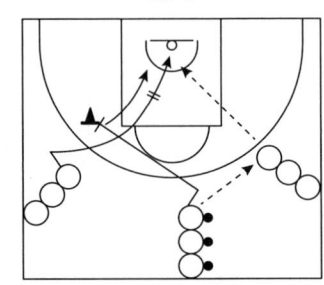

图 5-2-49　三人掩护配合练习

（3）加防守的掩护配合练习。

练习：半场二对二、三对三对抗练习。

方法：把学生分成每组两人或三人在半场进行比赛，输掉两球的组下场休息，下组轮转上场。

要求：进攻队员相互呼应，被掩护队员利用假动作迷惑防守队员，掩护队员注意把握好掩护的角度和时机；开始练习时，应降低难度，要求防守队紧盯进攻队员，但不要伸手断球，逐步增加防守强度。

4. 策应配合的练习方法

（1）徒手策应跑位练习。

练习1：两人策应跑位练习。

方法：如图 5-2-50、图 5-2-51 所示，分成两组站位，徒手进行策应抢位练习，完成练习后交换位置。

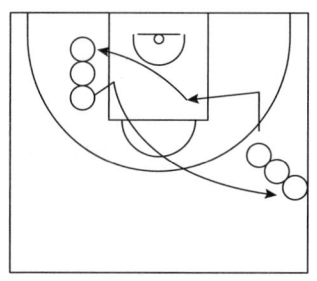
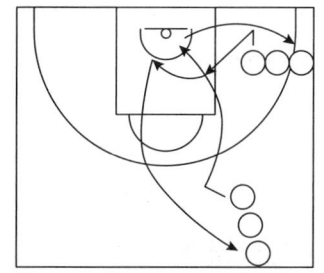

图 5-2-50　两人策应跑位　　图 5-2-51　两人策应跑位
　　　　　练习一　　　　　　　　　　　　练习二

练习 2：三人策应跑位练习。

方法：如图 5-2-52、图 5-2-53 所示，分成三组站位，依次进行徒手策应抢位练习，完成练习后，顺时针交换位置。

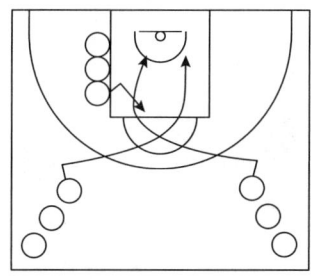
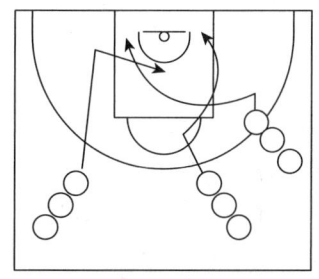

图 5-2-52　三人策应跑位　　图 5-2-53　三人策应跑位
　　　　　练习一　　　　　　　　　　　　练习二

要求：策应队员抢位突然，尽量增大接球面积；切入队员注意跑动路线，要观察策应队员的位置。

（2）结合传球的策应配合练习。

方法：如图 5-2-54、图 5-2-55 所示，分成两组站位，无球组队员摆脱抢占策应位置，接同伴传球；持球组队员传球后，向篮下切入，接策应队员的回传球投篮。

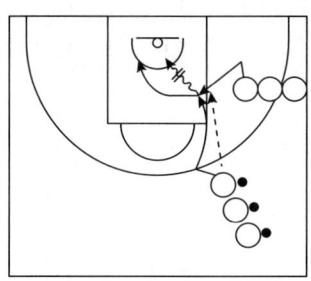
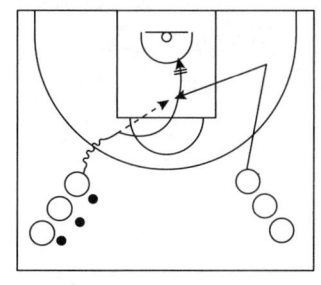

图 5-2-54　结合传球的策　　图 5-2-55　结合传球的策
　　　　　应配合练习一　　　　　　　　　应配合练习二

结合传球
的策应配
合练习

要求：策应队员要迅速抢占有利位置，接球后注意保护球，传球及时、准确；切入队员起动迅速，接球后注意动作的衔接。

（3）加防守的策应配合练习。

方法：把学生分成每组二人或三人在半场进行比赛，先输掉两球的组下场休息，下组轮转上场。

要求：进攻队员抢位要主动积极，接球后注意动作衔接，果断进攻；防守队员应积极盯人，但不要断球，随着练习的深入逐步增加防守强度。

二、防守战术基础配合

防守战术基础配合是篮球比赛中两三人之间为了破坏对方进攻配合所组成的简单配合，包括关门配合、夹击配合、补防配合、破坏掩护配合（挤过配合、穿过配合、绕过配合和交换防守配合）等。

（一）关门配合

关门配合是邻近的两名防守队员协同防守，堵住进攻队员突破的配合方法。

1. 关门配合的方法

如图 5-2-56 所示，当持球队员○运球突破时，邻近的两名防守队员●采用"关门"的方法，协同防守运球队员的突破。

关门配合

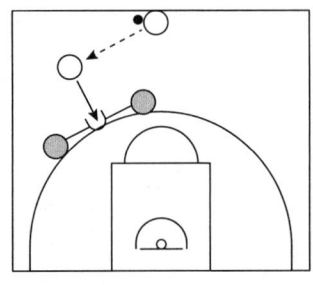

图 5-2-56　关门配合

2. 关门配合的要求

（1）当进攻队员突破时，防守队员应积极快速地向侧后方滑步卡位，堵住突破路线。

（2）邻近突破一侧的防守队员，要注视突破队员的情况，当察觉到对方可能突破超越同伴时，应快速向同伴靠拢，形成一道关闭的"门"，堵住突破队员的路线。

（3）关门配合时，两腿要微屈，双臂自然张开，扩大防守面积。

（二）夹击配合

夹击配合是防守队员利用或迫使进攻队员运球停止时，突然快速上前与同伴一起限制进攻队员活动和封堵其传球（造成进攻队员失误、违例）的一种配合方法。最好的夹击地点是场地各个边角，如图 5-2-57 所示。

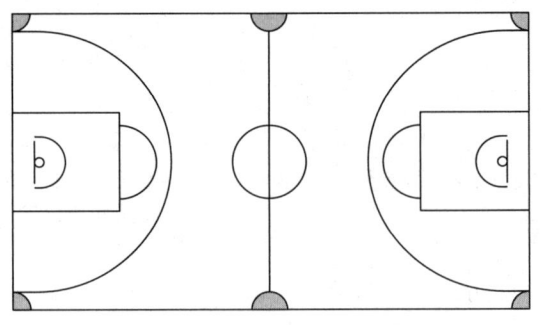

图 5-2-57　夹击地点

1. 夹击配合的方法

夹击配合常用的方法有4种，分别是底角夹击（图5-2-58）、中线与边线夹角处的夹击（图5-2-59）、掷界外球时的夹击（图5-2-60）、对中锋队员的夹击（图5-2-61）。

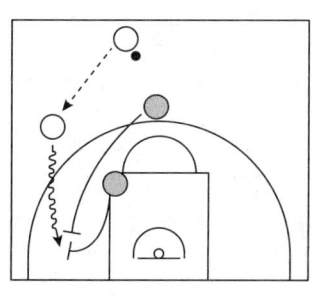

图 5-2-58　底角夹击

图 5-2-59　中线与边线夹角处的夹击

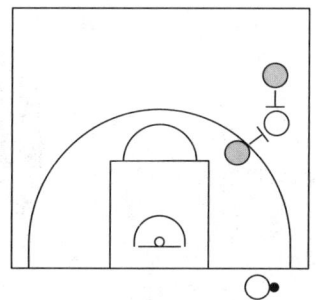

图 5-2-60　掷界外球时的夹击

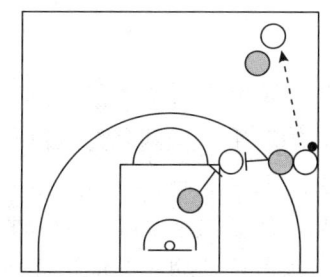

图 5-2-61　对中锋队员的夹击

2. 夹击配合的要求

（1）防守队员应在进攻队员运球、传球或接球的过程中，正确观察判断夹击时机和位置，一旦发现时机成熟应及时快速地向同伴发出夹击的信号。

（2）夹击配合时，两名队员要用身体、两臂围守进攻队员，两人间的距离以不能使对手运球通过为标准。

（3）夹击配合时，两名防守队员主要是封堵进攻队员传球，不要轻易触球、抢球，以避免犯规。其他防守队员要注意封堵传球路线，伺机断球。

（三）补防配合

补防配合是防守队员被对手突破而出现漏防时，同伴及时快速地补漏防守的一种配合方法。

1. 补防配合的方法

常用的配合方法有两人补防配合和三人补防配合。

（1）两人补防配合：如图5-2-62所示，④突破④向篮下运球，⑤放弃对⑤的防守而补防④。

两人补防配合

（2）三人补防配合：如图 5-2-63 所示，⑤运球突破⑤的防守，此时④放弃对④的防守补防⑤，⑥则去补防④，⑤回防⑥。

2. 补防配合的要求

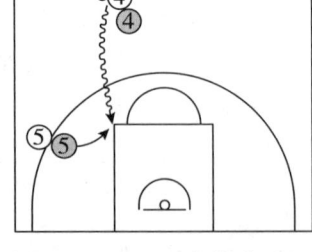
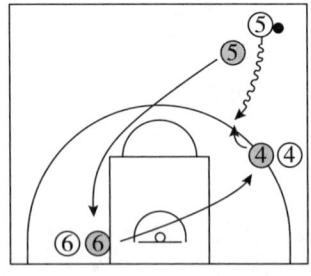

图 5-2-62　两人补防配合　　图 5-2-63　三人补防配合

（1）防守队员应善于观察进攻队员的突破情况，一旦发现同伴被对手突破而出现漏防时，应迅速果断地补防。

（2）补防时要合理运用技术，注意动作正确合理，避免犯规。

（3）被对手突破而漏防的队员应积极移动，并观察对方传球的路线，争取断球或补防同伴的对手。

（四）破坏掩护配合——挤过、穿过、绕过、交换防守配合

1. 挤过配合

挤过配合是进攻方进行掩护配合的一刹那，防守被掩护队员的队员主动靠近自己防守的对手，从两名进攻队员之间侧身挤过去，继续防守自己对手的配合方法。

挤过配合

（1）挤过配合的方法：如图 5-2-64 所示，⑤为同伴④做掩护，④在⑤靠近自己的一刹那迅速抢前一步贴近④，并从④和⑤中间挤过去继续防守④。

（2）挤过配合的要求。

A. 防守掩护的队员要及时提醒同伴，使挤过者在思想上和行动上有充分准备，并要选择好有利的防守位置，及时做好补防。

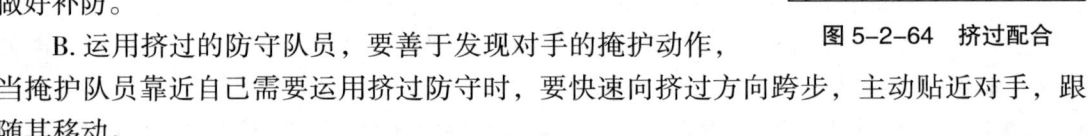

图 5-2-64　挤过配合

B. 运用挤过的防守队员，要善于发现对手的掩护动作，当掩护队员靠近自己需要运用挤过防守时，要快速向挤过方向跨步，主动贴近对手，跟随其移动。

C. 为了缩小身体横向移动的面积，跨步的同时，应该突然提腰，脚尖朝着挤过的方向，挤到两个进行掩护配合的进攻队员之间，从中挤过，继续防守自己的对手。

2. 穿过配合

穿过配合是进攻方进行掩护配合的一刹那，防守掩护者的队员主动后撤一步，让同伴及时从自己和掩护队员之间穿过去，以便继续防守自己对手的配合方法。

穿过配合

（1）穿过配合的方法：如图 5-2-65 所示，⑤给同伴④做掩护，⑤要及时提醒同伴，在⑤掩护到位的一刹那，⑤要主动后撤一步，④则从⑤和⑤中间穿过去，继续防守④。

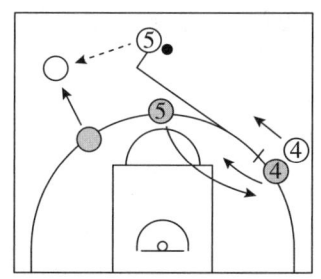

图 5-2-65 穿过配合

（2）穿过配合的要求。

A. 两防守队员之间的配合要默契，当进攻队员进行掩护时，防守掩护队员的队员要及时提醒同伴，并主动后撤一步留出使同伴穿过的空当。

B. 在同伴的提醒下，穿过的队员要在掩护形成时，迅速向移动方向撤步，运用滑步或追击步防住自己的对手。

3. 绕过配合

绕过配合是进攻方进行掩护配合的一刹那，防守掩护队员的队员主动贴近防守对手，让同伴从自己身后绕过去，继续防守自己对手的配合方法。

（1）绕过配合的方法：如图 5-2-66 所示，⑤给④做掩护，④从⑤和5的身后绕过继续防守④。

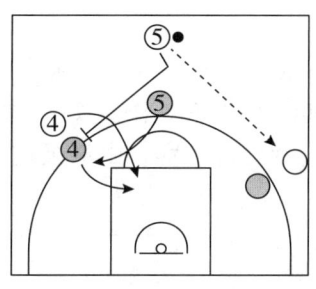

图 5-2-66 绕过配合

绕过配合

（2）绕过配合的要求。

A. 防守掩护队员的队员在配合时，提醒同伴的同时要主动贴近自己的对手，帮助同伴及时绕过，继续防守住对手。

B. 被掩护的防守队员在同伴提醒下要调整好防守位置和距离，应立即撤步或利用后转身，从同伴身旁迅速绕过，继续防守对手。

4. 交换防守配合

交换防守配合是当进攻方进行掩护配合时，两名防守队员及时主动交换自己所防守对手的配合方法。

（1）交换防守配合的方法：如图 5-2-67 所示，⑤给④做掩护，5要主动给同伴4发出换人信号，及时堵截④向篮下切入的路线。此时，④应及时调整自己的防守位置，防守⑤向篮下切入。

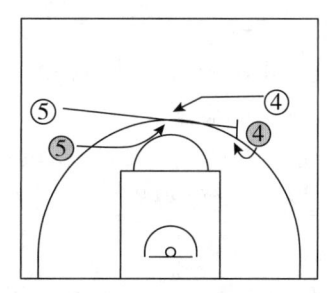

图 5-2-67 交换防守配合

交换防守配合

（2）交换防守配合的要求。

A. 换防时，防守掩护的队员要提醒同伴换人，同时变换步法阻截对手的突破和切入。

B.被掩护的防守队员要迅速调整自己的防守位置,利用撤步迅速抢占人、球篮之间和人球兼顾的有利位置。

(五)防守战术基础配合的练习方法

1.关门配合的练习方法

(1)关门配合的脚步动作练习。

练习:如图5-2-68所示,分成两组面向中线站立,两名队员同时做模仿关门配合的后滑步练习,移动到底线附近时换做侧滑步,通过球篮后继续做后滑步。

要求:重心低,滑步有力,起动及时。

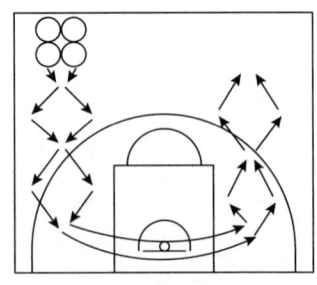

图5-2-68 关门配合的脚步动作练习

(2)进攻队员配合下的关门配合练习。

练习:如图5-2-69所示,⑥传球给⑤,并到⑤的位置,⑥跟随⑥移动,⑤接球后传给④,④运球向上线突破,④和⑤做关门配合,完成配合后,④到⑥队尾,④到⑥队尾,⑤到④原来位置。

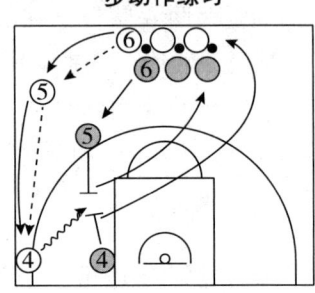

图5-2-69 进攻队员配合下的关门配合练习

(3)二防二或三防三关门配合练习。

练习1:如图5-2-70、图5-2-71所示,把队员分成每组二人在半场进行对抗比赛。由消极进攻开始,逐步增加进攻难度,提高成功完成关门配合的概率。

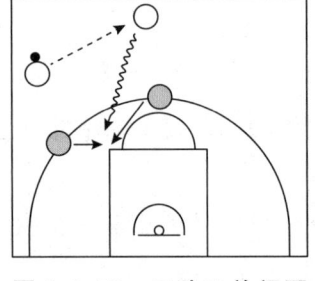

图5-2-70 二防二关门配合练习一

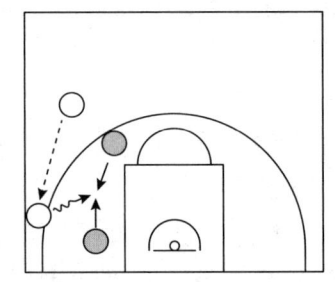

图5-2-71 二防二关门配合练习二

练习2:如图5-2-72所示,把队员分成每组三人在半场进行对抗比赛。由消极进攻开始,逐步增加进攻难度,提高成功完成关门配合的概率。

要求:防守队员要及时判断、积极移动,"关门"时不留空隙;关门过程中避免犯规;关门配合结束后,要积极回防。

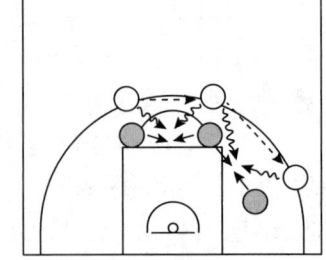

图5-2-72 三防三关门配合练习

2.夹击配合与补防配合的练习方法

(1)夹击配合脚步动作练习。

练习:如图5-2-73所示,分两组站位,两名队员同时分别移动到45°角处和限制区附近，模拟比赛场景进行有针对性的夹击配合脚步练习，练习完成后相互交换位置。

要求：防守队员迅速移动到夹击位置，手臂要张开，并不停挥舞，封堵传球；两人之间要相互呼应，同时到达夹击地点。

（2）进攻协作下的夹击配合练习。

练习：如图5-2-74所示，分成攻守两组，④传球给⑤，⑤运球向底线方向突破，防守队员⑤和④在底线附近对⑤形成夹击。

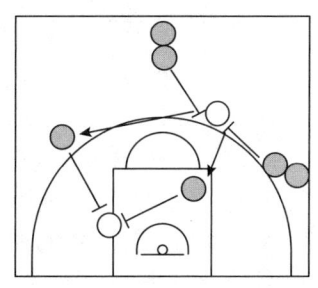

图 5-2-73　夹击配合脚步动作练习

要求：进攻队员要按规定路线运球，配合防守队员形成夹击；防守队员要果断判断，迅速移动夹击，封堵传球路线。

（3）积极进攻下的夹击配合练习。

练习：在半场进行二防二或三防三对抗练习，增强防守队员完成夹击配合的能力。

要求：夹击配合时，防运球的队员应堵中放边，创造夹击配合时机。配合时首先要堵住运球队员的前进路线和传球路线，并避免犯规。

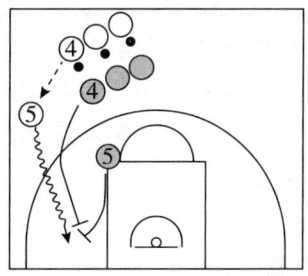

图 5-2-74　进攻协作下的夹击配合练习

3. 破坏掩护配合的练习方法

（1）破坏掩护配合的脚步动作练习。

练习：如图5-2-75所示，防守队员沿3分线做滑步，每一个标志物为一个模拟的掩护队员，防守队员根据练习的要求，进行挤过、穿过和绕过的练习。

要求：滑步时重心降低并保持平稳，防守姿势正确，要根据练习要求，及时抢步继续防守。

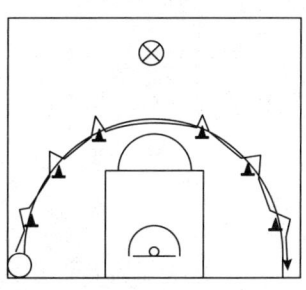

图 5-2-75　破护掩护配合的脚步动作练习

（2）破坏掩护配合练习。

练习1：消极进攻一防一练习。如图5-2-76所示，进攻队员沿3分线运球，标志物为模拟的掩护队员，防守队员滑步防守，在遇到掩护时，采用挤过、穿过、绕过的方法，继续进行防守。也可以如图5-2-77所示，在全场改变掩护的位置进行练习。

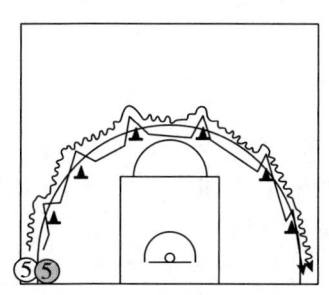

图 5-2-76　沿3分线一防一破坏掩护配合练习

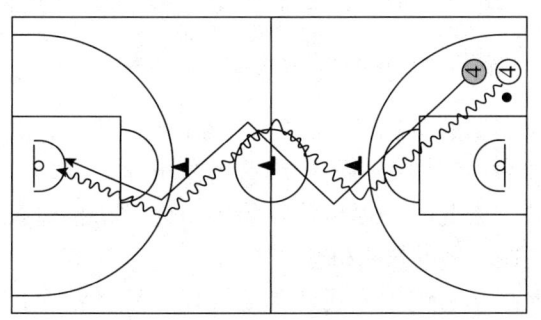

图 5-2-77　全场一防一破坏掩护配合练习

要求：防守队员对掩护的发生要有预判，提前做好准备，掩护出现的一刹那迅速做出防守动作；开始练习时，进攻队员要慢速运球，配合防守完成挤过、穿过、绕过，然后加快运球速度，加大防守难度。

练习2：消极进攻二防二或三防三练习。如图 5-2-78、图 5-2-79 所示，进攻队员给有球同伴做掩护，防守队员根据练习规定练习挤过、穿过、绕过或交换防守配合，反复练习若干组，攻守角色交换。

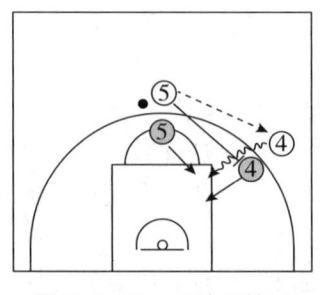
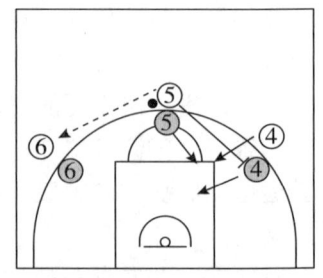

图 5-2-78　二防二练习　　图 5-2-79　三防三练习

要求：防守队员要及时提醒防守被掩护者的防守队员掩护将要发生；在掩护发生的一刹那，两名防守队员之间要提示如何换位。

第三节　快攻与防守快攻

一、快攻战术

快攻是由防守转入进攻时以最快的速度将球推进至前场，争取形成人数上和位置上的优势与主动，果断合理进行攻击的一种进攻战术。

（一）快攻战术的基本要求

（1）强化快攻意识，不放过任何一次快攻机会，积极主动地组织发动快速反击。

（2）由守转攻时，起动要快，保持合理的位置和跑动路线，做到前后层次有序、左右相互照应。

（3）抢获球的队员要由远及近观察全场情况，及时将球传到最佳快攻点上，减少不必要的传球和运球。

（4）快攻一旦受阻，其他队员要及时跟进，不要轻易降低进攻速度，但要及时调整进攻节奏。

（5）当快攻不成时，要加强快攻与阵地进攻的衔接，迅速转入阵地进攻。

（二）快攻战术的组织形式与结构

快攻发动的时机通常在抢到防守篮板球时、对手投篮命中时、抢断或封盖获球时和中场跳球后。实践表明，抢获后场篮板球后发动快攻的机会最多，抢断球后发动快攻成功率最高。因此，应提高防守的攻击性和拼抢篮板球的能力，加强快攻意识的培养和训练，以创造更多的快攻机会。

快攻战术的组织形式有长传快攻、短传结合运球突破快攻两种。其中，长传快攻由发动和结束两个阶段组成，短传结合运球突破快攻由发动与接应、推进和结束三个阶段组成。

1.长传快攻

长传快攻是指队员在后场获球后,用一次或两次传球,将球传给快速向对方篮下跑动的同伴完成投篮的一种配合。其特点是突然性强、速度快、时间短、成功率高。

示例1:如图5-3-1所示,⑤抢到防守篮板球后,立刻观察场上情况,及时将球传给快下的⑦或⑧,④⑤⑥则跟进接应。

示例2:如图5-3-2所示,⑤抢到防守篮板球后,将球传给接应的⑥,⑥及时将球传给快下的⑦或⑧,④⑤则跟进接应。

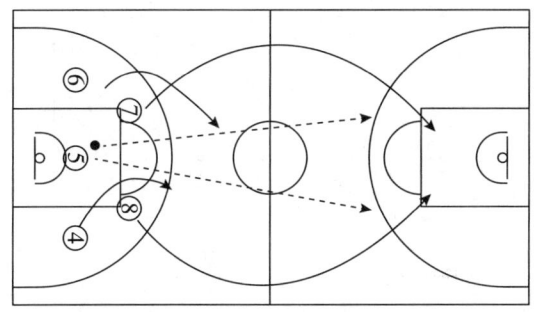 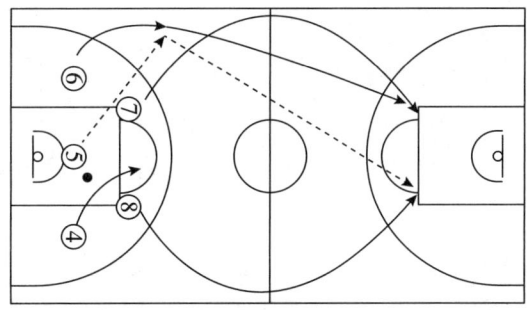

图5-3-1 抢后场篮板球发动长传快攻一   图5-3-2 抢后场篮板球发动长传快攻二

2.短传结合运球突破快攻

短传结合运球突破快攻是指队员在后场获球后,利用快速的短距离传球、运球推进到前场进行攻击的一种配合方法。其特点是灵活多变、层次清楚、容易成功。

示例:如图5-3-3所示,⑤抢到防守篮板球后,将球传给接应的⑥,⑥又把球传给插进中路的④运球推进,⑦和⑧则沿边路快下,④根据情况将球传给⑦或⑧,⑤和⑥则跟进接应。

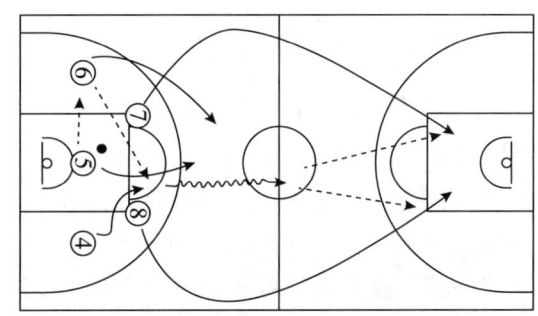

图5-3-3 短传结合运球突破快攻

3.快攻结束阶段多打少

(1)快攻二攻一。

示例1:如图5-3-4所示,④和⑤快速推进中,吸引❹上前防守⑤,⑤立即将球传给切入篮下的④投篮。注意推进到前场时,④和⑤要拉大相互之间的距离,以使防守者无法兼顾。

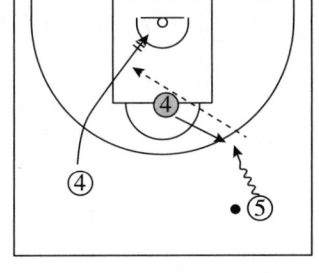 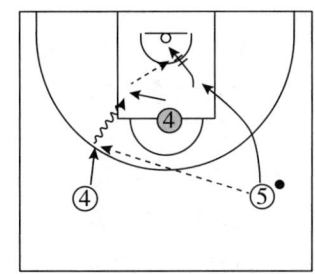

图5-3-4 快攻二攻一   图5-3-5 快攻二攻一
示例一   示例二

示例2:如图5-3-5所示,④利用运球突破吸引❹上前堵截,然后迅速将球传给切入篮下的⑤投篮。

（2）快攻三攻二。

示例 1：防守队员采用平行站位，如图 5-3-6 所示，⑥先运球从两名防守队员的中路突破，突破中遇到④堵截时，将球传给④投篮；如果④接球后遇到⑤的堵截，立刻传球给对侧的⑤投篮。

示例 2：防守队员采用前后站位，如图 5-3-7 所示，⑥将球传给一侧的⑤，⑤接球后迅速运球向篮下突破；在遇到⑤的堵截后，将球传给对侧的④投篮。

示例 3：防守队员采用斜线站位，如图 5-3-8 所示，⑥运球向中路突破，遇到⑤的拦截后，立刻将球传给向篮下切入的⑤投篮。

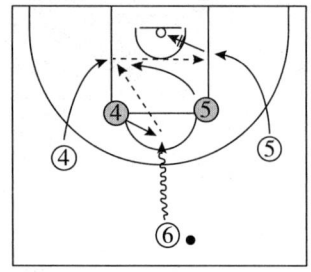 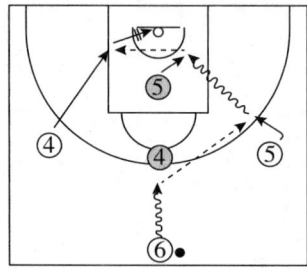 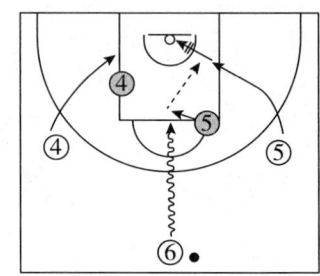

图 5-3-6　快攻三攻二示例一　　图 5-3-7　快攻三攻二示例二　　图 5-3-8　快攻三攻二示例三

（三）快攻的练习方法

1. 长传快攻的练习方法

（1）结合抢篮板球发动快攻练习。

方法：如图 5-3-9 所示，④和⑨各持一球，各自抛向篮板，并自抢篮板球做长传球，⑤和⑦见④和⑨抛球即起动沿边线快速向篮下跑准备接球投篮。④和⑨抢篮板球，将球分别长传给⑤和⑦，⑤和⑦投篮后重复④和⑨的动作，⑥和⑧重复⑤和⑦的动作，依次进行练习。

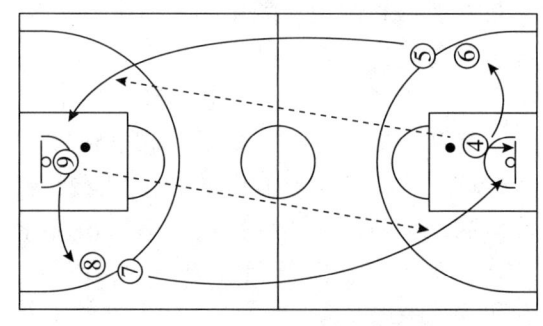

图 5-3-9　结合抢篮板球发动快攻练习

要求：传球队员抢到篮板球后要迅速转身观察队员位置，及时将球传出；快下队员在跑动中要观察来球方向，接球后注意下一动作的衔接；两名队员要默契配合，注意跑动与传接球时机。

（2）结合运球快攻练习。

方法：如图 5-3-10 所示，分两组站位，⑥向前运球推进，在中线附近将球传给快下的④，④接球投篮，练习完成后两人交换位置。

要求：控球队员要边运球边观察同伴

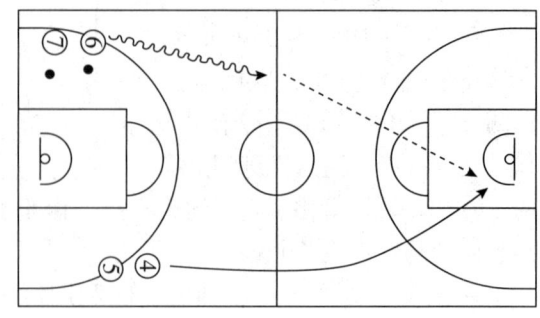

图 5-3-10　结合运球快攻练习

的位置，及时传球；快下队员快速跑动的同时要观察来球方向，接球后果断进攻；传球跑动配合要默契。

2. 短传结合运球突破快攻的练习方法

（1）两人运、传快攻练习。

方法1：如图5-3-11所示，两人一组，④和⑥抢到后场篮板球后，传球给上前接应的⑤和⑦，然后从⑤和⑦的身后绕过，迅速向对方篮下跑动，接⑤和⑦的传球投篮。练习后两人交换位置。

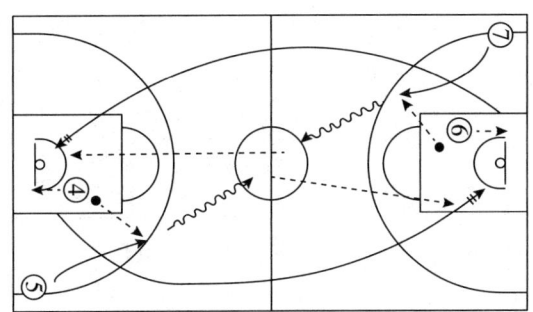

图5-3-11　两人运、传快攻练习一

方法2：如图5-3-12所示，两人一组，④和⑥抢到后场篮板球后，传球给上前接应的⑤和⑦，⑤和⑦将球回传给④和⑥，然后沿边线快下，接④和⑥传球投篮。练习后两人交换位置。

要求：两人配合默契，传球、移动及时。

（2）三人运、传快攻练习。

方法1：如图5-3-13所示，三人一组，④和⑥做两次传球后，运球推进，将球传给沿边路快下的⑤，⑤接球后投篮。三人顺时针交换位置。

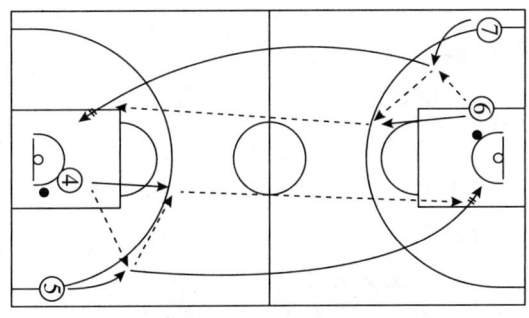

图5-3-12　两人运、传快攻练习二

方法2：如图5-3-14所示，三人一组，④传球给⑤后，从⑥身后绕过向篮下跑动，⑤接球后与⑥做三次传球，将球传给④投篮。三人顺时针交换位置。

要求：三人移动路线正确，传球准确及时并且在高速移动中完成。

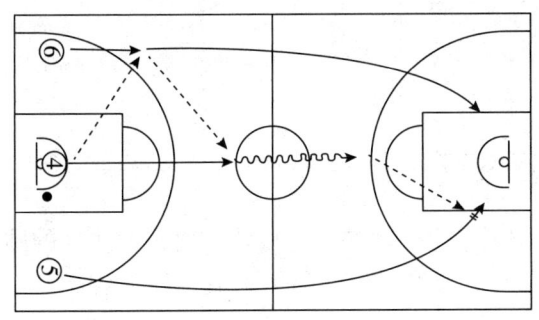

图5-3-13　三人运、传快攻练习一

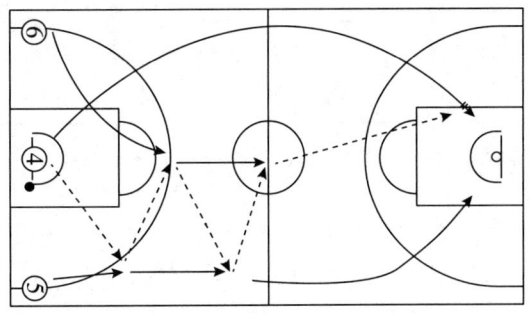

图5-3-14　三人运、传快攻练习二

（3）五人运、传快攻练习。

方法：如图5-3-15所示，④传球给向中路接应的⑤后沿边路快下，⑥⑦⑧一侧先中路插进接应，最后传球给④投篮。

要求：五人跑动路线清晰、层次分明，传球及时准确，传球后从接球队员身后向前跑动，接应队员接球前主动向球前方移动。

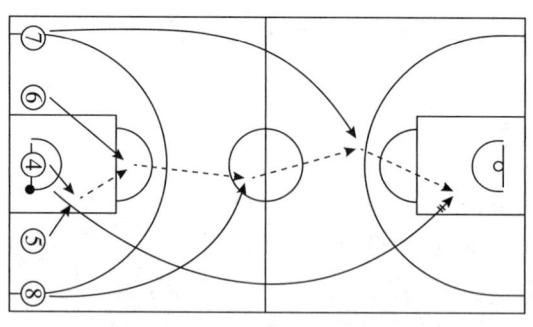

图 5-3-15　五人运、传快攻练习

3. 对抗条件下快攻战术的练习方法

（1）快攻二攻一。

方法：如图 5-3-16 所示，三人一组，两人分别在篮下两侧站位，由④⑤开始进行全场二攻一，④防守。依次进行练习。

要求：发动要迅速，推进要快速，处理球要果断。

（2）快攻三攻二。

方法：如图 5-3-17～图 5-3-19 所示，五人一组，④⑤⑥进攻，④⑤防守。根据

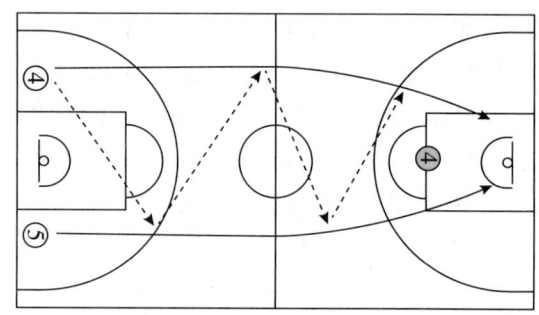

图 5-3-16　快攻二攻一练习

练习要求防守队员采用不同的防守方法，进攻则采用相对应的攻击方法，依次进行练习。

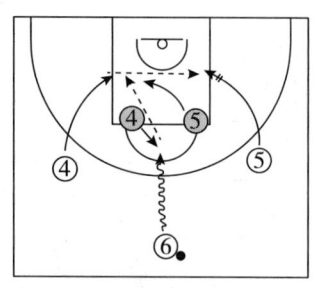
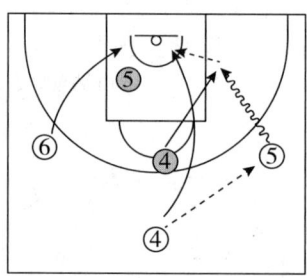
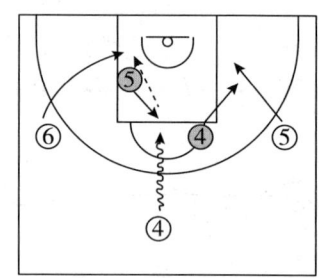

图 5-3-17　快攻三攻二练习一　　图 5-3-18　快攻三攻二练习二　　图 5-3-19　快攻三攻二练习三

要求：进攻队员三人要拉开空间，充分利用人数上的优势；进攻队员要根据防守的站位，采用相应的进攻方法；三名队员要迅速转移球，配合默契，争取形成上篮机会。

（3）半场五对五转快攻练习。

方法：由半场进攻开始，根据教练员发出的信号进行守转攻，其中一名防守队员必须触摸端线后才能回防，进攻队员利用人数上的优势发动快攻，力争最短的时间完成攻击。

要求：队员要抓住攻守转换的时机，发动快攻；控球队员要快速推进，观察同伴跑位，尽量减少运球，及时传球；无球同伴要配合控球队员扯开防守，时刻准备接球进攻。

二、防守快攻战术

防守快攻是比赛中由进攻转入防守时,用于阻止和破坏对方快攻的防守战术。随着篮球运动的发展,高速中完成进攻已经是一种趋势,快攻成为一种重要的配合方法。为制约对手,防守快攻显得尤为重要。

(一)防守快攻战术的基本要求

(1)全队要保持攻守平衡,进攻投篮后既要有人积极拼抢篮板球,又要有人迅速退守。

(2)积极封堵和破坏一传接应,抢占对方的习惯接应点并堵截接应队员,从而延缓对方的推进速度。

(3)要具有积极拼抢的意识。当对方形成快攻时,应快速退守,及时迅速地在以少防多的情况下大胆出击,赢得时间和力量上的平衡。

(4)要有针对性地变换防守战术。失去球后,立即采取前场紧逼防守,退回后场后,采用半场人盯人防守,使对方不适应,从而破坏其快攻。

(二)防守快攻战术的要点

(1)提高投篮命中率。
(2)拼抢前场篮板球。
(3)积极封堵一传和接应。
(4)防守快下队员。
(5)提高以少防多的能力。

(三)防守快攻的练习方法

1.封堵一传与接应的练习方法

(1)封堵一传练习。

方法: 如图 5-3-20 所示,教练员在罚球线投篮,④⑤分别站于篮板两侧。练习开始,谁抢到篮板球,谁就以最快的速度将球传给教练员,未抢到球的队员要及时上步堵截一传。

(2)封一传堵接应综合练习。

方法: 如图 5-3-21 所示,教练员在罚球线投篮,当⑤抢到篮板球时,④⑤上前夹击,⑥根据情况堵截④或⑥的接应。

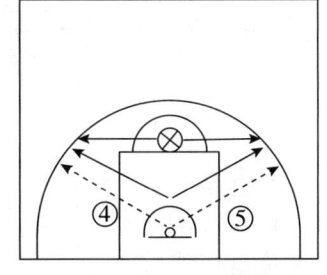

图 5-3-20 封堵一传练习

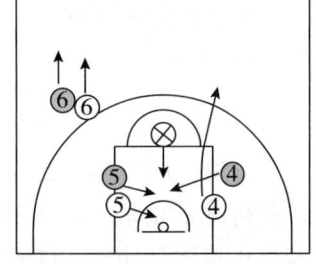

图 5-3-21 封一传堵接应综合练习

要求: 要积极拼抢前场篮板球;对方抢到篮板球后要迅速封堵,保持适当距离,避免犯规;夹击封堵时,不要轻易下手断球,避免犯规。

2. 防守快下队员的练习方法

方法：如图 5-3-22 所示，教练员将球传给沿边路快下的⑥或⑨，两名防守队员④和⑦则紧跟⑥和⑨，堵截传球路线，争取断球或破坏⑥和⑨接球。

要求：要紧贴快下队员，尽量延缓、阻止其快下；防守队员要用余光观察可能来球的方向，伺机断球。

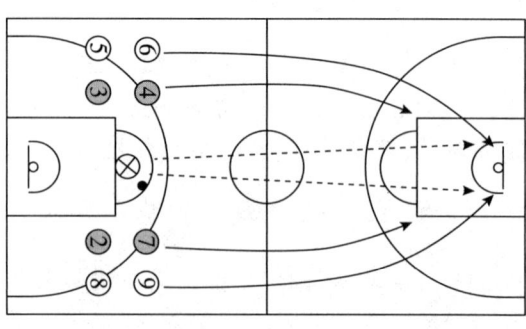

图 5-3-22 防守快下队员练习

3. 一防二、二防三的练习方法

（1）半场一防二。

方法：如图 5-3-23 所示，三人一组，两人进攻一人防守，进行一防二练习。三人轮换攻守角色。

（2）半场二防三。

方法：如图 5-3-24 所示，五人一组，三人进攻二人防守，进行二防三练习。五人轮换攻守角色。

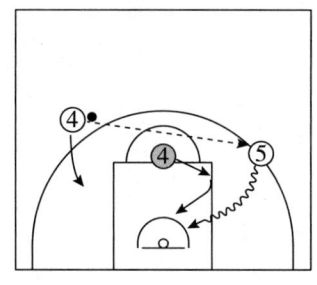
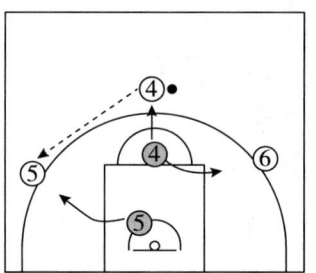

图 5-3-23 半场一防二　　图 5-3-24 半场二防三

要求：防守队员对球要有预判，采用假动作等方法迷惑进攻队员；防守队员要果断出击、破坏进攻。

4. 退防中一防二、二防三的练习方法

（1）退防中一防二。

方法：如图 5-3-25 所示，④⑤⑥三人快速传球到前场，④传球给⑤投篮，⑤投篮后迅速退回防守，④和⑥冲抢篮板球后折回变二人进攻，即形成一防二。三人一组轮换练习。

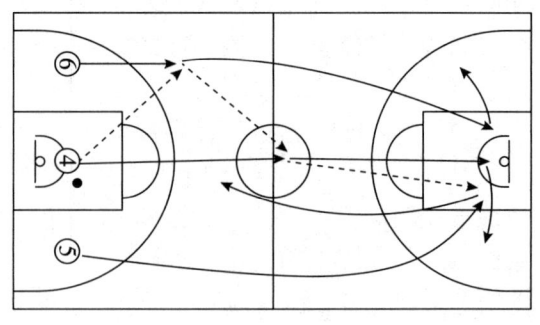

图 5-3-25 退防中一防二

（2）退防中二防三。

方法：如图 5-3-26 所示，五名队员进行五人"8"字传球投篮练习。投中篮返回时，最后传球与投篮的两名队员作为防守队员，其他队员作为进攻队员，形成二防三。

要求：进攻结束后，负责防守的队员要迅速进入角色，选择适当的防守位置；不要一味地被动退守，要准确判断，果断出击，破坏快攻；防守队员要分工明确、配合默契，避免跑位重叠。

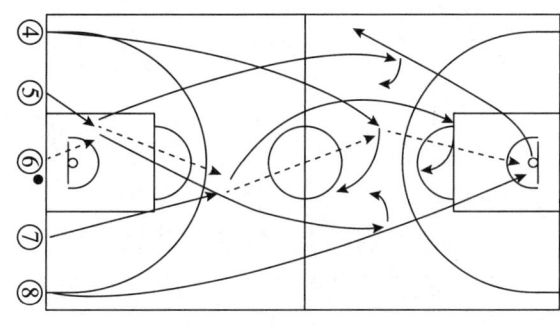

图 5-3-26 退防中二防三练习

5. 全场五对五比赛的练习方法

方法：在全场进行五对五比赛，在对方发动快攻时组织防守。

要求：队员要积极拼抢前场篮板球；篮板球失去后，要快速封堵一传与接应队员，限制快下队员；防守过程要分工明确，有层次地退守。

第四节 半场人盯人防守与进攻半场人盯人防守

一、半场人盯人防守战术

半场人盯人防守战术是由攻转守时，全队以最快的速度退回到后场，在每名防守队员分别防守一名进攻队员的基础上进行协作防守的全队防守战术。这种战术分工明确、责任到位、针对性强、协同互补性强，是运用最多的一种防守战术，是篮球运动中各种防守战术的基础。

（一）半场人盯人防守战术的种类

根据防守区域的大小，半场人盯人防守可以分为半场扩大人盯人防守和半场缩小人盯人防守两种。

半场扩大人盯人防守控制区域比较大，一般距离球篮 8~9 米，主要用来对付中远距离投篮较准或控球能力比较差的球队。基本防守位置如图 5-4-1 所示。

半场缩小人盯人防守控制区域比较小，一般距离球篮 6 米左右，重点防守对方篮下的进攻。基本防守位置如图 5-4-2 所示。

图 5-4-1 半场扩大人盯人防守

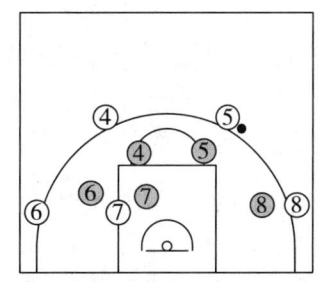

图 5-4-2 半场缩小人盯人防守

（二）半场人盯人防守战术的要求

（1）半场人盯人防守要贯彻以防人为主、人球兼顾的防守原则。对持球队员必须采用贴身紧逼防守姿势，扩大防守面积，积极拼抢，不给对方轻易投篮、突破和传球的机会。一旦被对方突破，必须追防。

（2）防无球队员时要错位防守，做到人、球、区兼顾。重在敢于对抗，堵截其向球移动和空切篮下的路线，破坏其与有球队员和其他无球队员的任何配合行动，不让其有任何获得球的机会。

（3）由于防区扩大，比赛的强度增加，要求队员有充沛的体力和良好的意志品质，比赛中正确观察、判断场上的攻守情况。在防守选位时，要做到"人动我动，球动我动"，在严密控制对手的基础上，随时准备协防、补防、夹击、断球，以及防掩护等，充分体现防守的主动性和攻击性。

（4）防守队员分工时，通常以跳球时的站位分工，也可按照强对强、弱对弱的方法分工，但无论怎样都要强调防守的整体性，加强队员之间的沟通与交流。

（三）半场人盯人防守战术的方法

假想一条平行于边线（垂直于端线）的直线把前场分成相等的两部分，有球的一侧为强侧，无球的一侧为弱侧。强侧要对持球队员紧逼防守，限制其投篮、突破、传球；对近球者采用积极的错位防守，不让其接球。弱侧要回撤保护篮下，协防同伴，同时注意抢断高吊球，及时堵截对方的背插和溜底线。

1. 球在强侧的防守方法

如图 5-4-3 所示，⑥持球时，⑥紧逼防守⑥，⑦侧前防守⑦，④紧逼防守④，⑧回缩篮下，防⑥给⑦的高吊球及⑧的横切等，⑤可适当向强侧靠拢。

2. 球在弱侧的防守方法

如图 5-4-4 所示，⑤持球时，⑤紧逼⑤，⑦侧前或绕前防守⑦，④错位防守④并准备协防，弱侧的⑥向中锋一侧靠拢，保护篮下，⑧错位防守⑧的接球或空切篮下。

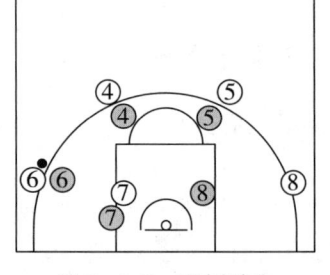
图 5-4-3　强侧防守

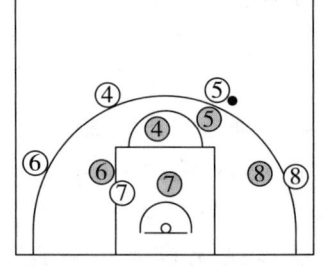
图 5-4-4　弱侧防守

（四）半场人盯人防守战术的练习

1. 半场人盯人防守选位练习

（1）在球动人不动条件下的选位练习。

练习：如图 5-4-5 所示，防守队员根据球的转移进行选位练习，数次后防守队员按顺时针方向换位，换位 4 次后攻守交换。依次进行练习。

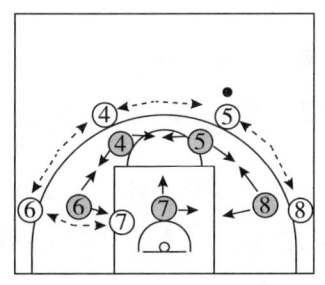

图 5-4-5 在球动人不动条件下的选位练习

（2）在人动球动条件下的选位练习。

练习：只许进攻队员进行传球、运球突破、掩护、突分和策应等基础配合，不允许投篮。防守队员严格按照选位原则进行防守，控制对方的进攻配合。进攻队员的技战术要在慢速中完成，辅助防守队员选位、防守，随着练习的深入，逐步加快进攻速度。

要求：防守队员要根据球和进攻队员的移动及时选择有利的防守位置；防守队员对球及所防进攻队员的移动要有预判，提前卡位；防守队员之间要相互提醒、默契配合，同时注意协防补位，尽量减少进攻队员在限制区内接球的次数。

2. 局部防守练习

（1）防守掩护配合的练习。

当对方进行掩护进攻时，运用挤过配合，尽量不要换防，尤其是中锋与外围队员之间的掩护，防止出现大防小、小防大的局面。如果外围无球球员在弱侧区域进行威胁不大的掩护时，可采用绕过和穿过配合。

练习：如图 5-4-6 所示，⑥持球，中锋队员④与⑤做掩护时，④⑤尽可能不要换防，⑤绕过掩护队员④继续防守⑤。右边的⑦⑧做掩护配合时，⑦要全力挤过。

（2）防内线中锋的练习。

防守中锋进攻的关键是阻止中锋接球，一旦中锋接到球，应及时夹击，迫使中锋将球传到外围。

练习：如图 5-4-7 所示，⑤持球时，⑤紧逼防守⑤，⑥绕前防守中锋⑥，⑦回缩篮下防守⑤给⑥的高吊球。如果⑥接到⑤的高吊球，⑦必须与⑥夹击⑥，迫使⑥将球传出；同时，④回缩篮下，防守⑦的空切，⑧准备抢断⑥的传球。

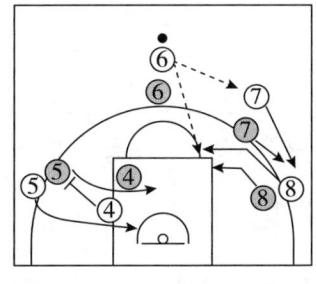

图 5-4-6 防守掩护配合

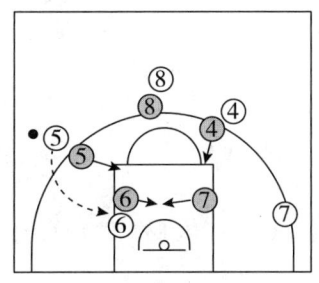

图 5-4-7 防内线中锋

（3）比赛条件下五对五的防守练习。

练习：五人为一组，场上练习为三组，两组分别在两个半场防守，第三组从中场开始向一侧进攻，进攻投中或防守队抢到防守篮板球后攻守交换，新的进攻队通过中场向对侧进攻，如此往复进行练习。

要求：防守队员在强弱侧相互转换时要及时调整防守位置与防守姿势，防守队员之间要相互配合，个人防守与团队防守相结合，对进攻队主要攻击队员要采取有针对性的重点防守。

二、进攻半场人盯人防守战术

进攻半场人盯人防守战术是根据半场人盯人防守战术的特点，合理运用各种传切、突分、掩护、策应等基础配合所组成的全队进攻战术，是进攻战术体系中最常用、最重要的战术之一。

（一）进攻半场人盯人防守战术的阵型

最常见的进攻落位有单中锋进攻的"2-3"阵型（图5-4-8）和"2-1-2"阵型（图5-4-9）；双中锋进攻的"1-2-2"阵型（图5-4-10）；无固定中锋的"1-2-2"阵型（图5-4-11）；中锋位于高策应区的"1-4"阵型（图5-4-12）；双中锋纵向站位的"1-3-1"阵型（图5-4-13）等。

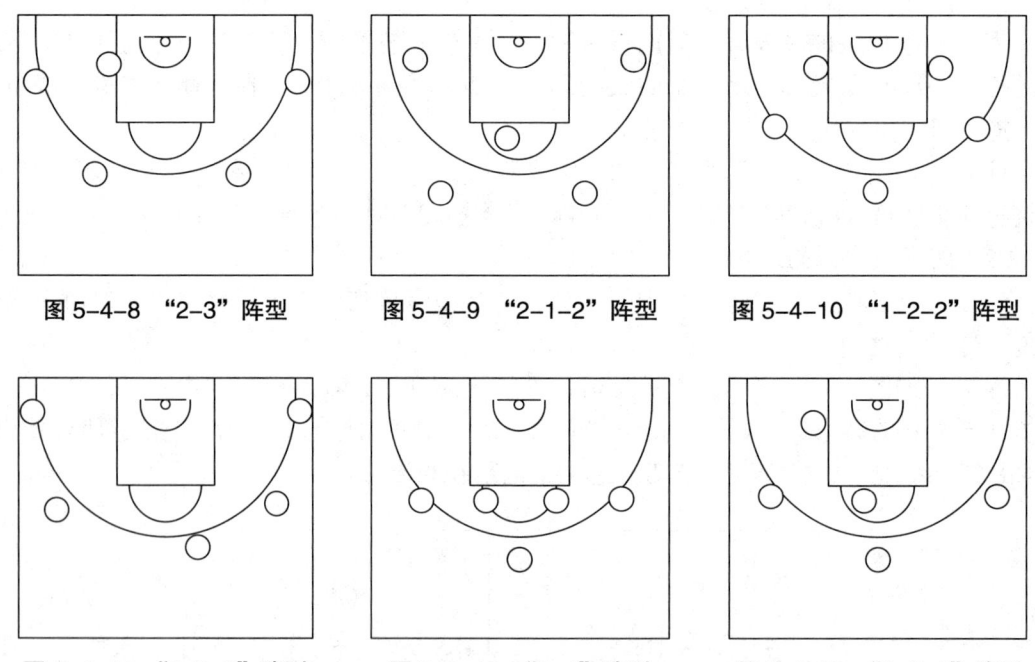

图 5-4-8 "2-3" 阵型　　图 5-4-9 "2-1-2" 阵型　　图 5-4-10 "1-2-2" 阵型

图 5-4-11 "1-2-2" 阵型　　图 5-4-12 "1-4" 阵型　　图 5-4-13 "1-3-1" 阵型

（二）进攻半场人盯人防守战术的要求

（1）从实际出发，合理组织阵型，充分发挥本队进攻特点和个人的技术特长，利用基础配合组成全队的进攻战术。

（2）在移动中做到相互配合，有目的地连续穿插、掩护、换位，侧重于主要的攻击区域和攻击点，点面结合、内外结合，强调进攻中的灵活性和机动性，注意攻守平衡。

（3）积极冲抢前场篮板，提高攻守转换速度。

（三）进攻半场人盯人战术的配合方法

以"2-3"阵型落位为例，如图5-4-14所示，⑤传球给④发动进攻。中锋⑥上提给⑤做后掩护，然后横插。④可将球传给⑤或⑥，左侧的⑧给⑦做掩护，⑦上提。⑥接球后可与④做策应配合，也可个人进攻或传球给⑤⑦⑧进攻。

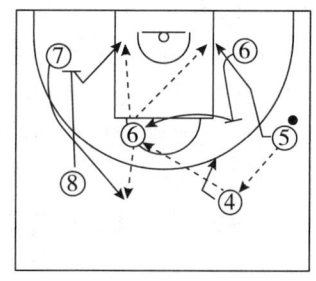

图5-4-14 进攻半场人盯人战术跑位练习

（四）进攻半场人盯人战术的教学与训练

1. 全队战术跑位练习

（1）全场跑位练习。

练习：进攻队员从发后场底线球开始，球发入球场后，五名队员迅速移动到前场落位，按图5-4-14规定的战术路线进行跑位练习。

（2）攻守转换跑位练习。

练习：将全队分成五人一组的若干组，分别位于球场两侧端线外，一组持球按照全场跑位的方法进行跑位练习。进攻结束后，对侧底线外的另一组五名队员迅速推进，重复前一组的练习，如此往复进行。

要求：进攻队员要迅速推进到前场，快速落位；进攻队员的移动及球的转移要有层次。

2. 局部进攻配合练习

反复进行半场二对二、三对三练习，提高进攻队员之间的基础配合质量，为提高全队整体进攻水平打好基础。

（1）两人两球后掩护练习。

练习：如图5-4-15所示，④传球给⑨，⑥上提给④做后掩护，⑨传球给切入篮下的④投篮，⑥转身接⑦的球中投，各自抢篮板球，交换位置。依次进行练习。

（2）两人两球底角掩护练习。

练习：如图5-4-16所示，⑦传球给⑨，④到底线给⑦做掩护，然后转身横切接⑨的球投篮，⑦上提接⑤的球中投，各自抢篮板球换位。依次进行练习。

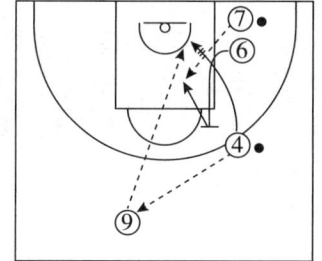

图5-4-15 两人两球后掩护练习

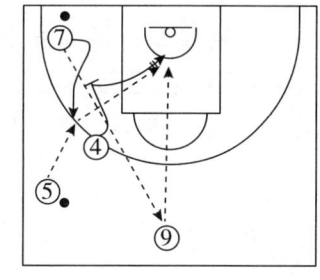

图5-4-16 两人两球底角掩护练习

（3）三人三球掩护、策应练习。

练习：如图5-4-17所示，⑥传球给④，⑧给⑥做后掩护，⑥切入篮下接⑤的传球投篮，⑧横插接④的传球并与④做策应配合，④接⑧的传球投篮，⑧策应传球后转身接⑨的传球投篮，各自抢篮板球回原位。练习数次后，按顺时针方向换位，依次进行练习。

以上进行的是无防守情况下的多球换位练习，主要目的是熟悉进攻配合路线。练习熟练后，可在消极防守状态下进行单球练习，从而初步掌握配合时机和提高技术运用能力。随练习深入逐渐过渡到积极防守对抗练习，从实战出发，提高局部战术配合的质量。

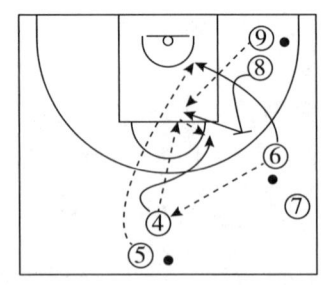

图 5-4-17 三人三球掩护、策应练习

3.半场有防守条件下练习

练习：五人为一组，场上练习为三组，两组分别在两个半场防守，第三组从中场开始向一侧进攻，进攻投中或防守队抢到防守篮板球后攻守交换，新的进攻队通过中场向对侧进攻，如此往复进行练习。

要求：进攻队员要相互呼应，提示移动、跑位；教练员要及时提醒进攻队员的站位、移动等；进攻队攻击要有侧重；防守从消极到积极，逐渐加大防守强度，配合进攻方完成进攻。

第五节 区域联防与进攻区域联防

一、区域联防

区域联防是由攻转守时防守队员迅速退回后场，按区分工，各自负责防守一定区域的进攻对手，形成一定的防守阵势，把每一个防区的同伴有机地结合在一起，并随球进行协同移动防守的一种全队防守战术。区域联防战术最突出的特点是守区、防人、防球和保篮。

（一）区域联防常见的阵型

区域联防常见的阵型包括"2-1-2"阵型（图5-5-1）、"2-3"阵型（图5-5-2）、"3-2"阵型（图5-5-3）、"1-3-1"阵型（图5-5-4）等，其中"2-1-2"阵型是基本的站位阵型。

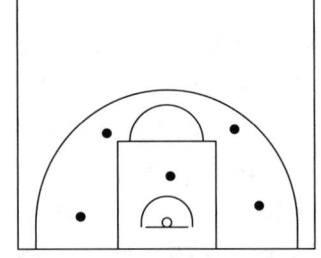

图 5-5-1 "2-1-2" 阵型

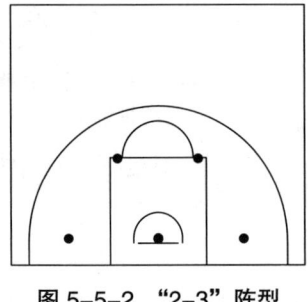

图 5-5-2 "2-3" 阵型

图 5-5-3 "3-2" 阵型

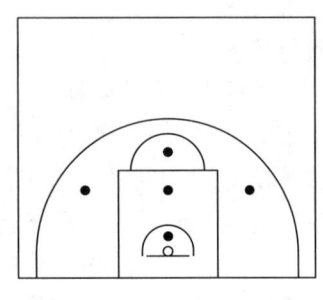

图 5-5-4 "1-3-1" 阵型

（二）区域联防配合的要求

（1）攻转守时，要封一传、堵接应，争取时间迅速退回后场，站好区域联防阵型。

（2）防守持球队员时执行盯人防守的原则，积极干扰和破坏对方的投篮、传球、运球和突破。

（3）对无球区域的防守也要贯彻"以防球为主，人、球、区"兼顾的要求。当无球队员通过溜底线、背插、纵切等方式进入自己的防区时，要先卡位，堵防第一接球点，然后护送出自己的防区交给同伴防守。

（4）防守中，随时准备协助同伴进行"关门""夹击""补防"等配合，对篮下攻击能力较强的内线队员必须进行围守。

（三）区域联防配合的方法（以"2-1-2"区域联防阵型为例）

1. 球在正面时的防守方法

如图5-5-5所示，当球在④手中时，⑤要上前防守④，阻挠其投篮或突破，⑥上提防守⑤，④防守⑦，同时兼顾协防⑤，⑧注意⑧的移动，⑦则回收保护篮下，防止⑥空切。

2. 球在侧面时的防守方法

如图5-5-6所示，当球传给⑥时，全队防守重心要向球侧移动，⑦要迅速防守⑥，阻止其投篮或突破，⑤要回收协同⑥防⑤，④和⑧则向球侧收缩保护。

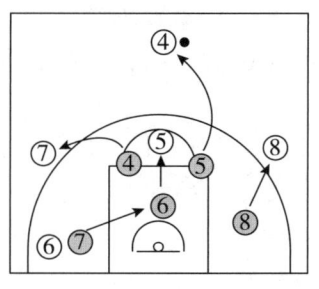

图5-5-5　球在正面

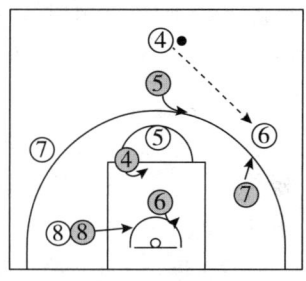

图5-5-6　球在侧面

3. 球在低位中锋位时的防守方法

如图5-5-7所示，当球传给低位中锋⑧时，④和⑧要全力围守⑧，迫使其向外传球，⑥要向篮下回收，时刻准备补防，⑤向罚球线附近回防并协防⑤，⑦也要向球侧回收。

4. 球在高位中锋位时的防守方法

如图5-5-8所示，当球传给高位中锋⑤时，④⑤⑥三人要合围⑤，阻止其进攻和传球，⑦⑧保护篮下。

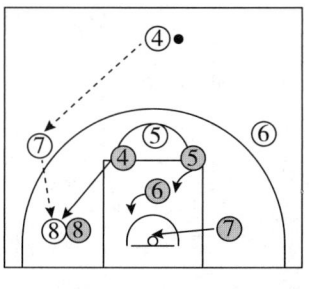

图5-5-7　球在低位中锋位

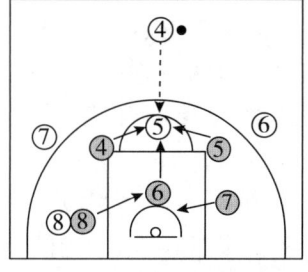

图5-5-8　球在高位中锋位

（四）区域联防的练习

1. 局部防守练习

（1）外围二防三练习。

练习：如图5-5-9所示，进攻队员④⑤⑥在外线互相传接球，④⑤防守。当④持球时，④或⑤上去防守；如果⑤持球，⑤上去防守，④选位防守④⑥；如果⑥持球，则④防守⑥，⑤选位防守④⑤。练习可以按时间或传球次数，进行攻守交换。

要求：进攻队员传球速度要慢，开始可采用地滚球的方式，对持球队员迎上紧逼，另一队员主动向球收缩，形成一防二，防守队员之间要加强沟通交流。

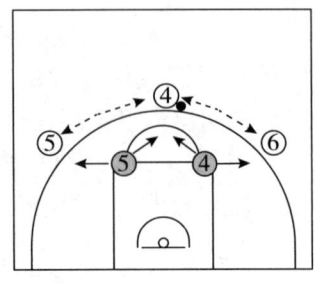

图5-5-9　外围二防三练习

（2）外围三防四练习。

练习：如图5-5-10所示，进攻队员④⑤⑥⑦分别站在外围的位置，防守队员④⑤⑥分别站在防守的位置上。当④持球时，④上前防守，⑥防守⑥⑦，⑤防守④⑤；当球转移到⑤手中时，⑤防守⑤，④⑥则选择位置，做到二防三。当球转移到⑦时，⑥防守⑦，其他队员则要做到二防三。

要求：进攻队员开始传球速度要慢，防守队员对持球队员紧逼，临近防守队员错位防守，远离球的队员向球收缩，形成一防二。

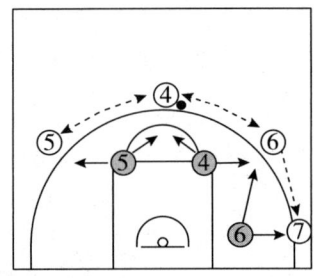

图5-5-10　外围三防四练习

（3）防守溜底线练习。

练习1：如图5-5-11所示，防守队员⑤⑥采用卡位、跟随、交接、回防的方法防守溜底线队员。当进攻队员⑥准备接球时，防守队员⑤尽可能不让⑥接球，逼迫其向反方向跑，这时⑤要紧跟⑥，⑥到达篮下时，交给⑥防守。

练习2：如图5-5-12所示，当球在④手中时，防守队员④⑤⑥防守底线，⑤不让⑥接球，迫使其跑向弱侧，④⑤⑥三名防守队员要在底线采取跟防，不让⑥在内线位置接球。

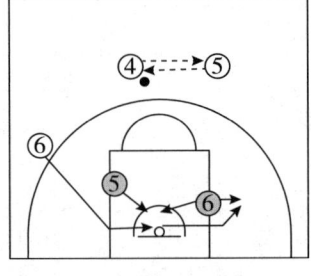

图5-5-11　防守溜底线练习一

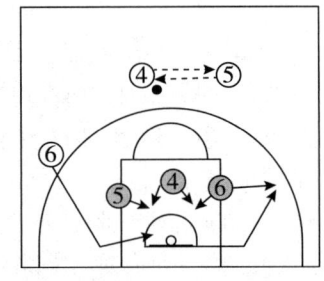

图5-5-12　防守溜底线练习二

要求：进攻队员溜底线时，防守队员要主动卡位跟随，在防区交接处主动交换防守；交接要快速、及时，必要时要相互提示交接防守。

（4）围守中锋练习。

练习1：如图5-5-13所示，⑤接到球后，⑤迎上防守，不让对手轻易传球、运球和投篮，⑥移动到⑥身前，不让其接球，⑦协防准备断球。如果⑥接到球，⑥⑦两队员配合行动进行夹防。

练习2：如图5-5-14所示，④⑤之间传球。当球在④手中时，④紧逼④，⑤回缩到⑥身前，与⑥围守⑥；当球在⑤手中时，⑤立即上前紧逼防守⑤，而④则快速回缩到⑥身前，与⑥围守⑥，防止⑥接球。如果⑥接到球，④或⑤要及时夹防⑥，同时还应注意卡堵自己所防区域队员的空切和接球。

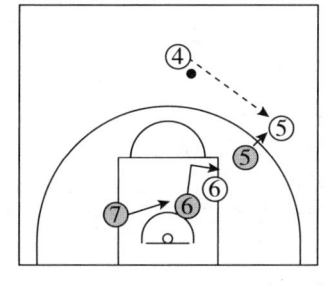 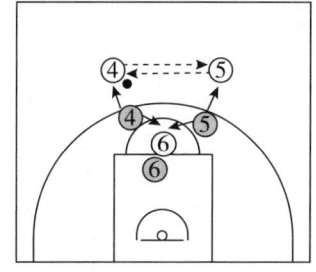

图5-5-13　围守中锋练习一　　　图5-5-14　围守中锋练习二

要求：内线防守队员根据球的转移选择错位防守姿势，尽量减少对手在限制区周围接球。一旦接球，临近外线的防守队员要主动收缩协防。

2.五对五比赛对抗练习

练习：5人为一组，场上练习为三组，两组分别在两个半场防守，第三组从中场开始向一侧进攻，进攻投中或防守队抢到防守篮板球后，攻守交换，新的进攻队通过中场向对侧进攻，如此往复进行练习。

要求：防守队员要相互呼应，提示跟随、交接、协防等；教练员要及时提醒防守队员的站位等；对进攻方主要攻击区域要有侧重地防守。

二、进攻区域联防

进攻区域联防是针对区域联防的阵型和变化特点，结合本队的实际情况，组织相应的落位阵型，有目的地通过传球及队员的穿插，破坏对方整体防御部署，创造良好的内外线进攻机会的阵地进攻战术。常用的基本进攻阵型有"1-3-1"阵型、"1-2-2"阵型、"2-3"阵型等。

（一）进攻区域联防配合的要求

（1）提高守转攻的速度，在防守阵型尚未形成以前，抓住战机发动快攻。

（2）根据区域联防的特点，快速转移和频繁穿插，调动防守，使防守顾此失彼，从而占据防守薄弱区域，创造以多打少和连续进攻的机会。

（3）组织中远距离投篮，迫使对方扩大防区，给内线进攻创造机会。

（4）运用策应、溜底线、背插、掩护、突分等配合破坏防守整体布局，创造投篮机会。

（二）进攻区域联防配合的方法（以"1-3-1"阵型进攻"2-1-2"阵型区域联防为例）

如图5-5-15、图5-5-16所示，④⑤⑦外围不断传球，吸引防守队员④⑤不断移动。⑦传球给④后，沿底线向另一侧切入移动，④传球给⑤的同时，⑥从高位向低位下拉，⑧从底线向罚球线上切准备接球，⑤接球后可以传球给⑥⑦⑧，在限制区右侧形成多打少的机会。

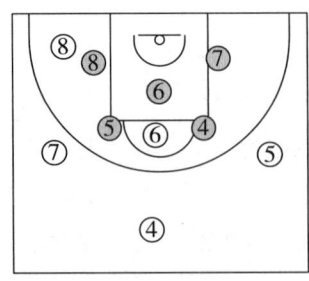 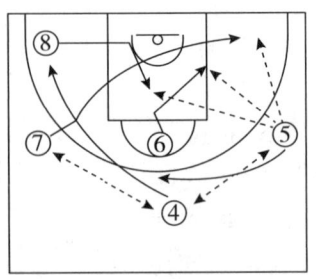

图 5-5-15 "2-1-2" 阵型区域联防站位　　图 5-5-16 "1-3-1" 阵型进攻及配合方法

（三）进攻区域联防战术的练习

1. 全队战术跑位练习

（1）全场跑位练习。

练习：进攻队员从发后场端线球开始，球发到球场后，五名队员迅速移动到前场落位，按图 5-5-15 和图 5-5-16 规定的战术路线进行跑位练习。

（2）攻守转换跑位练习。

练习：将全队分成 5 人为一组的若干组，分别位于球场两侧端线外。一组持球按照全场跑位的方法进行跑位练习，进攻结束后，对侧端线外的二组 5 名队员迅速推进，重复一组的练习，如此往复进行。

要求：进攻队员要迅速推进到前场，快速落位；进攻队员的移动及球的转移要有层次。

2. 局部配合练习

（1）溜底线、背插接球投篮练习。

练习：如图 5-5-17 所示，队员分成左、右两组，④溜底线至右边接⑥的传球投篮，⑥传球后跑至左边接⑤的传球投篮，⑤传球后跑至右边接⑦的传球投篮。如此往复进行。

（2）三人三球内外线配合练习。

练习：如图 5-5-18 所示，⑤传球给教练员，教练员传球给④，④接球的同时⑥横切并接④的传球投篮，④传球后转身接⑦的传球投篮，⑤在⑥横切的同时向下移动，接⑨的传球投篮。

（3）三人三球背插、拉底角内外线配合练习。

练习：如图 5-5-19 所示，⑥传球给教练员，⑤背插拉到右底角接教练员的球，然后传球给纵切队员④投篮。⑤传球后外弹接⑧的球投篮，在④纵切的同时，⑥上提接⑨的传球投篮。

要求：队员切入或溜底线前要做假动作，注意观察球的位置；队员接球后要面向球篮

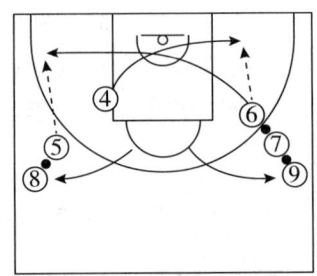

图 5-5-17　溜底线练习

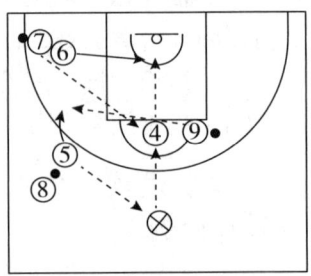

图 5-5-18　三人三球内外线配合练习

呈三威胁姿势，投篮后要主动冲抢篮板球。

3. 半场五对五对抗练习

首先进行无防守的 5 人配合跑位练习，使队员熟悉掌握配合的整体结构，明确各攻击点的任务、传球路线及队员穿插移动的配合时机。

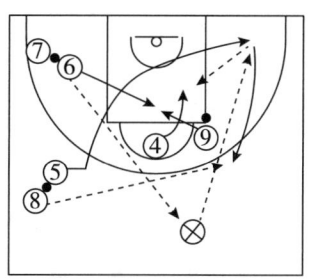

图 5-5-19　三人三球背插、拉底角内外线配合练习

（1）半场五对五攻守练习。

练习：5 人为一组，分成两个半场进行五对五比赛。若进攻队进攻得分则继续进攻，若防守成功则交换攻守。

要求：队员进攻规定的防守阵型，也可以让队员根据对方防守阵型采取相应的进攻阵型。

（2）全场推进半场五对五攻守练习。

练习：5 人为一组，场上练习为三组，两组分别在两个半场防守，第三组从中场开始向一侧进攻，进攻投中或防守队抢到防守篮板球后，攻守交换，新的进攻队通过中场向对侧进攻，如此往复进行练习。

要求：在攻守对抗过程中，明确战术配合要求；严格要求，熟悉配合方法和行动路线。

思考题

1. 根据篮球运动对抗性的特点和比赛的主要内容，简述篮球战术分类。
2. 试述篮球比赛场上队员的分工及职责特点。
3. 图示传切配合中一传一切配合的方法，并说明要求。
4. 图示给有球队员做掩护的配合方法，并说明要求。
5. 简述一种进攻战术基础配合的教学步骤。
6. 简述一种防守战术基础配合的教学步骤。
7. 结合本章所学的内容，试着设计一套三对三的进攻配合方法，图示结合文字说明。
8. 结合图示说明试述快攻结束阶段二攻一的方法。
9. 试述半场人盯人防守的种类及对应进攻特点。
10. 简述半场人盯人防守的教学步骤。

即测即评

第六章 篮球教学设计与实施

CHAPTER 06

【导读】

篮球教学是篮球课堂上教师教和学生学的互动过程,是教师在一定教学理念指导下引导学生学习的过程。通过本章学习,期待读者能够更新篮球教学理念,掌握篮球教学设计方法,明晰篮球教学组织和实施的过程,结合PPT创新篮球说课技能,熟练演示篮球无生上课。通过本章篮球教学设计、实施和模拟的学习,培养学生在上课中勇于探索、善于合作、敢于实践、展示自我。

教师作为篮球教学设计和实施的主体,其教育理念和专业素养对人才培养质量起着至关重要的作用。教师不能只做传授书本知识的"教书匠",而要成为塑造学生品格、品行、品味的"大先生",要成为有理想信念、有道德情操、有扎实知识、有仁爱之心的"四有"好老师,做学生锤炼品格的引路人,做学生学习知识的引路人,做学生创新思维的引路人,做学生奉献祖国的引路人,坚定不移用习近平新时代中国特色社会主义思想铸魂育人。

第一节 篮球教学概述

一、篮球教学的概念

篮球教学是篮球教师为促进学生学习而对学习环境加以操控的过程。它是在教师指导下,使学生掌握篮球运动知识、技能和战术,增强体质、培养品德、促进身心全面发展的教育过程。从教育学的角度看,篮球教学可以划分为教学设计、教学实施等。

二、篮球教学的理念

(一)树立新的教育观、学生观和质量观

现代篮球教学要求围绕"培养什么人、怎样培养人、为谁培养人"这一根本问题,坚持立德树人根本任务,以教球育人为目标,以核心素养为抓手,以身体练习为主要手段,树立新的教育观、学生观和质量观。所谓新的教育观,就是以学生发展为中心,坚持"健康第一"的指导思想,培养学生的体育品德、创新精神和实践能力。新的学生观,

就是在篮球教学过程中要把学生看成课堂的"主人翁",突出篮球教学过程中学生的主体地位。新的质量观,就是教师既要注重学生的篮球技能和身体素质方面的发展,又要注重学生体育品德、创新精神和实践能力方面的发展。

（二）打破传统篮球教学理念,创新逆向教学

传统篮球教学遵循技能传习式教学理念,强调以教师为中心,一切教学都围绕着"如何教"进行。传统篮球教学是教师向学生灌输篮球知识和技能的过程,注重篮球知识和技能的传授,以及教学组织的规范；强调以知识和技能体系为中心,教师片面地追求教学中篮球知识和技能的灌输,以及学生的接受效率；强调以课堂为中心,以系统地掌握篮球知识和技能为目标,忽视了师生之间、学生之间应有的情感交流。

现代篮球教学强调以学生为中心,创新为学生学习服务的理念,采用逆向教学,先确定学生篮球学习的预期结果,再确定可测量、可评价的合适的评估标准,最后优选教学内容和方法,设计适合学生学习体验的教学过程。因此,教学的逻辑起点由教材内容转向学习目标,依据《义务教育体育与健康课程标准（2022年版）》要求,教学目标由技能目标向思政引领下的认知、技能和情感目标融合的核心素养转变。教学内容由硬性规定向根据现实条件自主选择转变。教学策略由以机械性的技能灌输式学习向以自主体验、互助交往和创新为主要特征的探究式、合作式、讨论式学练转变。教学形式由以规范动作的讲解示范为主要形式的直接呈现方式向以学生思考、体验为主要形式的间接呈现方式转变。教学模式由传统的教师教、学生学的单向信息传递活动向师生双方相互交流、相互沟通、教学相长、共同发展的方向转变。教学评价由以终结性评价为主向终结性和形成性相结合的评价方式转变。教学组织由强调纪律性和规范性的整齐划一向强调灵活性和多样性的自主学习转变。

（三）聚焦"教会、勤练、常赛",推进课内外一体化教学

篮球教学要实现教育教学由"传统三中心"（教材、教师、场地）向"新三中心"（学生发展、学生学习、学习效果）转变,以促进学生的学习和发展为目标,以脑科学、认知科学和学习科学为理论基础,以现代化信息技术为抓手推进课内外一体化教学,打造"教会、勤练、常赛"的篮球课新模式。教师课上教会学生健康知识、基本运动技能和篮球专项技能,课外让学生去熟悉课上学到的健康知识,勤练基本运动技能和篮球专项技能。同时,学校还要搭建适合学生参与的篮球竞赛平台,实现享受乐趣、增强体质、健全人格、锤炼意志的篮球教学终极目标。

第二节 篮球教学设计

一、篮球教学设计依据

体育与健康课程是为义务教育阶段、普通高中和中等职业学校中小学生开设的,以身体练习为主要手段,以增进中小学生身体健康为主要目的的必修课程。篮球作为体育与健康课程中的一个项目,属于体育课程内容。2017年以来,先后印发了针对普通高中

和中等职业学校的《普通高中体育与健康课程标准（2017年版）》，以及针对中小学生的《义务教育体育与健康课程标准（2022年版）》，学校篮球课程教学设计需依据上述标准要求进行制定。对篮球俱乐部而言，则需根据参与学习学员的现实状态和目标要求，设计开发篮球课程大纲，制定长期性或阶段性教学计划，撰写单元和课时教学计划，组织实施篮球教学。

二、篮球教学设计的类别

根据《义务教育体育与健康课程标准（2022年版）》要求，体育教学设计分为宏观、中观和微观三个层次，以及学段、水平、学年、学期、单元和课时计划六个层级。体育教学设计宏观层次包括学段和水平篮球教学设计，篮球俱乐部可称为课程开发；体育教学设计中观层次包括学年和学期篮球教学设计；体育教学设计微观层次包括单元和课时篮球教学设计。篮球教学设计的成果为篮球教学计划，具体表现形式为篮球学年教学计划、篮球学期教学计划、篮球单元教学计划和篮球课时教学计划。

中小学生分为小学、初中和高中三个学段。义务教育学段分为水平一（1～2年级）、水平二（3～4年级）、水平三（5～6年级）、水平四（7～9年级）四级水平进行学业质量评价，围绕体育核心素养，分别从运动能力、健康行为和体育品德三方面设置了相应的学习目标。高中教育阶段按水平一和水平二两级水平进行学业质量评价，围绕体育核心素养在运动能力、健康行为和体育品德三方面分别设置了相应的学习目标。

篮球学年教学设计是依据中小学生所处学段水平等级的教学目标确定各学年教学目标，依据各学年教学目标确定评价内容和标准，再精选教学内容，包括基本运动技能、体能、专项运动技能、健康教育和跨学科主题学习，然后以年级为单位，依据课程标准的要求，结合学校实际情况和学生学段水平特点，将课程目标要求、教学内容、教学时数、考核项目与标准合理地分配到两个学期中，形成篮球学年教学计划。

篮球学期教学设计是根据篮球学年教学计划，将规定的教学内容按一个学期的教学周次和课次进行合理安排，形成每个学期的教学计划，使篮球课堂教学更加具有可操作性和计划性，并为编写篮球单元教学设计做好准备。篮球学期教学设计是教师编写篮球单元教学设计和篮球课时教学设计的直接依据。

篮球单元教学设计是依据学期教学进度安排，将学习主题按性质分单元进行的教学工作安排而形成的篮球单元教学计划，它是教师编写篮球课时教学设计的直接参考依据。其主要任务是将单元教学计划中主要教学内容，按照学期教学计划中确定的课次顺序，安排出每课时教学目标、教学内容、教学步骤和方法、教学重点和难点等。

篮球课时教学设计（教案）是根据学期教学计划、单元教学计划及学生学段水平特点和场地器材等教学实际情况，预先设计的一堂篮球课教学方案，是教师完成一堂篮球课的具体行动计划，是备课结果的书面表现，也是篮球教学设计的可视结果。

三、篮球教学设计的指导思想

根据体育与健康课程标准，中小学生篮球教学设计要符合中小学生身心发展的规律和特点，以学生发展为本，树立"健康第一"的指导思想，选择适合的篮球教学方式和方法，要注重激发学生的篮球兴趣，从教学生打好篮球的理念出发，确定教学主题。教学主题要打破传统篮球技能罗列的教学方式，以思政和情感为引领，以篮球技能为手段，打破传统篮球的教学设计思维，创新课堂情境设计，实现篮球核心素养培养目标。

对篮球教学设计而言，义务教育阶段根据学年和学期体育教学文件设计的总体安排，包括队列队形练习、大课间常规内容、基本身体素质练习、高中入学考试技能、校特色项目课程和专项课程内容等，篮球项目仅是体育教学内容的一部分。因此，教学设计在兼顾其他教学内容的同时，要重点围绕篮球单元教学设计和篮球课时教学设计开展。高中阶段实施选项教学，在兼顾其他内容的同时，要围绕篮球项目内容设计的学年教学计划、学期教学计划、单元教学计划和课时教学计划开展。篮球俱乐部则要根据篮球学员的实际情况，注重篮球课程开发，创新基于比赛的教学模式设计。

四、篮球教学设计与案例

（一）篮球学年教学计划制订

根据《义务教育体育与健康课程标准（2022年版）》要求，教师要从学生的实际情况出发，学习和领会课程标准的精神，自主选择教学内容，合理确定教学内容的课时比例，注意教学内容安排的系统性和连贯性。作为深受学生喜爱的体育项目，篮球课程开设时间较长，需要在融入体能和健康教育内容的基础上设计篮球学年教学计划。具体设计步骤如下。

（1）依据《义务教育体育与健康课程标准（2022年版）》的体育核心素养目标要求，钻研篮球教材，确定学习目标。

（2）依据学习目标，制定可测量、可评价的年度考核标准和评价内容，根据教材性质、任务、作用、学生的实际情况和季节的特点，合理安排考试的项目、标准和日期。

（3）根据学校条件，学生身体、心理和等级水平发展特点等，确定篮球教学内容。

（4）结合本学校具体情况，确定本学年每学期实际课时数。

（5）根据教材的难易程度和教学需要，确定不同教材内容的授课时数。

（6）将教学内容按其课时数合理地分配到两个学期中。

篮球学年教学计划模板如表6-2-1所示，表中篮球核心素养按照运动能力（体能和运动技能）、健康行为和体育品德等维度进行填写。教学目标是根据学生等级水平发展特征和相应核心素养确定的预期结果。教学内容包括《国家学生体质健康标准》要求达标的体能项目、队列队形练习、大课间常规项目、篮球课程项目和健康知识等。课时是针对一节课的时间而言，指连续教学的时间单位。时数是指完成相应教学内容所需的课的节数。课次是针对教学内容而言，指完成相应教学内容所需课时次数。课时和课次区分的主要目的在于提倡教材内容的合理搭配，提倡双教材内容上课。测试项目是每学期测试的内容。具体案例如表6-2-2所示。

表 6-2-1　篮球学年教学计划模板

篮球核心素养	教学目标	教学内容	全学年		第一学期		第二学期	
			时数	课次	时数	课次	时数	课次
总计								
测试项目	第一学期							
	第二学期							

表 6-2-2　初二学生篮球学年教学计划案例

篮球核心素养	教学目标	教学内容	全学年		第一学期		第二学期	
			时数	课次	时数	课次	时数	课次
体能	达到《国家学生体质健康标准》的合格水平；具备未来从事职业所需基本体能水平	速度：50 米跑	18	36	9	18	9	18
		柔韧：坐位体前屈						
		爆发力：立定跳远						
		力量：男生引体向上，女生 1 分钟仰卧起坐。						
		耐力：男生 1000 米跑，女生 800 米跑						
		灵敏和协调						

续表

篮球核心素养	教学目标	教学内容	全学年 时数	全学年 课次	第一学期 时数	第一学期 课次	第二学期 时数	第二学期 课次
运动技能	能熟练完成准备活动；能与同伴配合完成队形组合；喜爱篮球项目，能欣赏篮球比赛，掌握基本篮球技战术并在比赛中基本合理运用技战术	准备活动	45	90	5	10	5	10
运动技能		队列队形	45	90	2	4	3	6
运动技能		篮球	45	90	15	30	15	30
健康行为	了解身体健康相关基本知识，养成良好锻炼习惯，能够控制情绪，主动与人合作	健康知识	9	18	1	2	1	2
健康行为		合理营养	9	18	1	2	1	2
健康行为		运动损伤预防	9	18	1	2	1	2
健康行为		锻炼计划制定	9	18	1	2	2	4
健康行为		心理健康	融合到每次课日常教学中					
体育品德	具有公平竞争意识，主动遵守规则，能够正确面对胜负，具有良好的团队意识	竞争意识	把体育品德培养融入日常教学中					
体育品德		规则意识	把体育品德培养融入日常教学中					
体育品德		抗挫折能力	把体育品德培养融入日常教学中					
体育品德		团队意识	把体育品德培养融入日常教学中					
总计			72	144	35	70	37	74
测试项目	第一学期	坐位体前屈；准备活动；立定跳远；篮球运球投篮；三对三篮球比赛						
测试项目	第二学期	身体素质测试五项；篮球运球投篮；三对三篮球比赛						

（二）篮球学期教学计划制订

1. 篮球学期教学计划设计步骤

篮球学期教学计划是针对每个学期篮球教学安排进行的教学设计工作，其结果是形成每个学期的教学方案，是将规定的篮球教学内容按一个学期的教学周次和课次进行合理安排，形成具有可操作性和计划性的学期教学计划。教学内容安排要考虑到学生的学习负担和生理负担，从而促进学生的全面发展。具体设计步骤如下。

（1）熟悉本学年篮球教学计划，分析本学期篮球教学内容。
（2）计算各项篮球教学内容在本学期的上课次数（课次）。
（3）将本学期各项篮球教学内容按课次合理地排列到每次课中去。
（4）检查学期教学内容总体布局、每项教学内容次数和顺序搭配的合理性。

2. 篮球学期教学计划的各要素撰写方法

篮球学期教学计划包括指导思想、教学目标、学情分析、教学工作要求、考核项目和教学进度等内容，其中教学进度是核心内容。具体模板如表6-2-3所示，周次是一学期篮球教学周的次序；课次是每周篮球课的次序；教学内容是本次课学练的主要内容，属于课程基本部分的主要内容,教学内容要打破单一技术动作排列组合模式,强调教打篮球的理念引领;教学形式指理论、实践、实训。具体案例如表 6-2-4 所示。

表 6-2-3 篮球学期教学进度模板

周次	课次	教学内容	教学形式

表 6-2-4 篮球学期教学计划案例

周次	课次	教学内容	教学形式
2	1	测试诊断学生初始阶段技术状况,设计技术标准	实践
2	2	团队控制球、三威胁、传接球	实践
3	3	团队控制球、如何得分:原地投篮和行进间投篮	实践
3	4	篮球竞赛规则	理论
4	5	团队控制球、持球突破、投篮	实践
4	6	摆脱接球、持球突破、急停投篮	实践
5	7	摆脱接球、个人控制球:运球、急停投篮	实践
5	8	个人控制球、运球突破、急停投篮	实践
6	9	拼抢球:防守持球队员、防守运球队员	实践
6	10	拼抢球:防守有球队员、防守无球队员	实践

(三)篮球单元教学计划制订

1. 篮球单元教学计划设计步骤

篮球单元教学计划是依据学期教学计划进度安排的,将本学期篮球学习内容按性质分单元编写教学计划,它是教师编写篮球课时教学计划的直接参考依据。篮球单元教学计划设计的科学性主要取决于教师对教学内容的性质和特点的把握,要尽量克服为"教技术而教技术",最大限度地发挥教学内容的多元化教育功能。单元教学目标的制定要面向全体学生,保证绝大多数学生能完成教学目标,教法步骤的设计要融入学生主动学习的策略与方法,本着促进学生全面发展的目的,设计多元化和可操作性的单元教学评价方法,及时关注学生的学习动态和学习态度的变化(表 6-2-5)。具体设计步骤如下。

(1)确立篮球教学单元的指导思想或者教学理念。

(2)开展教材和学情分析。

(3)确定各项教学内容的总体教学目标和要求。

(4)根据学习内容的时数和难易程度确定每次课具体目标和教学重点。

(5)根据每次课的教学重点和教学目标确定每次课的教学方法和步骤。

(6)确定考核方法和评价标准。

表 6-2-5　篮球单元教学计划模板

年级		学期		课次		教师	
指导思想							
教材分析							
学情分析							
单元教学目标							
课次	教学内容		学习目标	重点难点	教与学的主要方法和手段		
1							
2							
3							
4							
5							
……							
学习评价	技能评价标准： 评价方法：						
安全保障							

2.篮球单元教学计划中各要素撰写方法

(1)指导思想。

任何行动都受到一定的思想、观点或理论的指导和支配，而指导和支配我们行动的思想、观点或理论则被称为指导思想。指导思想是指点引导的想法，即应该怎样做、往哪个方面做，以及这样做的设想，是行动的指南。任何体育课的教学设计都是在指导思想的统帅下进行的，依据现代教育教学理念、学生水平、教材内容特性、预期教学目标，以及教育教学规律和原则提出指导思想。因此，一份完整的指导思想至少包括四个方面内容：第一，教学设计采用什么教育教学理念，即解决"怎样做"的问题；第二，采用什么样的设计思路，即解决"往哪个方面做"的问题；第三，指出设计目的是什么，即解决"这样做的设想"的问题；第四，表明设计思想上有何新意，即解决"与众不同"的问题（案例1）。

案例1：

坚持"以人为本"的课程理念，以篮球传切配合中如何快速摆脱防守及侧身切入跑动接球的学练为突破口，通过问题引领、小组学习、分层练习等多种教学方法与手段，使学生能有效掌握摆脱防守切入的方法，在实战对抗中灵活应用。让学生在充分感受篮球运动带来乐趣的同时，提升篮球基础战术素养，提高合作意识，培养团结协作、不畏困难的意志品质。

（2）教材分析。

篮球教材一般从三个方面进行分析：第一，分析教材的一般特点，包括教材的技能型、体能型、综合型属性特点，以及教材运动技术和运动负荷方面的特点；第二，分析教材的价值特点，包括教材的德育价值、健身价值、娱乐价值，以及教材与学生生活的关联度和对学生终身体育影响效果方面的价值特点；第三，分析教材对学生的适切性，包括教材是否适合该年龄段学生的心理水平、认知水平、运动技术技能水平，以及身体素质基础情况，同时分析学生在学习教材时可能会遇到的困难或容易出现的错误以及解决问题的相应措施。

教材分析应从以下六个方面撰写：第一，指出本次课是单元里的第几次课或者本单元一共几次课；第二，分析教材的一般特点（教材的属性、技术特点和运动负荷）；第三，分析教材的价值（德育、健身、娱乐和长效性）；第四，分析教材对学生的适切性；第五，分析教材的重点与难点以及解决问题的相应措施；第六，分析教材实施过程中可能出现的安全隐患（案例2）。

案例2：

本次课是篮球基础战术单元教学中的第二次课。传切配合是高中体育与健康课程中篮球进攻基础配合的主要教学内容，是进攻队员之间利用传球和切入技术所组成的一种基础配合。该战术配合适合高阶段学生学习，不仅可发展学生速度、灵敏等身体素质，而且能提高学生心理抗挫折能力，培养学生团结合作的良好品质。

教学重点：摆脱防守切入的方法和跑动路线。

教学难点：切入与传球的时机把握。上课时学生着装要符合篮球比赛的要求，加强场地设施器材的管理，消除安全隐患。

（3）学情分析。

学情分析是篮球教学设计的基础，主要包括学生自身情况分析、学生学习情况分析，以及与学生有关的情况分析等三个方面。学生自身情况分析主要是陈述班级学生的基本信息和特征，对学生生理、认知和心理等一般特征做简要分析，包括学生的班级（年龄）、人数、性别比例、生理特点、认知水平、心理特征等；对学生学习情况进行分析，包括学生的篮球知识、技能基础、思想、情感、态度、班风和组织纪律等；分析与学生有关的情况，包括种族、地区和家庭文化背景、校园体育文化氛围、学校课外体育活动开展、班主任态度等（案例3）。

案例3：

本课授课对象为高二（9）（10）班男生。他们酷爱篮球运动，身体素质较好，且乐于合作、善于思考，接受能力强。本校是沈阳市篮球传统学校，有着良好的篮球学习氛围，多数学生已具备一定的篮球基本技术基础。因学生具有一定的思考和自学能力，所以在安排学习内容时，尽量让学生带着问题去学习和练习，并在教师的引导下主动体验、合作学练，提高实战技能。

（4）教学目标。

教学目标是指在一定的时间内篮球教学所要达到的预期标准或结果。一定时间内包括从几年到一个学期再到一个大单元或一次体育课,从时间长短看,篮球教学目标可以分为篮球课程目标、篮球学段(水平)教学目标、篮球学年体育教学目标、篮球学期体育教学目标、篮球单元体育教学目标、篮球课时教学目标。篮球课时教学目标分为运动能力目标、健康行为目标(体能)和体育品德目标三个维度(具体教学目标撰写见篮球课时教学计划制订中的相关内容)。

(四)篮球课时教学计划制订

1. 篮球课时教学计划设计步骤

篮球课时教学计划(教案),是根据篮球学期教学计划、篮球单元教学计划,以及学生特点和场地器材等教学实际情况,预先设计的篮球课的教学方案,是教师完成一堂篮球课的具体行动计划。篮球课时教案设计既要全面、具体,具有可操作性,又要简明扼要,体现出篮球学科的特点和规律,采用适合的组织教法手段,加强培养学生的合作意识和能力(表6-2-6)。具体设计步骤如下。

(1)准备工作:设计教案前,需全面了解篮球教材内容、学生情况和学校现实条件等。

(2)制定教学目标:是篮球课结束后学生在知识、技能、体能、情感态度等方面需达到的要求,尽量具体、可操作、可评价。

(3)设计课的结构:一般分为准备、基本和结束三个部分,也可按照学生在篮球课中的认知及心理活动变化的特点和规律来划分。

(4)按照课的结构安排教学内容、教学要求和组织教法。

(5)分配课程各部分的时间,以及各项教学内容所需的时间。

(6)安排各项练习的运动负荷。

(7)安排场地器材。

(8)预计教学效果:主要围绕教学目标的达成度来预计教学效果。

(9)课后小结与反思。

表6-2-6 篮球课时教学计划模板

年级		人数		日期			执教	
班级		组班形式		周次			课次	
内容主题				重点				
				难点				
教学目标								
课序	时间	教学内容		运动负荷			教与学的活动	组织与队形
				次数	时间	强度		
准备部分		一、课堂常规 1.…… 2.……			3分钟	小	◎…… ◇…… ☆……	图形:

续表

课序	时间	教学内容	运动负荷			教与学的活动	组织与队形
			次数	时间	强度		
准备部分	4分钟	3.…… 二、热身小游戏				◎…… ◇…… ☆……	要求： 1.…… 2.……
基本部分	18分钟	一、基本教材 1.…… 2.…… 3.……		2分钟 2分钟 1分钟30秒		◎…… ◇…… ☆……	图形： 要求： 1.…… 2.……
	10分钟	二、游戏（或综合性练习） 1.…… 2.…… 3.……		2分钟		◎…… ◇…… ☆……	图形： 要求： 1.…… 2.……
结束部分	3分钟	一、整理放松活动 二、小结讲评		1分钟30秒			
场地器材			安全保障 预计	练习密度			强度
				全课	内容主题		
课后小结							

2.课时篮球教学计划的各要素撰写方法

（1）内容主题。

内容主题类似名称有"教学内容""学习内容""教材内容"，指体育文化类内容名称、体能类内容名称、运动项目技能类名称或比赛情景类名称，必须是出现在基本部分的"主教材"或"主教材＋副教材"，小学普遍为"主教材＋游戏"、中学普遍为"主教材＋体能练习"的搭配模式，考虑到学生的学习兴趣，要避免一堂课仅把篮球单一技术动作的学习作为内容主题。写好篮球内容主题，可了解本课程内容、整个教学单元课次、具体课序，并可推测课程的重点、难点，以及本节课篮球教学目标。

内容主题撰写的基本格式包括"内容""主题""课时"和"课序"四个基本要素，要有明确的主题数量，表达要简短、鲜明，目的性和指向性要强。例如，篮球：原地单手肩上投篮和多打少比赛，3-（1），即篮球内容，主题为原地单手肩上投篮和多打少比赛，单元教学3学时，本次课是第1次课（案例4）。

案例 4：
①篮球：传切配合与半场比赛，3-（2）。
②体能：运球耐力跑。

（2）重点、难点。

教材重点是指教材技术环节中的关键部分，是篮球学期教学计划与篮球单元教学计划中的主教材。教材难点是指学生学练过程中难以掌握的环节或部分，是教师需要花费更多时间和精力进行教学的内容。教学重点和难点很难完全分开，一节课不止一个教学重点，一般仅解决一个教学难点。教学重点和难点的确定要符合一定的技术特点和教学实际。确定重点要联系教学目标，确定难点要符合教材内容和学生实际情况，任何一节课教材内容都有重点，但不一定都有难点（案例5）。

案例 5：
重点：摆脱防守切入的方法和跑动路线。
难点：切入与传球的时机把握。

（3）教学目标。

教学目标是在一节篮球课内，篮球教学所要达到的预期目标或结果，是课程目标的最低标准。一节课的教学目标应根据单元教学目标、本次课的教学内容、学生等情况，以思政为引领，以身体练习为手段，以体育知识技能和方法的学习为主要内容的体育学科本质特征。一般认为，课时教学目标应不超过三个，依据教学内容、学生实际情况、场地器材条件及教师教学能力制定教学目标。篮球课教学目标可从认知目标、技能目标、情感目标、体能目标四个方面进行撰写。要以运动技能和体能目标为核心目标，体现篮球课程的学科特性。每个教学子目标的设计都要是明确的、具体的、可观察的、可达成的。

篮球教学目标的表述一般包含四个要素：教学对象、学习行为、条件和标准。教学对象是学练活动的主体，即学生；学习行为是指学练篮球活动的具体行为；条件是指学练篮球活动的条件；标准是指活动达到的具体程度。按照上述四个要素的要求，设计和编写单个篮球教学目标的方法和步骤如下：①以行为主体开始；②描述由学生完成的动作或行为；③学生为完成学习内容而需要的条件；④学生完成学习内容时所应达到的最低标准。

教学对象表述方式一般采用"学生……""大多数学生……""全班学生……"等开头。学习行为可通过学生在学练过程中进行观察、测量，可用行为动词表述，如"描述""解释""辨别""模仿"等。条件通常采用介词短语来表示，如"在……情况下""根据……""经过……"等。标准主要是学生通过一定学练过程之后达到了什么样的水平或程度（案例6）。

案例6：
　　认知目标：学生能阐明原地单手肩上投篮的5处易犯错误。
　　技能目标：学生能够在限制区两侧中立区位置规范做原地单手肩上投篮，投篮10次至少命中5次。
　　情感目标：学生能够愉悦地与同伴合作完成传接球游戏练习。
　　体能目标：学生以每10秒不低于8次的速度完成端线折返跑练习。

（4）课序。

课序类似名称有"课的结构""课的部分""教学过程""教学顺序""教学阶段""教学步骤"等，反映的是一种时间和空间顺序。篮球课基本结构是"准备部分、基本部分和结束部分"三段式，或"开始部分、准备部分、基本部分和结束部分"四段式。也有教师按照六段式结构："课堂导入（课堂常规）、热身活动、主教材、副教材、放松练习、小结与讲评"进行课序划分。不论如何设计课序，篮球课结构的划分都要以追求实际教学效果为准则，防止形式主义。

（5）时间。

时间包括准备部分时间、基本部分时间和结束部分时间。准备部分时间包括教学常规时间和完成准备活动时间，基本部分时间包括完成主教材时间和副教材时间，结束部分时间包括完成放松活动时间和小结与讲评时间，每一部分内容分别标记。时间估算与表达方式一般以"分钟"为基本单位，时间的表示方式为"4分"或"4分30秒"，但是各个部分的时间要尽可能地估算准确，减少出现如"4~5分"或"27~28分"的表达方式，各个部分的时间总和不能超过一节课的总时间。

（6）教学内容。

教学内容类似的栏目名称有"学习内容""活动内容""课的内容"等，是"教学步骤""教学过程"中一系列活动方式的呈现。教学内容的处理分为完整法处理、分解法处理和趣味化、游戏化处理三类，如双手胸前传球技术相对简单，可采用完整法处理；原地单手肩上投篮技术相对复杂，可采用分解法处理；趣味化、游戏化处理是指对竞技体育项目等相关内容进行改造，使之与学生的生活更加接近，富有乐趣或以游戏形式呈现的一种教学内容处理方法。

教学内容安排要打破传统竞技篮球技能传习式思维，通过创设简化比赛情境的方式引领学生学习篮球，具体改造方式有简化规则、改进器材降低难度、变换场地环境、改变人员组合形式、特定规则等。例如，不允许运球的篮球比赛、传球比赛游戏、抢篮板球比赛等。

准备部分包括课堂常规和准备活动，课堂常规主要包括五大块内容：集合整队、师生问好、宣布本课内容、安全教育与要求和安排见习生（案例7）。准备活动包括一般性准备活动和专门性准备活动。准备活动的目的除了避免运动损伤，调动身心进入学习状态外，更重要的是要形成正确动作模式、纠正常犯的错误动作、解决身体功能障碍、增加局部肌肉力量等。因此，准备活动的安排要全面、多样、新颖，并结合基本部分内容和课的整体效果综合考虑。

准备活动设计的内容包括绕场运球跑动、球性练习、球操、游戏、专项练习、动态拉伸等，每项内容只需标明活动的名称，球操练习中的每节操不必都画小人图及配上动作要领，热身游戏的方法描述不必详尽（新教师需要）。

案例7：	
一、课堂常规 ①体育委员整队，报告人数； ②师生问好； ③宣布课的内容； ④安全教育与要求； ⑤安排见习生活动。	二、准备活动 1. 球操 ①持球振臂； ②绕三环； ③胯下"8"字围绕； ④前压腿绕球； ⑤高抬腿"8"字绕球。 …… 2. 热身游戏：运球贴人 方法：运球追击，向圆圈上的人贴时必须喊"贴"，追击过程中被碰到反抓，听到教师哨声反抓。

基本部分教学内容设计，也是教学步骤的展示，围绕主教材标明每一步练习（活动）的主题（名称），每个练习的动作要领或说明可用概括的口诀（关键词）简写，不必书写全部内容。切记：不能大段地照抄教科书中有关动作要领的描述，动作要领要精写，也可以用技术结构简图进行表达，根据需要简述纠正错误动作与帮助方法（案例8）。

案例8：	
一、传切配合 1. 徒手摆脱、侧身切入模仿练习 ①原地碎步； ②碎步接交叉步突破； ③两人迎面交叉步探肩练习。 2. 无防守的"一传一切"配合 ①无防守的纵切； ②无防守的横切。 3. 有防守的"一传一切"配合 4. 空切配合 ①学习空切配合战术； ②无防守空切配合； ③有防守空切配合。	二、体能练习（运球耐力跑） ①单手俯卧运球（一手撑地，另一手运球）； ②篮球场运球见线折返跑。

结束部分包括放松活动和小结讲评两个环节。放松活动可安排比较轻快的游戏、舞蹈、慢走、慢跑、简单徒手练习、放松练习、心理调节练习、静力拉伸、相互按摩与自我按摩等。在小结讲评环节，师生对课堂的学练情况进行点评，对好人好事进行表扬，布置课后作业，并简要地提示下次课的内容和要求等，有组织地收拾场地、器材（案例9）。

案例 9： 一、放松活动 快乐拉伸练习 二、小结讲评 1. 评价小结 2. 宣布下课 3. 收拾器材	一、放松活动 1. 收球接力 2. 静力拉伸 二、小结讲评 1. 评价小结 2. 宣布下课 3. 收拾器材

（7）运动负荷。

运动负荷是人体在体育活动中所承受的生理、心理负荷量及消耗的热量，由完成练习的运动强度与持续时间，以及动作的准确性和运动项目特点等因素来决定运动量的大小。教案中"运动负荷"栏目下分为"次数""时间"和"强度"3 个栏目，以单个学生为参照体计算。"次数"指每个学生学练过程中实际完成的练习次数或组数，可用练习持续时间长短、距离长短等表示。"时间"指完成每一练习内容所需的时间，"练习一""练习二"……分别都有一个时间，指从练习开始到结束的时间，所有练习运动负荷总时间小于本课总时间。"强度"一般用"大""中""小"等表示，强度指数的计算方法：强度指数 = 平均心率 / 安静心率，具体如表 6-2-7 所示。

表 6-2-7　强度指数评价表

指数	2.0 以上	1.8~1.99	1.5~1.79	1.2~1.49	1.2 以下
强度	最大	大	中	小	最小

准备部分中，课堂常规中"次数""时间""强度"一栏应是空格，不需填写任何数字，因为学生没有进行任何身体练习。准备活动中"次数"一栏，若教学内容是徒手操，则写上 4×8 拍；若是游戏，则表明完成游戏的次（组）数，即游戏要重复完成几次（组）。"时间"一栏，若教学内容是徒手操，每节操 4×8 拍，估计 20 秒，7 节徒手操预计用 140 秒，则在相应栏目中填上"20 秒 ×7=140 秒"即可。若教学内容是游戏，预计做完 1 次游戏用 50 秒，做完 2 次用 100 秒，相应栏目中填上"50 秒 ×2=100 秒 =1 分 40 秒"即可；"强度"一栏，若教学内容是徒手操，相应栏目标上"小"；若"教学内容"是游戏，根据经验判断，定为"中"或"小"。

基本部分主（副）教材的"次数"，若主教材分四个练习（或称练习步骤），要分别标明每个练习次数，每个练习次数分别标注上具体数字；"时间"则要分别标明完成每个练习的时间，每个练习时间分别标注上具体数字；"强度"则要分别标明完成每个练习强度，每个练习强度分别标上"小""大""中"或"中上"等。

结束部分中，放松活动的"次数""时间""强度"，一般分为详写与略写。如果内容少且简单则略写，标上一个总次数、总时间或"小"即可。小结讲评中的"次数""时间""强度"应该是空格，不需填写任何数字。

（8）教与学的活动。

"教与学的活动"类似栏目名称有"教法与学法""教师与学生的活动""教与学的方法"等。"教与学的活动"撰写内容一般包括"教的活动""学的活动"和"要求"等三个方面。在"教与学的活动"表述上，重视"教"与"学"在时间和空间上的排列和先后顺序，即什么时候教、什么时候学，其前后顺序表述得很清楚。易于展示的表述方式可为教法（◎）—学法（◇）—要求（☆）。

"教的活动"主要指教师教学过程中做了什么、怎样做的，即教师的行为。"学的活动"主要指学生在学练过程中做了什么、怎样做的，即学生的行为。"要求"是指教师对学生学练过程中在技术掌握、学练效率、认真及准备程度、精神和情绪状况、观察和思考、配合教师等方面提出的要求。

"教与学的活动"设计重视学生的"学的活动"的设计，在设计的具体操作上体现学生中心理念，即要设计一定师生互动环节、探索环节、合作环节、学生展示环节、作业环节等，并融合现代信息技术手段激励和督促学生自主学习。

准备部分中的"教与学的活动"应该与"课堂常规"和"准备活动"一一对应（案例10）；基本部分中的"教与学的活动"应与"教学内容"中的相应学练内容一一对应（案例11、12）；结束部分中的"教与学的活动"应该与"放松活动"和"小结讲评"一一对应（案例13）。建议采用"教法—学法—要求"的表达方式，在时间和空间顺序上比较清晰。"教的活动"与"学的活动"在具体表述上应体现教师"教"的行为和学生"学"的行为，且在用词上尽可能简洁。"要求"在表述上应该简洁。

案例 10：教与学的活动（课堂常规）	教与学的活动（准备活动）
◎师生问好。 ◎宣布课的内容与要求。 ◎采取提问方式，课堂导入。 ◇体育委员整队、汇报人数。 ◇集中注意力、认真听讲。 ☆学生精神饱满，做到快、静、齐。	◎教师领做。 ◇在教师的带领下集体练习。 ☆精神饱满，动作有力度。 讲解游戏方法，并调动学生情绪。 ◇按照游戏方法和要求，激情参与。 ☆情绪饱满，积极体验。

案例 11：教与学的活动（主教材）
◎引导学生回顾上节课的内容，并提问：有效摆脱防守的方法有哪些？ 设问1：合理切入的方法有哪些？ ◇按要求集体体验侧身切入的模仿练习，在实践中探索答案。 ☆假动作逼真，贴近、快速摆脱防守。 ◎提示学生通过观察、模仿，解决贴近、快速摆脱防守，侧身切入，弧线跑动接球投篮。 设问2：如何选择切入跑动路线？ ◇按要求分组学练，体验摆脱防守的切入方法与切入后侧身跑弧接球。 ☆积极参与，快速摆脱，侧身跑动接球，传球及时、到位。 ◎引导学生面对防守状态时，摆脱防守切入篮下接球，完成投篮动作。

设问3：切入的目的是什么？
◇在教师的指导下，敢于面对防守，勇于实践，合作互动，形成默契。
☆相互交流，增强信心。
☆由消极防守逐渐过渡到积极防守。
◎设问4："一传一切"配合与空切配合有何关联？
◎利用挂图讲解战术特点及跑动要求。
◎教师与学生合作演示空切配合的运用时机和正确方法。
◎组织学生分组学练，教师巡视、指导、纠错。
◇无球队员突然摆脱防守，切向防守空隙区域，侧身接球投篮。

案例12：教与学的活动（副教材）
◎组织学生积极体验篮球运动身体素质练习的方法、手段。
◇积极参与练习，观察、比较，加强合作。
☆勇于挑战自我，练习时保持距离，避免碰撞。

案例13：教与学的活动（放松活动）	教与学的活动（小结讲评）
◎采用语言引导，营造舒适的气氛，集体放松练习。 ◇学生跟随教师一起进行放松练习。 ☆轻松愉快，身心放松。	◎引导学生自己评价。 ◇自我评价。

（9）组织与队形。

组织与队形即教学组织，是指篮球教学中队伍的调动、队形的变换和维持。篮球课的组织与练习内容、场地变换，以及场地器材的布局、教学目标等有关。调动队伍最直接的方法就是使用口令。队伍调动和队形变换应遵循下列原则：简约性原则，即尽量减少调动次数，且调动尽可能简单；规范性原则，即运用的口令、手势要规范合理；灵活性原则，教学过程中课的各环节过渡时的队伍调动、练习时队形的变化，都要有条理地呈现，要用合理的队形、科学的方法，使课堂教学组织工作紧凑、有序。

组织与队形和变换注意事项：第一，要体现现代体育教育理念，严松适度，既有利于创造宽松的学练环境，有利于学生的创造性发挥，又不过于限制学生必要的自由；第二，整个课程的组织思路、"线条"要清晰，注意课程的各环节自然过渡；第三，要尽可能少地调动队伍与变换队形；第四，要善用口令；第五，培养好小组长，使其能积极配合教师完成课堂教学组织的各项程序与步骤；第六，队形的调动以有利于学生的学习为原则。

准备部分中的组织与队形对应课堂常规与热身活动两个环节，课堂常规结束后需要队形调动，然后是热身活动的练习队形，若热身活动有多个练习，则练习之间的队伍调动和练习队形需要表述清楚，队伍调动的表述方式主要采用简图和配以文字说明的形式（案例14）。

基本部分从热身活动过渡到学习主教材前的队伍调动应该表达清楚，不同教学内容学练过程中的各教学步骤之间的队伍调动和队形变换要交代清楚，主要采用简图和配以文字说明的形式（案例15）。

结束部分中的组织与队形对应放松活动和小结讲评两个环节，副教材学练结束而进入放松活动时，需要队伍调动和队形变换，放松活动结束到进入小结讲评阶段，需要队伍调动和队形变换。队伍调动的表述方式，主要采用简图和配以文字说明的形式（案例16）。

案例14：准备部分

课堂常规练习队形：

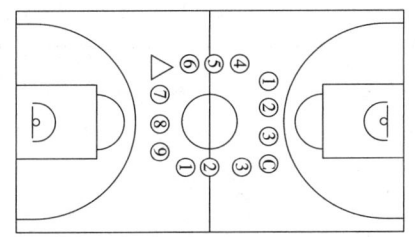

队形调动：从排头开始，依次逆时针绕场慢跑，进行行进间篮球裁判手势判罚练习。

准备活动练习队形：

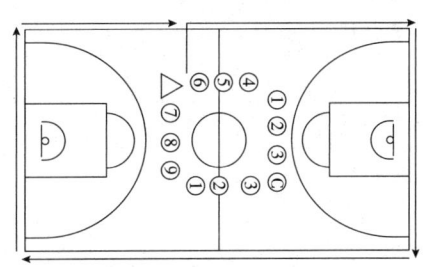

队形调动：排头带领学生在球场中央形成一个大圆圈。

运球贴人练习队形：

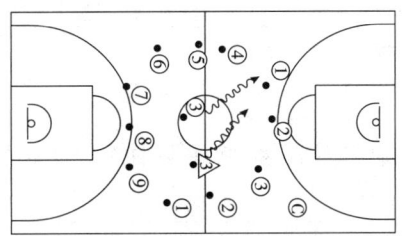

案例15：基本部分

情景导入——三对三比赛练习队形：

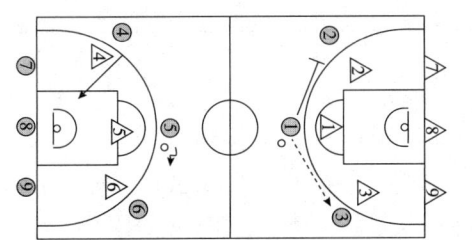

队形调动：比赛结束，在组长带领下到一侧三

相对持球突破练习队形：

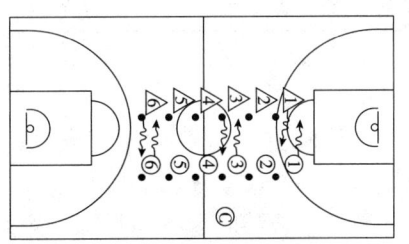

队形调动：排头带领各小组到两个三分线位置

分线外集合讨论，观看录像，讲解讨论。讲解讨论练习队形：	进行持球突破上篮练习。持球突破上篮练习队形：
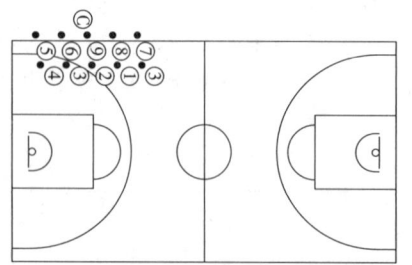	
队形调动：观看录像，讲解示范结束，调动到场地中央进行练习。	

案例 16：结束部分

收球竞赛练习队形：	小结讲评练习队形：
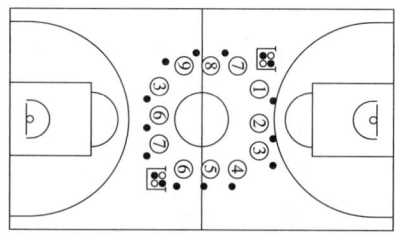	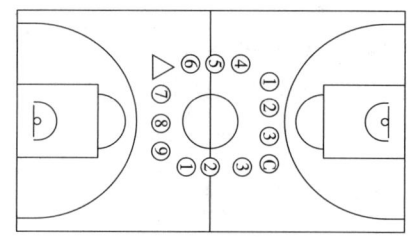

（10）场地器材。

场地器材是指篮球课中需要使用场地、器材的情况（案例17）。

案例 17：

①篮球场 2 片；
②篮球 18 个；
③大标志筒 12 个；
④移动黑板 1 块。

（11）安全保障。

安全保障主要指教师为完成该节篮球课教学，预计在安全保障方面采用哪些措施。篮球教师必须考虑下述安全隐患：一是篮球教学本身所存在的安全隐患；二是场地器材问题；三是学生着装问题；四是课堂组织管理问题；五是教师安全意识淡漠等问题；六是学生自身原因（案例18）。

案例 18：

①加强篮球管理，器材布置合理，严密组织教学；

②检查服装，学练中强化自我保护意识；
③充分热身，准备活动到位；
④重视学生思想教育，提高安全防范意识。

（12）预计练习密度和强度。

练习密度是指在一节篮球课中，学生实际参与练习活动的总时间与上课总时间的比，用百分比表示。内容主题练习密度是围绕基本部分内容练习的密度。一节课的练习密度大小是由课的类型和教材性质等决定的，中小学篮球课练习密度一般在30%～50%，要力争达到70%。练习强度是指全课的强度，一般用等级（强度指数）表示，通常情况下采用"最大""较大""中（或中等）""小"或"最小"中的任何一级进行表示。篮球课运动负荷用心率表示，一般采用手摸桡动脉或颈动脉，测10秒钟的心率，当前可用智能手环进行心率测试，中小学生篮球课平均心率一般在120～150次/分。

（13）课后小结。

课后小结是在一节篮球课结束之后由篮球教师本人填写的一个栏目，又称教学心得、教学笔记、教学后记等，是篮球教师对本次课的教学总结。教师通过对课堂观察和感受、征询学生感受和看法、专家点评或征询同事意见，获取信息。课后小结撰写内容包括课的目标制定是否恰当、达成度怎样，教材的处理和教学步骤的划分是否合理，教法与学法是否得当，课堂氛围以及学生主体性表现怎样，身体锻炼效果怎样，篮球技术的掌握程度如何，不足之处，收获与启示等。从要反思的重点看，课后小结主要填写教案的执行情况、效果如何，在执行教案过程中遇到什么问题、原因是什么、应该如何改进等。应该抓住重点填写，避免不分主次。

3. 篮球课教案撰写的规范性和要求

（1）规范性问题和要求。

文本格式的规范性表现在：第一，教案体例要统一。第二，不同要素的表达要符合相应要求，有关文字和图表的内容要与栏目名称一一对应。第三，教案中的字体大小要统一，段落等排列要整齐。第四，教案栏目内的文字和图表的表达要清晰、简洁、合理；语句通顺、语法正确，没有错别字。第五，标点符号、序号要规范和统一。教案中序号的规范性表现在：第一，一级标题、二级标题和三级标题之间，序号的使用要规范。第二，不能出现段落中的文字序号与标题序号大小（级别）不分和混淆的情况。数字序号的级别顺序为"一""二""三"→"（一）""（二）""（三）"→"1""2""3"→"（1）""（2）""（3）"→"①""②""③"等。

（2）学术问题。

第一，教学内容搭配要合理。第二，教学目标要全面、准确、具体，有可操作性。第三，教学步骤（顺序）合理，教学的重难点突出。第四，教学方法和手段的使用得当，运动负荷、练习密度的预计恰当。第五，纠正错误动作，保护与帮助、安全措施得当，场地器材布局合理。第六，体现以学生发展为本，以培养学生体育品德、创新精神和实践能力为宗旨。

第三节　篮球教学实施

一、篮球课堂教学常规

篮球课堂教学常规是在篮球教学过程中，师生共同遵守的、保证篮球教学工作正常进行的一系列基本要求。教学常规有助于建立正常的教学秩序，使课的组织更加规范，对加强学生的思想品德教育，建设文明课堂有十分重要的作用。

（一）课前常规

教师课前需要做好充分的准备工作，包括课前的备课和编写教案，了解学生的课前情况、场地器材的准备，以及服装的准备等。学生因生病、受伤，女生例假不能正常上课，教师要根据实际情况妥善安排。一般情况下，篮球教师应在课前15分钟到达篮球场地，检查和布置场地器材，尤其是篮球的摆放，要求学生课前10分钟到达篮球场地等候上课，并与学生提前进行沟通交流。

（二）课中常规

上课后值日生或体育委员集合队伍，教师按照课堂常规开始上课。课中注意加强对拿放篮球的管理，变换练习时不能随意放球，要把篮球放在统一要求的位置。教学过程中，教师通过语言激励、示范演示、参与练习、设置障碍等方式主动投入学生练习中，提高师生互动效果。结束前，教师要进行课堂小结和讲评，并提出课后锻炼的要求及下次课要学习的内容，并要求值日生收回并送还器材。

（三）课后常规

每次课后，教师应总结经验教训，提出改进措施，写好课后小结。教师应检查学生课后归还器材等工作的执行情况，对缺课学生应进一步调查清楚，必要时给予补课或辅导。同时要布置一定的作业，利用现代信息技术手段激励和督促学生自主学练。

二、篮球教学步骤

篮球教学步骤是教师为完成教学任务根据学生特点而采取的教学策略。根据篮球运动的特点，可分为篮球技术教学步骤和战术教学步骤。

（一）篮球技术教学步骤

1.掌握技术动作方法，建立正确动力定型和初步的对抗意识

篮球技能的形成首先从技术动作的掌握开始。教师采用讲解、示范等各种直观手段使学生感知正确的技术动作，在头脑中建立初步的动作表象，然后进行体会与模仿性的练习，加深动作表象。学生在知识—表象的定向作用下不断体会练习，就会建立正确的动作概念，形成初步的动力定型。技术重复练习过程中结合技术动作"关键词"复述效

果更佳。在篮球教学初期就要向学生灌输技术动作实战运用的策略，为动作的练习赋予实战意义，不仅能够增强学生练习的兴趣，而且可使学生在学习技术初期就在头脑中形成对抗的策略意识，建立起初步的实战意识。

2. 学会组合技术，掌握初步运用能力，建立对抗概念

掌握篮球技术动作方法后，组合技术的学习是掌握篮球技能的必然步骤。组合技术就是根据实战中技术运用的组合规律，提炼出的组合性练习单元，如运投组合、传运组合、接投组合和投突组合等。通过组合技术练习使学生技术动作之间合理衔接，体会技术运用的速度、节奏及攻防意义，学会初步运用。组合技术练习具有变换的要素，能使练习更加贴近实战。此阶段的练习，可增加假设对手的标志物或象征性对手，使学生带着对抗意识进行练习，使对抗的概念得到强化，为下一步实战对抗练习打下坚实的基础。

3. 在攻守对抗情况下提高技术运用能力

篮球教学中一切技术练习都是为了在实战中有效地运用，因此对抗就成为篮球教学中最为重要的练习过程。对抗练习是在掌握技术动作和组合技术的基础上，在攻守对抗的条件下，学生根据对手的阻挠和制约而采取相应的对策，准确而合理地运用技术的练习方法，是学习与掌握篮球技术的必然途径。在教学实践中，对抗强度的设计遵循循序渐进的原则，分为在规定对抗条件下练习、在消极攻守对抗条件下练习、在积极攻守对抗条件下练习和在教学比赛条件下练习等几种形式。无论采取哪种形式，都必须强调把技术合理运用于实战中，并与对抗能力的培养有机结合，既要提高学生篮球技术的运用水平，又要培养学生顽强的作风和意志品质。

（二）篮球战术教学步骤

1. 建立战术概念，掌握战术方法

篮球战术教学首先要使学生建立对战术概念的认知，了解战术的配合方法，逐步建立相应的战术意识。可采用直观演示手段并结合语言阐述使学生明确战术名称、阵势、配合位置、移动路线、配合时机和行动顺序等，重点的配合环节要进行重复演示，启发学生的积极思维，加深学生对所学战术的理解。教学实践中可按如下步骤进行。

（1）学习局部战术配合方法。篮球战术要从两三人之间的基础配合学起，基础配合的教学应根据战术构成的逻辑规律确定学习的先后顺序。一般先教简单配合，后教复杂配合，可以先教传切配合、突分配合，再教掩护配合、策应配合。在教学方法上要遵循由浅入深的原则。首先在固定无干扰条件下练习配合的方法和路线；然后设置假设的对手或标志物，进行固定对抗条件下的练习，建立队员之间的配合默契，同时改进配合性技术；再进行消极攻守条件下的配合应变练习；最后在积极攻守对抗的条件下进行实战练习，提高所学战术配合的运用能力。

（2）掌握全队战术方法。全队战术的教学是在完成局部战术学习的基础上进行的。首先进行战术阵势、运用时机和配合路线等理论知识的教学，如"1-4阵型"进攻、"3-2

阵型"进攻等，其次在无防守条件下进行配合路线练习，再次在消极攻守条件下进行配合应变练习，最后在积极攻守对抗的条件下进行实战练习。

2. 掌握攻守转换和战术综合运用能力

在学习掌握了局部战术和全队战术方法后，应结合实战比赛进行攻守转换和各种组合的练习，培养队员的攻守转换意识和灵活运用战术的能力。

（1）攻守转换意识是现代篮球教学中特别强调的内容，是快攻和防守快攻、衔接段进攻与防守衔接段进攻的前提条件。攻守转换意识的培养要在日常教学训练中坚持不懈地进行，使学生养成自觉的意识和行动，在比赛中自觉地加快攻守转换的速度，争取比赛的主动权，快攻与衔接段进攻紧密衔接，防守快攻与防守衔接段进攻紧密衔接。

（2）战术运用要根据实战比赛中双方的实际情况，采用不同的战术组合，以己之长攻彼之短，才能始终掌握比赛的主动权，因此要掌握多种战术组合运用的方法。

3. 在比赛中运用战术，提高应变能力

实战比赛是战术练习的最高应变形式，包括快攻和防守快攻、衔接段进攻和防守衔接段进攻、半场人盯人防守和进攻半场人盯人防守、区域联防和进攻区域联防、区域紧逼和进攻区域紧逼、掷界外球攻防和特殊时刻打法等。在比赛前要提出具体战术要求；比赛中要对战术运用的情况进行具体的指导；比赛结束后要对成功的配合打法进行总结，找出失败的原因，吸取教训，提出改进的方法。

三、篮球教学方法

篮球教学方法是指在篮球教学过程中，教师和学生为实现共同的教学目标、完成共同的教学任务，而采取的不同层次的、教与学相互作用的方法与手段的总称。常用的篮球教学方法有以语言传递信息为主的讲解法、问答法、讨论法，以直接感知为主的示范法、演示法、纠正动作错误与帮助法，以身体练习为主的分解练习法、完整练习法、循环练习法、重复练习法、变换练习法、持续练习法，以比赛活动为主的运动游戏法、比赛法、情境教学法，以探究性活动为主的发现法、合作教学法、问题探究法。

（一）常用的篮球教学方法

传统篮球教学方法主要遵循"刺激—反应—强化"的行为主义理论、"观察—模仿"的社会学习理论、"思维过程信息加工"的认知主义理论，由教师以易于理解的方式引导学生进行篮球知识和技能的学习，属于讲授式教学，有利于学生快速掌握篮球知识和技能，但是在激发学生学习兴趣方面存在一定的劣势。常用的篮球教学方法有以下4种。

1. 讲解法

讲解法是篮球教师通过简明、生动的口头语言，向学生系统地传授篮球知识和运动技能的方法。教师教授篮球技术或战术配合时，要讲解技术动作或战术配合的名称、作用、要领、方法、练习形式、要求、注意问题等，要贯彻"精讲多练"的原则。以讲解"原地单手肩上投篮"为例，该技术是篮球比赛中常用的一种原地投篮方法，常用于罚球。动作要领为两脚开立与肩宽，右手投篮右脚稍前，屈膝降低重心，两手持球于胸腹部，右手持球右上方，左手扶球左侧。投篮时，举球到右肩上，大臂与地面平行，小臂与地面垂直，五指分开手心空，双脚蹬地，腰腹伸展，右臂抬肘压腕，指拨球，手臂跟随。关键词：蹬、伸、抬、压、拨。

2. 示范法

示范法是教师（或教师指定的学生）以自身完成的动作为范例，用以指导学生进行学习的方法。示范时既要注意动作规范和要领，又要使学生都能清楚地看到示范的全过程和关键点，要从正面、背面、侧面不同角度示范。复杂的技术动作和战术配合，则要进行反复示范，并启发学生思考分析动作，更快地领会动作的重点和难点。教师要把握示范技巧，尤其是投篮示范，可能出现示范过程中投篮不中的现象，要提示学生关注教师投篮动作，同时教师要多次示范，展示投篮命中的规范动作。

3. 练习法

练习法是指教师根据篮球教学任务指导学生反复多次完成某些动作的教学方法。重复练习是熟练掌握篮球技术的重要方法，因此练习密度至关重要。根据身体练习形式划分，主要有分解练习法、完整练习法、重复练习法、持续练习法、变换练习法、循环练习法、领会教学法等。根据篮球项目运动特点，可分为个人技术练习、配合性练习和对抗性练习等。练习方法设计从单个技术、组合技术、配合技术、对抗技术逐步增加难度。选择练习法时既要讲求实效，合理安排练习的强度、密度，又要有效激发学生的学习兴趣，让学生体验篮球的乐趣。

4. 纠正错误动作与帮助法

纠正错误动作与帮助法是篮球教师为了纠正学生在完成动作中出现的错误所采用的教学方法。根据学习科学原理，教师讲解示范后，不要立刻向学生展示错误动作，要在学生练习过程中及时发现学生的错误动作，分析产生错误动作的原因，选择合理的方法帮助学生纠正错误动作。纠正错误动作可以运用语言法，强化学生正确的动作概念，运用各种诱导练习法、限制练习法和自我暗示法等，纠正不同原因产生的动作错误。

（二）现代篮球教学方法

现代篮球教学方法遵循"自主建构情景学习"的建构主义理论、"强调自驱情意为本"的人本主义理论和"强调身体参与认知"的具身认知理论，由教师创设学习情境，学生在情境中探索。在教师的引导下合作学习体验，有利于学生加深对篮球比赛的认识和理解，提高学生自主学习意识和学习兴趣，但是在篮球知识传递和技能习练方面存在一定劣势。现代篮球教学方法有以下3种。

1. 情境教学法

情境教学法是以建构主义理论为基础，以真实篮球比赛的技战术情境组合练习为教学内容，通过创设真实篮球比赛场景练习技战术，引导学生分析不同的比赛情境片段，找出各种比赛因素的关联性，进行决策，并在比赛和练习中执行决策，从而培养学生学习兴趣，提升学生比赛能力，使学生养成终身锻炼习惯的教学方法。具体教学流程包括真实比赛场景呈现，比赛场景讨论分析和决策，组织比赛场景练习，教师教学指导反馈。该教学法将运动文化贯穿于教学的各个环节，即用比赛及比赛环境中学生的角色、教师的榜样、师生运动学习中的互动等要素将学生的运动串联起来，为学生营造掌握技战术的最佳环境。教师可以用比赛的方式激发学生运动学习的兴趣，通过比赛发展学生掌握运动技能的能力。同时，这一过程实现了培养学生遵纪守法、团结协作、顽强拼搏等体育品德的思政目标。

2.合作教学法

合作教学法是以建构主义理论为基础，以问题为导向，以教师引导下的学生小组合作活动为教学形式，以自主探究和合作讨论为主要学习手段，从而实现提高学生对篮球运动的学习兴趣、改善班级学习氛围、促使学生形成更加完善的心理品质目标的教学方法。具体教学流程包括先根据篮球技能、身体素质或心理素质测试成绩对学生进行分组，安排组内成员承担裁判、组长、观察者、练习者等不同的角色和职责。教师须围绕篮球教学主题设置相关问题供学生提前准备，课上先集体精讲，然后组织学生开展合作学习活动，鼓励小组内学生合作解决问题，再进行组间学习成果展示，教师进行监督与指导，最后教师根据学生合作学习情况提出改进意见，进行补救教学。

3.比赛教学法

比赛教学法是教师通过创设类似比赛的练习活动创造现实的和愉悦的学习情境而进行篮球教学的方法。这是以学生为中心、有指导地发现学习的教学方法，注重帮助学生理解整个篮球比赛是什么，然后帮助学生学习怎样比赛，让学生以更加整体的方式学习篮球项目。先改变规则、场地器材、人数等要素，设计"特殊"的篮球比赛，以比赛（游戏）的方式开始，学生在"特殊"的比赛中探索篮球项目规律，识别篮球项目的战术原则。然后设计一系列练习，帮助学生掌握这些战术原则，并尝试采用冷冻重放、定格关键时刻比赛的方式，针对发现的错误提出问题。当学生意识到技术在比赛中的重要性，通过专门的练习传授该技术，再设计另外一个比赛情境练习强化技术。

四、篮球说课和无生上课

（一）篮球说课

1.篮球说课概念

篮球说课由教师口头表述具体教学主题的设想及其理论依据，是教师在备课的基础上，面对同行或专家领导，在规定的时间内，针对具体教学主题，结合多媒体手段采用讲述为主的方式，系统地分析教材和学生等，并阐述自己的教学设想及理论依据，由同行评议，达到互相交流、共同提高的一种教研活动。

2. 篮球说课内容

篮球说课的内容是说课的关键，主要包括指导思想、学情分析、教材分析、教学目标、教学方法、教学过程（这部分是说课的重点内容）、场地器材、预期效果、教学特色等环节。

3. 篮球说课注意事项

（1）说课是对一定的教学主题"怎么教"和"为什么这样教"的教学设计思想的分析和概括。说课总体上要突出"说"字，它既不是备课，也不是讲课；既不能按教案一字不差地背下来，也不能按说课稿一字不差地读下来。一堂成功的说课，一定是按照自己的教学设计思路，有重点、有层次、有理有据地进行阐述。

（2）说课设计时，教师要注意发挥自身的教学个性和创新精神，防止生搬硬套书、报、杂志上的内容、模式和方法。注意运用教育理论来分析研究问题，防止就事论事，使说课处于"初级阶段"的层次水平。同时，要注意避免过分表现"理论依据"，脱离教材、学生、教师实际空谈理论。

（3）教师说课时要语言得体、简练准确。要使听者首先从表象上感受到说课者对说好课的自信和能力，从而感染听者，引起听者的共鸣。教师说课时，语言表达应简练干脆，避免拘谨，力求有声有色、灵活多变，前后整体要连贯紧凑，过渡要流畅自然。

（4）教师说课要体现特点和风格。说课的对象不是学生，而是教师同行。所以说课时不宜把每个环节都说得过于详细，应重点说出如何实施教学过程，如何引导学生理解概念、掌握技能，说出培养学生体育品德与提高教学效果的途径。

（二）篮球无生上课

1. 篮球无生上课的概念

篮球无生上课是指篮球教师在备课的基础上，对领导、同行或评委由教师模拟在无学生状态下师生双边的教学过程。

2. 篮球无生上课的步骤

（1）根据无生上课所需讲授的内容，设计好教案，然后依据教案撰写出无生上课讲稿。

（2）教师在没有学生情况下，面对听课者投入地进行无生上课，要求篮球教学环节完整，活动内容和结果均要由上课者表述和展示出来，就如同有学生在场一样。

（3）无生上课过程中，教师具体表述内容包括：向学生问好、宣布上课内容、安排见习生、要求做准备活动、组织调动队形、讲解动作要领、纠正错误动作、师生互动活动、练习效果展示、下课前的整理活动、下课时和学生说再见等。

3. 篮球无生上课的注意事项

（1）教师要精心设计、详细规划无生上课的各个环节，展现现代篮球教学理念，突出情境化、实战化教学设计。

（2）教师要充分利用无生上课优势，全身心投入虚拟真实的篮球教学中，以自己的专业技能和富有感染力的语言带动听课者，做到此处"无生"胜"有生"。

（3）教师要充分调动自己的激情，语言表达要清晰，重点难点要突出，准确使用篮球术语。

（4）教师在无生上课过程中要充分发挥肢体动作优势，通过展示规范而又娴熟的技能，凸显自身篮球特长。

（5）为了给听课者更直观的感受，教师在面向听课者进行无生上课过程中，可以由他人播放提前制作的篮球实践上课过程的多媒体课件，生动展示教师说课内容的各个实践环节。

思考题

1. 请简述现代中小学篮球教学理念。
2. 体育与健康课程标准对中学篮球教学提出哪些要求？
3. 根据体育与健康课程标准要求，中学篮球教学需要制定哪些教学文件？
4. 根据体育与健康课程标准，请为中学篮球教学设计一个18学时的单元教学进度。
5. 请选择一个篮球主题，设计一份篮球教案。
6. 请选择某一篮球主题，阐述篮球技术教学步骤。
7. 请选择某一篮球主题，阐述篮球战术教学步骤。
8. 篮球教学方法包括哪些？请选择某一教学方法说明课堂教学中的运用流程。
9. 请选择某一篮球主题，制作PPT，录制一个10分钟的说课视频。
10. 请选择某一篮球主题，录制一个10分钟的无生上课视频。

即测即评

CHAPTER 07　第七章

篮球训练设计与实施

【导读】

篮球训练是以篮球竞赛为主要特征，以创造优异运动成绩、夺取比赛优胜为主要目标的体育活动。通过本章学习，期待读者能够从篮球教练员应具备的无私奉献、顽强拼搏、团结协作、勤奋热情等内在品质的视角，客观认识篮球训练的目的、任务、内容和方法，创新不同类型篮球训练计划设计方法，具备设计不同类型青少年篮球训练计划和组织青少年篮球训练的基本能力。

篮球训练设计是对未来篮球训练过程预先规划出的理论方案，规划了篮球运动员由现实状态向目标状态转移的通路，需要涉及人、赛制、篮球项目等方面的规律，按照篮球运动训练原则科学组织训练并成功参赛。现代篮球训练实施过程实质上是一项复杂的系统工程，产品是优异的运动成绩和优秀的篮球人才，是受训者德、智、体全面发展的过程。因此，篮球训练的实施需要教练员在对运动员现实状态诊断的基础上，制定可达成的训练目标，优化训练内容，科学监控训练负荷，选择合理的训练方法和恢复手段，从而达到良好的预期训练效果。

第一节　篮球训练概述

一、篮球训练的概念

篮球运动训练是竞技能力的提高过程，是指在教练员的指导和运动员的参与下，为不断提高和保持运动员的技术水平而专门组织的篮球训练过程。在这个过程中，教练员要根据篮球项目规律及发展趋势，遵循教育及教学训练的原则，运用科学的训练方法和手段，对运动员的身体、技术、战术、心理、智力等进行有计划的训练，为在比赛中创造优异成绩做充分的准备。在我国，篮球训练不仅在国家、省、市、企业等高水平运动队和职业性俱乐部中开展，而且在各级各类学校和社会体育群体领域中也有开展业余训练，只是训练的目的、要求各不相同。

二、篮球训练理念

(一)篮球训练理念的概念

理念是人们对所从事工作的一种基本信念,是所具备的明确的基本认识,是人们取得事业成功最基本的条件。篮球训练理念是教练员对篮球训练本质及其影响篮球训练的多种因素的理解,是教练员对篮球训练"目标""使命""训练方法"等所具有的明确的基本认识,是指导篮球训练的"思想",包括主要目标和有助于达到目标的信念和原则。伍登教练在加利福尼亚大学洛杉矶分校(UCLA)执教时对他的队员说:"你们来这里,首先是来接受全面教育的,篮球只是你们教育中的一部分。你们会学习到如何与人相处,如何成为一个领导者,如何面对挑战和失败。这些经验和技能将伴随你们一生,且远远超过你们在篮球场上取得的任何成就。当然,篮球也是一项重要的活动,它可以锻炼你们的身体,提升你们的团队精神,教会你们如何竞争和拼搏。但是,请记住,篮球只是你们大学生活中的一部分,而不是全部。希望你们能够珍惜在这里的时光,努力学习,全面发展自己。"

(二)篮球训练理念的形成过程

(1)初步认识与启示阶段:在自己思考和经验总结的基础上形成一种初步判断和看法,或是理论学习获得一些新的启示与看法。

(2)感悟验证与完善阶段:在实践中寻找例证,在头脑中反复比较、证明,有意去检验已形成的初步认识,并不断完善。

(3)确定并指导行为阶段:执教理念在人们的头脑中牢固地树立起来,达到了坚信不疑的程度,并对人们的训练实践自动产生约束和指导的作用。

(4)形成标志:一是能够明确地用简洁的语言将执教理念表达出来;二是本人的相关言行与理念的内容相一致。

(三)现代篮球训练理念

现代篮球训练理念是一个多元化的体系,它强调个人技能与团队合作的结合,重视实战与对抗的训练,并致力于促进运动员的全面发展。主要表现如下。

(1)强化个人技能:运动员需要熟练掌握各种基本技能,如运球、传球、投篮、进攻和防守技巧等。通过反复实战练习,运动员可以不断提升自己的技术水平和在比赛中的竞技能力。

(2)加强团队合作:教练员要设计团队合作的训练课程,提升运动员的团队协作能力。当运动员能够在比赛中相互信任和配合时,团队的整体实力才会得到显著提升。

(3)模拟比赛场景:篮球实战训练的本质是通过模拟比赛场景,让运动员更好地理解比赛规则和战术,进而逐渐适应比赛的节奏和规则,更好地掌握比赛技能和策略。

(4)对抗性理念:现代篮球已经发展成为身体素质、篮球水平、运动员谋略、团队战术,以及运动员之间的全面对抗。教练在训练时需要强调篮球的对抗性,让运动员在对抗中成长,而不仅仅是进行单纯的配合和技术训练。

（5）实战性理念：篮球比赛瞬息万变，需要运动员具备观察能力和沟通能力，在复杂的比赛场景中作出合理的判断和决策。因此，训练应根据实战中发现的问题来制订计划并组织实施。

（6）促进全面发展：篮球训练要注重运动员身体健康和全面发展，要通过合理的训练内容和计划，帮助运动员增强身体素质、提高体能水平，并培养其团结协作、顽强拼搏、公平公正的精神品质。

第二节　篮球队伍训练计划设计

一、篮球队伍训练计划

（一）篮球队伍训练计划概念

篮球队伍训练计划涉及人、赛制、篮球项目规律等多个方面。从训练内容主体构成上来看，篮球队伍训练计划的目的是培养运动员竞技能力和参赛时具有最佳竞技状态并取得优异成绩。在这个过程中，训练参与队员需遵循篮球项目规律、人体生理规律、心理认知规律和参赛规律，按照运动训练原则科学组织训练并成功参赛。

（二）制订篮球训练计划的运动训练学理论

以马特维耶夫为代表的学者提出的周期训练理论目前已得到国内学者的普遍认同。他们在运动员竞技状态的形成具有"训练水平上升阶段、竞技状态阶段和训练水平下降阶段"并呈现循环往复的周期性特点的成果基础上，对各个阶段的训练内容（一般训练与专项训练）和负荷状况（训练量和强度的比例和相互关系）进行了训练学分析和总结，把运动训练过程以参加主要比赛时间跨度为单位作为训练的周期，并划分为准备期、比赛期和恢复期三个时期。同时，针对不同时期的特点提出各个时期的训练目标、训练任务和训练内容。常见的是围绕4年一次的奥林匹克运动会和2年一次的锦标赛等重大国际比赛，把训练过程分为区间性周期，以自然年度为基本单元形成年度周期，在年度训练周期内以要参加重要比赛获得满意成绩为目标，再以运动员竞技状态发展过程的阶段性特征为主要依据，确定和划分2~3个周期。运动员的竞技能力（体能、技能、心理能力、战术能力与知识能力等）在每个细分周期内循环往复、发展提高。细分的周期由若干个中周期组成，中周期由3~6个小周期组成，一般持续1个月。中周期是贯穿整个训练过程的核心周期，分为基础中周期和竞赛中周期，基础中周期是准备期（一般和专项）的主要周期类型。小周期持续1周，由单个训练日组成，小周期的训练分为基本训练周、赛前训练周、比赛周、赛间训练周，以及恢复周五种基本类型。

由于体育商业化与职业化的推进、竞赛体制的改变，传统运动训练分期理论在对高水平运动员的训练实践中的指导作用越来越受到质疑。例如，多种混合训练产生低训练刺激；生理反应的冲突与矛盾；过度疲劳的积累；没有能力参加多站比赛；认为经典周期理论只是马特维耶夫在教育学和方法论层面对部分体能类项目（游泳、举重、田径等）的训练计划进行总结而得出的经验性结论，缺乏具体的生理生化等基础理论的支持等。

以维尔霍山斯基为代表的一批学者提出"板块"理论。他们从专项的角度讨论不同项目需要的具体素质和能力要求及相应的训练安排，并根据生物适应过程规律和高水平运动员的训练特点提出了"集中负荷效应"的训练方法，即通过对一些专项成绩有关键影响和运动员自身相对薄弱的素质以"板块"的形式集中训练和优先发展，实现专项成绩的突破。鉴于此，我们可以将"板块"理论理解为一种高度专项化集中安排训练负荷的训练模式。相对于传统训练分期理论中准备期平衡发展各项身体素质而言，"板块"理论根据项目的特征集中在3~4周有选择性地确定1~2项身体素质和能力集中训练。使高水平运动员在相对集中的时间内接受单一或两个较大的训练刺激，并对每个训练"板块"中身体素质、生理、生化、医学等内部负荷进行效果考核评定，这可以说是"板块"理论的核心内容。

（三）篮球运动训练计划分类

按照篮球运动训练计划的时间跨度，篮球运动训练计划分为多年训练计划、年度训练计划、阶段训练计划、周训练计划和课时训练计划。详情如表7-2-1所示。

表7-2-1 运动训练计划的类型

特征			训练计划类型	适用范围	时间
战略的⋯现实的	框架的⋯具体的	稳定的⋯多变的	多年训练计划	系统训练	2年以上
			年度训练计划	系统训练	1年
			阶段训练计划	阶段训练及中短期集训	若干周
			周训练计划	训练实施	7天或3~20次课
			课时训练计划	训练实施	0.5~4小时

1. 多年训练计划

多年训练计划是指篮球教练员根据多年训练周期的时间跨度，对这一训练过程所做的科学规划。多年训练计划主要包括：总体任务与目标、队员基本情况、全程阶段划分、各年度目标、各年训练任务、全程负荷趋势等。

（1）多年训练计划的分类。

由于多年训练计划具有框架式、远景式、稳定式的特点，所以通常分为全程性训练计划和区间性训练计划两类。全程性训练计划是指从运动员篮球启蒙阶段开始直到篮球运动寿命结束的整个过程所做出的训练规划。区间性训练计划是指对运动员2年以上的某一特定篮球训练过程所做出的训练规划。多年训练计划按照阶段可以划分为基础训练阶段、专项提高阶段、最佳竞技阶段、竞技保持阶段。

（2）多年训练计划的任务与负荷特点。

A. 基础训练阶段。

主要任务：发展一般运动能力。首先是发展运动员的协调能力和篮球基础运动技能，学习和掌握篮球运动项目的基础技术，培养运动员的一般心理品质，并发展基础运动素质。

运动负荷的特点：安排参加篮球基础训练的少儿训练负荷时，必须严格遵守循序渐进的原则，少儿在基础训练阶段，负荷不是越大越好。

B. 专项提高阶段。

主要任务：提高篮球专项竞技能力。

运动负荷特点：通常可以比较明显地逐步承受较大负荷，负荷量呈现波浪形，保持明显的节奏。在保持负荷逐年递增的总体趋势的同时，要把负荷量控制在运动员可适应的范围之内。

C. 最佳竞技阶段。

主要任务：创造优异成绩。

运动负荷特点：要细致地安排负荷，负荷通常呈现波浪形，保持明显的节奏。在保持负荷逐年增加的同时，把负荷控制在适度的范围之内。

D. 竞技保持阶段。

主要任务：努力保持篮球竞技能力水平，提高心理稳定性，激发继续参加篮球比赛与训练、力求创造优异成绩的进取动机。

运动负荷特点：通常负荷要低于专项提高阶段和最佳竞技阶段，运动员按照自我感觉来掌握并控制训练过程。

2. 年度训练计划

年度训练计划是多年训练安排的组成部分。安排年度训练，是以分期理论和训练原则为基础，以篮球比赛期间达到最佳竞技状态为出发点而制订的训练计划。

（1）单周期计划。

以全年训练一个完整的大周期组织实施，称为"单周期计划"。以年度训练计划的单周训练计划类型为基础，将篮球训练计划以时间为轴，划分为四个阶段：一般准备期、专项准备期、赛前准备期、赛后恢复期。由于只有一个比赛阶段，所以单周期计划任务往往只为单次重大篮球比赛实现一次竞技状态的高峰。

（2）双周期计划。

全年训练按两个完整的大周期组织实施，称为"双周期计划"。双周期在本质上是由多个衔接的单周期组成的。在篮球运动训练中，双周期计划是一种重要的年度安排模式。运动员可用两三个月的时间做准备，使总体竞技能力或竞技能力的某一方面得到提升，并在1.5~2个月的时间内参加一系列比赛，将已有的竞技能力充分表现出来，再加0.5~1个月的减量或短时间的恢复阶段，总共5~7个月，可完成一个大周期的训练过程。两次重要篮球比赛一年可以安排两个训练大周期。因此，双周期的基本任务是准备并参加两次或两组重要篮球比赛。

（3）多周期计划。

按三个及以上训练周组织全年训练过程的计划称为多周期训练计划。多周期训练计划的目标是要求运动员能在3个月左右的时间内，有效提高篮球竞技能力，并在篮球比赛中充分发挥出来。这就要求更为科学的训练方法和恢复手段。多周期的训练任务是准备并参加三次或三次以上重要的篮球比赛。在制订多周期训练计划时，最重要的一次比赛应该出现在最后一个周期。但第一个训练周期应当最长，这一个阶段所打下的专项准备工作的基础将影响后两个周期。多周期训练计划更适用于篮球高水平选手，同时符合现代训练、比赛的特点。

3.阶段训练计划

阶段训练计划是指对某一周期中某一特定训练阶段做出的规划。通常阶段训练计划的时间跨度为0.5～3个月。当然，针对不同季节或重大赛事之前所做的计划，也可称为"阶段训练计划"。

（1）阶段训练计划的分类。

阶段训练计划可分为两种类型：一是系统训练过程的一个有机组成部分的计划，往往具有系统性、连续性的特点；二是仅作短周期临时集训的计划，往往具有临时性、独立性的特点。一般由于运动员竞技状态的表现总是周期性地呈现为形成、稳定、衰退三个阶段的特点，因此，篮球训练周期的过程必须划分为三个阶段，即准备、竞赛、恢复阶段，又称准备期、竞赛期、恢复期。

（2）阶段训练计划的任务与负荷特点。

A.准备期。

主要任务：提高运动员篮球竞技能力。可以将准备期分为以下三个阶段。

第一阶段任务：全面发展身体素质，为篮球技战术训练打下良好的基础，学习新技术，改进和提高已掌握的技术、战术，恢复一般比赛能力。

运动负荷特点：负荷量和强度逐渐增加，量大，强度小。体能训练占总时数的40%～50%；技术训练占总时数的35%～40%；战术和比赛训练占总时数的20%～25%。

第二阶段任务：提高专项身体素质，加强篮球技战术训练，提高重点篮球技术训练水平，提高技战术质量和运用能力。

运动负荷特点：保持负荷的稳定，提高负荷强度。体能训练占总时数的30%～40%；技术训练占总时数的30%～35%；战术和比赛训练占总时数的30%～40%。

第三阶段任务：达到最佳竞技水平，使运动员进入比赛状态。加强专项身体训练，熟练重点篮球技术，提高对抗下篮球技术的运用能力，可熟练进行主要篮球战术配合，提高战术变化和应变能力，配备阵容，安排热身赛。

运动负荷特点：负荷量减小，运动强度加大，达到比赛状态。体能训练占总时数的30%～35%；技术训练占总时数的30%～35%；战术和比赛训练占总时数的40%～45%。

B.竞赛期。

主要任务：保持最高竞技状态，创造最好成绩，保持体能和投篮训练，以及针对对手的训练。

运动负荷特点：强度大，量小，保持良好竞技状态。

C.恢复期。

主要任务：消除疲劳，积蓄力量，准备下一个周期训练。安排多种恢复手段，如训练学、医学、生物学、心理学方面恢复手段。

运动负荷特点：运动量和强度小。

4. 周训练计划

周训练计划是指为时间跨度为 7 天左右的小周期训练过程所作的规划。

（1）周训练计划的分类。周训练计划可分为四个训练阶段：基本训练周、赛前训练周、比赛周、恢复周。

（2）周训练计划的任务与负荷特点。

A. 基本训练周。

主要任务：通过特定的技术训练和反复练习，使篮球运动员熟练和掌握篮球专项技术，通过负荷改变引起新的生物适应现象，以获得多种竞技能力的提高。

运动负荷特点：增加负荷量，同时负荷强度不变或者相应下降；增加负荷强度，负荷量不变或下降；负荷量与负荷强度都保持不变，通过累积效应给机体更深的刺激。

B. 赛前训练周。

主要任务：力求使运动员适应比赛的要求和条件，把长期训练中获得的竞技能力集中在篮球专项竞技所需的方向中。

运动负荷特点：提高训练强度，但负荷量适当减少；注意避免同时增加负荷量和负荷强度；注意负荷节奏的变化及恢复措施。

C. 比赛周。

主要任务：为运动员在各方面的竞技能力达到最佳状态做直接准备和最后的调整，参加篮球比赛，获得理想成绩。

运动负荷特点：总的负荷水平不高，要降低训练强度或保持一定的训练强度，负荷量也大幅降低或保持。

D. 恢复周。

主要任务：采用各种恢复措施，消除运动员生理和心理上的疲劳。

运动负荷特点：大幅降低负荷强度和负荷量，或者保持一定水平。

5. 课时（单元）训练计划

根据训练课完成任务和内容的不同，把训练课分为身体素质训练课、技战术训练课、综合训练课、测验课和比赛训练课、调整性训练课。每次训练课中必须具有一定的侧重点。在训练中，教练员应该发挥主导作用，善于激发运动员的自觉性和积极性，将教授的内容与训练结合，才能更高质量地完成训练任务。

（1）课时（单元）训练计划分类。

课时（单元）训练计划可分为体能训练课、技战术训练课、综合训练课、比赛训练课四种。体能训练课以身体素质训练为主要内容，通过多种多样的训练手段和方法，发展篮球运动员一般和专项运动素质，提高和保持体能水平，通常情况下负荷较大。技战术训练课主要是进行篮球各类技术与战术的训练，以及各种为篮球战术训练服务的辅助性练习。内容训练水平与方法较为集中，训练负荷根据训练的目的及在训练过程中的质量进行确定。综合训练课主要为发展篮球运动员多种竞技能力的需要，包含身体素质、技术、战术及心理等，紧密结合实战需要的综合性训练方法和手段的训练。因此，综合训练课的基本任务为综合训练多项任务。比赛训练课是通过参加比赛，对运动员的训练效果进行检查，通常负荷量相对较小，但负荷强度较大，甚至超过比赛强度。

（2）课时（单元）训练计划的构成。

篮球课时（单元）训练计划是由准备、基本、结束三个部分构成。准备部分的任务是使机体逐步进入工作状态，从心理和生理两个方面做好承受训练课负荷的准备，一般以热身动作为主。基本部分应按照训练任务及内容安排练习顺序，所选择的练习手段可以多样化，练习的组织可以采用分队、分组、个人练习交替进行。结束部分的安排一方面要根据运动员机能活动性的自然下降进行合理安排；另外，要人为地在机能活动性处于稳定状态时降低强度，或在机能疲劳时降低强度。结束部分的安排主要为课后的迅速恢复创造条件。

（3）课时（单元）训练计划的特点。

A. 篮球运动是集体对抗项目，要重视集体的训练，也要重视不同位置、不同队员的针对性训练。因此，在训练手段、运动负荷等方面要不断变化，按照队员需求更有针对性地合理安排。

B. 训练课的类型多样，不仅能提高运动员的训练积极性，也能更好地解决不同要求的任务。

C. 训练课的负荷呈现波浪形，以适应篮球比赛中运动强度的起伏变化。

D. 训练课的持续时间较长，因此教练员需要合理安排训练内容，尤其是掌握负荷与间歇的合理安排，并采取积极有效的恢复手段，以缓解运动员疲劳。

在各个训练阶段中，比赛活动都是运动员竞技发展历程的重要组成部分。组织者需要结合各个阶段运动员的发展特点，合理设定比赛的水平和次数，使训练和比赛成为有机的统一体。

（四）制订篮球训练计划的基本步骤

制订篮球训练计划主要分为以下七个步骤。

第一步，要对运动员现实状态进行诊断，确定篮球训练任务和目标，并且划分训练阶段和各阶段任务，选择训练的内容和手段。第一、二年的训练重点不应当放在运动成绩上，而应放在发展取得未来比赛成绩所必需的各种篮球技能上；第三年的训练重点应放在比赛阶段和获得最佳专项竞技表现上；第四年年度训练计划的主要目标是获得最高水平的篮球竞技表现和运动表现。第二步，在制订多年度训练计划之后，要在过渡期内对上一年度训练计划进行总结和思考后制订出年度训练计划。编制年度训练计划要先写下年度所有计划的比赛，并确定比赛的优先级，以确定最佳竞技状态出现的时机。第三步，根据比赛确定大周期的数量，并把每个大周期分为准备期、比赛期和恢复期。第四步，把每个大周期分为若干个中周期，并确定中周期（2～6周）长短，以及每个中周期的负荷模式。第五步，确定单个小周期（1周），重点放在每个训练要素上。第六步，一旦确定好小周期框架，则要规划设计单个训练课。第七步，实施该计划，并不断监测评估训练过程。详情如表7-2-2所示。

表 7-2-2　制订篮球训练计划的基本步骤

步骤	目标
1	①确定运动员的长期目标，以便制订一份多年训练计划（一般设计4年）； ②勾勒出该多年训练计划的基本结构
2	①确定年度训练计划所针对的各个主要目标的优先顺序； ②评估上一年度的训练计划，包括成绩，并就训练计划与运动员或团队进行协商； ③根据运动员或团队的成绩要求确定下一年度训练计划的组织结构； ④确定该年度训练计划中大周期的持续时间
3	①根据比赛日程将年度训练计划分为准备期、比赛期和恢复期； ②将准备期划分为一般准备期和专项准备期； ③将比赛期确立为赛前阶段和主要比赛阶段； ④将测试日穿插在年度训练计划中的关键时间点上
4	①确定每个中周期的持续时间； ②选择中周期的各个结构并进行排序，从而编排成年度训练计划； ③为每个中周期的各个训练要素的重点划分优先顺序； ④确立中周期的负荷安排模式，并决定如何在各个大周期内逐步加大负荷
5	①建立各个小周期； ②根据运动员的发展水平和总体目标，将小周期划分为多个训练日和恢复日； ③确定每个训练日的训练内容和每个训练日包括训练课的次数； ④确立整个小周期所采用的负荷结构
6	①设计单个训练课程； ②确定训练课的负荷结构； ③选择训练计划的各项训练活动
7	①实施该训练计划； ②不断监测和评估训练及其过程

二、一个大周期篮球训练计划的制订

（一）训练大周期的确定

训练大周期是以成功参加重大比赛为目标而设计的，其时间的确定通常采用体现目标控制思想的"倒数时"充填式方法，以主要比赛日期为标定点，向回程方向依次确定主要比赛阶段和比赛时期，再添加准备阶段和恢复阶段，从而形成完整的训练周期（图7-2-1）。

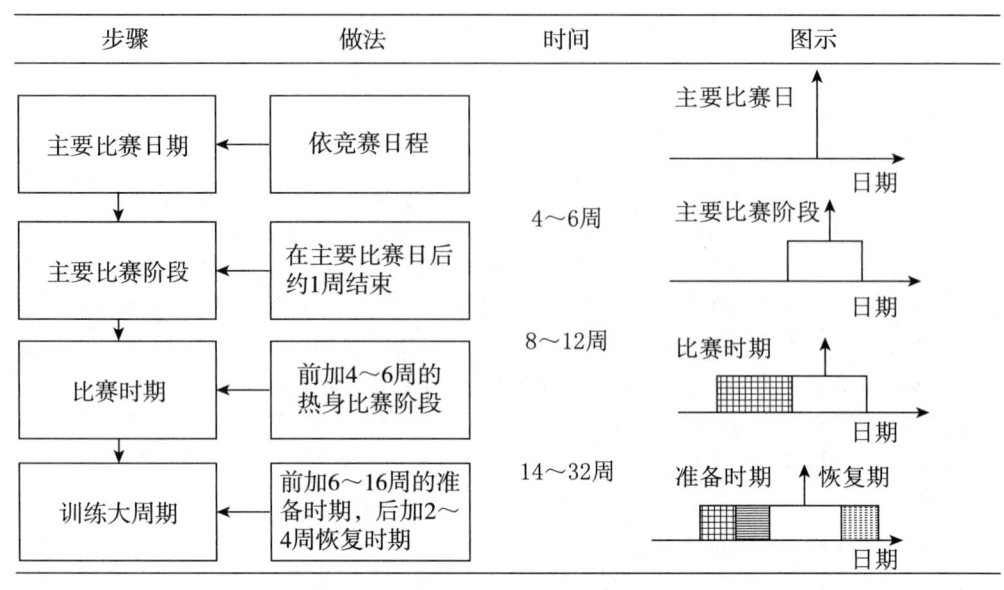

图 7-2-1　确定训练大周期日程的"倒数时"充填式工作程序

（二）大周期训练计划要点

如表 7-2-3 所示，我们以年度双周期训练安排中的一个 0.5 年训练大周期为例，概括归纳一个完整大周期中的时期和阶段的划分、各阶段的主要任务、比赛及负荷的总体规划、采用的方法与手段、恢复及检查评定的要点等基本内容和要求。

表 7-2-3　历时 0.5 年的训练大周期中各时期阶段的训练学特征

时期	准备期		比赛期		恢复期
阶段	一般准备	专门准备	赛前准备	集中比赛	
时间	3 个月		2～2.5 个月		0.5～1 个月
	1.5～2 个月	1～1.5 个月	—	—	—
任务	增进健康，发展素质，学习或改进基本技术、专项技术，掌握新战术，增强意志品质	发展专项素质，熟练完善技巧，提高战术技巧，发展稳定的竞技状态，创造好成绩		积极恢复，消除生理和心理疲劳；总结经验，制订新计划	
	提高一般训练水平，改进技术环节，提高个人战术能力	提高专项技术水平，逐步过渡到完整技术，改进多人或全队战术配合	发展专项素质，发展竞技状态，参加热身比赛	保持最高竞技状态，参加重要比赛，创造优异成绩	
比赛	没有或少	少	中	多	
负荷　量	中—最大或大—中—中或小—小或中				
强度	小—小或中—中或大—大或最大—最小				

续表

时期		准备期		比赛期		恢复期
方法	发展素质	以持续法、间歇法为主	以间歇法、重复法为主	以重复法、间歇法为主	以比赛法、重复法为主	以游戏法、持续法、变换法为主
	改进技术	以分解法为主	以分解法、完整法为主	以完整法为主	以完整法为主	—
手段		在进行专项训练的同时,辅以多种多样的一般练习	以专项身体练习为主,练习手段相对集中	以专项形式相近的练习为主,仍保持一定专项身体练习	比赛,一般性积极恢复性练习	改变环境及练习形式,增加一般身体练习比重
恢复		注意负荷节奏,采用各种积极与自然的恢复措施		注意负荷节奏,采用各种积极与自然的恢复措施		减少负荷,变换负荷的形式、组合
检查评定		负荷及机体适应情况		负荷及机体适应情况、技战术水平		心理、生理恢复状况

第三节 篮球训练实施

一、篮球训练的目标和任务

（一）篮球训练的目标

篮球训练的目标就是通过教育过程不断提高运动员的全面综合素质和篮球运动技能水平,促进运动员身体形态、机能协调发展,并在比赛中创造优异的运动成绩。

（二）篮球训练的任务

篮球训练应完成以下任务。
（1）促进运动员的身体素质发展,改善身体形态,提高运动机能。
（2）提高运动员篮球专项技战术素养和水平,使运动员掌握篮球运动的理论知识。
（3）提高运动员参加篮球训练和比赛的良好心理品质。
（4）贯彻综合素质教育,培养篮球运动员热爱篮球事业,顽强拼搏、勇攀世界篮球运动高峰的雄心壮志,团结友爱的集体主义精神,为国争光的爱国主义精神和优良的体育道德风尚。

二、篮球训练的分期

篮球训练过程从时间跨度的序列角度来看,可分解为单元训练（课）、日训练、周训练、阶段训练、年训练、多年训练等不同时间跨度的训练过程。其中,每前一个过程都嵌套在后一个过程之中,每后一个过程都是若干个前过程的有机串联。

根据优秀运动员不同时期的成长特点和训练目的，也可以将整个篮球训练过程分为兴趣启蒙（6～10岁）、专项初级（11～14岁）、专项提高（15～18岁）、创造优异成绩（19～26岁）、保持运动寿命（26岁以上）五个训练时期，不同训练时期都由多年训练过程组成。

不同时期的专项特征和训练目的各不相同，各个训练时期制定的任务、内容、重点也不相同，因此，正确地认识和科学地掌握竞技篮球训练分期理论，是制订不同类型训练计划的重要依据。

三、篮球训练的内容

篮球训练的主要内容有政治思想素质与职业道德、身体训练、技术训练、战术训练、比赛训练、心理训练、智力训练、恢复训练等。具体训练内容的选择，应根据球队的发展方向、训练任务、运动员的身体素质条件、训练时间和场地器材等情况来确定。

（一）政治思想素质与职业道德

在篮球训练过程中，要把提高学生和运动员的政治思想素质和职业道德品质及敬业精神教育放在重要位置，作为培养人才不可缺少的基本内容，并结合篮球运动特点、学生或运动员的实际比赛任务，贯穿训练工作的全过程，使学生或运动员在德、智（篮球知识技能）、体等方面得到全面发展，使学生或运动员具有明确的政治方向、高尚的道德风尚、刻苦敬业的学习精神，为集体、祖国勇攀高峰、争取荣誉。具体内容既要有针对性，又要有综合性，要克服竞技运动训练中容易出现的单纯技能能力训练的片面性。

（二）身体训练

身体训练是指运用各种身体练习，有效影响人体各组织、器官机能，代谢及形态结构，从而达到促进健康、提高竞技能力的训练。

1. 身体训练的内容

篮球运动中的身体训练包括一般身体训练和专项身体训练。一般身体训练是指在篮球运动训练过程中，运用多种非专项的身体练习手段，以增进运动员身体健康，改善身体形态，提高各器官、系统的机能水平，全面发展各项运动素质，为专项身体训练打好基础的训练。专项身体训练是指在篮球运动训练过程中，采用与篮球运动特点紧密联系的身体练习方法进行的速度、力量、耐力、柔韧、灵敏、弹跳素质的专门训练。

（1）速度训练。

篮球运动所要求的速度，是在短距离内能迅速发挥出的最快速度，能控制重心，及时变化。因此，篮球运动员的速度训练，应以提高各种情况下的反应速度、移动速度，提高变化方向、变换动作和各种曲线跑的技术和频率，以及增加跑的强度为主。速度素质训练采用的方法有时间感觉训练法、重复训练法、比赛法和游戏法等。

（2）力量训练。

篮球比赛的对抗性越来越强，身体接触也越来越频繁，强壮和力量就成了占据主动和优势的重要因素之一。因此，篮球运动员必须具有很好的绝对力量和爆发力量。一般力量训练的方法有静力性（等长）训练法、动力性（等长）训练法、等动性训练法、退让性训练法、超等长训练法、组合训练法。随着力量训练方法的发展，根据力量素质成分的需要，可将各种力量训练方法进行组合，并采用相应的负荷安排。这些训练方法有最大力量训练法、快速力量训练法、反应法、力量耐力法、电刺激法等。

（3）耐力训练。

篮球运动具有比赛场次多、比赛时间长、速度快、奔跑距离长、动作重复次数多、对抗强度大等特点，要求运动员具有在较长时间内保持高强度运动的能力。所以，篮球运动员必须达到较高的耐力水平，尤其是专项的速度耐力。耐力训练的方法有有氧耐力训练法、无氧耐力训练法、肌肉耐力训练法等。

（4）柔韧训练。

运动员在篮球比赛中的快速奔跑、急停与跳跃、转身、跨步、空中动作的变化、地面位置的争夺与控制，都要求运动员的各关节、韧带和肌肉具有大幅度伸缩变化和抗强拉伸的坚韧程度，特别是肩关节、躯干、髋关节、膝关节及踝关节的灵活性，更是篮球运动员必备的柔韧素质。柔韧训练的方法主要有主动性训练法和被动性训练法。

（5）灵敏训练。

篮球运动是在极其快速和复杂多变的情况下进行的，要求运动员必须具有反应速度快、应变能力强和动作灵活多变的能力。通过对灵敏素质的训练，可使大脑皮层的灵活性及神经过程的相互转换能力都得到提高。因此，在篮球训练中，应建立多种多样的动力定型，这样才能使运动员具有随机应变、针对不同情况迅速做出各种不同反应的能力。灵敏素质的训练应与其他素质的训练结合进行。

（6）弹跳训练。

弹跳力是篮球运动员一项重要的身体素质，弹跳力强，不仅可以增加争夺空间的能力，而且有助于掌握高难度的技术动作。篮球比赛中，争抢篮板球、抢断球、跳投、盖帽和补篮时，既要跳得高、跳得及时，又要连续跳，这是争取空间优势所必备的条件。提高弹跳力的训练方法有：发展下肢力量以伸膝肌群、踝关节肌群为主，注意提高股后肌群的力量和伸展性的训练方法；在提高伸膝肌群、踝关节肌群的向心收缩力量和速度的基础上，加强其离心收缩力量的训练；在力量练习中采用大重量、少次数的训练方法；用速度练习改善肌肉机能，同时提高股后肌群的力量和伸展性，优化起跳技术的训练方法。

2. 身体训练的基本要求

（1）在多年篮球训练过程中，要合理、全面、有计划地安排身体训练。

（2）体能训练要和篮球技术训练、战术训练、恢复训练、心理训练相结合。

（3）身体训练要根据篮球运动专项特点、训练对象、训练周期、比赛要求、训练条件等具体要求，进行科学合理的安排。

（三）技术训练

篮球技术是篮球战术的基础。任何正确战术意图和先进战术配合的实现，都要求运动员必须掌握一定数量和质量的技术动作作为保证，只有篮球技术掌握得扎实、熟练、全面，才能保证篮球战术实施的多变性和高质量。

1. 技术训练的内容

篮球技术内容繁多、形式多样，主要分为进攻和防守两大类。每一类技术中，既有基本技术（单个技术），又有组合技术、位置技术和对抗技术。

2. 技术训练的基本要求

（1）技术训练要运用现代的科学理论知识和技术手段。随着篮球运动的发展，新的技术不断替代旧的技术，在训练中要不断提高训练的科学化水平，从而使运动员的竞技能力得到充分发展。

（2）篮球技术训练要全面安排，突出重点，充分发展个人技术特点。技术全面，就是要求运动员全面掌握篮球各项技术。在全面掌握技术的基础上，还要培养运动员的技术特长。

（3）基本技术训练应贯彻始终。基本技术是掌握复杂技术和技术创新的基础。因此，篮球运动员应该长期、系统地坚持基本技术训练，使基本技术与高难度技术结合起来，不断提高技术水平。

（4）要充分利用运动技术间的积极迁移。在篮球技术训练中，应根据技术动作结构的相似性和难易程度，合理安排技术练习的先后顺序，使其产生积极影响，促进新技术的形成。

（5）技术训练要与战术训练相结合。技术训练要以战术训练为背景，要适应战术的具体要求，运用战术局部配合的各种练习方法、手段，提高技术动作质量并培养战术意识。

（6）技术训练要适应篮球比赛规则的发展变化，严格按照篮球竞赛规则要求进行训练。

（7）技术训练应遵循从易到难、从简单到复杂的原则。先练习单个技术动作，再进行组合技术练习，然后根据篮球运动员的特点和位置分工，进行专门的位置技术练习，逐步形成和发展个人技术特长。

（四）战术训练

战术训练是指根据本队的训练目标和实际情况，在选择与设计战术打法的基础上，按战术基本结构、组织形式、配合方法，进行系统的练习、运用和提高的一种教育过程。战术训练的目的是使篮球运动员具有一定的战术素养，能够熟练、全面地掌握各种基础配合和整体战术配合的阵势与方法，实现在实战中能够熟练应用。

1. 战术训练的内容

战术训练的内容包括进攻和防守两大类，每类战术中又分为基础战术配合和全队战术配合，每种战术都可以在全场和半场范围内组织进行，每一个战术又分为很多的战术阵型与方法。

2. 战术训练的基本要求

（1）要树立正确的以辩证唯物主义为指导的战术指导思想。战术指导思想是制定战术的准则。战术训练要正确处理高度与速度、进攻与防守、内线与外线、局部与全局、个人与整体的关系。在设计战术方案时，既要根据战术的发展，又要结合本队的实际情况。要通过战术训练，建立本队的战术体系，形成本队的战术风格。

（2）要十分重视培养篮球运动员的战术意识。篮球比赛中的情况瞬息万变，要求运动员必须根据临场情况的变化，及时、准确地观察判断，并迅速、果断地决定自己与队友合理配合的行动。这就需要通过训练和比赛培养运动员机动灵活的战术意识。

（3）要把基础战术训练同整体战术训练结合起来。只有把基本战术训练与多种应变性战术结合起来，才能适应篮球比赛中战术变化的要求。

（4）战术训练要与身体训练、技术训练、恢复训练、心理训练、智力训练相结合，要在战术训练中不断提高运动员的技术水平。

（5）应该遵循从易到难、从简到繁的原则，合理安排战术训练内容的顺序。一般来说先练进攻，后练防守；先练局部战术配合，后练全队战术配合；全队战术训练先采用完整演示法，后用分解法，最后用完整法，这种训练过程有助于运动员整体地掌握战术。

（五）比赛训练

比赛训练是指在近似、模拟或真实的比赛条件下，组织竞争性的、有胜负结果的、以最大强度完成练习的一种训练。比赛训练的目的是在对抗条件下提高运动员实战能力。通过比赛训练促使运动员最大限度地激发自己的训练激情，提高运动负荷强度，提高战术意识，改善个人技术，强化与队友配合的密切程度，培养运动员沉着、冷静、机智、果断的品质和顽强拼搏的精神。

1. 比赛训练的内容

比赛训练有教学性比赛、检查性比赛、适应性比赛等，具体方法一般有以下六种。

（1）采用"加分"或"扣分"的手段，鼓励或限制运动员在比赛训练中运用某些技术动作。

（2）限制比赛规则中规定的时间。

（3）采用模拟某一比赛对手的方法进行比赛训练。

（4）采取战术"暗号"的方法，提高运动员的战术变换能力。

（5）采用调配比赛阵容的方法，设计不同的上场阵容。

（6）模拟比赛关键时刻的打法。

2. 比赛训练的基本要求

（1）比赛训练的目的要明确，要求要具体。

（2）比赛训练过程中，要使运动员进入角色，并全力以赴。

（3）教练员在比赛中要具体指导，并做好技战术统计和录像工作。

（4）比赛训练后，教练员要善于运用统计资料进行分析研究，让运动员从个人和全队的角度进行全面总结。

（六）心理训练

心理训练是指有意识地对篮球运动员心理过程和个性心理特征施加影响，帮助运动员学会调节自己心理状态的各种方法，使之能更好地参加训练和完成复杂比赛任务的训练过程。心理训练的目的是培养运动员具有适应篮球比赛和训练中所需要的各种心理品质，克服在训练和比赛中出现的各种心理障碍，激发运动员从事训练和比赛的良好动机，提高运动员自我控制、集中注意力和防止各种干扰的能力，使运动员能在训练和比赛的各种困难条件下，具有积极的、适宜的、稳定的心理状态，从而保证训练的成果在比赛中表现出来，创造优异的成绩。

1. 心理训练的内容

心理训练有一般心理训练、备赛期的心理训练和比赛中的心理训练。在安排心理训练时，必须考虑它们之间的条件及相互依赖的关系，从而圆满完成训练的任务。心理训练的方法很多，在篮球运动训练中，主要采用的有模拟训练、放松训练、自我暗示训练、集中注意力训练、生物反馈训练、系统脱敏训练等。

2. 心理训练的基本要求

（1）要想获得良好的心理训练效果，必须激发运动员心理训练的需要，使其自觉地投入心理训练。

（2）要科学地选择和运用心理训练的方法，处理好心理训练中的各种反应，以便及时调整和巩固心理训练的效果，防止发生副作用。

（3）必须根据运动员的个性特征进行心理调理训练，这样才能获得良好的心理状态。

（4）对运动员进行心理训练的任务、内容、方法、要求的安排，都要由易到难、由简到繁，逐步深化、不断提高。

（5）心理训练必须与身体、技术、战术训练及思想政治教育等有机结合起来，只有这样心理训练的目的才能达成。

（七）智力训练

智力训练是指在运动训练过程中有目的、有计划地提高运动员智力水平的训练。现代运动训练正越来越多地吸收和应用其他科学技术，这就要求运动员具有较高的智力水平，只有这样才能学习和运用先进的科学技术去提高训练水平。篮球比赛既是运动员比体力、比技术的过程，又是运动员斗智的过程。特别是在两队势均力敌的情况下，对运动员的智力要求更高。智力对比赛胜负的影响越来越大，运动员在比赛中分析判断、战术运用、应变能力、掌握战机等都是斗智的过程。因此，智力训练已成为现代篮球训练中不可缺少的组成部分，是提高训练质量的重要一环。

1. 智力训练内容

智力训练分为理论知识教育和各种能力培养。理论知识教育的内容主要有体育教学、运动训练的基本原理、专项理论（包括专项技术与战术分析、训练法、裁判法等）和专项基础理论知识（包括人体解剖学、生理学、运动医学、运动生物力学、运动生物化学等）。各种能力的培养包括观察力、记忆力、想象力、思维能力、分析问题与解决问题的能力等。

智力训练可以采用多种方法进行，如写篮球训练小结、训练日记、比赛分析报告、赛后小结，组织自学、讨论、讲课等，这些都有助于运动员智力的发展。教练员在训练过程中进行智力训练，要注意基本概念、基本知识和基本理论的传授。在篮球训练实践中，要启发运动员创造性思维的发展，培养运动员分析和解决问题的能力。要善于在训练结束时进行归纳总结，使运动员形成概念，找出事物的规律。同时，还要提出问题，让运动员思考和归纳，并作出批判性结论，从而发展他们的智力。

2. 智力训练的基本要求

（1）提高运动员对学习理论知识和发展智力意义的认识，使其自觉积极地配合教练员进行智力训练。

（2）智力训练应列入训练计划，以保证有目的地提高运动员的智力水平。

（3）应逐步建立智力测定与评价的标准和制度。

（八）恢复训练

恢复训练是指使用合理的恢复手段，加速消除运动员身体和精神上的疲劳，使机体运动能力得到恢复与提高。运动员在训练和比赛后，能否迅速而充分地恢复，直接影响着运动水平能否提高。因此，加强对篮球训练和比赛后的恢复训练是极其重要的。

1. 恢复训练的内容

恢复训练有身体恢复和心理恢复。身体恢复包括能量物质的恢复、心血管功能的恢复、呼吸功能的恢复、肌肉系统功能的恢复、神经系统功能的恢复。心理恢复主要是心理能力的恢复。恢复训练的方法主要有以下三种。

（1）教育学方法，主要包括训练中合理间歇，运动负荷的合理安排，训练结束前所采用的轻松、愉快、富有节奏性的练习，以及合理的作息安排和文娱活动等。

（2）医学生物学方法，主要包括营养、理疗（按摩、热敷、淋浴、桑拿）、药物等方法。

（3）心理恢复方法，主要包括肌肉和呼吸放松训练、集中注意力和言语暗示训练。

2. 恢复训练的基本要求

（1）根据训练负荷的大小、性质和特点，安排不同的恢复训练时间。

（2）要有针对性地使用恢复训练的方法与手段。

（3）根据超量恢复、恢复的异时性原理等，在恢复训练过程中要注意区别对待和循序渐进。

四、篮球训练方法与手段

(一)篮球训练方法

训练方法是指在训练的过程中,为贯彻训练工作的指导思想,完成训练任务,达到提高专项运动成绩的目的而采用的途径和办法的总称。篮球训练方法是教练员通过对篮球运动员技、战、体、心、智的全面训练,从而提高运动员或篮球队的篮球竞技运动水平所采用的途径和程序。根据运动训练方法的分类,可将篮球训练方法分为分解训练法、完整训练法、重复训练法、间歇训练法、持续训练法、变换训练法、循环训练法、比赛训练法和模拟训练法等(表7-3-1)。

不同篮球训练内容采用不同的训练方法,技术训练主要采用重复、间歇和循环训练法,提高练习强度和密度,提高运动员专项技术水平;战术训练主要采用变换和比赛训练法,提升运动员对抗中的决策能力;体能训练主要采用间歇和持续训练法,提高运动员力量和耐力素质。此外,在全场五对五比赛训练中,通常是在体能技术和战术专门训练的基础上,根据进攻和防守对抗的规律,针对比赛对手的具体情况,采用变换训练法、模拟训练法与比赛训练法等,提高篮球运动员的体能和技战术运用能力,以及对比赛的适应能力。

表7-3-1 篮球训练方法一览表

方法	分类
分解训练法	单纯分解训练、递进分解训练、逆进分解训练、顺进分解训练
完整训练法	动作完整训练、技术完整训练、战术完整训练
重复训练法	短时重复训练、中时重复训练、长时重复训练
间歇训练法	高强性间歇训练、强化性间歇训练、发展性间歇训练
持续训练法	短时持续训练、中时持续训练、长时持续训练
变换训练法	负荷变换训练、内容变换训练、形式变换训练
循环训练法	循环重复训练、循环间歇训练、循环持续训练
比赛训练法	教学性比赛、检查性比赛、模拟性比赛、适应性比赛
模拟训练法	技术模拟训练、战术模拟训练

1. 分解训练法

分解训练法是指将完整的篮球技术动作或战术配合过程合理地分成若干个环节或部分,然后按环节或部分分别进行训练的方法。运用分解训练法可集中精力完成专门的训练任务,加强主要技术动作和战术配合环节的训练,从而取得更好的训练效果。如以右手为例,可将三步低手上篮技术动作分为持球第一步、持球第二步、屈腿抬膝起跳、右手低手上篮、落地等几个部分分别进行训练。按照分解训练内容的顺序可分为单纯分解训练、递进分解训练、逆进分解训练、顺进分解训练等。

2. 完整训练法

完整训练法是指从篮球技术动作或战术配合的开始到结束，不分部分和环节，完整地进行练习的训练方法。运用完整训练法便于运动员完整地掌握篮球技术动作或战术配合，保持篮球技术动作或战术配合的完整结构和各个部分之间的内在联系。例如，在进行投篮训练的时候，要注意投篮动作的连贯性和整体性，运用完整训练法可以将投篮动作的各个环节有机地联系起来，便于掌握。

3. 重复训练法

重复训练法是指不改变动作结构和运动量，在相对固定的条件下，重复练习某一动作或某一战术的方法。例如，定点定距离连续跳起投篮若干次；连续跳投 20 次为一组，间隔 1 分钟再投，练习若干次。前一练习称为连续重复训练法，后一练习称为间歇重复训练法。

4. 间歇训练法

间歇训练法是指重复练习之间按严格规定的间歇时间休息后再进行练习的方法。如篮球比赛的总时间是 40 分钟，分成 4 节，要求运动员快速进行比赛，每节中间休息 3～5 分钟。各种练习间歇时间的长短取决于训练的目的和强度，以及运动员的训练水平和身体状况。

5. 持续训练法

持续训练法是指负荷强度较低，负荷时间较长，无间断地连续进行练习的训练方法。短时持续训练法每次持续训练的负荷时间为 5～10 分钟，平均负荷强度心率为 170 次/分钟左右；中时持续训练法每次持续训练的负荷时间较长，通常在 10～30 分钟，平均负荷强度心率控制在 160 次/分钟左右；长时持续训练法负荷时间最长，通常在 30 分钟以上，心率控制在 150 次/分钟左右。例如，在篮球运动员全场运球耐力训练中，分别采用短时、中时、长时持续训练法发展运动员有氧代谢系统的供能能力，以及全场运球、持球能力。

6. 变换训练法

变换训练法是指在变化的条件下进行反复练习的方法，如变换对动作的要求（动作速度、幅度、距离等）、变换动作的形式（原地传球、跑动中传球）、变换动作组合和内容（原地接球跳投、移动中背向篮接球转身跳投）、变换训练的环境（馆内、露天、气候变化、高原训练）、变换训练器材（用小篮筐、加重球）、变换训练负荷（同一训练时间不断增加运动量或强度，或运动量时大时小）等。变换训练法有连续变换与间歇变换训练法等。

7. 循环训练法

循环训练法是指根据训练的具体任务，按预先设计的带有一定顺序的练习方法，运用循环练习的方式周而复始地进行练习的方法。即建立若干练习站或练习点，运动员按规定顺序、路线，依次循环完成每站所规定的练习内容和要求。例如，在篮球技战术训练时，可将篮球训练内容设置为投篮训练、运球训练、脚步训练等若干个练习站点，规定运动员按照一定的时间、顺序、方式等完成各个练习站点的任务。

8. 比赛训练法

比赛训练法是指在近似、模拟或真实的比赛条件下，组织竞争性的、有胜负结果的、以最大强度完成练习的一种训练方法，包括篮球教学性比赛、检查性比赛、适应性比赛等。目的在于调动篮球运动员训练的积极性，提高运动员技术、战术、身体训练水平和实战能力，发展运动员心理素质，检查训练效果的手段与方法。

9. 模拟训练法

模拟训练法是教练员或运动员针对比赛中可能出现的情况反复进行实战性练习，并在与比赛条件相似的环境下安排训练模拟的方法，主要适用于赛前训练。在篮球运动中，模拟训练法主要包括技术模拟训练法和战术模拟训练法，前者主要是在篮球训练中通过模拟对手的技术特点进行针对性的应对，如根据对手"小、快、灵"特点提前做好适应准备。后者主要是模拟对手的战术特点和风格进行针对性的布置。

（二）篮球训练手段

训练手段是指在篮球训练过程中，以提高某一竞技运动能力，完成某一具体的训练任务为目的所采用的身体练习。篮球训练手段通常是具体的、有目的的身体活动方式，是篮球训练方法的一种具体体现，又称为"练习手段"。

不同训练内容采用的训练手段要丰富多样，充分创设与实战类似的比赛情境，更多设计无序的训练手段，激发运动员训练动机和成就感，提高运动员运用技术能力和全队协同配合意识。

五、篮球训练负荷

（一）篮球训练负荷指标

依据现代篮球运动的特点，阶段以上时间跨度的训练计划，负荷指标通常采用外部负荷指标（次数、时间、重量等）。运动负荷安排应体现指定训练阶段的运动强度与运动量度的搭配关系。

阶段以上的篮球训练计划的负荷安排通常采用强度曲线、量度曲线及竞技状态曲线3条曲线表达，如图7-3-1所示。

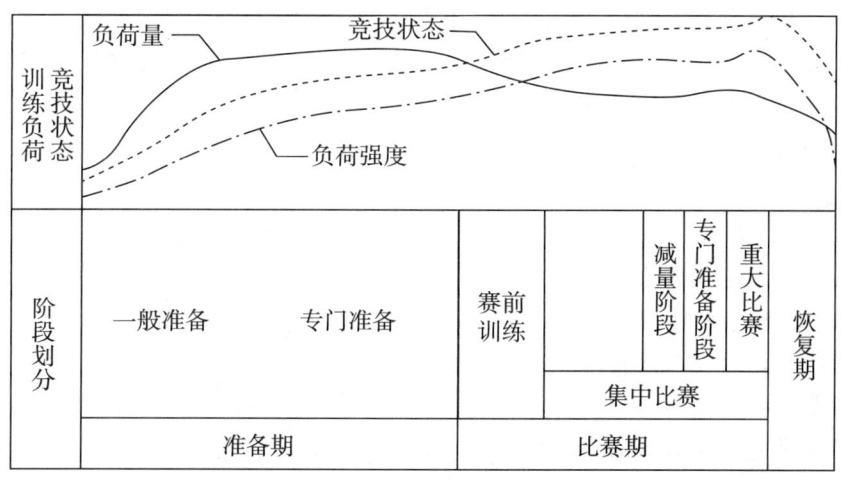

图 7-3-1 训练大周期负荷量度变化曲线

（二）篮球训练负荷量度的确定

运动后脉搏与运动强度之间的关系非常密切，可以根据脉搏的频率大致判断运动强度。大强度运动后，脉搏会超过 180 次/分钟；中等强度运动后，脉搏通常会维持在每分钟 150～180 次；小强度运动后，脉搏通常会低于 150 次/分钟（表 7-3-2）。在相同运动强度下，不同人的脉搏频率也会有所不同。运动后 5～10 分钟心率恢复与运动强度之间的关系，可以通过心率增加的次数来体现，大负荷强度运动后，心率通常会比运动前快 36～54 次/分钟；中等负荷强度运动后，心率较运动前会增加 12～30 次/分钟；小负荷运动后，运动后的心率很快就会恢复到运动前的水平（表 7-3-3）。

表 7-3-2 运动后即刻所测脉搏与运动强度的关系（可穿戴设备）

运动强度	脉搏（次/分钟）
大强度	>180
中等强度	180～150
小强度	<150

表 7-3-3 运动后 5～10 分钟心率恢复情况与运动强度的关系

运动强度	心率恢复情况
大负荷	较运动前快 36～54 次/分钟
中等负荷	较运动前快 12～30 次/分钟
小负荷	恢复到运动前心率

（三）篮球训练负荷变化规划

年度计划按双周期划分，运动负荷趋势一般规律为第一周期准备期负荷量由小到大，临近比赛期时下降到中、小；负荷强度由小逐渐增大，临近比赛期为最大；比赛期负荷强度为最大，保持最佳竞技状态；比赛期结束进入恢复期时，负荷量和强度都减小。进入第二周期时，基本上重复第一周期的训练安排。

思考题

1. 篮球训练的任务是什么？
2. 篮球训练包括哪些内容？
3. 篮球训练计划包括哪些种类？
4. 请围绕某一阶段篮球比赛任务，设计一份篮球大周期训练计划。
5. 请围绕需要解决的篮球问题，设计一份篮球周训练计划。
6. 请围绕篮球某一主题，设计一份篮球课时训练计划。
7. 常用篮球训练方法有哪些？请用循环训练法设计一种篮球训练方案。

即测即评

第八章 篮球竞赛组织与管理

【导读】

篮球竞赛组织和管理是成功举办篮球竞赛的保障,赛前科学规划、赛中有序管理和赛后反思总结对篮球赛事成功举办具有至关重要的作用。通过本章学习,期待读者能够从篮球赛事管理者应具备的忠诚担当、爱岗敬业、尊重他人、团结协作等内在品质视角,深入研究大型篮球赛事组织和管理流程,创新编排篮球竞赛方案和秩序册,胜任青少年篮球竞赛组织与管理工作。

篮球竞赛组织与管理涉及赛事和其策划、组织、执行,以及后续评估等多个环节,需要专业团队精心策划、细致安排和高效执行。在竞赛组织方面,从比赛场地的选址、布置到参赛队伍的邀请、选拔,再到赛程的安排和比赛规则的制定,每一个环节都需要组织者精心组织和科学设计。在管理层面,人员管理。安全保障、后勤保障等工作都不容忽视,精彩的篮球竞赛既需要运动员们的精彩表现,也离不开组织者和管理者的辛勤付出。通过科学的篮球竞赛组织和管理,可以确保比赛的公平、公正和顺利进行,为篮球比赛的胜利举办保驾护航。

第一节 篮球竞赛的意义和种类

一、竞赛的意义

篮球比赛攻守对抗的凶悍性和技艺化引人入胜,优秀篮球队的比赛更为人们所关注,其已成为现代社会文化的一部分。

(一)促进篮球运动的发展

篮球运动是较受欢迎、较易开展的一个体育项目,通过竞赛能够吸引更多的青少年参与,从而在更大范围内推广这项运动;通过竞赛可以检查篮球教学训练的质量与效果,促进运动员技术和战术水平、身体和心理素质等方面的提高;通过竞赛还可以锻炼参加者的品质风格、培养参加者的团队精神、激发参加者的进取愿望。

（二）丰富文化生活的内容

观看篮球竞赛可以丰富人们社会生活中的文化生活内容；而参与竞赛可以起到强身健体的作用；观看激烈对抗的比赛，欣赏比赛中的精湛球艺，也使人们的生活空间和余暇得到扩展及充实；公平激烈的竞赛本身就传播着平等竞争的文明风尚，也鼓舞着人们对真实、自信、进取和创新的向往；竞赛过程的变幻和比赛结果的不可预测还给人们带来极大的悬念与乐趣，引发和满足人们对身体健康和美好生活的追求。

（三）适应社会活动的需要

篮球竞赛作为一种特殊的手段，能够起到提升国家荣誉感、振奋民族精神和创造社会安定环境的作用；也能够起到改善和促进国家关系，以及充当和平友好和慈善使者的作用；还能够起到推动竞技体育体制改革和加快运动项目走向市场的作用。

（四）推动职业篮球产业化

从传统意义上讲，组织篮球竞赛是一种消费。美国职业篮球联盟的经营效果，可以说为组织篮球竞赛从消费向生产转化树立了典范。在高水平的篮球队伍中，组织经营性的篮球竞赛作为体育产业的一种形式，可成为社会经济生活的一部分。

（五）带动相关行业的发展

职业性的篮球竞赛作为一种经济行为，不仅为自身的生存发展创造了良好的物质条件，也为其他行业提供了机会。高水平、较大规模的篮球竞赛必然会促使举办地的基础设施得以改善，促进相关产业的发展，如组织高水平的篮球竞赛可以带动传媒业、旅游业、商业、餐饮业、保险业和公用事业等许多行业的发展。

二、竞赛的种类

组织篮球竞赛，根据竞赛的性质和目的，大体上可以分为非职业性比赛和职业性比赛两大类。

（一）非职业性比赛

1. 综合性运动会中的篮球比赛

篮球作为综合性运动会中的一个项目，会与其他项目在同一时期内进行比赛。这种比赛有国际性运动会中的篮球比赛，如奥林匹克运动会、世界大学生运动会、世界中学生运动会、洲际和地区运动会中的篮球比赛等；也有全国性运动会中的篮球比赛，如全运会中的篮球比赛等；还有各个省份、地市及企事业、学校等基层单位运动会中的篮球比赛。

2. 单一篮球项目比赛

单一篮球项目比赛主要反映参赛国家或单位的篮球运动水平。有国际性的比赛，如国际篮联篮球世界杯；也有全国性的比赛，如中国大学生篮球联赛、全国青年联赛及各行业系统内部的比赛；还有省份、地市及基层单位的篮球比赛。

3. 国内外交往性比赛

这类比赛主要为了加强交流、增进友谊、发展相互关系。有国际性的比赛，如国家之间双边的访问比赛，几个国家之间多边的邀请赛；也有国内省份、地市之间的协作性比赛；还有基层单位之间的友谊赛和表演赛等。

除了上述比赛外，还有少年儿童的小篮球比赛、三对三篮球比赛、扣篮和投篮比赛，以及专门的残疾人轮椅篮球、聋人篮球比赛。这类非职业的比赛普及面比较广，参加比赛的运动员层次各不相同，技术水平也有较大的差异，有利于吸引更多的人参加篮球运动。

（二）职业性比赛

职业性比赛主要是靠比赛的票房收入和其他收入来维持球队生计与创造利润。最有代表性的是美国男子职业篮球联赛；还有一些国家举办的职业联盟比赛，如意大利、希腊、菲律宾、韩国的职业篮球联赛，以及一些国际性的俱乐部比赛等。中国男子职业篮球联赛和中国女子职业篮球联赛也是具有职业性质的比赛，主要是为了通过改革推动我国篮球运动跟上世界篮球运动的发展趋势，从管理体制、竞赛制度和方法等方面与国际接轨，从而提高整体水平。职业性比赛涉及的范围较窄，但参加比赛的运动员技术水平比较高，带有明显的商业性，对篮球运动的产业化进程具有促进作用。

第二节　篮球竞赛的组织管理

一、组织竞赛的要求

组织篮球竞赛应该遵循竞赛的客观规律，提供竞赛的良好环境，保证竞赛的整体质量，创造竞赛的综合效益。

（一）遵循竞赛的客观规律

竞赛日期一般情况下都是根据上一级体育组织制订的竞赛计划来安排的，与上一层次的竞赛时间错开。组织高级别的竞赛要考虑季节、气候、持续时间等因素，还要考虑竞赛规模、方式、方法和相关的其他活动。要通过组织竞赛来提高训练水平，以赛代练、赛练结合，促进对后备人才的培养，使其快速成长。

（二）提供竞赛的良好环境

具备竞赛所需要的场馆（地）设施器材是最基本的条件。举办大型、国际性竞赛，场馆设施、器材设备必须符合相应的标准，举办地还应提供良好的食宿，便利的交通、通信和可靠的治安环境。

（三）保证竞赛的整体质量

要完成竞赛的任务、达到竞赛的目的，除了具备必要的"硬件"之外，还必须有相应的"软件"保障。要有一支有素养、有效率的工作队伍，使竞赛工作能够有条不紊地进行；也要有一套严密可行的规章制度，使竞赛能够在公平、公正和公开的氛围中运行。

（四）创造竞赛的综合效益

要以组织篮球竞赛来推动和引导这项运动更广泛地开展，丰富人民群众的业余文化生活，宣传积极向上、拼搏进取的精神，取得精神文明建设的成效；也要以组织篮球竞赛来拓展社会办竞赛的渠道，减少政府投入，开发商机和走市场化的道路，取得物质文明建设的成效。

二、竞赛过程的管理

竞赛过程的管理是有目的地组织、指挥、控制和调节竞赛工作的过程，可以分为赛前管理、赛间管理和赛后管理三个阶段（图8-2-1）。

图 8-2-1　竞赛过程的管理

（一）赛前管理

赛前管理是制订组织竞赛计划、实施计划和为比赛做准备的过程。这个过程是从成立竞赛筹备组织起至比赛开幕止，包括建立竞赛组织机构、确定组织方案、制订竞赛指南和拟订具体工作计划等。

1. 建立竞赛组织机构

首先要成立竞赛领导小组，即筹备委员会，也就是竞赛开幕后的组委会，它对竞赛的全过程起组织领导作用。然后在其下设立具体的工作机构，这些工作机构负责整个竞赛过程中的各项具体事务，协助领导小组完成竞赛任务。凡是与竞赛有关的事务，都要有相应的部门或人员负责管理。通常情况下，设秘书处、竞赛操作部门、技术代表、仲裁、场地和总务部门等。另外，根据竞赛层次和规模的不同，还可以增设一些专门负责开发、推广、接待、外事、财务、广播电视、电子技术、邮电通信、新闻中心、兴奋剂检测、大型活动等部门，以及负责各部门之间工作协调的办公室。竞赛组织机构如图8-2-2所示。

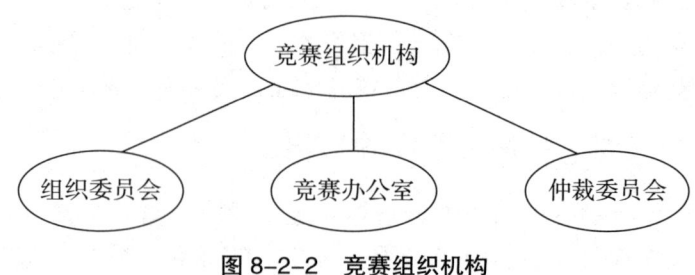

图 8-2-2　竞赛组织机构

（1）组织委员会。

组织篮球竞赛，不论参赛队伍多少、水平高低及时间长短，都需要有多个工作部门的参与配合。篮球竞赛组织具有突发性特点，特别是业余比赛，更需要发挥现有机构人员的职能作用。因此，竞赛的组织领导形式通常为委员制，组织委员会（以下简称"组委会"）是篮球竞赛的最高领导机构。通常，组委会的前身是赛前的竞赛筹备委员会（或竞赛筹备领导小组）。组委会由主任、副主任和若干委员组成，主任通常由主办（或承办）比赛单位的主要领导或负责体育工作的领导担任；副主任一般由上级单位派遣的代表、主办（或承办）单位的部门领导和竞赛办公室主任担任；委员由与竞赛有关单位的负责人、裁判长、仲裁委员会主任，以及参赛的各队领队担任。组委会的主要职能和职权是对竞赛进行决策、组织和控制。由于篮球竞赛涉及人、财、物和信息等方面，所以组委会在实施领导中应以调动人的积极性、做好人的工作为根本，注意掌握运动竞赛复杂、竞争及多变的特点，善于在动态中做好组织和管理工作。组委会的主要职责如下。

A. 听取、讨论并通过竞赛计划及各部门工作实施方案。
B. 审议并批准竞赛经费的预算和决算方案。
C. 讨论并处理竞赛过程中发生的重大问题。
D. 审议并通过竞赛工作中的奖惩提案。
E. 听取、讨论并通过竞赛总结工作报告。

（2）竞赛办公室。

为搞好竞赛赛区各项工作，要在组委会的领导下，设立竞赛办公室。人员组成和配备可根据竞赛规模来决定，通常应设秘书、竞赛、后勤等处（或组）。

竞赛办公室是组委会下设的办事机构，主要任务是制订计划、组织力量、指挥行动、跟踪变化、调节关系、控制系统、总结经验。

A. 秘书处（组）主要职责。
- 制订工作计划和检查执行情况。
- 筹办会议和起草文件通知。
- 负责宣传教育，以及会场、场馆、住地的环境布置。
- 印制秩序册和制作证件。
- 制订开、闭幕式方案并组织实施。
- 制作奖品并参与组织发奖仪式。
- 编写简报和组织新闻报道。
- 印制请柬和安排票务工作。
- 组织参观、游览及文娱活动。
- 负责迎来送往等公共关系工作。

B. 竞赛处（组）主要职责。
- 制订竞赛计划和竞赛规程。
- 办理运动员报名和资格审查。
- 组织竞赛抽签和竞赛编排。
- 印制有关竞赛文件和各种竞赛表格。
- 选调裁判员和组织裁判员赛前集训。
- 按规程和规则要求检查、落实场地和器材。
- 协同有关部门组织对使用违禁药物的检查。

- 监督比赛进行和处理竞赛中出现的赛风、赛纪等问题。
- 记录和公布比赛成绩，发布新闻消息和编印成绩册。
- 组织"精神文明奖"（或"体育道德风尚奖"）评选活动。

C. 后勤处（组）主要职责。
- 起草竞赛经费的预算和决算。
- 安排赛区住宿、伙食、交通、洗澡、通讯及医疗等工作。
- 负责维修场地、设备和购置比赛器材。
- 负责赛场和驻地的安全、卫生工作。
- 负责接送和票务工作。

（3）仲裁委员会。

在举办国家规定的正式比赛或由国家承办的正式国际比赛中，应成立仲裁委员会。仲裁委员会是篮球竞赛的仲裁机构，在组织委员会领导下进行工作。其任务是复审比赛期间执行竞赛规则、竞赛规程中发生的纠纷，保证竞赛规则、竞赛规程的正确执行。仲裁委员会不受理按规则、规程规定在执行裁判、裁判长职权范围内处理的有关事宜。与竞赛无直接关系的违反纪律、寻衅闹事、打架斗殴等行为，由组委会会同有关方面进行处理。按规定，仲裁委员会应由组委会成员、竞赛部门负责人、全国或省级篮球协会成员及篮球协会裁判委员会委员组成，一般为5～7人。仲裁委员会的人选由大会组委会确定并公布。

篮球竞赛的抗议程序应按篮球规则规定执行。如果提出质疑的球队或俱乐部所属的国家联合会，或对方队或俱乐部所属的国家联合会不同意技术委员会（或裁判组）的决定，可以向仲裁委员会提出申诉。此申诉应在比赛结束后12小时以内正式提出。

仲裁委员会根据申诉，以及当场执行裁判、裁判组的书面报告，进行必要的调查研究，召开仲裁委员会会议进行评论。仲裁委员会出席会议人数必须超过半数，作出的决定方为有效。仲裁委员会对申诉所作的决定为最终裁判，并立即生效。所作的决定应报组委会备案。

2. 确定组织方案

竞赛领导小组要对竞赛的任务、规模、水平、承办单位的"硬件"和"软件"质量、组织竞赛经费等情况有全面的了解。在这个基础上，本着实事求是、精简高效和勤俭节约的原则，对竞赛期间各项活动内容做出计划和安排，对竞赛的各项收支规定标准做出预算。

3. 制订竞赛计划和规程

（1）竞赛计划。

计划是行动的预想和方案，没有计划的行动是盲目的、混乱的和低效率的。这里讲的竞赛计划，是对要举行的竞赛进行规划和设计，是竞赛前预先拟定的具体工作内容和步骤。竞赛计划的作用不仅在于它规定着竞赛的日期和活动内容，而且规定着举行篮球竞赛的目的和方针，可使有关单位先期拟订参加此项竞赛的计划和制定训练纲要。

制订竞赛计划，应包括下列内容。

A. 竞赛名称。

B. 竞赛时间和地点。

C. 竞赛的目的和方针。

D. 组织机构方案（部门设立、人员配置及开始工作的时间）。

E. 参赛单位（包括领队、教练员、运动员、裁判员、工作人员的总人数估计及财务预算方案）。

F. 录取名次和奖励（含奖品设计、制作及发奖办法）。

G. 裁判工作。组织裁判员赛前学习教育，深入领会规则精神，提高认识、端正态度、统一尺度、加强配合；做好裁判员的培训、考核、选派和评估，保证裁判员以良好的精神和身体状态投入工作。记录台的工作人员也要熟悉各种器材设备的操作使用，做到及时准确地反映比赛进行情况。

H. 场地、器材准备。检查落实比赛场地、器材设备情况，做到标准、可靠、安全、使用正常，能够符合比赛要求，保证比赛顺利进行。

I. 后勤保障工作。做好食宿安排、物资供应、交通调度、安全保卫、医务保障、门票订购等后勤服务工作，掌握收支、控制标准、执行预算，做好财务管理工作。

J. 开、闭幕式方案（含秘书部门工作计划及进度表）。

（2）竞赛规程。

竞赛规程是篮球竞赛的基本文件，规定着每个队参加竞赛的条件及程序，以及竞赛的规则及办法，是组织比赛、参加比赛和裁判员进行工作的具体根据。

竞赛规程一般由举办竞赛的单位制定，如果竞赛是承办的，常由主办单位制定并公布。竞赛规程是竞赛的法则，编制时要注意文字简练、规定明确、结合实际。竞赛规程必须尽早制定并及时分发给各参加比赛单位，以便各单位尽早地组织力量和投入训练。通常，竞赛规程应在竞赛开始前一年发出，最迟也得在竞赛开始前3个月公布。

制定竞赛规程，应包括下列内容。

A. 竞赛日期和地点。

B. 参赛单位。

C. 报名办法。

D. 竞赛办法。

E. 竞赛规则。

F. 录取名次与奖励。

G. 比赛服装。

H. 训练。

I. 报名与报到。

J. 裁判员、技术代表与仲裁委员会。

如果举办国际锦标赛或邀请赛，还应向参赛单位提供英文版竞赛规程。

（3）竞赛的报名注册与资格审查。

球队的报名注册与资格审查是组织竞赛的重要事项。由于它关系到竞赛的编排、场地的准备和住宿的安排，主办单位需要及早确定参赛的队数和人数。为了慎重地做好这项工作，通常采用两次报名的办法，即第一次报名，在规定的时间内报告队名及人数；第二次报名，在规定时间内，以书面形式将详细的报名单送交主办单位。为此，在竞赛规程中要明确每队组成的人数，如规定领队1名、教练员2名、队员12名、医生1名（国际比赛还需翻译员1名、国际裁判员1名）等。为了严格报名手续，也为了日后编排方便，应印制统一的报名表，最好与竞赛规程一起发至受邀单位。报名表应包括参赛队队名、队员的姓名、号码、出生年月、职业、民族、身高、体重、服装颜色等。竞赛规程中还需明确，运动员必须经医生检查，证明身体健康者方能报名参加比赛。因此，正式报名表应加盖医务部门的印章。为确保报名表准确无误，还应加盖参赛队单位的公章。

为了避免在比赛过程中对运动员资格产生争议，竞赛规程中要对参赛资格作出明确的规定。如规定运动员必须是某年某月某日或以后出生（针对青年队比赛而言）；运动员必须是现役军人（针对军队比赛而言）；允许各参赛运动队按相关规定引进2名外籍运动员。对外籍运动员的使用应符合规程规定。外籍运动员的引进和管理必须遵守中国法律、法规，以及国际篮联、亚洲篮联及中国篮协有关规定（针对俱乐部而言）等。为做好资格审查工作，在重大比赛的赛前，各参赛队须出示年龄公证书或现役军人证件等，由组委会及技术委员会的负责人进行审查。如发现有不符合参赛资格规定的问题，应取消该运动员的参赛资格。

篮球竞赛的报名注册和资格审查是参赛单位取得合法参赛资格的重要事项，也是主办单位组织竞赛活动的重要工作内容，参赛队和主办单位均应严格按照竞赛规程的规定认真而审慎地办理。

（二）赛间管理

赛间管理是竞赛组织管理的中心工作，从比赛开幕到闭幕，所有工作都要在组委会的领导下进行，为使比赛顺利正常进行而努力。在此期间的工作可分为比赛活动的管理和非比赛活动的管理。

1. 比赛活动的管理

比赛期间要根据比赛的日程，安排好裁判员、记录台工作人员、技术统计人员和场地工作人员，使每一场比赛都能够按时进行，不因工作人员的疏忽或器材设备的故障而使比赛信息不能正确及时反映和使比赛延误、停顿、脱节。要按照篮球竞赛的法规、规则来管理比赛，建立良好的比赛秩序，使参赛的运动队能够在平等的条件下竞争。比赛活动的管理关键在于裁判工作。裁判员的公平、公正和敬业态度体现了比赛的严肃性，鸣哨的准确程度体现了判罚的权威性，执法的松紧程度影响着比赛的对抗性，判罚时的待人态度影响着运动员的情绪状态。因此，加强对裁判队伍的领导，除了赛前的学习教育之外，赛间的及时检查、小结与监控也是保证比赛顺利进行的重要措施。另外，对赛场中可能出现的假球、"黑哨"及影响比赛正常进行和有损文明的行为等突发事件也要充分估计，竞赛、仲裁，甚至保安部门都要有相应的准备。

2. 非比赛活动的管理

在竞赛期间，有许多涉及各个工作部门的非比赛活动需要进行组织管理，这些工作对整个竞赛有很大的影响。

（1）对开幕式、闭幕式的管理。

不管是较隆重的还是较简单的开幕式和闭幕式，都应给予足够的重视。主题要明确、安排要紧凑、场面要热烈，以扩大篮球运动的影响力，提高篮球运动的社会地位，增强篮球运动员的责任感。

（2）对赛事服务工作的管理。

组织好每次比赛后的新闻发布会，尽快公布和传递当日比赛的技术统计信息。安排好每场比赛的赛间表演。抓紧对比赛场地器材设备的检查、保养和维修。经常对食堂进行食品卫生检查，预防肠道传染疾病的发生。对驻地进行相应的封闭管理，避免闲杂人员的干扰，保证参赛人员的休息和安全。为参赛人员提供某些特殊的服务项目。

（3）对赛场观众的管理。

做好文明观赛的宣传工作，引导观众讲礼貌、守纪律，为比赛双方鼓劲加油。组织好对观众出入口的疏导，对观众中可能出现的过激行为要有应急措施。

另外，由于竞赛期间各种情况复杂多变，还需要对各个工作部门的相互关系进行协调管理，以利于整个竞赛活动更好地运转。

（三）赛后管理

赛后管理工作包括以下六个方面。
（1）编制和印发总的比赛成绩表，评选最佳球员、球队、赛区（场）。
（2）对比赛技术资料的处理归档。
（3）对比赛器材设备的整理。
（4）办理参赛队伍的离会手续。
（5）对竞赛的收支进行财务决算。
（6）进行工作总结。

第三节　篮球竞赛的方式和方法

一、篮球竞赛的方式

篮球竞赛的方式是根据篮球项目的特点和要求，规范篮球竞赛性质、等级、周期，有系统、有计划、有目的地组织推动竞赛社会化、多样化的体系。目前，广泛实施的篮球竞赛有赛会式和赛季式两种。

（一）赛会式

赛会式是把参加比赛的球队集中在一个地方，用几天或十几天的时间连续进行比赛的一种竞赛方式。

1. 赛会式的特点

赛会式的运用范围比较广，综合性运动会中的篮球比赛、国际性的篮球锦标赛采用的都是赛会式。国内大多数篮球单项比赛采用的也是赛会式。赛会式的比赛队伍集中，能为运动员创造观摩、学习、交流的好机会。赛会式的比赛地点固定，可以避免参赛队的奔波疲劳。但赛会式的比赛方法具有一定的局限性，参赛队实际水平的发挥受到一些偶然性因素影响，可是这种偶然性因素也给参赛队提供了一定的有利机会。赛会式的比赛赛期短，比赛的场次不是很多，因而运动员锻炼的机会就要少些。赛会式的比赛场次连续，比赛强度大，调整、恢复时间短，容易产生疲劳。赛会式的比赛为承办方提供了持续的社会公众观注热点，从而能带来相应的社会效益和经济效益。

2. 赛会式对组织管理的要求

（1）针对赛会式比赛规模较大、管理工作责任重而复杂的情况，要仔细制订好全面的组织方案，规划好各部门的工作范围，明确各部门的工作职责，协调好各部门的工作关系。

（2）赛会式的比赛赛期短、赛程紧凑，赛间可能出现的问题比较集中，因此，各方面工作要具体、细致，要有很强的时间观念，始终处于紧张运转状态，保证比赛的顺利进行。

（3）赛会式的比赛参赛队和人员多，后勤工作部门要以全天候的方式保障参赛运动员有良好的休息和营养条件，以充沛的精力投入比赛。

（4）赛会式的比赛需要承办方具备一定的基础设施条件，特别是承办大规模、高水平、国际性的篮球比赛，要事先进行大量的基础建设投入，以适应赛会式比赛的要求。

（5）承办赛会式比赛要有市场经济意识，要以经营的观念来做好组织管理工作，既要讲社会效益，又要讲经济效益。

（二）赛季式

赛季式是一种竞赛时间较长、参赛队不集中、分别在参赛队各自的赛场进行比赛的赛式。这种竞赛方式在比赛与比赛之间常伴有若干个休整日。

1. 赛季式的特点

赛季式最明显的一个特点就是采用主客场的形式进行比赛。这种主客场的形式使参赛队都能够有机会凭借主场的天时、地利、人和，充分发挥球队的竞技水平。赛季式的竞赛赛期长，一般为半年左右，而且通常是跨年度的，可以根据比赛性质、时间、水平安排比较多的比赛场次，为运动员的成长、锻炼和发展提供更多的机会；还能使参赛队避免一些偶然性因素的影响，较客观地体现出其实际水平。但由于主客场的比赛赛期长，赛间有短暂休整，对运动员持续性体能要求较高，对运动队训练安排的要求也较高；另外，球队经常往返于赛地，需要有雄厚的经济实力作为基础。所以，赛季式比赛一般只是在一个国家最高水平的比赛中运用。NBA 从 1946 年起就用这种跨年度的赛季式，我国目前举办的 CBA 和 WCBA 也实行赛季式。

2. 赛季式对组织管理的要求

（1）赛季式比赛赛场分散，各赛地比赛的持续时间长、次数相对较少，但工作任务延续时间跨度大，因此组织机构更应当精干，要保持很强的机动性，随时能进入程序化运作状态。

（2）在比赛的管理上，既要利用主场天时、地利、人和的有利条件，又要营造公平竞争的良好环境氛围。要加强对主场工作人员和运动员的职业道德教育与对观众的宣传教育，提高观赏比赛的文明水平。

（3）主客场比赛的形式是一种市场经营，比赛应该属于经营者的一项业务，比赛的组织管理更应当成为经营者的一项工作，从而促使篮球竞赛真正走进市场。

二、篮球竞赛的编排方法

竞赛最基本的要求是使参加比赛的球队能够在比较公平、合理的条件下竞争，因此，采用适当的竞赛方法是创造这种良好条件的前提，也是客观反映参赛队竞技水平的重要保证，而且对竞赛的组织管理也有很大的影响。篮球竞赛通常采用循环法和淘汰法两种编排方法。

（一）循环法

循环法是使参加比赛的球队，在整个竞赛中或在同一组的竞赛中，都能够相遇进行比赛，最后根据各队在比赛中的胜负场数，按一定的计分办法排列名次的一种方法。所有参赛队都能相遇比赛一场的为单循环，所有参赛队都能相遇比赛两场的为双循环，所有参赛队都能相遇比赛两场以上的为多循环。在参赛队数较多而竞赛时间有限的情况下，往往把参赛队分为若干小组，分组进行单循环，这就是从单循环衍生出来的分组循环。

1. 循环法的编排

单循环比赛的总场数为 $N(N-1)/2$（N 为参赛队数）。

单循环比赛的总轮数：若参赛队数为奇数，则比赛轮数等于队数；若参赛队数为偶数，则比赛轮数为参赛队数 -1。

双循环比赛的总场数和总轮数与单循环相比增加一倍。

传统的编排方法是无论参加比赛的队数是单数还是双数，都按双数编排，只不过如果参赛队数是单数，则在队数后面加一个"0"号，使总数成双。将成双的号数一分为二，前一半号数自上而下写于左边，后一半号数自下而上写于右边，两两相连就是第一轮比赛的编排，凡与"0"号相遇的队就是轮空队。第一轮排定后，后面几轮的编排是前一轮的"1"号位置固定不动，其他号码逆时针方向轮转一个位置，再两两相连，就组成整个比赛的轮次表。表8-3-1是6支队循环比赛的轮次表，表8-3-2是7支队循环比赛的轮次表。将整个比赛的轮次重复一次，便是双循环的轮次表。

表 8-3-1　6支队循环比赛轮次表

第一轮	第二轮	第三轮	第四轮	第五轮
1—6	1—5	1—4	1—3	1—2
2—5	6—4	5—3	4—2	3—6
3—4	2—3	6—2	5—6	4—5

表 8-3-2　7 支队循环比赛轮次表

第一轮	第二轮	第三轮	第四轮	第五轮	第六轮	第七轮
1—0	1—7	1—6	1—5	1—4	1—3	1—2
2—7	0—6	7—5	6—4	5—3	4—2	3—0
3—6	2—5	0—4	7—3	6—2	5—0	4—7
4—5	3—4	2—3	0—2	7—0	6—7	5—6

在这种编排中，如果比赛队数是单数，要注意到一个问题，即抽到 $N-1$ 号的队，从第四轮起都将和前一轮轮空的队比赛。而且，N 数越大，抽到 $N-1$ 号的队"背靠背"的比例也越大。显然，这对 $N-1$ 号的队是很不合理的。如表 8-3-2 中的"6"号就是这种情况。有人通过研究，采用了一种新方法，以减少单数队循环中的不合理问题，即将原来第一轮次中的"0"号移到右边最下的位置，其他几个号码分别上移一个位置。然后，以"0"号位置固定不动，其他号码每一轮都逆时针方向轮转一个位置，两两相连，组成一种单数队循环比赛新的轮次表，有效避免了劳逸不均的情况（表 8-3-3）。

表 8-3-3　固定"0"号位置的轮次表

第一轮	第二轮	第三轮	第四轮	第五轮	第六轮	第七轮
1—7	7—6	6—5	5—4	4—3	3—2	2—1
2—6	1—5	7—4	6—3	5—2	4—1	3—7
3—5	2—4	1—3	7—2	6—1	5—7	4—6
4—0	3—0	2—0	1—0	7—0	6—0	5—0

2．循环法的号码位置排定

比赛轮次排定后，各队进行抽签，抽签后按号码代入轮次表中，再把各轮次的比赛编成日程表。

在进行分组循环比赛时，首先要确定分组的办法。通常采用的分组办法有三种：第一种是按上一届竞赛中的名次进行分组，即蛇形排列的方法，如有 20 支队参加比赛分 4 组时，排法如表 8-3-4 所示。第二种是先协商确定种子队（种子队数应等于组数或为组数的倍数），然后由种子队抽签定组别，再由其他队分别抽组别签和组号签。第三种是全部参赛队一起抽签确定组别和号码位置，然后将各队按号码分别代入相应的各组比赛轮次表。

表 8-3-4　蛇形排列分组

第一组	1	8	9	16	17
第二组	2	7	10	15	18
第三组	3	6	11	14	19
第四组	4	5	12	13	20

3. 循环法的名次排定

采用循环法的竞赛，不是以一场比赛的胜负确定名次，而是以循环中各队的全部比赛胜负来计算。一场比赛的胜负以积分的形式来表示，胜一场得2分，负一场得1分，弃权为0分（表8-3-5）。

表8-3-5　第十四届全运会篮球附加赛女子U19组（四川温江赛区）成绩表

队名＼成绩＼队名	上海	天津	福建	内蒙古	北京	湖北	积分	相互间 积分	相互间 净胜分	相互间 总得分	总净胜分	总得分	名次
上海		63∶95 1	49∶74 1	86∶61 2	69∶70 1	61∶83 1	6						5
天津	95∶63 2		93∶79 2	125∶60 2	96∶69 2	105∶60 2	10						1
福建	74∶49 2	79∶93 1		109∶59 2	85∶90 1	92∶64 2	8						3
内蒙古	61∶86 1	60∶125 1	59∶109 1		63∶70 1	60∶103 1	5						6
北京	70∶69 2	69∶96 1	90∶85 2	70∶63 2		63∶60 2	9						2
湖北	83∶61 2	60∶105 1	64∶92 1	103∶60 2	60∶63 1		7						4

名次排列的原则：①按积分多少排列。②在积分相等的情况下可按以下原则排列。第一，按相互间比赛的净胜分排列；第二，按相互间比赛的总得分排列；第三，按循环组内所有比赛的总净胜分排列；第四，按循环组内所有比赛的总得分排列。

如果在小组赛结束后采用这些原则仍无法决定，就由竞赛部门组织抽签来进行最终名次排列。

在双循环比赛排列名次时，还应根据以上某一原则作出具体的范围界定。

但不论采用哪种办法，都应该体现公平、合理、严密，并且要事先确定、写入规程，使所有参赛队心中有数。

（二）淘汰法

淘汰法是在比赛中以胜进负退来确定比赛名次的一种方法，即获胜队可以获得继续参加高一层次比赛的资格，失败队失去继续参加高一层次比赛资格的方法。失败一次便失去继续参加比赛资格的为单淘汰，失败两次便失去继续参加比赛资格的为双淘汰，与同一对手比赛时以三战两胜、五战三胜或七战四胜的形式进行淘汰的为多场淘汰。

这种竞赛方法适用于比赛队数多、比赛期限短、对名次要求不严格的竞赛。这种竞赛方法虽然体现了"优胜劣汰"的原则，但就整体比赛而言，它出现胜负的偶然性较大、合理性较差，而且球队参加比赛的机会少，因此，重大篮球竞赛已较少单独使用此方法。

1.单淘汰的编排法

先根据报名参加的队数,对照 $2^n \geq N$ 的关系式,确定比赛的场数、轮数和号码位置数(N 为参赛队数,n 为大于 1 的正整数)。

比赛场数 $=N-1$,比赛轮数 $=n$,号码位置数 $=2^n$。

然后由参赛队抽签,确定参赛队在比赛中的号码位置,再按顺序将号码两两相连,列出单淘汰的轮次表。

例如,8 个队参加比赛($2^3=8$),共要打 7 场比赛,分 3 轮进行(图 8-3-1)。

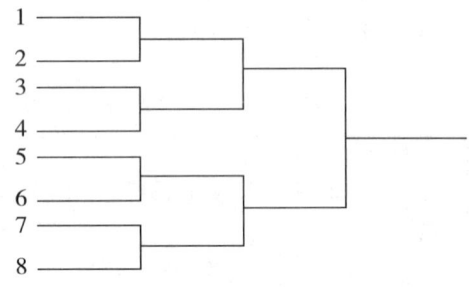

图 8-3-1　单淘汰的编排

如果参加比赛的队数少于 2^n,则将 2^n 作为号码位置数,但要在第一轮比赛中设队数为 2^n-N。然后按照轮空位置表(表 8-3-6)定出空号码位置,再由参赛队抽签确定各队的号码位置。

表 8-3-6　轮空位置表

位置号							
2	31	18	15	10	23	26	7
6	27	22	11	14	19	30	3

例如,13 个队参加比赛($2^4 > 13$),共要打 12 场比赛,分 4 轮进行,第一轮应有 3 个队轮空。3 个空号码位置从表 8-3-6 中,逐行从左至右找出 3 个小于 $2^4=16$ 的数,即 2、15、10 就是空号码位置。抽签后确定号码位置的参赛队,与 2、15、10 号相遇者便为轮空队(图 8-3-2)。

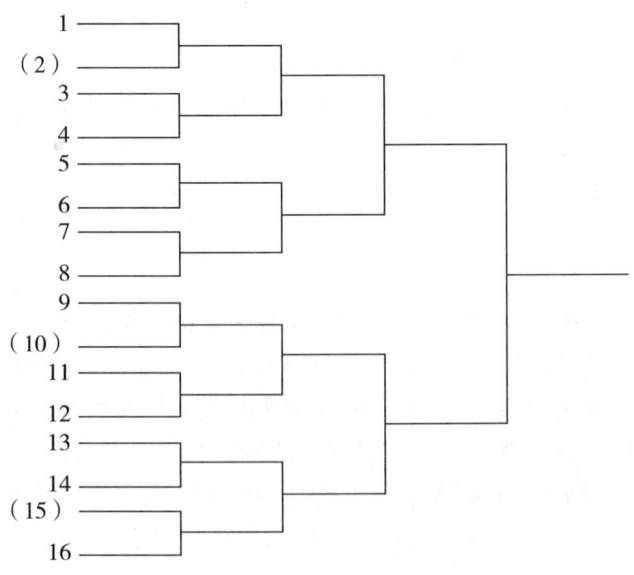

图 8-3-2　有轮空队伍的单淘汰编排

单淘汰的办法只能确定冠、亚军，如还需要确定其他队的名次时，往往采用附加赛的办法来弥补单淘汰赛的不足。附加赛的办法是从第二轮起，在同一轮次中，胜队与胜队、负队与负队再进行比赛，直到排出竞赛所需要的名次顺序。例如，如果在 8 个队参加的淘汰赛中需要排出各队的名次，那么，在第一轮比赛后，按照图 8-3-3 的方法进行附加赛，就可以将名次排列出来。

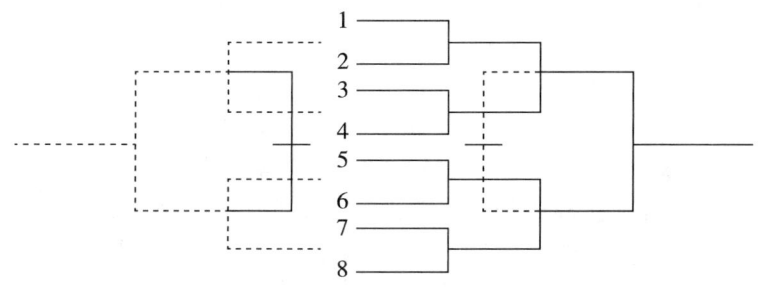

图 8-3-3　决出所有队伍名次的单淘汰编排

2.双淘汰的编排法

双淘汰的办法是为了使在第一轮中失败的队能够有机会继续参加比赛，甚至参加最后争夺第一名的比赛，以减少单淘汰中产生偶然性的结果。双淘汰的编排，第一轮与单淘汰的编排相同，在第二轮时，把失败的队再编起来比赛，只有第二次失败的队才被淘汰。因此，即使在第一轮比赛中失败的队，只要在后续的比赛中能够保持不败，就有可能去争夺冠军。不过，在决赛中，如果获胜的话，还必须再赛一场才能最终分出伯仲（图 8-3-4）。

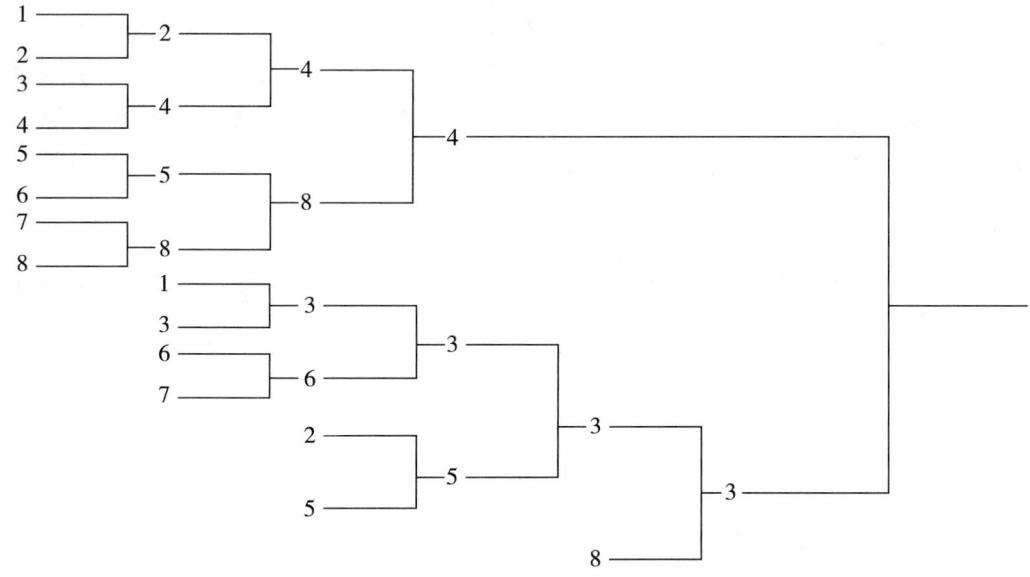

图 8-3-4　双淘汰的编排

3. 多场淘汰的编排法

多场淘汰通常是在比赛水平比较高、双方实力相当或者是在竞赛的后阶段比赛中采用的办法。它的编排同单淘汰是相同的，只是多场淘汰克服了单淘汰中两队之间交锋一场论胜负的偶然性缺陷，而且采用两队之间三战两胜、五战三胜，甚至七战四胜的结果来论胜负，能更加客观实际地反映参赛队的整体综合实力。

4. 淘汰法的号码位置排定

采用淘汰法的比赛，号码位置的排定是很有讲究的，较多采用的有以下三种。

（1）完全随意的抽签。这是让参赛队一起抽签确定号码位置的形式。虽然对每个队来说有着相等的机遇，但同时也伴随有可能使强队之间相遇而过早被淘汰的不合理性。

（2）设种子队。种子队的设定应该是有根据的，方法是为各队所公认的。种子队的号码位置可以用两种形式来排定：一种是按种子队原来的名次依次排定在种子位置号码上（种子位置号码是有规律地分布在比赛秩序表中各个不同"区"的顶部和底部）；另一种是让种子队抽签，确定在哪个种子位置号码上。在种子队排好后，再让其他非种子队抽签。

（3）按照比赛成绩。根据上一次竞赛或本次竞赛前一阶段的名次，以"跟种子"的原理排定位置。图8-3-5是4支队和8支队按名次排定的比赛秩序表。在我国CBA联赛中，还采用了5、6、7、8固定，1、2、3、4可以按名次顺序自行选择位置的办法。

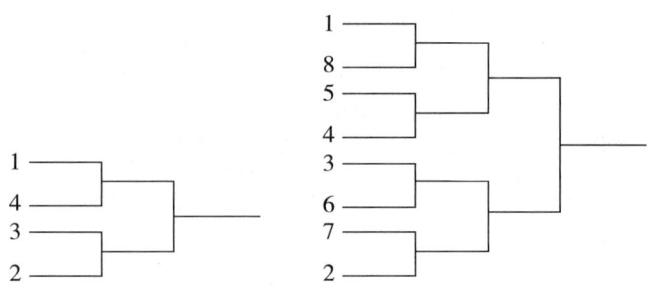

图8-3-5　按队伍比赛名次设计的单淘汰编排

（三）混合法

同时采用两种方法进行的比赛称为混合法。在篮球比赛中，常把比赛分为两个阶段，前一阶段采用分组循环法，后一阶段采用淘汰法，或者相反。在决赛阶段采用淘汰法时，大多数采用交叉赛或同名次赛来决定名次。

1. 交叉赛

第一阶段分两组循环赛后，排出小组名次进行交叉赛，即A组的第一名（A1）对B组的第二名（B2），B组的第一名（B1）对A组的第二名（A2），两场比赛的胜队决第一、二名，负队决第三、四名。以此类推决出其余名次，如图8-3-6所示。

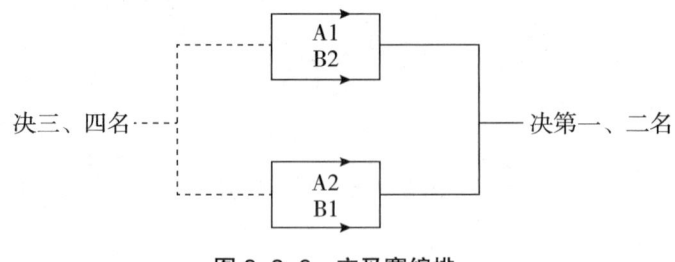

图8-3-6　交叉赛编排

2. 同名次赛

把第一阶段各组决出的同名次的队编在一起，胜者名次列前。如果第一阶段分 4 个组循环，则先由 4 个组的第一名（A1、B1、C1、D1）决第一至第四名，此次类推（图 8-3-7）。

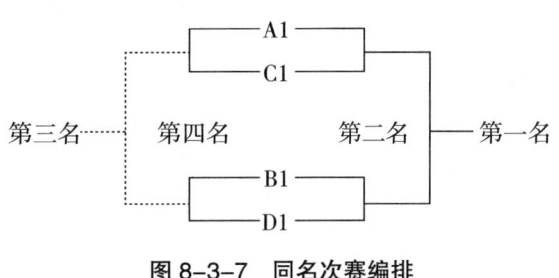

图 8-3-7　同名次赛编排

思考题

1. 请根据沈阳体育学院篮球队伍报名情况，制定一份篮球竞赛规程。
2. 篮球竞赛的编排方法有哪几种？采用不同编排方法比赛的场数和轮次如何计算？
3. 简述单淘汰编排方法。
4. 简述单循环编排方法。
5. 根据表 8-3-7 各队比赛成绩计算并确定比赛名次。

表 8-3-7　某学校篮球比赛成绩表

队名	高一	高二	高三	初中联队	积分	相互间			总净胜分	总得分	名次
						积分	净胜分	总得分			
高一		56∶64 / 2	61∶64 / 1	78∶64 / 2							
高二	64∶56 / 2		58∶68 / 1	72∶73 / 1							
高三	64∶61 / 2	68∶58 / 2		63∶62 / 2							
初中联队	64∶78 / 1	73∶72 / 2	62∶63 / 1								

6. 计算和设计 7 个队进行单循环比赛的总场数、轮次及编排轮次表。
7. 某单位 11 个队参加比赛，要求 7 天决出前八名，每队比赛至少 4 场，应如何进行编排？
8. 如果由你组织一次学校内的篮球联赛，你会考虑设立哪些工作机构？你认为这些工作机构应负责哪些主要工作？
9. NBA 和 CBA 在赛制上有什么区别？

即测即评

第九章 篮球游戏创编与实施

CHAPTER 09

【导读】

篮球比赛自发明之初就是一种游戏，规则、场地、人员、时间、球篮等要素的变化均会产生不同的游戏形式。通过本章学习，期待读者能够把篮球特有的团结协作、顽强拼搏、无私奉献、公平公正、遵守规则等思政元素融入篮球游戏中，结合篮球游戏创编的原则、方法和步骤，从游戏育人视角根据不同的篮球游戏案例创编学生喜爱的游戏。

篮球游戏创编与实施是一项富有创意与趣味性的工作，它巧妙地将篮球运动的精髓与游戏的趣味性相结合，通过精心设计游戏环节和规则，让参与者在轻松愉快的氛围中体验篮球魅力、提升技能水平、增进团队协作。篮球游戏创编要充分考虑到参与者的年龄、技能水平，以及兴趣爱好，力求游戏既具有挑战性又富有乐趣，既有实用性又有教育性，让参与者在玩乐中掌握篮球技巧，培养其合作精神和竞技意识。篮球游戏实施时，既要明晰游戏说明和安全指导，又要注重游戏的组织和协调，确保游戏的顺利进行。

第一节 篮球游戏概述

一、篮球游戏概念

篮球游戏是把篮球运动的基本技术或简单战术等教学训练内容按一定的目的、要求和特定的规则组织起来的、以促进学生掌握篮球技战术为最终目的的特殊练习形式。它既不同于竞技体育的篮球运动训练，也有别于大众体育的趣味、娱乐游戏，而是带有强烈的篮球专项特点的练习方法。

1891 年，詹姆斯·奈史密斯受到当地民间儿童从树上摘桃子扔入筐子这一行为的启发，而发明了一种相互向桃筐内投射皮球的游戏。当地的人们对发明者予以赞扬，称为"奈史密斯球"，后又称为"筐球"游戏，因活动的主要内容是向悬空的篮筐中投球，便形象地命名为篮球游戏，并在此基础上逐步充实内容、完善规则，形成现代的篮球运动项目。篮球运动发展至今，虽然竞技性很强，但是其运动本质属性仍是一种游戏。无论篮球运动发展如何迅速，竞技性如何高难，其本质属性依然不变。美国学者休密慈说：

"竞技运动从根本上讲是游戏的延长，它的基础在于游戏，它的主要价值是从游戏中派生出来的。"

在实践课教学中运用篮球游戏不单纯是为了游戏而游戏，而是通过专项化活动性游戏来提高学生的兴奋性，使学生在良好心理状态下学习技术，中枢神经系统不断得到新的信息刺激，产生适宜的兴奋性，从而激发学生的兴趣和学习的主动性、积极性，促进学生积极自愿地参加篮球活动，掌握自己所喜爱的运动项目技术与技能，学会健康生活的知识与技能，为提高今后生活质量，终身从事体育锻炼奠定基础。

二、篮球游戏的组织原则

（一）目的性原则

做任何事情只有目的明确、方法得当，才能行之有效，篮球游戏也不例外。篮球游戏是一个有目的、有意识的活动，其主要目的是增强体质、增进健康。不同的篮球游戏有不同侧重点，有的重视提高技能；有的是为了提高心理素质和道德品质；有的重在发展体力和智力；有的侧重于调节情绪和休闲娱乐；还有的是为了培养学生的团队合作能力。由于游戏是人类有意识的活动，因而在游戏活动的过程中，人们可以创造性地发展游戏的内容，制定游戏的规则、人数、难度，不断地创造出新的游戏。合理地制定篮球游戏应从以下两方面来考虑。

1. 与教学环节相吻合

（1）在准备活动中运用游戏的目的是使学生从心理上和生理上为课程的基本部分教学做准备，通过准备活动表现出良好的身体机能状态和心理状况，把学生的兴奋点调节到一个适宜的状态，以便后面体育教学的顺利进行。

（2）在篮球技能教学过程中正确运用游戏法，可以改变单一枯燥的练习形式，提高学生的学习兴趣。在变化的情况下强化动作技能，促进动作定型。

（3）游戏法用于教学结束阶段，有助于消除疲劳，促进身体机能尽快恢复，使人体更快地由紧张状态过渡到相对安静状态。整理活动的游戏内容和形式力求做到轻松、活泼、精彩、幽默，使机体的生理、心理得到放松。

2. 与教学内容相统一

篮球游戏应与跑、跳、投及各项运动技术的基本要求相统一。只有这样才能使学生对游戏有深刻了解，掌握的知识技能得到巩固和提高，教学效果也就更加显著。因此，我们在教学中运用篮球游戏时，从内容的选择到规则的制定和组织实施都要与教材紧密结合，才能保证教学任务的完成。

（二）广泛性原则

篮球游戏的内容选择应面向全体学生，适合学习对象的年龄、心理及身心发展的特点，并根据素质教育需要，不断创新充实练习内容，满足学生各种发展需要。参与者也可以根据自我兴趣爱好与需要，参与篮球游戏并获得乐趣。

（三）趣味性原则

在篮球教学中，重视学生的运动兴趣是实现篮球课程目标和价值的有效保证。篮球游戏作为篮球教学的重要内容，除了实用性和锻炼价值外，趣味性也是显著特征之一。趣味性是篮球游戏的又一本质特征，如果篮球游戏缺乏趣味性，将从根本上失去对参与者的吸引力。为了提高篮球游戏的趣味性，应根据参加篮球游戏的人群特点和素质、技术及智力水平，在游戏的竞争性、动作的设计、胜负的判定及游戏的情节等方面多下功夫。提高动作设计的趣味性，主要是看动作设计是否新颖、惊险（惊而无险）、有象征性和有一定难度。所以，创编篮球游戏要从提高娱乐性、趣味性出发，重点突出以下两个方面的考虑。

1. 增强游戏的竞争性

增强篮球游戏的竞争性，主要从游戏的活动形式和分组两方面考虑。一般来说，各种内容和形式的接力游戏竞争较为激烈，而实力大致平衡的分组是公平竞争的的基础、趣味竞争的保证。篮球游戏与其他体育活动一样具有较强的竞争性，但游戏获胜的因素是多种多样的，可以比能力、比技巧、比智力、比运气、比互相协作、比集体力量、比应变能力、比勇气……斗智斗勇，既有体力的较量，又有技能的发挥；既要个人的表现，又要集体的配合；既有规定条件的限制，又有比赛机遇的把握。篮球游戏的多种竞争性，使弱者有获胜的可能，向强者提出了新的挑战，给所有参与者都创设了夺标的希望和参与的乐趣。总之，创编篮球游戏要充分运用其竞争性，不断提高其趣味性，以确保每个参与者都受益。

2. 提高游戏的新颖性

一个游戏长期使用，久而久之，学生会感到乏味、厌烦。在教学中，篮球游戏的内容应全面丰富、形式多样，既有徒手的，又有器械的；既有原地的，又有行进间的；既有单人的，又有双人或集体的；既有一般练习，又有模仿、诱导或辅助性的专门练习。这样能使学生感到新颖有趣，既提高了神经系统的兴奋性，又激发了学生的运动欲望。我们要求的形式多样，不是为了哗众取宠，搞花架子给别人看，而是为了提高教学质量，增强学生的积极性。

（四）激励性原则

学生做完游戏后，教师要及时给予肯定的评价，同时要指出不足，提出期望。切不可对不会的同学冷眼相待、讽刺挖苦，也不能无原则地赞美。教师应给每个学生以成功的体验，并指明努力的方向。游戏时给他们一个微笑、一个鼓励、一个宽容，帮助孩子在心理上营造愉快的氛围，使他们乐学、愿学。除此之外，还应注意安全及运动量。如果无节制、高频率地开展游戏，也会给教学带来一些不利因素，从而造成教学活动的混乱。因为这会使学生兴奋过度，而且时间过长将会消耗很大的精力和体力，因此运用时要合理适度，保证主要教学任务的完成，不能颠倒主次。游戏时间过长和过短，其效果都不好，应在学生较满足，还有余兴，但又不太累的情况下结束游戏。

三、组织篮球游戏时的注意事项

（1）要做好游戏前的准备工作，如场地布置、教具准备、助手或裁判员的选择等。

（2）教师要在游戏进行前有清楚明确的讲解和必要的示范。

（3）做好游戏进行中的组织管理工作，如队伍分组、选择带头人，及时发现游戏过程中出现的问题，并给予正确、妥善的处理。

（4）严格执行游戏规则。

（5）游戏过程中教师要密切观察学生的各种反应，随时对游戏的规则、时间、方式、次数加以调整，以最大限度发挥游戏的效能。

（6）游戏结束时要小结，评出胜负，表扬先进，指出不足，整理器材。

四、创编篮球游戏的方法和步骤

（一）明确游戏的目的任务

作为一个具体游戏，必须有其专门的任务。例如，"原地判断起动追拍"游戏主要是提高学生注意力，"前后反追击"游戏主要是发展学生脚步移动的身体素质，"传球触人"游戏主要是提高学生传接球能力等。

（二）选择游戏素材

游戏素材要根据教学的任务来选取。例如，学习或复习篮球行进间单手低手投篮技术，可以选用"上篮连中比快"的游戏作为素材；学习篮球战术内容可以选用传球类的游戏作为素材。有时也可以把课上几项技术动作巧妙地糅合到一个游戏中进行，尤其是篮球的一些综合性、对抗性较强的技术动作或战术配合更应如此。

（三）确定游戏方法

游戏方法通常包括游戏的准备、进行形式、队形及其变化，活动范围及路线、接替方法和动作要求等。组织者在准备过程中除了要明确必要的器材设施外，还要先画草图，以便发现队形变化或活动路线等不合理之处并及时修正。同时也要预计到如遇伤病的学生情况，并巧妙地安排到游戏里，使之能够融入集体中。

（四）制定游戏规则

游戏规则是保证游戏顺利进行、评定游戏胜负的依据。制定规则时要注意：明确合理与犯规、成功与失败的界限；指出对犯规者的处理办法。另外，规则要有利于维护游戏的安全进行，切记规则不可定得太多、太复杂、太死板，要留有让学生思考、创新的余地。

（五）确定游戏名称

给游戏命名要简单易懂，要能反映该游戏的主要特征。例如，"穿越封锁线""贴膏药""打龙尾"等游戏名称，既形象生动地概括了游戏的主要内容，又能体现出游戏的主要特征。

（六）按规范格式整理创编游戏并付诸实施

常见篮球游戏示例丰富多样，结合移动、投篮、传接球和运球等基本技术可以设计不同类型的游戏，这些游戏不仅考验学生的篮球技能，还可以培养学生团队协作能力和竞技策略运用能力，通过参与这些游戏，学生可以在轻松愉快的氛围中提升个人技能，增强团队凝聚力，同时也能够享受篮球运动带来的乐趣和成就感。

第二节 常见篮球游戏示例

一、移动游戏

（一）前后反追击

目的： 锻炼学生在快速移动中急停、转身的能力。

场地： 篮球场1块。

方法： 如图9-2-1所示，学生相隔2~3米分散站立于球场的边线和端线上，并按顺（或逆）时针方向快跑，后者抓前者，听教师鸣哨后马上急停转身，变为原来的前者抓原来的后者；再次听到哨声后再次急停转身进行反追逐；如此反复进行。计算个人被抓住的次数，被抓住次数多的要有惩罚。

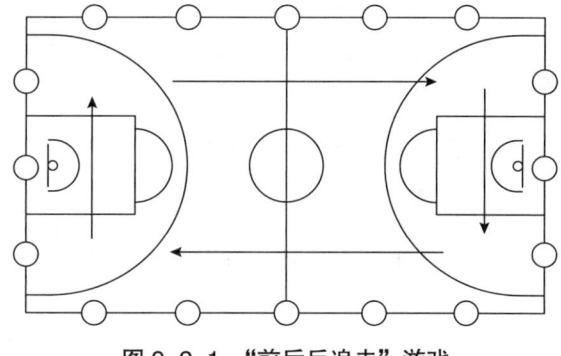

图9-2-1 "前后反追击"游戏

规则：

（1）全体参加游戏者必须沿球场的界线跑动，转角处亦然；不得跑成"圆圈"，否则按犯规处理。

（2）只有"抓住"对方才算有效。

（3）凡犯规者必须退出比赛，直到下一轮开始才能重新加入游戏。

建议：

（1）如参加游戏的人数多，可分组进行；可以允许在场内线交点处变方向跑动，如在边线与中线交点处跑进中线再折入另侧边线，或经三秒区线、罚球线再转入同一端线等。

（2）如参加游戏的人数少，可只在场内沿各线跑动，如分别沿限制区，或三圈连线，或某个半场等。

（二）原地判断起动追拍

目的： 提高学生的反应力、奔跑速度、动作的敏捷性和快速起动能力。

场地： 篮球场1块。

方法： 如图9-2-2所示，把学生分为人数相等的两队成横队排列于球场中线两侧，分别指定其中一队为单数队，另一队为双数队。游戏以下列任意一种方式进行。

（1）教师高声报出"单数"或"双数"，被报号的队立即起动追拍未被报号的队；反之，未被报号的队立即起动追拍对方。

（2）教师以长、短哨声为信号，约定双方的代表哨声，教师鸣哨后，学生根据哨声作出判断并立即起动追拍对方。

（3）教师报出具体数字或简单的数学的运算，由学生判断出结果，若数字是奇数则单数队起动追拍对方；若数字为偶数则双数队起动追拍对方。

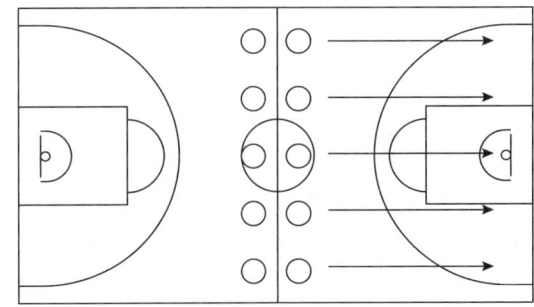

图 9-2-2 "原地判断起动追拍"游戏

规则：

（1）两队与中线的距离必须相等。

（2）追拍的队必须在对方跑出端线前"触拍"到对方才算有效。

（3）追拍者"触拍"到对方即可，不得推人。

（4）以每次每队拍到对方的人数多少决定胜负，拍到多者为胜。

建议：

若某方多一人则可安排他在追拍时以一追二，在被追拍时以二追一。

（三）穿越封锁线

目的： 锻炼和提高学生在快速奔跑中变方向和动作的能力。

场地： 篮球场1块，篮球若干个。

方法： 如图 9-2-3 所示，把学生分为人数相等的甲、乙两队，甲队先分散站在球场两侧的边线外，每人一球，以整个篮球场为"封锁区"，乙队站在球场端线外，当听到教师鸣哨后立即起动，以快速跑、跳、变方向、变动作、躲闪等方法冲过"封锁区"到另一端线外。在封锁区内被甲队掷出的地滚球或反弹球击中者退出场外，每冲过一个人得一分，甲、乙两队互换进行，得分多者为胜。

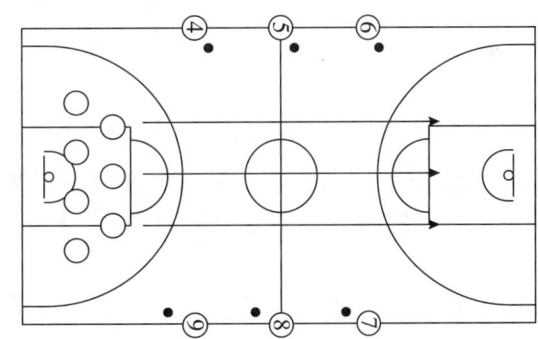

图 9-2-3 "穿越封锁线"游戏

规则：

（1）掷球人不得踏线或越过边线进入"封锁区"掷球击人，否则罚停比赛直到第二轮开始。

（2）掷球人不得用球击对方队员腰部以上的部位，否则罚其停止比赛直到游戏结束。

建议：

根据学生的年龄，设计多样化的穿越方式，鼓励学生发挥创意，增加游戏的趣味性和挑战性。

（四）贴膏药

目的： 锻炼学生的反应、躲闪、奔跑、急停、转身能力。

场地： 篮球场 1 块或平整的空地 1 块。

方法： 如图 9-2-4 所示，学生两人并立成一组，每组间隔两臂左右，形成一个圆圈站立。先由 A、B 两人开始，指定 A 为追人者，B 为被追者。被追者 B 可利用圆圈上的"人墙"作障碍与追逐者奔跑周旋，当即将被追人者 A 触摸到或不想再"奔逃"时，可跑到圆圈上某一组的左或右侧并紧贴其站立，临时组成三人并排的一组。此三人并排的最外侧的队员应立即代替原被追者 B 成为新的被追者（若被追者 B 贴于该组左侧，其最外侧为右侧，反之亦然），A 继续追逐新的被追者。若被追者在到达安全位置前被追人者触摸到，则两人角色互换，被追者反追原追人者。如此反复进行。

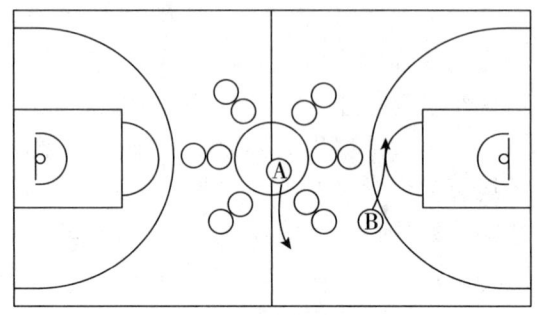

图 9-2-4 "贴膏药"游戏

规则：

（1）被追者和追人者均可在圈内外任意跑动，但不可跑出规定的球场范围。

（2）被追者只有在其肩部紧靠某组左或右侧人的肩部后才为安全，否则认为其被追人者追到。

（3）被追者不得在某组的身后停留超过 3 秒，而追人者则不得在某组的两人间强行触及位于该组后面的被追者。

建议：

（1）可变化为两人前后站立，前贴后跑或后贴前跑。

（2）为提高练习密度，可同时由两对或三对相互追逐者开始。

（3）教师可增加鸣哨反追拍，即游戏过程中听到哨声，两人互换角色，原被追者变为追人者。

（4）可变为所有人都运球，创新为运球贴膏药形式。

二、传、接球游戏

（一）传球触人

目的： 提高快速传接球的能力和躲闪的灵活性。

场地： 篮球场 1 块或平整的空地 1 块，篮球 1 个。

方法： 如图 9-2-5 所示，参加游戏者分散在场内任意跑动，指定两人传球，在不准走步、运球的情况下，传球人通过传球追逐并及时用球触及场上跑动的人，被触到者参加到传球人的行列，最后看谁没被触到。

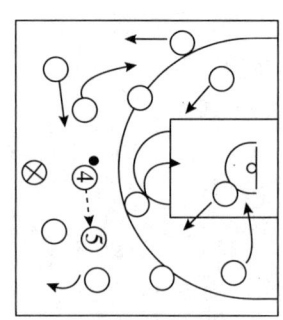

图 9-2-5 "传球触人"游戏

规则：

（1）徒手队员不准超出规定的场地线，否则算被触到。

（2）传球人只能以持球的方式用球"触及"徒手队员，否则无效。

建议：

（1）可根据参加的人数决定开始时的传球人数。

（2）在开始时可先在半场内进行，以后随着传球人数的增加可扩大至全场。

（3）可根据学生的水平规定传球方式，如双手、单手、反弹传球等。

（二）坚持就是胜利

目的： 提高学生在对抗中快速传接球的能力和培养学生集体主义精神。

场地： 篮球场1块，篮球1个。

方法： 把学生分为人数相等的两队，视人数多少可在全场或半场范围内进行。得球一方在同队队员之间连续传接球25次（可调整）以上不被对方抢断，即为得胜一局。可以采用三局两胜制或五局三胜制。传球当中被断则已传球次数归零，获球一方随即开始累计新的传球次数。

规则：

（1）有球方只能传球，不得运球或投篮，不得带球走，否则算违例，球交对方掷界外球，重新开始比赛。

（2）抢断球时不得犯规或违例（如出界），否则无效，球交对方掷界外球，重新开始比赛，传球次数连续计算。

建议：

（1）根据学生人数，限定参与者活动范围。

（2）根据学生技能水平，限定参与者传球或接球方式。

（三）打"龙尾"

目的： 提高学生快速传接球的准确性和反应能力。

场地： 篮球场1块，篮球1个。

方法： 如图9-2-6所示，把学生分成人数相等的甲乙两队。甲队围成一个直径10~12米的圆圈，乙队在圆圈内排成纵队，后面的人抱着前面人的腰组成"龙"，排头的队员为"龙头"，排尾的队员为"龙尾"。游戏开始，圈外的人相互传球，捕捉时机用球掷"龙尾"，"龙头"则带领全队快跑、躲闪或用手挡、打来球，以保护"龙尾"不被球击中。若"龙尾"被击中则到排头担任"龙头"，圈外的人继续快速传球打新的"龙尾"。在规定时间内，计算被击中的"龙尾"有多少人，然后两队互换角色，在进行同样的时间后，计算双方被击中的"龙尾"数，数量少者为胜。

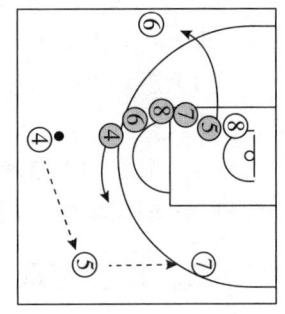

图9-2-6 "打'龙尾'"游戏

规则：

（1）圈外人不得缩小圆圈的直径以进入圈内打"龙尾"，否则打中无效。

（2）只准打"龙尾"腰部以下的部位，否则打中无效。

（3）圈内的"龙"必须保持纵队队形，不能断开，"龙尾"也不能缩在队伍内，否则算被对方打中。

建议：

（1）根据学生的年龄、体能和技能水平，适当调整游戏的难度。例如，可以增加或减少龙身的长度，调整捉"龙尾"者的捕捉速度，或者设置不同的障碍来增加游戏的挑战性。

（2）在熟悉基本玩法后，可以尝试一些新的游戏方式。例如，"限时模式"或"积分模式"，增加游戏的多样性和趣味性。或者，当"龙尾"被捉到时，可以尝试一些新的惩罚或奖励方式，使游戏更具挑战性。

（四）狩猎

目的： 提高学生对抗中传接球能力和攻守转换意识。

场地： 篮球场1块，篮球1个。

方法： 如图9-2-7所示，把学生分成人数相等的甲乙两队。双方掷硬币决定开球权，获得球权一方队员从中圈掷球入界，成为进攻方，另一队为防守方。进攻方持球队员不能带球走，且持球时间不超过5秒，通过传接球方式想方设法触碰防守方身体。当持球者双手持球触到任一防守者身体任何部位时，即为得分；当防守方被逼迫跑出界外时，进攻方也得分；防守方犯规或使球出界，继续由进攻方在犯规地点掷球入界。进攻方得分或失误后，球权转换，由防守方在中圈掷球入界，成为进攻方。防守方在被追逐过程中，不可以触碰持球队员手中的球，但是可以抢断传球，一旦抢断成功，随即成为进攻方，展开进攻，直至得分或失误。

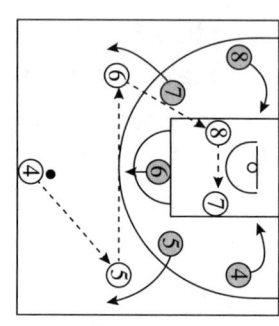

图9-2-7 "狩猎"游戏

规则：

（1）进攻方持球队员不能带球跑，且持球不超过5秒。

（2）防守方不能触碰持球队员手中的球，可抢断传球，抢断后，攻守即可转换。

（3）进攻方得分或失误后，由防守方在中圈掷球入界。

建议：

（1）根据学生技能水平，可以限定传接球方式。

（2）根据学生技能水平，可以限定攻防身体接触。

三、投篮游戏

（一）投篮淘汰

目的： 提高学生在压力情况下的投篮稳定性和命中率。

场地： 篮球场1块，篮球4个。

方法： 如图9-2-8所示，把学生分成人数相等的两队，分别面向球篮成纵队站立于罚球线后，队伍前两人各持一球。游戏开始，各队从排头开始依次罚球，若投中，快速抢到篮板球，传给第三个人；若罚球不中，必须快速抢到篮板球补篮投中，然后传给第三个人。第二名学生在排头投篮出手后则快速出手，若投中，则快速抢篮板球传给第三个人；若不中，则需要补篮投中。若后面的学生比前面的学生先投中，则前面的学生被淘汰，直到剩下两名学生为止。

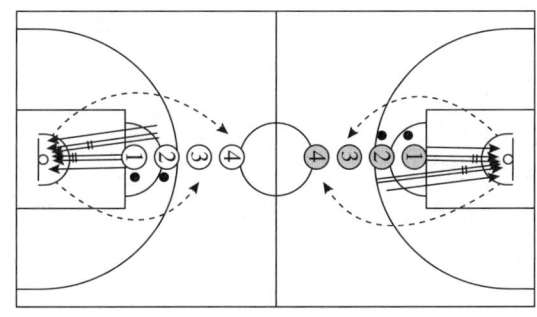

图 9-2-8 "投篮淘汰"游戏

规则：

（1）罚球队员不中必须补篮命中，位置不限。

（2）罚球过程中不能抢别人的球，也不允许干扰同伴投篮。

（3）被淘汰队员要在篮板下端线后站立，利用肢体语言干扰同伴投篮。

建议：

（1）根据学生水平，可以选择不同的投篮位置。

（2）根据学生水平，可对投篮方式提出不同要求。

（二）上篮连中比快

目的： 提高学生快速运球上篮技术运用能力。

场地： 篮球场 1 块，篮球 2 个。

方法： 如图 9-2-9 所示，把学生分为人数相等的两组，每组一个篮球。游戏开始，各组以中线为起跑线，对侧篮为投篮目标，听到开始的口令后，排头运球快速上篮，须投中，不中须补中。之后快速运球至排尾，将球从最后一名队员的胯下滚至排头队员手里，然后排在队尾。依次类推，最先完成的队赢得游戏的胜利。

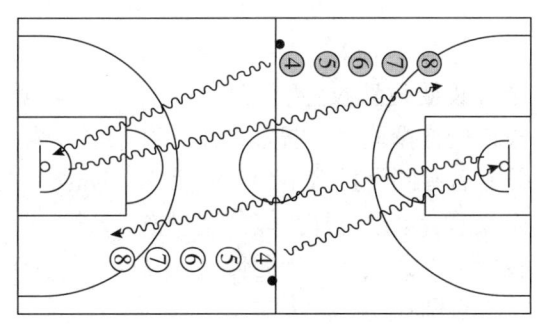

图 9-2-9 "上篮连中比快"游戏

规则：

（1）只能"上篮"，不中须补中。

（2）凡有走步、两次运球、失去球等违例现象，违例者须从违例地点重新继续游戏。

建议：

（1）此游戏适用于人数少的球队训练，但若参加人数多，可分为 3~4 组或分成若干队进行对抗。

（2）可根据练习者掌握水平变换投篮方式，如改为反手上篮等方式。

（三）抢投 30 分

目的： 提高学生快速投篮的能力。

场地： 篮球场 1 块，篮球 4 个。

方法： 如图 9-2-10 所示，把学生分为人数相等的四队，每两队用一副篮筐，各队在规定地点站好，排头各持一球。游戏开始，各队从排头起做原地跳投一次或罚球一次，都是自投自抢，须投中后，把球传给下一个队员。以下队员依次按同样方法进行，按投中得 1 分累计，直到投满 30 分或本队队员全部完成为止，以完成快慢排列名次。

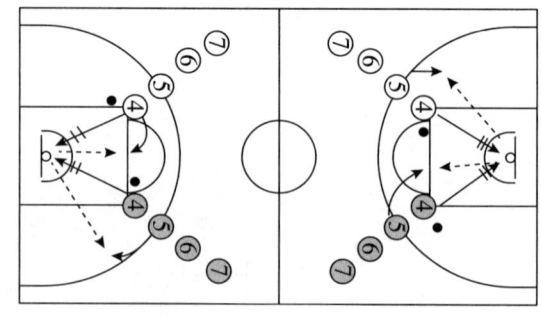

图 9-2-10 "抢投 30 分"游戏

规则：

（1）严格限制投篮距离，投篮时的起跳点不能越过规定范围。

（2）不得故意干扰对方投篮。

建议：

（1）根据学生的水平，对投篮动作提出不同的要求或规定。

（2）如果学生人数太多，可多分几队，用淘汰赛或擂台赛的方法抢投。

（四）"赌马"投篮

目的： 提高学生不同位置投篮技术。

场地： 篮球场 1 块，篮球若干。

方法： 如图 9-2-11 所示，把学生分为人数相等的若干队，每组一个球，由猜拳决定第一个投篮者。第一个投篮者选择投篮位置投篮，若投篮不中，则由第二个投篮者选择投篮位置投篮；若投篮命中，其余同伴需要在该位置依次投篮。若有同伴投篮不中，则丢失"horse"的一个字母，第一

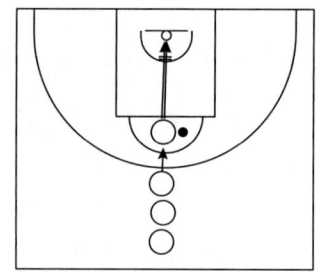

图 9-2-11 "'赌马'投篮"游戏

个投篮者继续选择投篮位置投篮；若第一个投篮者投篮不中，第二个投篮者选择投篮位置投篮。以此类推，当同伴丢失"horse"全部字母时，则被淘汰出局。

规则：

（1）有位置决定权的投篮者可以选择任何位置投篮。

（2）丢失"horse"被淘汰出局者，成为干扰者。

建议：

（1）根据学生篮球水平，可以增加对投篮方式的要求。

（2）根据学生篮球水平，可以提出投篮次数要求。

四、运球游戏

（一）运球相互拍打

目的： 帮助学生熟悉球性，提高控制、支配和保护球的能力。

场地： 篮球场 1 块，篮球若干。

方法： 如图 9-2-12 所示，全体学生人手一球分散于半场（或 3 分线以内），自己运球并随时伸手拍打周围同伴的球，同时注意保护好自己的球不被别的同伴拍打，持续 3～5 分钟后统计个人得分，分数多者获胜。

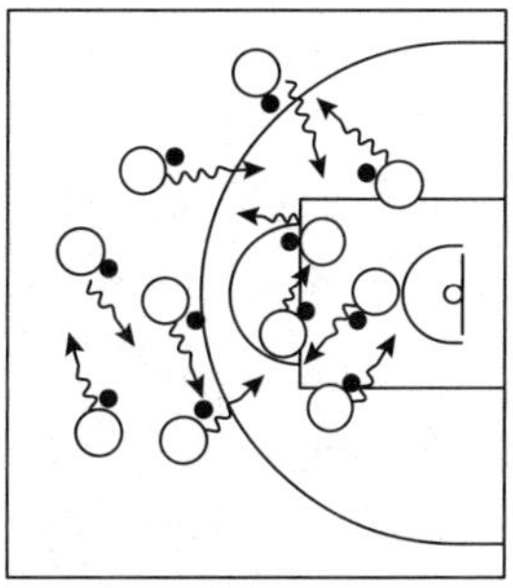

规则：

（1）只准在规定区域内相互拍打，否则不计得分。

（2）拍打到同伴的球 1 次得 1 分，被同伴拍打到 1 次失 1 分；统计时把得分减去失分即为个人得分。

图 9-2-12 "运球相互拍打"游戏

建议：

（1）可进行若干个 3～5 分钟，以提高游戏难度。

（2）可在计算个人得分的的同时计算全队得分，全队得分高者获胜。

（3）可用每局淘汰最后 3（或 5）个得分最低的队员出局的方法，以增加游戏的竞争性。

（4）可以分成 2～3 人的小组相互拍打对抗，提高练习强度。

（二）运球"撕名牌"

目的： 提高学生控制、支配和保护球的能力。

场地： 篮球场 1 块，篮球若干。

方法： 如图 9-2-13 所示，把学生分为人数相等的两队，在各自半场自由运球，每人一球，每人后背贴一张"名牌"（或后腰别一块手绢，3/4 部分露在外面）。听到哨声，双方运球向对方场地进攻，齐心协力抢夺对手背后的"名牌"，被抢到"名牌"的人即被淘汰，在规定时间内，抢到"名牌"多者为胜。

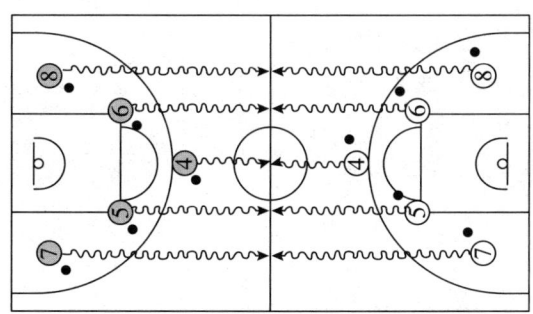

图 9-2-13 "运球'撕名牌'"游戏

规则：

（1）必须运球抢对方"名牌"，球丢失后必须先控制好球再抢夺，否则抢到无效。

（2）被淘汰出局者不能再参与抢夺，在自己半场线外运球观摩。

建议：

（1）可以改变游戏人数。

（2）抢到多余"名牌"的人可以用来复活同伴，同伴贴好"名牌"后，可以继续参与到游戏中。

（三）四角运球争夺锥桶

目的： 提高学生快速运球技术和控制球能力。

场地： 篮球场 1 块，篮球、锥桶若干。

方法： 如图 9-2-14 所示，学生分四组分别站在半场的四个角落，每个角落放若干锥桶。听到教师哨音，各组学生运球抢夺其他组的锥桶，然后带着抢夺到的锥桶运球返回自己营地，规定时间内抢夺锥桶最多的队获胜。

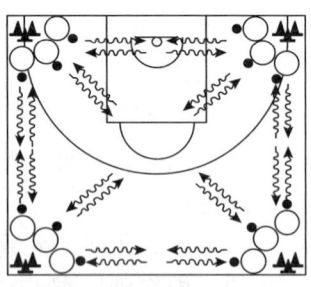

图 9-2-14 "四角运球争夺锥桶"游戏

规则：

（1）运球者每次只能拿一个锥桶返回。

（2）运球者相遇时不能搂抱对手或者阻拦对手拿自己营地的锥桶。

建议：

（1）根据参与人数，可以扩大场地范围。

（2）双方运球相遇时，可以相互干扰，延缓对手的移动速度。

（四）运两球接力

目的： 锻炼和提高学生控制球能力。

场地： 篮球场 1 块，篮球 4 个。

方法： 如图 9-2-15 所示，把学生分为人数相等的两队，分别成纵队站在同一端线外面向场内，排头队员手持 2 个球。游戏开始，排头队员左、右手各运 1 个球到中线，然后把 2 个球放在地下擦地面推回，推球时手不离球、球不离地。返回端线把球交给下一个队员，照上述方法继续进行，直到全队做完，以速度快的队为胜。

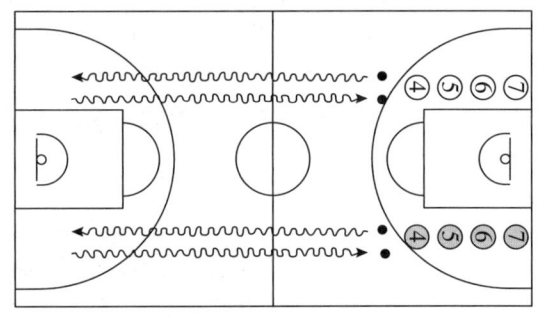

图 9-2-15 "运两球接力"游戏

规则：

（1）运球时，如有一球滚离，必须拾回原处继续运两球，实际运球距离不能减少。

（2）必须有一脚踩到中线才能返回。

（3）返回推球时双手均不能离球，两球均不能离地。

（4）如违反上述三点之一者即为犯规，判其重运 1 次。

建议：

（1）根据学生技能水平，可以采用一手运球、一手持球方式竞赛。

（2）根据学生技能水平，对运球方式提出更高要求，如要求至少有 2 次胯下变向运球。

思考题

1. 创编篮球游戏的方法和步骤是什么？

2. 在创编篮球游戏的过程中应注意什么？
3. 篮球游戏的组织原则包括哪些？
4. 设计一个适合高中女生的篮球游戏。
5. 自编一个适合初中男生的运球游戏。
6. 自编一个适合大学生（综合性大学）的投篮游戏。
7. 设计一套适合篮球专项学生，以"相互团结、相互配合"为主线的篮球游戏。

即测即评

第十章 篮球体能训练设计

CHAPTER 10

【导读】

体能是篮球运动员竞技能力的重要构成部分，高水平的体能是篮球技术有效发挥的基础，是篮球战术有效实现的保障，也是篮球智商形成的物质基础。通过本章学习，期待读者能够不断更新现代篮球体能训练理念，以严谨科学的态度评定青少年篮球运动员体能状况，勇于探索制订个性化的篮球体能训练计划，持之以恒地从事体能训练自我实践，胜任青少年篮球体能训练设计与实施工作。

现代篮球体能训练主要通过系统的动作准备、抗阻训练、能量代谢系统训练、快速伸缩复合训练、高水平的灵敏性及多向速度训练等，打造高水平的人体控制能力、移动能力、身体变向能力、身体在竖直方向和水平方向综合调控能力、身体加速和减速能力，以及在对抗外界干扰时的身体控制能力。现代精英篮球运动员专项体能的主要特征是：身体抗干扰能力强、爆发力强、灵敏性水平高、动作节奏感强、精细化动作控制能力强、身体重心控制能力强。

第一节 现代篮球体能训练概论

一、现代体能训练发展概论

体能（Physical Fitness），也称"体适能"，从 20 世纪 50 年代美国健康体育娱乐协会首先使用这个概念以来，人们对于它的理解不断发展。1998 年田麦久教授在《项群训练理论》中将运动员的竞技能力分为技能、体能、心理、智力四个方面。2000 年出版的《运动训练学》指出，运动员的体能是运动员机体的基本运动能力和竞技能力的重要组成部分，其发展水平由身体形态、身体机能及运动素质决定。这种"形态、机能和素质"的体能认知对体能训练实践产生了深远的影响。袁守龙在研究国际体能训练发展趋势的基础上，提出了对身体运动功能训练的新观点，他认为体能训练是以现实训练目标为牵引，不断提高神经系统募集肌肉群的输出功率，提高技术动作效率，优化训练效益；现代体能训练是以动作模式为基础，不断提高人体多种类、多平面、多系统的协同控制能力。

现代体能训练的关键因素是神经肌肉系统、能量代谢系统及动作模式。在体能训练实践中，我们需要根据项目特征来选择动作模式，但对项目特征的准确理解不能仅停留在专项运动的外形上，而应该深入神经与肌肉的内在运动水平层面。运动项目的外在特征只能反映运动结果，而造成这种结果的原因主要在于机体的神经肌肉系统和能量代谢系统。因此，只有了解运动项目神经肌肉系统的工作模式及能力代谢系统的特征，才能抓住项目的本质，只有基于对项目各方面特征的深刻理解，才能选择适宜的动作模式进行高效的体能训练。在运动训练中，只有充分掌握运动过程中能量代谢系统的运转规律，才能制订出符合项目特点的训练负荷计划。

二、篮球运动员体能特征

篮球运动的特点是大范围移动和频繁换位。例如，比赛中快速持球突分、传切配合、跳起争抢球、跳投、防守滑步、移动换位及快速攻防转换等，这些动作大都须在 10 秒以内完成，且强度较大，因此，ATP-CP（磷酸原）系统是篮球运动中起主要作用的能量系统。一场高水平的篮球比赛，运动员大约移动 5000 米，一次犯规或罚球的时间，磷酸原系统只能恢复一半，因此机体需要动用无氧糖酵解供能。而糖原乳酸供能在 20～30 分钟也只能恢复一半，比赛中运动员会不时地以慢跑、走动、暂停休息等形式进行调整与恢复，这种方式对运动员机体的有氧供能要求很高，可对运动员无氧磷酸原代谢系统的能量代谢及乳酸的消除起到积极的作用，并延缓疲劳的出现。因此，根据篮球运动竞赛特点，机体所需要的能源以有氧代谢系统供能（约 15%）为基础，以无氧代谢系统供能（约 85%）为主。

篮球作为一项高强度、高对抗的运动项目，运动员在比赛中通过各种动作模式，在速度与平衡的博弈中获得时间与空间的优势，最终完成投篮。速度是肌肉的快速收缩表现，平衡则表现肌肉内与肌肉间的协调作用。如果说平衡能力是力量的基础表现形式，速度则是力量的高级表现形式。篮球运动员力量训练的最终目的具体表现在运动员足够强壮、跑得快、跳得高、变向快等，因此篮球运动以最大力量为基础，以此提高运动员肌肉的神经支配能力；以力量速度和速度力量为核心，以此提高运动员的爆发能力。

篮球运动员动作模式的质量是灵活性与稳定性和谐共舞的结果，一名优秀的篮球运动员的灵敏能力的主要特征为：速度变换快，加速、减速和急停动作实效性强，身体运动方向变换准确，身体运动方式变换动作衔接流畅，预判正确且反应性动作快而有力，动作敏捷且协调省力。因此，篮球运动需要运动员具备灵活性和稳定性良好融合的身体控制能力。

第二节　篮球运动员体能测试与评价

测试和能力评价的方法对于全面评价篮球运动员的体能至关重要，可以客观反映运动员的速度、力量、爆发力、灵敏和柔韧能力。篮球体能测试包括功能性动作筛查（Functional Movement Screen，简称：FMS）、平衡、耐力、力量、爆发力、速度、灵敏、柔韧和体型测量等，每种素质都包括大量测试方法，因此测试运动必须针对篮球运动和参与者特征来设置。

一、篮球运动员体能测试与评价需要考虑的问题

篮球体能测试内容和方法的选择主要基于篮球专项体能的要素，一般包括上下肢力量测试、爆发力测试、速度和灵敏测试、心血管耐力测试和柔韧性测试等。对于运动员评价，合适的测试内容取决于篮球项目的竞技需要，当确定评价内容后，就需要确定测试的信度、效度、专项性及篮球项目相关的评价。测试项目顺序安排是测试管理中需要重点考虑的问题，一般来说，首先安排最小疲劳的测试项目，运动技能较高的测试项目（灵敏能力）应安排在所有容易疲劳的测试项目前。任何导致运动员疲劳的测试项目都可能会影响后续测试项目的测试结果。当测试需持续较长时间时，最易导致疲劳的测试项目应安排在最后。测试结束后，运动员个人测试结果要与以前测试结果进行比较。体能测试可以为评价运动员潜力、安排训练方法、确立训练目标提供参考，还可以激励运动员。

二、美国篮球运动员体能测试方法

美国体能训练专家将篮球项目运动员所需要的体能分为速度、力量、灵敏、反应和快速起动五个组成部分，每种身体素质都有对应的严格训练方法。《NBA 体能训练》一书指出，篮球体能训练等级应从以下几个方面测定，①爆发力：纵跳；②灵活性：20 码跑；③身体素质：300 码折返跑；④肌肉力量和耐力：俯卧撑、引体向上、仰卧起坐；⑤柔韧性：坐位体前屈；⑥身体组织：皮肤褶皱测试。书中还制定了各项目得分对照表，用来评价运动员的体能等级。美国 NBA 体能教练员协会确定了基本测试的类别和方法：①下肢爆发力：原地纵跳、最大纵跳（助跑摸高）；②灵敏：限制区灵敏测试；③速度：四分之三场冲刺跑；④上肢力量：卧推；⑤柔韧性：坐位体前屈；⑥体能测试：边线之间 4 组 17 次跑、端线之间 4 组 10 次跑。*Preparing to Play Basketball* 一书中论述了篮球体能测试项目和方法：①身体成分：身高、体重和身体脂肪含量；②速度：半场冲刺跑、全场冲刺跑、见线折返跑；③弹跳：原地摸高、纵跳摸高；④力量和爆发力：半蹲、四分之一蹲和深蹲、斜板卧推、直板卧推、引体向上和高翻；⑤柔韧：坐位体前屈。

近几年，随着身体运动功能性训练的兴起，FMS 成为评价运动员运动能力的重要方法，这是一项包含 7 个基本动作（深蹲、跨栏架步、直线弓箭步、肩部灵活性、主动直膝抬腿、躯干稳定俯卧撑、躯干旋转稳定性）的运动损伤风险筛查测试，通过观察运动员完成规定动作的质量，体能训练师可以快速发现其身体在运动过程中存在的灵活性、稳定性或神经—肌肉控制力等问题，然后通过设计纠正动作练习，来矫正人体运动过程中存在的缺陷，从而重建动作模式，并降低运动损伤风险。

综上所述，美国体能训练已有 40 多年的发展历史，形成了较为科学合理的体能训练评价体系。根据篮球项目特征，不同体能测试的项目基本相同，但针对不同群体的具体评价标准有所不同。美国针对体能测试的研究成果可以对运动员体能状况进行科学评估，值得国内借鉴。

第三节 篮球体能训练计划制订

篮球体能训练主要包括动作准备训练、抗阻训练、能量代谢系统训练、快速伸缩复合训练、灵敏性及多向速度训练。

一、动作准备训练计划制订

动作准备属于准备活动的一种新模式，是为满足运动员对日常训练和比赛的特殊要求而准备的一套有效、系统和个性化的练习方法。动作准备是预防运动损伤和提高竞技能力的有效训练手段之一，可以解决传统准备活动中存在的一些问题（如与专项结合不够紧密、神经兴奋动员不够、过度强调静态拉伸和跑步练习）。动作准备强调通过动态的方式进行强度递增的动作练习，这样能增加身体温度，有效伸展肌肉，增加关节活动度，激活肌肉本体感受功能，逐步提高神经系统的兴奋性。动作准备练习可以整合和强化人体运动的基本动作模式和符合运动专项需求的动作模式，建立起神经系统和肌肉系统之间的有效反馈，并且能提高动作的经济性，提升训练或比赛时的动作效率。

（一）动作准备的内容板块

1. 臀部激活（迷你带）

臀部肌肉是人体最大的单块肌肉，可以提供强大的力量和爆发力，是像发动机一样的动力源，同时臀部肌肉是维持脊柱功能的基础，也是连接上肢运动链和下肢运动链的枢纽。在动作准备中，臀部激活可促使臀部肌肉得到较为充分的动员，在激活后主动参与到运动中去。臀部激活首先要求运动员保持运动基本姿势，其次在膝关节及踝关节上部套上迷你带，进行以髋关节为主要运动环节的动作。包括原地练习、纵向练习和横向练习。

2. 动态拉伸

以动态的方式进行拉伸练习，通常选择4~8个动作，每个动作在最大拉伸范围处保持1~2秒，按顺序对全身各个主要肌群进行拉伸。实践中通常先进行髋部各肌群的拉伸动作练习，再进行多关节参与的拉伸动作练习。

3. 动作技能整合

动作技能整合练习是基于动作模式的练习，优质的动作模式是强大动作绩效的本源和动作安全的最佳保障。动作技能整合强调在身体整体动力链的参与下，建立起在神经支配下各运动系统之间的联系，使身体各环节有序地组合运动，从而强化整体的动作模式。包括基本姿势练习、快速伸缩复合准备练习和动作技能准备练习。

4. 神经激活

进行神经激活练习时，一般以运动基本姿势为基本起始动作，进行快速移动练习或反应练习，力求在短时间内完成尽可能多的动作重复次数，或依据口令做出相应的动作反应。包括原地练习、纵向练习、横向练习、旋转练习。

（二）动作准备计划案例

动作准备总体时间控制在 8~15 分钟，动作之间基本无间歇，练习之间转换时自然过渡。臀部激活选择 2~4 个动作，动态拉伸选择 4~8 个动作，动作技能整合和神经激活各选择 2~3 个动作。每个部分动作都只做 1~2 组，神经激活每个动作重复 10~15 次（身体每侧），动态拉伸每个动作重复 4~6 次，动作技能整合动作每边行进距离为 10~20 米，神经激活每次持续 10 秒左右。动作选择要考虑篮球项目的特殊性和将要进行的训练课的主体训练内容，进行有针对性的动作准备。动态拉伸的动作选择主要基于在主体训练中采用的动作模式和参与的肌肉（表 10-3-1）。

表 10-3-1　动作准备技巧设计方案示例

序号	练习内容	动作选择	次数/时间	组数
1	臀部激活	迷你带—深蹲	8 次	1 组
		迷你带—运动姿势纵向走	每边 5 次	1 组
2	动态拉伸	抱膝前进、后交叉弓步、脚后跟抵臀—手臂上伸	每边 3~5 次	各 1 组
		最大拉伸、反向腘绳肌拉伸、向后弓步+转体、侧弓步移动		
3	动作技能整合	纵向军步走、纵向垫步走	10~20 米行进距离	各 1 组
		双腿基本姿势—跳蹲—成双腿运动姿势支撑	每边 5 次	1 组
		双腿基本姿势—跳蹲—成单腿运动姿势支撑	每边 5 次	1 组
4	神经激活	快速反应—2 英寸碎步跑	3~8 秒	2 组
		快速反应—单侧快速提腿	3~8 秒	2 组

二、抗阻训练计划制订

抗阻训练是篮球体能训练最重要的训练形式，通过增强肌肉力量、爆发力和速度、肌肉肥大、肌肉耐力、运动能力、平衡性和协调性来提高运动能力。

（一）抗阻训练的要素

抗阻训练要素包括需求分析、训练动作选择、训练频率、训练动作的顺序、训练负荷与重复次数、训练量和休息时间。

1. 需求分析

篮球运动项目需求分析估包括：动作分析——躯干与肢体的动作模式与参与肌群；生

理分析——肌力、爆发力、肌肉肥大与肌肉耐力的优先顺序；伤病分析——受伤的关节与肌肉部位，以及形成的原因；篮球运动其他特性分析——所需心肺耐力、速度、灵敏与柔韧。

2. 训练动作选择

篮球抗阻训练动作必须与篮球项目运动参与肌群、躯干和肌体的动作模式、关节活动范围相似，且要使肌肉均衡发展，以减少不当训练引发的受伤和危险。训练动作与真实的运动动作越相似，正向迁移的可能性越高。

3. 训练频率

训练频率是指在一定时间内完成的训练课次数。训练频率的制定要充分考虑运动员的训练状态、运动季节、训练负荷、训练动作方式和目前同时进行的其他训练或活动。

4. 训练动作的顺序

训练动作的顺序是训练课中抗阻训练动作的实施顺序，依据某一训练动作对另一训练动作执行品质与技术的影响而定。训练动作顺序的合理安排通常使运动员能以正确的技术、用最大的力量完成一组训练（在足够的休息或恢复时间后）。

5. 训练负荷与重复次数

训练负荷是一组训练中设定的总重量数，是阻力训练计划中最关键的部分。一个训练动作所能重复的次数，与负荷成反比，负荷越重，重复次数越少。负荷常以一次重复最大重量（1RM）次数的百分比表示，或以能举最多重复次数的最大重量来表示（表10-3-2）。体能优异的运动员测试 1RM 时，常用的测试策略为：核心训练动作采用 1RM 法，辅助训练动作采用多 RM 法。当无法充分实施最大肌力测试时，测定 10RM 值应是最佳的选择。RM 的范围与训练目标的关系为：若训练目标是肌力或爆发力，需采用相对较重的负荷；若训练目标是肌肉肥大，需采用中等的负荷；若训练目标是肌肉耐力，则需采用较轻的负荷。低的多次重复最大重量，会对肌力与最大爆发力的训练最有效果，而高的多次重复最大重量，则对肌耐力的改进效果较佳。

表 10-3-2　1RM 与可能的重复次数

1RM	可能的重复次数
100	1
95	2
93	3
90	4
87	5
85	6
83	7

续表

1RM	可能的重复次数
80	8
77	9
75	10
70	11
67	12
65	15

6. 训练量

训练量（负荷量）是指训练课中举起的重量总数。所谓组，是运动员停下来休息之前连续举起的次数组合。训练量的计算，是组数 × 重复次数 × 每次的重量。单组的训练，可用于没有训练经验的运动员，或运动员刚开始训练的前几个月。肌肉骨骼系统对单组训练疲劳的刺激最终会适应，因此需要多组的附加刺激。力量和爆发力核心训练动作应做多组，每组6次或6次以下的重复次数。爆发力训练量低于肌力训练；肌肉肥大采用中多次数，建议每个动作3～6组；肌肉耐力每组多次重复（12次以上），每个动作2～3组。

7. 休息时间

休息时间是两组之间和各训练动作之间用于恢复的时间。休息时间应依据训练目标、相对举起的重量及运动员的训练状态而定。组间能够休息的时间与负荷量密切相关，举起的重量越重，组间所需的休息时间越长。肌力和爆发力训练，尤其是下身或全身的结构性训练动作因需要较重重量和较多重复次数，通常需要较长休息时间，一般为2～5分钟；肌肉肥大训练经常采用短到中的组间休息时间，少于1.5分钟；肌肉耐力训练休息时间通常短于30秒。

（二）抗阻训练计划案例

1. 不同阶段训练计划安排

每个抗阻训练计划都应该体现运动员个人的特点，注明具体的抗阻练习、运动员的弱点、训练的重点、需要针对的练习肌群。赛季结束后力量训练计划分为四天分练计划和三天全身训练计划。四天分练计划训练时间为周一和周四，周二和周五，可以任意选择练习上身和下身的时间。三天全身训练计划可以安排在周一、周三、周五或周二、周四、周六，训练要求间隔一天，三天练习的肌群一样，但要求采用不同练习方法。赛季中抗阻训练计划分为全身训练计划、下肢训练计划、上肢训练计划、全身周期训练计划和组合训练计划。赛季训练计划要减少每个身体部位练习的数目，通常每一肌群只安排一项练习。同一部位每周应尽力做2次抗阻训练，且赛季训练应适当减少练习的次数，降低训练频率和强度。全身训练计划每周练习两天。赛季刚结束阶段应做4周的抗阻训练，为肌肉耐力打基础，计划2~3组，每组重复15~20次。

2.抗阻训练计划案例

该计划案例针对高中阶段及以上的篮球运动员制订。通常情况下，为安全起见，较年轻的运动员在训练时，应推举较轻的重量，每组可以重复10~20次（表10-3-3）。

表10-3-3 抗阻训练的六个阶段

阶段	组数	重复次数	强度	量
准备阶段	2~3	15~20	低	大
肌肉增生阶段	3~4	8~12	适中	大
基本力量训练阶段	3~4	4~6	高	适中
力量和能量储存阶段	3~4	2~3	高	低
赛季保持阶段	3	10~8~6	适中	适中
积极性休息阶段	1~2	15~20	低	小

准备阶段是力量训练的开始阶段，目的是为身体安全适应下一阶段更高强度的力量训练建立一定的肌肉耐力基础，此阶段要求训练的强度低，但量大。在肌肉增生阶段，一方面，肌肉组织增大，增加了肌肉力量和耐力加强的可能性；另一方面，队员的无氧供能能力也得到增强，能够更快适应下一阶段的高强度训练。基本力量训练阶段是力量上升阶段，队员开始一些高强度、大运动量的训练，为下一阶段做准备。力量和能量储存阶段则是高强度、运动量小，通过减少次数并强调目标训练，使球员的疲劳感且体能得到加强，这一阶段要结合篮球项目特征，增加不稳定力量训练。

三、能量代谢系统训练计划制订

篮球运动能量代谢系统以无氧供能为主，有氧供能为辅，因此体能教练员必须了解篮球运动员在比赛过程中的生理需求，才能制订更有效的训练计划。篮球项目的主要运动模式、运动的持续时间、运动的数量及练习休息比等都是制订合适的训练计划的关键变量。

（一）能量供应和恢复

篮球运动是一项反复、快速、高强度爆发和短间歇的运动。在高强度的训练和比赛期间，快速恢复对运动员来说至关重要。体能好的运动员恢复快且在长时间的比赛中能保持较好的竞技状态。磷酸原系统大约在30秒内恢复50%，2~5分钟可完全恢复；乳酸能系统在20~30分钟恢复50%，1小时左右可完全恢复。长时间理想恢复是由营养、酶的消耗和运动组织的损伤程度决定的，长时间恢复需要2天或更长时间。运动员在恢复期间，摄入含有丰富碳水化合物的膳食，或进行充分休息和合理的赛前训练，将有助于能量物质的补充和体能的恢复。

(二) 能量代谢系统训练计划案例

1. 不同阶段能量代谢系统训练安排

根据比赛安排,可把训练过程分为赛前、赛中和赛后三个阶段。每个训练阶段都有各自的目的,赛前阶段的训练目的是使体能在新赛季开始前得到最大程度的提高;赛中阶段的训练目的是训练和比赛;赛后阶段的训练目的是恢复体能。每个阶段也都有各自的训练方式、训练频率、训练时间、训练强度和训练进阶安排。一般而言,运动员赛季调整结束后进入赛前准备阶段训练,可以从 200 米跑和 400 米跑一般训练或者篮球场上一般耐力跑开始,逐步过渡到球场上具体的篮球专项体能训练,训练频率为每周 2 次或以上,训练强度由小逐渐增大,训练方式由一般性跑步等向篮球专项移动方式过渡。赛中阶段以练习和比赛为主,练习方式是 1~2 小时高强度演练、竭力训练、努力奔跑和全力防守。赛季结束阶段的 4 周体能训练,主要是积极性恢复,可以安排棒球、网球、田径等活动,或健康性活动,如骑自行车、慢跑、游泳等,每周 2~3 次,每次 20~40 分钟的跑步机跑步、爬楼梯等也是可以的。

2. 赛前 12 周能量代谢系统训练计划案例

以 NBA 篮球运动员赛前 12 周体能训练计划为例:训练以 400 米中速跑开始,以短距离冲刺跑结束,每周安排 2 次体能训练课,还要结合 2 次弹跳力和灵活性训练。计划的前 6 周为快速跑(快速跑可以从 400 米的距离开始,逐渐减至 200 米、100 米,运用 3/4 的全速),第 7 周开始全速跑,第 8 周上篮球场,训练内容包括快速跑、冲刺跑和有篮球练习(即场地有球练习),第 9~12 周的训练计划如表 10-3-4 所示。

表 10-3-4　NBA 篮球运动员赛前 4 周体能训练计划

周	日	练习	距离	休息时间
9	1	快速跑	2×100 米	30 秒
		快速跑	2×80 米	30 秒
		全速跑	12×40 米	30 秒
	2	全场一次折返跑 ×2~3 次		1.5 分钟
		半场-全场折返跑 ×2~3 次		1.5 分钟
		60 秒边线折返跑 ×2 次		3 分钟
10	1	快速跑	2×100 米	30 秒
		全速跑	2×80 米	30 秒
		全速跑	2×60 米	25 秒
		全速跑	2×40 米	25 秒
		全速跑	2×20 米	25 秒
		全速跑	2×10 米	25 秒

续表

周	日	练习	距离	休息时间
10	1	全速跑	2×20米	25秒
		全速跑	2×40米	25秒
		全速跑	2×60米	25秒
	2	全场一次折返跑×2~4次		1分钟
		半场–全场折返跑×2~3次		1分钟
		60秒边线折返跑×2		3分钟
11	1	全场一次折返跑×1次		1分钟
		半场–全场折返跑×1次		1分钟
		见线折返跑×2~3次		1分钟
		反向折返跑×2~3次		1分钟
		60秒边线折返跑×2次		2分钟
	2	全场一次折返跑×2~4次		1分钟
		半场–全场折返跑×2次		1分钟
		见线折返跑×2~4次		1分钟
		反向折返跑×2~4次		1分钟
		60秒边线折返跑×2次		2分钟
12	1	全场一次折返跑×2次		1分钟
		半场–全场折返跑×2次		1分钟
		见线折返跑×2~4次		1分钟
		反向折返跑×2~4次		1分钟
		60秒边线折返跑×2次		2分钟
	2	全场一次折返跑×2次		1分钟
		半场–全场折返跑×2次		1分钟
		见线折返跑×2~4次		1分钟
		反向折返跑×2~4次		1分钟
		60秒边线折返跑×2次		2分钟

四、快速伸缩复合训练计划制订

快速伸缩复合训练指能够使肌肉在最短时间内发挥最大力量的练习。其主要通过预先拉长肌肉、反向运动、助力运动等方式，利用肌肉和肌腱的弹性势能及牵张反射，实现更加快速有力的向心运动。有效的快速伸缩复合训练可对肌肉发力和功率输出起到促进作用，被视为篮球专项运动的基础，可通过提高产生力的速度来增强爆发力；通过提高储存和释放的弹性势能来增强反应力量；通过增强关节和身体连接处的力量，减少能量泄漏和增强力的传递效果。快速伸缩复合训练本质上是无氧运动，利用ATP-CP能量系统，允许肌肉在一次爆发性运动前储存最大的能量，发挥最大的爆发力。

（一）快速伸缩复合训练的类型

快速伸缩复合训练按照身体部位可分为上肢练习、下肢练习和躯干练习。例如，单腿跳是下肢的快速伸缩复合练习，头顶抛药球是上肢的快速伸缩复合练习，俄罗斯旋转抛接药球是躯干的快速伸缩复合练习。快速伸缩复合训练的下肢练习由双脚跳、交换跳、单脚跳三种基本跳跃方式组成。双脚跳最简单，交换跳的强度高于双脚跳，单脚跳强度最大，三种运动方式是从稳定的站立基础过渡到不稳定站立的过程，形成一定的难度进阶序列。在跳跃方向上，分为纵向、横向和旋转三类，难度逐级升高。在跳跃方式上，快速伸缩复合训练也需要逐步提高机体适应性，在训练中分为无反向式、有反向式和双接触式。无反向式在收缩环节前肌肉无拉长动作，如静止下蹲起跳中，运动员先蹲好，然后起跳，起跳中主动肌无离心过程。有反向式在收缩环节前肌肉有拉长动作，如从站立姿态迅速下蹲起跳，即下蹲后立即起跳，该动作有一个快速下蹲的离心阶段，紧接一个向心收缩的起跳，下蹲阶段使运动员的肌腱单位中储存了弹性势能，并刺激了牵张反射，因而增强了弹跳的爆发力。双接触式在肌肉拉长环节后有一次地面接触，然后紧接着收缩，如在垫步或助跑中起跳，其弹性势能的储存和牵拉放松让肌肉牵拉更为有效，进而加快了离心阶段的收缩，使得纵跳更为有力，跳得更高。

（二）快速伸缩复合训练计划案例

快速伸缩复合训练应包括准备活动、练习动作等内容，需要对练习动作的强度、量、频率和休息时间等进行合理设定。影响下肢快速伸缩复合训练负荷强度的因素有地面接触点（单脚跳＞交换跳＞双脚跳）、运动方向（旋转＞横向＞纵向）、运动方式（双接触式＞有反向式＞无反向式）、运动速度（速度加快，练习负荷相应加大）、练习高度（跳跃高度升高，练习负荷相应加大）和练习负重（承受的负荷重量加大，练习负荷相应加大）。快速伸缩复合训练的负荷量通常用一堂训练课中练习的组数和重复次数来表示，下肢练习通常用每堂课脚触地的次数或距离表示。一般每堂课下肢开始训练量，初级运动员为10~20次，中级运动员为20~30次，高级运动员为30~40次。在提高无氧功率的快速收缩复合训练中，需要运动员以最大努力完成练习，因而在练习中次与次之间、组与组之间、课与课之间都要达到完全、充分的体能恢复。如果没有足够恢复，接下来的练习可能变为有氧运动，动作质量和爆发力必定降低。例如，跳深练习次与次之间的恢复时间为5~10秒，组与组之间的恢复时间为2~3分钟，训练和休息的时间比例为1∶10~1∶5，一般针对同一块肌肉或同一肌群的快速伸缩复合训练需要48~72小时的恢复时间。因此，负荷量适宜安排为：训练频率/时间——2~4次/周，每次10~15分钟；动作数目——2~3个动作；训练组数/次数——≤5~8组/≤3~6次；组间间歇——1~3分钟；每天/每周次数——每天25~30次/每周≤120次（表10-3-5、表10-3-6）。

表 10-3-5　NBA 篮球运动员不同阶段快速伸缩复合训练计划

阶段	训练频率/时间	恢复时间	重复次数/组数	强度
赛季前	12周，每周训练1~2次，每次15~30分钟	每两次训练课之间恢复时间为48~72小时，每两组练习间隔时间为2~4分钟	每次训练课安排上肢或下肢快速伸缩复合训练总次数为80~120次	低强度
赛季中	练习周期根据赛季长短、比赛日程安排、练习强度和比赛上场时间进行调整，每周训练1~2次，每次15~30分钟	每两次训练课之间的恢复时间至少为48小时，每组练习间隔时间为1~3分钟	年轻队员，每项上肢或下肢练习总数应为25~75次；老队员，总数应为50~100次	中、低强度
赛季后	赛季结束4周开始，持续4周，训练时间缩短	恢复期应进行积极性休息活动	重复次数和组数均要减少	低强度
赛季休整期	一般12周，可根据比赛日程调整，每周训练2~3次，每次30~45分钟	每两次训练课之间的恢复时间为48小时，每组练习间隔时间为1~2分钟	年轻队员，每项上半身或下半身练习总数应为100~150次；老队员，总数应为150~200次	中、高强度

表 10-3-6　快速伸缩复合训练一周训练计划安排示例

天	方向	动作1 名称	动作1 组数/次数	动作2 名称	动作2 组数/次数	总次数
第一天（周一）	直线	跳箱双腿跳	无反向式：1组×5次 有反向式：2组×5次	栏架单腿跳	双接触式：2组×每边5次	25次
第二天（周二）	多方向	横向交换跳	有反向式：1组×每边5次 连续跳：3组×每边5次	向内/外单脚跳	双接触式：2组×每边5次	30次
第三天（周四）	直线	栏架双腿跳	有反向式：1组×5次 双接触式：2组×5次	垂直跳	连续跳：2组×每边5次	25次
第四天（周五）	多方向	横向交换跳	有反向式：1组×5次 连续跳：3组×每边5次	向内/外单脚跳	双接触式：2组×每边5次	30次

五、灵敏性及多向速度训练计划制订

灵敏性是运动员面对刺激能够快速改变运动方式的能力。灵敏性是一种复合性的运动能力，需要高度整合多种生理系统与体能要素。包括快速的反应和起动能力，以及同时保持平衡与控制姿势还能往正确的方向上进行加速、减速，让身体尽可能快速改变运动方向的能力。具有良好灵敏性的运动员能降低受伤的风险，避开场上对方运动员的阻截，在接球、运球、投篮和防守对手时保持正确的运动技术。通常运动员在场上只有短暂的时机进行身体的调整以便进行加速或减速，这种复杂的机制要求体能训练重点关注如何提高运动员的身体控制力。快速改变方向可能发生在身体处于各种稳定或不稳定姿势的时候，如站立（单脚或双脚）、躺姿（俯卧或仰卧）、坐姿和跪姿等。优秀运动员必须能在不同的情况下进行各种快速反应，流畅且快速地移动身体，这能让其在自身的运动项目中提高获胜的概率。

（一）灵敏性及多向速度训练的要素

灵敏性训练是多种训练方法的整合。灵敏性对运动员的移动、协调性、平衡感、爆发力、最优化的肌肉伸缩效率、稳定性、正确的技术、肌肉力量（脚落地与蹬地时地面的力量）、柔韧性、身体控制力、足部功能性、突然加速与减速能力都有要求，还包含认知的成分，如视觉观察、扫视速度和预判能力。虽然肌肉力量和爆发力都是影响灵敏运动表现的关键因素，但单独来看，它们和灵敏性的相关度并不高，因为灵敏性虽受这些因素互相作用的影响，但并非少数几种能力就能单独形成效果。因此，灵敏性训练需要多种形式，包括力量、爆发力、冲刺能力、运动项目所需的灵敏能力、平衡感、协调性和柔韧性训练。

（二）灵敏性及多向速度训练计划案例

与快速伸缩复合训练类似，灵敏性及多向速度训练开始时都应着重练习正确的技术与步法，而且应从基本的训练动作开始。基本动作没有复杂的脚步与多变的方向，掌握基本的训练动作之后才能过渡到更具挑战性的进阶训练。训练的强度也应随着动作的复杂度而提高。对于冲刺训练来说，最好是在运动员掌握基本的冲刺技术及冲刺能力已经有所提升（基础已建立）之后，再开始进行强度较高的超速训练和抗阻冲刺训练。冲刺动作最好安排在训练刚开始时，这时运动员的体能还处在最佳状态，疲劳尚未累积到影响技术的正确性。对于灵敏性训练来说，应该先训练折返次数较少的基本动作，这些动作通常是一维的，而且仅由1种或2种主要方法组成。利用绳梯的训练也是如此，应该先熟练基本动作（跳格子和多次跳训练），之后再进展到较复杂、涉及多种脚步变化的训练动作。高强度的灵敏性训练需要更高的反应能力，包含复杂的动作形态，多变的方向与频繁的加速/减速过程，同时也可以结合中高强度的增强式训练与基本的敏捷性训练。

篮球运动灵敏性训练应尽量缩短练习的时间，控制在10～20秒，每个训练都应包括多个方向的变化练习，如冲刺跑、后退跑、滑步、单腿跳、小跳、变向、旋转和大跳等。训练应以热身和柔韧练习开始，以放松练习结束。一个好的灵敏性训练计划应包括以下几个方面：时间不长；需要至少2～3个变向移动；强调侧移动；将侧移动融入前移和后移中，衔接要快；要求脚踝的灵活性。篮球运动员在赛季前和赛季后做灵敏性训练可以获得理想的效果（表10-3-7）。

表 10-3-7　NBA 篮球运动员灵敏性训练不同阶段计划安排示例

阶段	内容
赛季结束后	该阶段是运动员学习和发展各种新技术的重要阶段，整体的训练应以灵敏素质的练习为主，练习应该安排 2~3 天
赛季前	该阶段灵敏素质训练继续进行，训练时间适当缩短，强度要相应增大，根据运动员自身情况，每周安排 1~2 次练习即可
赛季中	该阶段灵敏素质训练大幅减少，可以只作为每天热身的一部分，具体练习次数根据运动员的不同需求来定

思考题

1. 简述篮球运动员体能专项特征。
2. 篮球运动员体能测试与评价需要注意哪些问题？
3. 功能性动作筛查（FMS）包括哪些内容？应该如何操作？
4. 篮球抗阻训练计划制订需要考虑哪些要素？
5. 请设计一套篮球动作准备训练计划方案。
6. 请设计一堂完整的篮球体能训练课。
7. 请设计一堂篮球抗阻训练课，目标是增大肌肉横截面积。

即测即评

CHAPTER 11　第十一章

篮球运动科学研究

【导读】

篮球运动科学研究是认识篮球运动规律的重要途经和方法，通过本章学习，期待读者具有正确的篮球科研态度，坚决反对学术不端，愿意探索、学习正确的科研程序和方法来研究篮球运动问题，掌握篮球运动科研写作规范，具备在篮球领域发现问题的意识及规范撰写篮球科研论文的基本能力。

篮球运动科学研究是在篮球运动领域内，揭示运动中的各种现象，探索其本质及其发展规律，并利用这些规律为篮球运动发展服务的实践活动。篮球科学技术的进步是篮球运动发展的动力，振兴篮球运动也必须依靠科学技术的进步。因此，加强篮球运动科学研究工作，对促进我国篮球事业的发展具有极其重要的意义。

第一节　篮球科学研究的基本程序

科学研究活动是人类能动地认识世界和改造世界的过程。对于一个具体的研究课题来说，从选题开始到研究工作结束，是一个不断深化的认识过程，在整个过程中，必须按一定的程序完成各项工作。篮球科学研究大致由选题、研究资料的收集与整理、撰写学术论文三个基本环节构成。

一、选题

（一）研究课题的主要来源

篮球科学研究的大量课题来源于篮球运动实践中遇到的共性问题、疑难问题、亟待解决的问题。因此，选题的基本途径如下。

1. 从篮球运动教学、训练、管理中发现问题

人们对篮球运动中的许多现象尚不能解释，只要留心观察、善于发现和联想，就能

发现具有研究价值的课题。

2. 从文献中发现问题

文献资料是前人创造、积累的科学成果，记录了研究人员的研究事实、数据及观点。学习这些资料既可了解相关问题的历史、现状及前沿动态，开阔眼界，启发思维，又可发现前人研究的薄弱环节及尚未研究的问题，从而寻找到新课题。

3. 从当前篮球运动改革与发展趋势中发现问题

社会主义市场经济的确立，促进了我国篮球运动的改革与发展，随之也产生了一系列新问题。宏观方面，有我国篮球运动各项制度改革的指导思想、基本模式、主要对策，篮球运动各项制度改革与运行机制等；微观方面，有推动我国篮球运动发展的内因与外因研究、我国篮球运动的现状分析、开拓我国篮球市场问题的探讨等。

(二) 选题的原则

1. 需要性原则

社会物质的生产需要是科学发展的根本动力，要使选题具有研究价值就必须从社会的需要出发。选择篮球科研课题时一定要面向篮球运动实践，适应篮球事业发展的需要。

2. 创造性原则

创造是科学研究的灵魂，也是篮球科学研究选题的根本原则，只有创新才能推动科学进步。选择的课题是前人尚未研究或未完全解决的问题，才能保证研究成果具有突破性与独创性。

3. 科学性原则

选题必须具有科学理论依据。科学上的任何重大发现，都是在前人研究成果的基础上进一步取得的。因此，选题必须以事实为依据，以科学理论为基础，综合考虑选题在经济上、科学原则上的合理性。

4. 可行性原则

可行性原则主要是指研究者选题时应从其具备的主客观条件出发，全面考虑研究课题的可行性。客观条件包括研究活动需要的各种资料、仪器、设备、经费、时间等；主观条件包括研究人员掌握本课题有关科学理论知识的程度，有关研究方法、手段、经验及研究能力等。

二、研究资料的收集与整理

(一) 收集研究资料

研究资料是验证假说、论证问题、形成科学理论所需要的科学事实，是研究工作所要完成的重要内容。研究资料包括文献（情报）资料和科学事实两大类。文献资料是前人积累的科学理论与研究成果的记录，是间接经验。研究人员只有紧紧围绕研究课题，尽可能多地收集文献资料，才能充分了解该课题的学术背景与前沿动态，才能为验证假说、论证观点提供有力的依据。科学事实是直接来自社会实践、来自篮球运动实践活动的具体事实，它为研究课题提供直接的研究材料，是科学研究中验证假说，提出新发现、新规律、新理论的先决条件。科学事实表现形式多样，可以是各类实验中获取的原始数据、事例反应的记录，也可以是观察、调查获得的第一手情况记录，包括数据、问卷材料、录音、录像、图片等。在收集资料的过程中必须坚持客观性与全面性，注意鉴别资料有效程度与可靠程度。这一阶段的工作既要有科学理论与方法的正确指导，又要求研究者具有勤奋顽强、勇于探索、不怕艰苦的精神，这样才能获取丰富可靠的研究材料。

（二）整理研究资料

对于通过实验观察、调查访问、临场统计、查阅文献资料所收集到的大量原始、零乱的研究材料，必须经过数理统计与逻辑处理，才能成为验证假说、形成科学理论的有效可靠的依据。

对于文献资料等定性类经验事实，主要采用系统方法和各种逻辑方法进行加工整理。首先，对资料进行汇总、分类、检验、筛选。而后结合研究的任务，运用比较、类比、归纳、演绎、分析等方法进行加工整理，揭示事物之间可能存在的联系与规律，得出研究问题的观点与结论。对于各种实验、测量观察中直接获取的数据应进行统计处理。运用各类指标数据的处理结果，对研究假设中的某些问题进行抽象判断，检验验证假说，提出结论，揭示规律。

这一阶段是验证假说的后期阶段，资料的加工整理是理性概括、逻辑分析和创造性加工的过程，基本完成了对研究假说的检验工作。

三、撰写学术论文

学术论文是科学研究的总结，是科研成果的反映。不同学科的论文格式与结构不尽相同，但大体上都由以下几部分组成。

（一）摘要

作为整篇论文的前序，摘要是为读者点明研究所要解决的问题，采用的方法，得到的结果、结论，以及创新点的简短概括。读者通常先阅读摘要，然后判断是否值得花费时间下载、阅读全文，可以弥补只阅读题目的不足。摘要担负着吸引读者和介绍论文主要内容的重要任务，读者无须查阅全文就可以获得参考，其还能为科技文献检索数据库的建设和维护提供方便。

（二）英文摘要

英文摘要中，时态的运用应以简练为佳，常用一般现在时、一般过去时，少用现在完成时、过去完成时，基本不用进行时和其他复合时态。作者所做工作用过去时，结论用现在时，多使用主动语态。

（三）关键词

关键词是为了满足文献标引或计算机检索及国际联机检索工作的需要，而从论文题名、摘要、层次标题及正文中选出来的用以反映论文主题概念的关键性词或词组，是论文文献检索的标识。关键词标引的一般选择办法为：纵观和通阅全文，对论文进行主题分析，弄清论文的主题概念和中心内容；尽可能从论文题名、层次标题、摘要及正文的重要段落中选出与主题概念一致的词、词组。通常位于摘要之后，3~5 个较为合适。

（四）选题依据

选题依据（或问题的提出、前言）部分是论文的引言，属于整篇论文的引论部分（开场白），介绍论文写作的背景、目的、主要研究成果及与前人工作的关系等，交代目前的研究热点、存在的问题及作者所做工作的意义。此部分的目的是引导读者进入论文的主题，让读者对论文中将要阐述的内容有心理准备。对引言的篇幅无硬性的规定，应视论文篇幅及内容表达需要来确定。

首先，要扼要地叙述为什么要研究这个课题，这个课题的意义何在。其次，要综述研究问题的历史和现状——前人研究了哪些问题，还有哪些问题没有解决。最后，要阐述研究的范围及研究的任务。引言部分内容应简要说明研究背景、研究问题、研究工作的目的及意义、研究工作的范围、研究设想和实验设计、预期结果等。应言简意赅，但不要与摘要雷同，不要写成摘要的注释。

（五）研究对象与方法

对研究对象的说明要清楚指出研究的主体，研究对象的数量、来源。研究方法部分要详细、完整地说明研究所采用的方法。采用实验法时要有实验方案，包括理论依据、施加因素、实验对象、效应观察指标和操作步骤等。采用观察统计、实地调查、访谈方法时要署名并讲述清楚对象、内容、时间及具体方法等。

（六）结果与分析

结果是论文中最为关键的部分，是整篇论文的立足点及价值所在。全文的一切结论、结语由结果得出，一切分析、讨论由结果引发，一切推理、判断由结果导出。结果通常包括结果的介绍（指出结果在哪些插图、表格或相关表述中列出）、结果的描述（描述重要的实验或观测结果）和结果的评论（对结果的说明、解释及与模型或他人结果的比较）。分析或讨论的作用是对结果给出意见或进行评论，目的在于阐述结果的意义，说明与前人所得结果不同的原因，根据研究结果继续阐述自己的见解。分析讨论的重点在于对研究结果的解释和推断，说明结果是否支持或反对某种观点、是否提出新的问题或观点等。

（七）结论与建议

结论是理论分析和实验结果的逻辑发展，是整篇论文的归宿。结论必须准确、鲜明、完整，必须与研究的课题内容相结合，必须在理论分析的基础上经过归纳、推理形成总的观点。结论部分主要包括：研究结果所揭示的原理、规律，所说明和解决的理论与实际问题；研究的创新点，对已有研究成果的补充、修改和证实；研究工作与他人（包括作者自己）已有研究工作的异同；获得的研究成果及其理论意义与实用价值；研究的局限性、遗留未予解决或尚待解决的问题，解决这些问题的可能的关键点、方向及基本思路；对进一步深入研究或相关课题的建议和意见，指明可能的应用前景及需要进一步深入研究的方向。

（八）参考文献

科学论文列举参考文献是科研工作者严肃的科学态度及研究工作具有广泛充分依据的反映。凡引用其他作者的观点和研究成果，都应在参考文献中说明出处。应按顺序列出论文所参考或引证的文献资料，注明编号、作者姓名、文献名称、有关章节和页数等。

第二节　篮球科学研究方法

所谓科学研究方法，是人们发现新现象、提出新理论的手段，是在科学活动中运用科学实践与理论思维的技巧。

现代科学技术对体育科学技术的渗透，体育运动的不断发展和人们对体育认识的日益深化，促使体育科学研究向深度和广度迅速发展，并逐渐形成了符合体育自身要求的研究方法。目前，观察法、调查法、实验法、逻辑方法、数学方法和"三论"方法等均已在体育科学领域得到广泛的应用，同样也在篮球运动科学研究中成为探索篮球运动发展规律的有力工具。

一、观察法

观察法是在自然条件下，通过人的感官或科学仪器，根据特定的目的，有计划地对研究对象进行系统考察，从而获得科学事实和资料，并运用有关方法加以整理，从现象到本质、从感性上升到理性，最后获得规律性认识的一种研究方法。

篮球运动科学研究中通常采用的临场技术统计，就是一种通过一些测量工具（目前常用的有计算机）对比赛进行定量描述的方法。摄像法则是利用智能手机、照相机、摄像机、电影摄影来记录所观察到的事物和现象，而后深入观察分析的一种研究方法。

二、调查法

调查法是研究者通过直接观察或间接了解研究对象的各种方式去收集反映研究对象的材料，是当前篮球运动科学研究常用的一种方法。根据调查对象的数量与范围的大小，可分为普通调查、典型调查、抽样调查等类型；根据调查的性质和内容，又可分为现状调查、回顾调查等。调查方式有访问调查法、问卷调查法、德尔菲（专家调查）法等。

（一）访问调查法

也称"研究性谈话调查法"，是通过有目的的谈话寻求研究资料的方法。访问调查法的步骤如下。

（1）取样。根据访问的总体特征和研究目的，决定抽样方法，决定访问的样本。
（2）制定访问时的提纲。
（3）进行访问。访问者要先表明身份、单位和访问目的等。
（4）记录答案，及时整理。

（二）问卷调查法

问卷调查是一种书面形式的调查，是以卷面形式提出若干问题来询问被调查对象，然后对所得材料进行分析的研究方法。问卷调查法的步骤如下。

1. 问卷的设计

调查问卷的内容应包括三大部分，即问卷的标题、问卷的说明和调查问题项目。调查问题部分，结构形式大体上有问题罗列式（陈述式）和表格式两种，也可将这两种形式结合运用。

（1）问卷的标题与说明。问卷的标题要反映调查内容，名称要确切、一目了然。问卷的开头应有一段简单的文字说明，简要讲明调查的目的、意义及请求对方帮助与支持，而后解释某些调查问题的概念和含义，说明回答问题的形式、要求，意见和建议填写在何处，是否须署名填答，请求填完问卷寄回的时间期限。最后应注明自己的姓名、工作或学习单位、邮编、地址、联系电话。措辞应谦虚并对接受调查者表示感谢。

（2）确定调查内容。问卷中所调查的问题，应紧紧围绕课题的研究任务及材料，而后对问题进行合乎逻辑的分解，使之成为明确的、互相独立的具体小问题。问题应简明，在排列上应注意将同类性质问题排在一起，可用一个小标题领题，并按问题的复杂程度由浅入深、先易后难排列，将简单的问题、容易的问题和对后面问题有启发意义的问题排在前面，而开放的问题和敏感的问题排在后面，避免成套可行性的问题排在一起。问题排列顺序要有逻辑性。

（3）确定回答问题的方式。根据调查问卷问题提问的形式不同，回答方式也不同。开放型（自由式）问题可根据被调查者的认识自由回答。这类问题多用于面访调查提纲，被调查者具有较高的文化素养与学识水平时。对封闭式问卷，应让被调查者在规定好的几个答案中选择一个，或把答案分为几个层次，让被调查者按其重要程度排出顺序。

2. 问卷的信度和效度检验

问卷的信度即问卷的可靠性，效度是问卷的有效性，信度是效度的前提。调查结果的信度与效度对结论推导的真实性有至关重要的作用，因此，保证问卷的信度与效度是研究者必须掌握的能力。

为保证问卷的信度与效度，研究者必须注意以下几个方面。

（1）设计问卷内容时，首先，要阅读有关文献资料与专业书籍，并经专家评定。其次，为避免设计的内容有所遗漏，应采取开放式与封闭式相结合的问题回答方式。最后，正式调查前，应通过小样本或小范围的预调查，验证问卷的可行性与有效性。

（2）进行信度与效度检验。信度一般是指所测得的数据的可靠程度，即调查材料反映实际情况的可靠、真实程度。

信度检验：通常以相关系数表示，常用的计算方法有两种。第一种是"测量再测量"方法，用测量与再测量的相关系数评估可靠性。第二种是折半法，即采用"分半信度"法求问卷的"内部一致性系数"，一般用于态度量表的信度检验。

效度检验：常见的问卷效度有内容效度与结构效度两种。内容效度指问卷的内容是否反映了研究课题所需要的全部材料。检验方法有两种，一种是表面效应检验，或称"逻辑分析检验"，是请有关专家全面审核评价问卷的内容性能，从问卷内容和逻辑关系上看问卷是否符合调查的目的、任务与研究的需要。另一种是评定量表，即分别对问卷内容的各大问题及其范围加以定量评定（评分），然后算出每个评分者的效度分数，最后求出全部专家总的平均效度分数。结构效度是问卷调查结果与问卷中问题的结构特征之间的对应程度。具体操作方法可在问卷调查前将问卷设计排列的问题打乱后随意排列，然后在小范围内（15人左右）请专家逐一判断每一问题属于哪一类问题，以及各类问题构成的总体结构是否与主题一致，如果专家判断问题分类正确率达80%以上，且总体结构与调查主题相符合，说明问卷的结构效度是有效的。

三、实验法

实验法是研究者利用一定的物质手段，人为地控制、模拟自然现象，排除非实验因素的干扰，突出主要因素，在特定的条件下通过实践探索自然规律的一种研究方法。实验的类型很多，主要有定性实验、定量实验、对照实验、模拟实验等。

任何科学实验都包括三个基本因素，即施加因素、实验对象和实验效应。

施加因素又称"处理因素"，即在实验中为揭示实验对象可能发生某种变化的突出因素，如提高投篮命中率实验中的某种训练手段与方法等。施加因素必须为规范稳定的、可操作实施的内容、方法、手段等。

实验对象泛指实验课题所涉及的全部对象，即实验研究的总体。从实验对象总体中抽出的实验个体称为"实验样本"，它是实施实验的受试者。

实验效应是指经过实验，施加因素对受试者的作用。为了解释施加因素在受试样本中产生的效应，必须通过一定的指标来进行观测，以便确定实验的效应程度。选择指标时，必须遵循指标的有效性、指标的客观性、指标的代表性及指标的标准化等原则，才能保证观测结果的正确性和可靠性。

第三节 篮球科学研究成果的评价

科学研究成果是研究人员辛勤劳动的结晶，也是国家的重要财富，做好科学研究成果的评价不仅关系到正确评定科研人员的劳动成果，而且直接关系到科学研究成果的推广和应用。随着现代科学的发展和体育科学研究管理水平的提高，体育科学研究成果的评价正向着科学化、定量化和统一标准化发展。体育科学研究成果一般表现为体育科学理论研究成果、体育应用技术研究成果和软科学（主要指科技情报管理决策、战略研究等）研究成果。对于体育科学理论研究成果和软科学研究成果，主要通过评审的方式进行评价；对体育应用技术研究成果，一般采用鉴定的方式进行评价。但不论以何种方式进行评价，都应遵循以下原则和标准。

一、科学研究成果评价原则

（一）综合评价原则

综合评价是指对科研成果的学术价值、技术价值、经济价值和社会价值等进行全面的评价。

（二）实践检验的原则

各种科研成果的学术价值、经济价值和社会价值都要经过一段时间的实践检验，取得足够的、正确的参数，并与国内外同类研究对比、鉴别，才能得出正确的评价。

（三）实事求是原则

评价科研成果必须有实事求是的科学态度。对成果探索的深度、功能、适用范围要如实评价。要正确区分继承与创新问题，重视实际数据，才能做出公正的评价。

（四）保密原则

参与评价的人员有保密责任，对成果的具体资料、技术指标、各种参数应保密，严禁私自扩散。

二、篮球科学研究评价的标准

由于不同学科和专业的科研成果各有特点，因此，评价的标准也不尽相同，但一般都应考虑以下几个方面。

（一）学术价值

学术价值指成果的理论价值，具体包括：一是存在的社会现象的特性和规律在篮球运动发展中有重大意义；二是提出的论点具有先进性；三是修正或补充传统理论。

（二）技术价值

技术价值指某些训练方法、手段和仪器设备的开发研究对于提高篮球运动水平、促进篮球运动发展具有现实意义与实际作用。

（三）经济价值

经济价值指研究的成果推广应用后产生的经济效益，或能为发展篮球事业节约资金。

（四）社会价值

社会价值即社会影响，在篮球科研中，能获得比赛成绩的成果和能促进全民健身的成果均有良好的社会价值。

思考题

1. 篮球科研论文选题主要来源有哪些?
2. 篮球学术论文一般包括哪几部分?
3. 篮球常用科研方法有哪些?
4. 篮球科学研究的基本程序包括哪些?

即测即评

CHAPTER 12

第十二章 三人篮球和小篮球运动

> 【导读】
> 　　三人篮球运动是在五人篮球运动基础上演变而来的，是篮球运动发展的重要形式，小篮球运动是适合12岁及以下少年儿童玩的运动项目。通过本章学习，期待读者能够从篮球裁判视角欣赏三人篮球和小篮球比赛，对三人篮球和小篮球比赛中的公平公正、遵守规则、团结协作、勇于担当、顽强拼搏、永不放弃等育人价值有正确认识，能够以教育者身份指导三人篮球和小篮球教学，具备从事三人篮球和小篮球裁判和教学的基本能力。

　　三人篮球是一种起源于美国的篮球形式，相较于五人篮球，注入了更多的灵活性和竞技色彩。它不仅对个人技巧有较高要求，还格外强调团队协作能力，既富有挑战性，又充满趣味性。小篮球运动是根据少年儿童的生理心理特点，在成人篮球比赛规则的基础上，专为12岁及以下的少年儿童设计的篮球运动，旨在通过适宜的比赛规则和设备，让孩子们在轻松愉快的氛围中体验篮球的魅力，锻炼身体，提高团队协作能力，并培养他们的篮球兴趣和技能。

第一节　三人篮球运动发展简介

　　三人篮球运动最早出现在20世纪60年代的美国街头。作为街头篮球的一种最主要的表现形式，该项目对于场地设施要求比较简单，一般设在公园和街头，竞赛形式随意，只要街上的人愿意，可以任意几人组成一队参加比赛，在强节奏感的音乐伴奏下，参与者可以全身心地投入运动，达到娱乐、健身等目的。20世纪90年代在德国法兰克福举办的"首届世界三人篮球锦标赛"，以及1992年在德国举办的首届阿迪达斯街头篮球挑战赛标志着街头篮球开始走上国际化的道路。自2007年起，国际篮球联合会（FIBA）着重发展三对三篮球并致力于向全世界推广。在筹备2010年新加坡青奥会的过程中，FIBA集中精力统一创立和改编世界三对三篮球比赛规则，而青奥会也检验了三对三篮球成为全球性赛事的可行性。2011年以后，三人制篮球进入快速发展的时期，2012年FIBA制定官方三人制篮球竞赛规则，同年在希腊举办了第一届世界三对三篮球锦标赛，这些都是三人篮球迈向国际舞台的重要一步。近年来，三人篮球运动在FIBA的积极推动下在世界许多国家蓬勃发展，国际篮联三人篮球世界杯、国际篮联三人篮球世界巡回赛等已经形成品牌赛事。目前，三对三篮球是青奥会、亚青会、亚沙会正式比赛项目。2018 年三人篮球成为亚运会正式比赛项目，国际学生联合会每年也举办世界大中学生三人篮球赛。2017 年 6 月 9 日，国际奥林匹克委员会官方宣布三人篮球成为 2020 东京夏季奥运会比赛项目。

三人篮球运动是在篮球运动基础上创立的，所以该项运动技术既具有篮球运动技术的基本特征，同时又有着其自身特点。因场地大、人数少、攻守转换节奏快，所以个人技术更容易发挥，个人攻击在比赛中作用明显，主要技术包括移动技术（跑、跳、急停、转身、滑步等无球动作方法）、控制和支配球技术（运球、传接球、投篮等有球动作方法）和争夺球技术（抢球、打球、断球、抢篮板球等动作方法），以及这些技术动作组合。三人篮球比赛规则是随着球权的控制与争夺，双方在每回合 12 秒的时间内不断攻守转换。三人战术表现在队员位置的部署、球和人移动路线、攻击区域、配合时机、层次和变化等方面，包括三人进攻战术配合和防守战术配合，常用进攻战术配合有传切配合、突分配合、策应配合、掩护配合（有球掩护和无球掩护），常用防守战术配合有关门配合、夹击配合、补协防配合、防守掩护配合（挤过配合、穿过配合、绕过配合、交换防守配合、延误防守配合）等。

三人篮球运动在我国的发展是从 20 世纪 90 年代中期开始的。2013 年 7 月，国家体育总局篮球运动管理中心正式成立三人篮球办公室；2018 年雅加达亚运会三人篮球比赛，中国男女篮双夺冠；2019 年三人篮球世界杯比赛中，中国女篮勇夺冠军，成为我国篮球项目在世界大赛中的首个冠军；2020 东京奥运会上，中国女子三人篮球队勇夺铜牌。

第二节　三人篮球比赛规则

一、比赛场地和用球

（一）比赛场地

1. 比赛场地概况

比赛应在拥有一个球篮的场地上进行。标准的三人篮球比赛场地面积应为 15 米（宽度）×11 米（长度），包括一条罚球线（5.80 米）、一条两分球线（6.75 米），以及球篮正下方的一个"无撞人半圆区"。也可以使用传统篮球场的半个比赛场地。

2. 界线/界外区域

比赛场地由底线（球篮后方）、端线（球篮对侧）和边线组成的界线所界定，这些线不是比赛场地的一部分。比赛场地外围应设额外的界线区，即端线外 1 米、边线外 1.5 米（场地受限时至少 1 米）和底线外 2 米。

记录台和座椅应置于左侧（面向球篮时）端线的后方。记录台一侧需提供两个座位（每队一个）给替补队员。特殊情况下（场地受限时），记录台可以切入端线一角。

（二）比赛用球

三人制篮球正式比赛采用的是 6 号球大小、7 号球重量的比赛用球。

二、球队

每支球队由不超过 4 名队员组成（其中 3 名为场上队员、1 名为替补队员）。不允许教练员在比赛场地、替补席或者场外提供比赛指导，队员在比赛期间与场外任何人员不恰当的互动或者队员同教练员之间任何形式的交流都被认为是违反体育运动精神的行为，应给予该队一次警告，其后续类似行为将导致技术犯规。

三、裁判团队

比赛裁判团队由不超过 2 名临场裁判员、3 名记录台人员和 1 名赛事监督（如到场）组成。

四、比赛的开始

比赛开始前，双方球队应同时进行热身。双方球队以掷硬币的方式决定第一次球权归属，获胜一方可以选择拥有比赛开始时的球权或拥有可能进行的决胜期开始时的球权，每队必须有 3 名队员在场上才能开始比赛。

五、得分

每次从圆弧线以内区域出手中篮，计 1 分；每次从圆弧线以外区域出手中篮，计 2 分；每次罚球出手中篮，计 1 分。

任何情况下，防守球队在控制球后如果没有把球转移出圆弧线就投入球篮，则形成未清洁球违例，球中篮将被取消，包含控制球情况下的拍击和补篮。

六、比赛时间 / 比赛胜者

（一）比赛时间

常规的比赛时间为 10 分钟，在死球状态下和罚球期间应停止计时。

以下情况应开启比赛计时：在交换球情况下，在完成交换球程序后进攻队员可处理球时；在最后一次成功的罚球后，新的进攻球队控制球时；在最后一次不成功的罚球后，活球状态下球触及任何场上队员或被任何场上队员触及时。

（二）比赛胜者

在常规比赛时间结束之前，某队率先得到 21 分或以上则获胜。"突然死亡"规则仅适用于常规的比赛时间（不适用于可能发生的决胜期）。

如果常规比赛时间结束时两队比分相等，则应进行决胜期比赛，决胜期开始前应有 1 分钟的休息时间，在决胜期率先取得 2 分的球队获胜。

如果在预定的比赛开始时间，某队在赛场上准备比赛的队员不足 3 人时，该队因弃权而告负。在基层比赛中该规则不强制执行。如果某队在比赛结束前离开场地或所有队员受伤和/或被取消比赛资格，则该队因缺少队员而告负。在此情况下，胜队可以选择保留该得分或以对方弃权处理；同时，因缺少队员而告负的球队在任何情况下得分都登记为 0。

七、替换

当球成死球并且双方完成交换球或执行罚球之前，允许任一队替换队员。替补队员在其队友离开场地并与之发生身体接触后，方可进入比赛场地。替换只能在球篮对侧的端线外进行，替换无须临场裁判员或记录台人员发出信号。

八、暂停

每支球队拥有 1 次暂停机会，死球状态下任一队员均可以请求暂停。每次暂停应持续 30 秒钟。暂停和替换只能在死球期间进行，在活球情况下不可暂停和替换。

九、如何打球

（一）交换球

1. 交换球定义

死球状态下给予任一队的球权，应以双方在场地顶端的圆弧线外的交换球开始，即一次场地顶端圆弧外（防守队与进攻队队员之间）的传递球。

2. 交换球规则

进攻队员在比赛场地顶端的圆弧线后（面向篮板）进行交换球（双脚既不在圆弧线内，也不在线上）。

防守队员面向进攻队员站立，应以正常的篮球传球方式将球递交或反弹给对方，允许进攻队员控制球。交换球时，进攻队员和防守队员之间应保持合理的距离（大约 1 米）。

在比赛期间，如果防守和进攻队员在正确的位置上进行交换球，裁判员不需要介入。如果队员没有在正确的位置上（或错误地）执行交换球，裁判员应直接将球传给防守队员，并且确保交换球正确进行。常规比赛时间或决胜期开始的时候，交换球应由裁判员管理。

（二）清洁球

1. 清洁球定义

清洁球是一种比赛方式，新的进攻队获得第一次球权后，需从圆弧线后开始尝试投篮。若圆弧外的持球队员双脚都不在圆弧线内，也没有踩踏圆弧线，则被认为"处于圆弧线外"，故该队员被认定为已经清洁球。

2. 清洁球规则

（1）每次投篮中篮或最后一次罚球中篮之后（除非某队拥有随后的球权），则：非得分队的队员在场内球篮下方（而非端线以外），将球运或传至场地圆弧线外的任意位置的方式继续比赛，此时不允许防守队员在球篮下方的"无撞人半圆区"进行防守。当队员的任一脚都不在圆弧线内或线上时，才被认为是"处于圆弧线外"。

（2）在每次投篮没有中篮或最后一次罚球没有成功后（除非某队拥有随后的球权）：如果进攻队员抢到篮板球，他可以继续尝试投篮得分，不需要将球转移到圆弧线外。如果防守队员抢到篮板球，他必须将球转移至圆弧线外（通过运球或传球的方式）。

（3）如果防守队抢断或封盖获得球，必须将球转移至圆弧线外（通过运球或传球的方式）。

3. 清洁球罚则

如果未清洁球之前，球离开了尝试投篮队员的手，这是"未清洁球"违例，球中篮无效。应判给对方一次交换球。

（三）跳球情况的球权

发生跳球情况时，由之前场上的防守队获得球权。

（四）背打 3 秒规则

清洁球后，一名进攻队员在圆弧线内，不能背对或侧对球篮运球超过持续 3 秒钟。

（五）12 秒进攻规则

一名队员在场上获得控制活球时；交换球中，当交换球完成，球已在进攻队员手中时；每次成功的投篮和最后一次罚球之后，球在非得分队队员的手中时，该队必须在 12 秒之内尝试投篮。

十、犯规 / 罚球

（一）侵人犯规的罚则

1. 对没有做投篮动作的队员发生犯规

由非犯规队执行交换球重新开始比赛。如果犯规队处于全队犯规处罚状态，则按照相关条款执行罚则。

如果控制活球队的队员或拥有球权队的队员发生了 1 次侵人犯规，应判对方队员执行一次交换球。

2. 对正在做投篮动作的队员犯规的罚则

对正在做投篮动作的队员犯规，如果球中篮应计得分，并追加 1 次罚球。若此时全队犯规累计达 7 次以上，应判给 2 次罚球。

对正在做投篮动作的队员在圆弧线内犯规，如果球未中篮判给 1 次罚球。若此时全队犯规累计达 7 次以上，应判给 2 次罚球。

对正在做投篮动作的队员在圆弧线外犯规，如果球未中篮判给 2 次罚球。

3. 全队犯规累计处于处罚状态下的罚则

全队犯规是指该队队员或替补队员被判罚的侵人犯规、技术犯规、违反体育运动精神的犯规或取消比赛资格的犯规。某队全队犯规已发生了 6 次时，该队处于全队犯规处罚状态。队员不因个人犯规的次数被判出局。

全队累计第 7、第 8 和第 9 次犯规，判给对方 2 次罚球。全队累计第 10 次及随后的犯规，判给对方 2 次罚球和球权。此条款也适用于违反体育运动精神的犯规和对在做投篮动作队员的犯规，技术犯规不适用。

（二）双方犯规的罚则

双方犯规的处理永远是双方的罚则相抵消，不论球队犯规状态或犯规为队员的第 1 次或第 2 次违体犯规。抵消双方球队的相等罚则后，将球权判给原先控制球的队或应获得球权的队，进攻计时钟不应复位，若任一队既没有控制球也没有球权时，一次跳球情况发生，将球权判给最后一次进行防守的球队，重置 12 秒钟进攻计时。

（三）技术犯规的罚则

1. 延误比赛的行为

除了五人制篮球规则中关于技术犯规的条款适用于三人制篮球比赛规则之外，三人制篮球对通过下列方式延误比赛的行为第一次出现要进行警告，第二次出现要判罚技术犯规。

（1）投篮或罚球成功时，在球穿过球篮之后，故意地触及球或阻碍新的进攻队立即拿球。

（2）投篮或罚球成功时，在球穿过球篮之后，没有防守队伍阻碍的情况下，故意不立即拿球。

（3）投篮或罚球成功后，在无撞人半圆区内积极防守。

（4）阻碍交换球或罚球程序的迅速执行。

（5）与比赛场地之外的人进行不恰当的互动或比赛过程中队员和教练员之间任何形式的交流。

2. 技术犯规的罚则

一次技术犯规应登记 1 次全队犯规。技术犯规的罚则应总是立即执行并优先于其他罚则。所有的技术犯规总是判给对方 1 次罚球，完成 1 次罚球后，判罚技术犯规时控制球的队或拥有球权的队应执行交换球程序，比赛按照下述方式进行（表 12-2-1）。

表 12-2-1　技术犯规的罚则

防守队员技术犯规	进攻队员技术犯规	没有球队拥有球权
1 次罚球	1 次罚球	1 次罚球
进攻队球权	进攻队球权	最后一次防守队拥有球权
复位进攻计时钟至 12 秒	进攻计时钟不复位	复位进攻计时钟至 12 秒
技术犯规的罚则应总是立即执行并优先于其他罚则		

（四）违反体育运动精神犯规的罚则

应登记犯规队员 1 次违反体育运动精神犯规，并登记 2 次全队犯规（表 12-2-2）。

队员第 1 次违反体育运动精神的犯规应判给对方 2 次罚球，但不给予球权。若队员的第 1 次违反体育运动精神的犯规是对正在做投篮动作的队员犯规，且球中篮，得分有效，并判给对方 2 次罚球。

队员第 2 次违反体育运动精神的犯规应判给对方 2 次罚球和球权。若队员的第 2 次违反体育运动精神的犯规是对正在做投篮动作的队员犯规，且球中篮，得分有效，并判给对方 2 次罚球和球权。

当一名队员被登记了 2 次违反体育运动精神的犯规时，应该取消他本场剩余比赛的资格。

表 12-2-2　违反体育运动精神犯规的罚则

队员违反体育运动精神的犯规	全队犯规 1~6 次	全队犯规 7~9 次	全队犯规 10 次及以上
第 1 次	两罚	两罚	两罚一掷
第 2 次	两罚一掷	两罚一掷	两罚一掷

（五）取消比赛资格的犯规的罚则

应给犯规队员登记一次取消比赛资格的犯规并登记 2 次全队犯规。

每当犯规队员依据这些规则的各个条款被取消比赛资格，他应离开比赛场地。

如果是一起非身体接触犯规则判给对方任一队员 2 次罚球，随后执行交换球。

如果是一起身体接触犯规则判给被侵犯的队员 2 次罚球，随后执行交换球。

一名球队成员被取消本场比赛的资格，也可能被竞赛组织者继续取消整个赛事的参赛资格。

十一、球队的名次排列

下列原则将适用于小组赛和整个赛事的球队排名（巡回赛排名除外）。

如果球队在比赛相同阶段战绩相同，应按照下述步骤依次进行比较。每个步骤只能被使用一次。如果两队在一步比较之后依旧无法分出名次，则进行下一步的比较。

（1）获胜场次最多（或胜率最多，如果出现小组之间比赛场次数量不同的情况）。

（2）两队之间的比赛结果（只考虑胜负，仅适用于小组内排名）。
（3）场均得分最多（不考虑因对方弃权而获胜的得分）。
如果经上述三个步骤的比较后依旧相同，则具有更高种子队排位的球队名次列前。

第三节 三人篮球比赛裁判方法

一、裁判员落位与职责

（一）追踪裁判（T）落位与职责

（1）保持在场内落位，除非球靠近边线或球篮对侧的边线。
（2）站在记录台对侧。
（3）主动调整位置以保持开角。
（4）关注比赛时间和进攻时间。
（5）做得分手势。

（二）前导裁判（L）落位与职责（图 12-3-1）

（1）靠近底线的场外。
（2）站在记录台同侧。
（3）保持躯干与篮筐前沿成 45°。
（4）主动调整位置以保持开角。
（5）关注比赛时间。

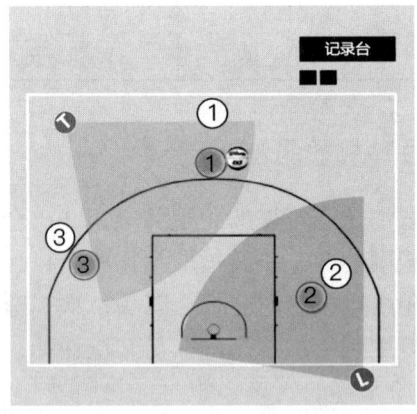

图 12-3-1 三人篮球比赛裁判员观察区域

二、裁判员区域分工（图 12-3-2）

追踪裁判 T——负责绿色区域的覆盖。追踪裁判主要负责高位的区域，运用执裁防守的原则，积极寻找开角。

前导裁判 L——负责蓝色区域的覆盖。前导裁判主要负责低位的区域，运用执裁防守的原则，积极寻找开角。

追踪裁判和前导裁判的共管区是红色区域。追踪裁判和前导裁判对共管区的违犯都有责任。

图 12-3-2　三人篮球比赛裁判员区域分工

三人篮球比赛裁判员区域分工

三、基本裁判方法

（一）球出界手势

（1）原控制球队的球权：裁判员手指应指向球篮方向。

（2）对方球权：裁判员手指应指向中线方向。

（二）交换球

除比赛开始，裁判员需要执行交换球程序。如需要裁判员执行交换球程序，裁判员应先将球递交给防守队员，防守队员再将球递交给进攻队员。在比赛中，裁判员不主动介入交换球程序。交换球交由队员自我管理，裁判员无须递交球，交换球通常是在比赛计时钟没有开启的情况下进行。

（三）清洁球

队员没清洁球就尝试得分时，给手势和语言提醒（图 12-3-3），在球离手瞬间宣判违例。

（四）背打 3 秒

在队员开始背打 3 秒时，裁判员需给出清晰的读表手势。

图 12-3-3　清洁球手势

（五）延误比赛

当某队发生第一次延误比赛的情况时，裁判员应采用手势和口语警告该球队。之后，他需与同伴建立目光联系。因为下次再发生需判罚，可能发生在对方的区域。当该队再次发生延误比赛的行为时，裁判员应立即判罚该队技术犯规。

（六）换人

在换人时，队员可以在死球期间（球中篮不是死球情况）自行替换，不用向裁判员和记录台汇报。裁判员要注意观察队员替换的时机和程序是否合法。

（七）暂停

暂停只能发生在死球期间，正常暂停由球队提出。某队暂停时，裁判员应鸣哨做出暂停手势（同五人制裁判法），6 分 59 秒与 3 分 59 秒之后的第一个死球时是媒体暂停，裁判员应鸣哨同时做出媒体暂停手势给出暂停。暂停期间，裁判员应观察是否有非法指导。

（八）宣判犯规

裁判员宣判普通犯规或技术犯规时无须报号换位，与记录台建立目光联系即可。

裁判员宣判违反体育运动精神的犯规和取消比赛资格的犯规时，需向记录台报告队员号码、犯规性质和罚则。在通常情况下，裁判员在场上不要交换位置。

四、记录表记录方法

记录员应在挑边程序（掷硬币）后，登记哪支球队拥有比赛开始的球权。

累计分的记录方法如下（图 12-3-4）。

对任一有效的 1 分球投篮得分画一斜线（右手画"/"，左手画"\"），对任一有效的罚球得分涂一实圆（●），对任一有效的 2 分球投篮画一圆圈套住。

然后，在新的得分总数同一侧的空格内，（在新的"/"或"\"或"●"）记录投篮或罚球得分的队员号码。

A			B
	1	1	
9	②	②	23
0	3	3	15
9	4	4	17
11	5	5	15
0	6	6	15
11	●	7	15
11	●	8	
11	●	⑨	23
		10	23
0	⑪	11	15
11	12	12	

得分（常规时间） A <u>17</u>　B <u>17</u>

得分（决胜期） A <u>18</u>　B <u>19</u>

图 12-3-4　记录表记录方法示意图

第四节　小篮球比赛方法

小篮球运动是专为12岁及以下少年儿童设置的，使用简化的规则、缩小的球场和篮球、降低的篮架而进行的一项对抗性游戏项目。小篮球运动尊重少年儿童身心发育规律和人才培养规律，遵循篮球运动发展规律，通过改变成人的规则来适应孩子们的身心发展。比赛分为五对五、四对四、三对三等几种不同的形式。

一、小篮球五对五比赛

（一）场地

1. 球场

球场的表面应是平整、坚实、无障碍物的。球场尺寸可以根据当地设施而调整，标准的尺寸为长28米，宽15米（图12-4-1）。尺寸可以根据场地实际情况按比例缩减，在26米×14米～12米×7米的相同比例下变化。

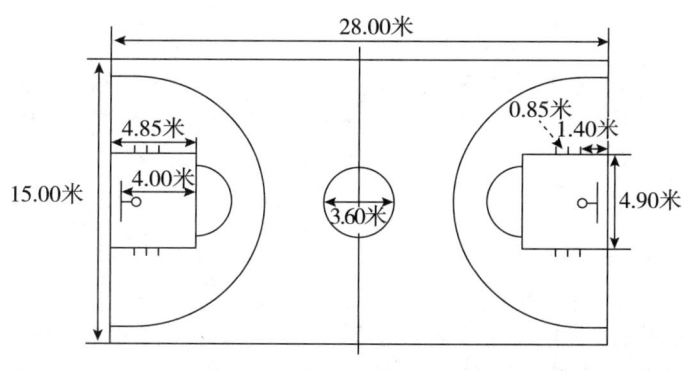

图12-4-1　小篮球场地

2. 线

所有的场地线必须为5厘米宽并且清晰可见，罚球线距篮板4米。没有3分投篮线和区域。界线的长边叫作"边线"，短边叫作"端线"。

（二）器材

1. 篮板

每块篮板应由表面平整的、坚硬的木材或适宜的透明材料制成。篮板横宽为1.2米，竖高为0.9米。篮板上所有的线均为5厘米宽。

2. 球篮

根据不同年龄段的划分，篮圈的高度也是不同的。11～12岁的球篮的高度距离地板

2.75米，9～10岁的采用2.60米，7～8岁的采用2.35米（图12-4-2）。

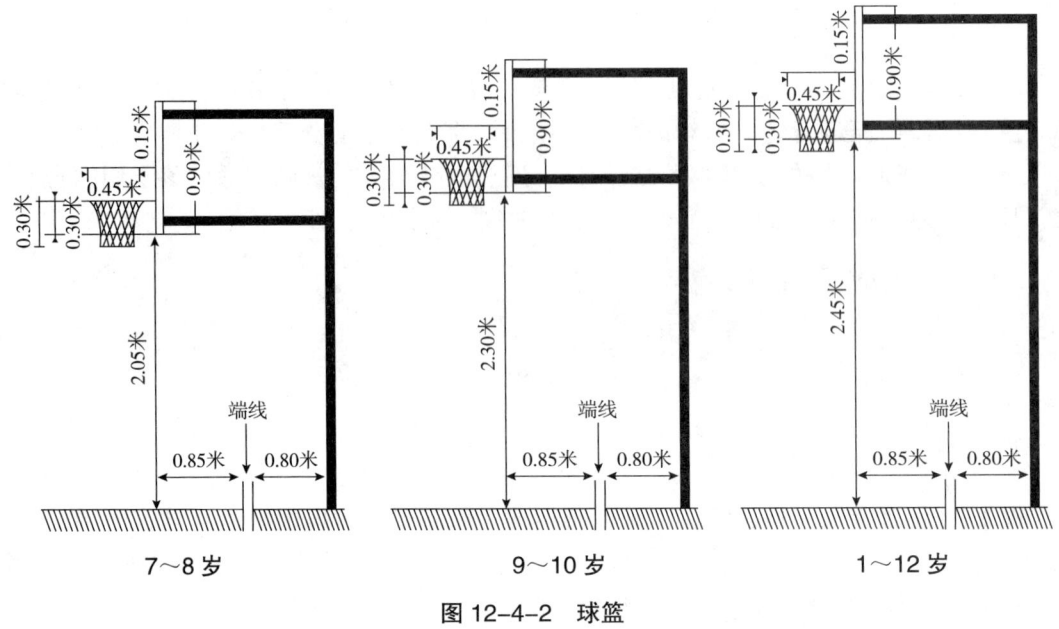

图12-4-2 球篮

3. 篮球

9～12岁的孩子们应使用5号球，周长为69～71厘米并且重量为470～500克。8岁及以下的孩子们应使用4号球，周长为62～66厘米并且重量为430～460克。

（三）球队

1. 队员和替补队员

每队由12名球队成员组成，5名场上队员和7名球队席上的替补队员。比赛中，5名队员在场上并且可以被替换。每队必须有1名教练员和1名队长。比赛开始前，球队需到场10人方可比赛。

2. 上场分组情况

教练员应将本队的12名队员分成两组阵容，在比赛开始前报告给记录员。每组6名队员，其中5名场上队员，1名替补队员，分别参加第1节和第2节比赛。半时结束，教练员可重新调配两组阵容，分别参加第3节和第4节比赛。

由于队员受伤、取消比赛资格犯规或宣判队员个人5次犯规必须被替换下场，造成某一组场上队员不足5人时，则由对方教练员在另一组阵容中挑选队员替补上场。

（四）比赛通则

1. 比赛时间

比赛应由4节组成，每节6分钟。比赛在死球状态下和罚球期间应停止比赛计时钟。

在上半时的第1节和第2节之间、第3节和第4节之间都应有1分钟的比赛休息时间。上、下半时之间的比赛休息时间应是5分钟。

2.比赛结束和胜负得分

比赛计时钟结束信号响时，表明比赛结束。如果第4节结束时比分相等，应保持该比分且不进行加时赛，由每队第4节参赛的5名队员依次进行罚球，累积分多的队胜；如两队罚完球后比分依然相等，则采用一对一罚球方式，直至决出比赛胜负。

3.得分

由于参加小篮球比赛的队员力量小，远投容易造成错误的动力定型。为了掌握正确的投篮技术动作，减小比赛结果的偶然性，小篮球比赛删减了3分投篮。因此，一次罚球中篮计1分，其余区域的任何投篮都计2分。

4.暂停

为了不过多地中断比赛，并培养小球员自己在场上的灵活应变能力和团队沟通协作能力，小篮球比赛的上、下半时分别只有一次可登记的暂停，时长30秒。

（五）违例

时间违例

由于队员年纪较小，对战术的执行和跑位相比成人会慢一些，为了给予充分的进攻时间，组织有效的进攻，鼓励积极主动的防守，小篮球比赛在保留了3秒和5秒的限制的同时，删减了8秒进入前场的限定和24秒进攻时间的限定，但对于比赛中故意拖延时间的行为，裁判员会给予警告甚至取消球权的处罚。

（六）犯规

1.侵人犯规

与成人比赛相同，小队员们不应通过伸展他的手、臂、肘、肩、髋、膝、脚或将身体弯曲成"不正常的姿势"去拉、阻挡、推、撞、绊对方队员，或阻止对方队员行进，也不应使用任何粗暴的战术。

如果对没有做投篮动作的队员发生犯规，应将球判给对方掷球入界。如果对正做投篮动作的队员发生犯规，而投篮不成功，则应判给2次罚球。如果对正做投篮动作的队员发生犯规，并且投篮成功，则不判给罚球，由对方在端线掷球入界开始比赛。

2.违反体育运动精神犯规

同成人篮球比赛一样，小篮球也设有违反体育运动精神犯规。只是在罚球结束后的掷球入界由同一队在记录台对面的中线延长线掷球入界。

3. 取消比赛资格犯规

任何恶劣的违反体育道德的行为都是取消比赛资格的犯规。如有小球员被判取消比赛资格的犯规，应判给对方 2 次罚球，随后由同一队在记录台对面的中线延长线掷球入界。

4. 技术犯规

除了成人比赛中关于技术犯规的规定以外，小篮球比赛还有如下的技术犯规处罚。

为了培养和增强小球员积极主动的防守意识，锻炼个人防守技术，为小球员今后打好防守基础，规定人盯人防守是小篮球比赛中唯一的防守形式，不允许任何形式的区域联防。违反"区域防守原则"规定，将给予防守队一次技术犯规，由进攻队获得 1 次罚球机会，随后由原进攻队在比赛中断处界线外掷球入界开始比赛，但不计入教练员犯规次数，教练员不会因累计 2 次技术犯规被取消比赛资格。

为了定义杜绝通过区域联防获利的行为，小篮球比赛增设了防守 3 秒的限定。即某防守队员站在本队限制区内防守时，没有去防守任何一名特定的进攻队员时，那么这位防守队员不得在限制区内停留超过持续 3 秒钟。其判定依据是计时始于进攻队在前场控制球时，任何防守队员位于限制区内，必须在 3 秒钟内处于积极防守一名对方队员的状态。其积极防守的含义是，距离一名进攻队员不超过一臂，并处于防守的位置。如果违反了防守 3 秒钟的规则，将由进攻队获得一次罚球机会，随后由同一队在记录台对面的中线延长线掷球入界。判给防守 3 秒钟的队员技术犯规，个人累计技术犯规 2 次将被取消比赛资格。

（七）一般规定

1. 队员 5 次犯规

一名队员发生了 5 次侵人犯规和技术犯规，应立即离开比赛，必须被替补队员替换。

2. 全队犯规处罚状态

为了鼓励队员积极主动的防守，减轻队员心理压力，简化比赛，保持比赛流畅性，小篮球规则删减了全队犯规处罚。

（八）记录表（图 12-4-3）

小篮球比赛记录表

比赛队

A队 ________________

B队

比赛名称

____

比赛编号 ________________

日期 ________________

时间 ________________

地点 ________________

比赛裁判员

主裁判员 ________________

副裁判员 ________________

A队 ________________

颜色________　暂停 ☐ ☐

上场队员					队员姓名	犯规次数					
1	2	3	4	5		号码	1	2	3	4	5

教练员

助理教练员

B队 ________________

颜色________　暂停 ☐ ☐

上场队员					队员姓名	犯规次数					
1	2	3	4	5		号码	1	2	3	4	5

教练员

助理教练员

A	B	A	B
1	1	41	41
2	2	42	42
3	3	43	43
4	4	44	44
5	5	45	45
6	6	46	46
7	7	47	47
8	8	48	48
9	9	49	49
10	10	50	50
11	11	51	51
12	12	52	52
13	13	53	53
14	14	54	54
15	15	55	55
16	16	56	56
17	17	57	57
18	18	58	58
19	19	59	59
20	20	60	60
21	21	61	61
22	22	62	62
23	23	63	63
24	24	64	64
25	25	65	65
26	26	66	66
27	27	67	67
28	28	68	68
29	29	69	69
30	30	70	70
31	31	71	71
32	32	72	72
33	33	73	73
34	34	74	74
35	35	75	75
36	36	76	76
37	37	77	77
38	38	78	78
39	39	79	79
40	40	80	80

如何完成记录表

1. 书写球员姓名和对应球衣号码。
2.在每节比赛开始当球员进入场地开始进行比赛后在正确空格中记“X”。
3.侵人犯规记“P”、违反体育道德的犯规记“U”、取消比赛资格的犯规记“D”、技术犯规记“T”。
4.包含罚球的任何犯规，应在“P”“U”“D”或“T”的旁边加上相应的罚球次数（1、2）来表示。
5.裁判员准予某队请求暂停后，用“X”划掉暂停栏相应的格子。
6.累计比分的4个格，其中2格为A队，2格为B队。得分记录方法如下，首先，投篮得分用“/”，罚球用“●”记录；其次，书写球员号码在标识“/”“●”旁边相应的空白区。
7.每节比赛结束后，在表格提供的对应位置记录每节得分和最终比分。
8.在记录表上签字确认并加签其他记录台工作人员。

得　分

第 1 节　A________　________

第 2 节　A________　________

第 3 节　A________　________

第 4 节　A________　________

决胜期　A________　________

最后比分

A________　B________

胜　队

____

签　字

记录员 ________________

计时员 ________________

副裁判员 ________________

主裁判员 ________________

图 12-4-3　小篮球比赛记录表

二、小篮球四对四比赛

（一）球场

正式比赛场地宽 12 米、长 15 米，如利用现有标准尺寸场地比赛时，距离中线处需要有 2 米的缓冲区（图 12-4-4）。基层比赛可以使用宽 14 米、长 15 米的半个标准篮球场地，罚球线距离端线内沿 4 米。

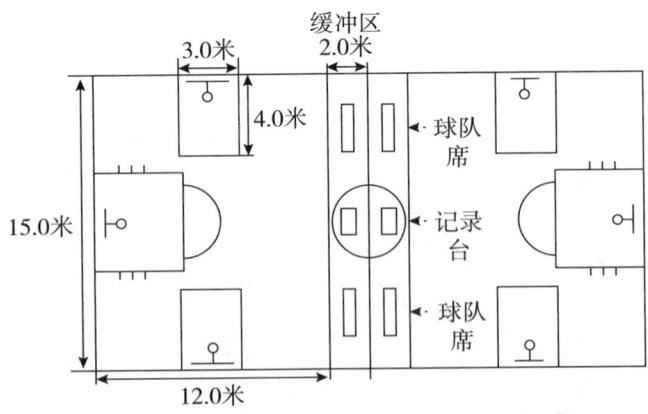

图 12-4-4　四对四小篮球场地

（二）球队

每支球队应由 6 名队员组成，其中 4 名为场上队员，2 名为替补队员。比赛开始前，球队必须保证 4 名队员在场上，比赛预定开始时间 5 分钟以后，仍不足 4 名队员的一方按照弃权处理。

（三）比赛的开始

比赛在中场跳球开始。跳球后，未在场上获得控制球的球队，应优先拥有下一次交替拥有球权。第 2 节比赛由拥有交替拥有球权的队在记录台对侧边线中点掷球入界开始。每队必须有 4 名队员在场上才能开始比赛。

（四）得分

小篮球四对四比赛中，每次投篮中篮计 2 分，每次罚球中篮计 1 分，没有 3 分球。

（五）友爱原则

小篮球四对四比赛增设了友爱规则。即在比赛中，某队领先对方 20 分或 20 分以上，裁判员将宣布该队获胜，并保持比分。虽然比赛胜负已分，但比赛应该继续，可以选择下列方法之一完成比赛：比赛继续进行，违例、犯规宣判和替换照常，两队后续的得分不再累加；两队互换球员继续完成比赛；继续比赛但改变分值，即增大落后球队或减小获胜球队每次投篮得分的分值。

（六）比赛时间和比赛胜者

比赛时间分为两节，每节 6 分钟，在死球状态下和罚球期间应停止计时钟。第 1 节比赛结束，两队互换球篮。如果常规比赛时间结束时，比分相等，将不进行决胜期的比赛，只进行一对一罚球，先领先 1 分的球队获胜。

（七）犯规／罚球

对正在做投篮动作的队员犯规，应判给 2 次罚球。对正在做投篮动作的队员犯规，如果球中篮应计得分，不再追加罚球。一名队员发生了 4 次侵人犯规和技术犯规，裁判员应通知其本人立即离开比赛，他必须被替补队员替换。

（八）拖延比赛

拖延或消极比赛（即不尝试得分）应判违例。如果不主动积极尝试进攻球篮，裁判员应以最后 5 秒钟倒计时报数的方式警告该队。

（九）暂停

小篮球四对四比赛中不允许暂停。

（十）替换及分组原则

教练员应将本队的 6 名队员分成两组阵容，并遵循每名队员每场比赛至少上场一整节（连续 6 分钟）的时间的分组原则。第 1 节比赛 4 名场上队员，2 名替补队员，半时结束，教练员重新调配两组阵容，2 名替补队员必须在第 2 节的比赛中上场。另外 2 名队员可在下半场自由替换。在比赛开始前，运动队需到场 4 名队员方可开始比赛，如果某队在比赛开始前只有 4 名或 5 名队员到场，则对方教练员可以选派相同数量的本队队员出场进行比赛。

U10 混合组的分组原则是比赛开始前，运动队需到场 4 人（至少 1 名女队员）方可开始比赛。每节比赛至少有 1 名女队员在场上参赛。比赛中，如该队场上参赛女队员因 4 次犯规、受伤或其他原因不能继续比赛，替换她的队员必须是女队员；如果该队没有合格参赛资格的女队员，则只能由 3 名队员继续完成比赛。

三、小篮球三对三比赛

（一）球场

小篮球三对三比赛的标准场地是宽 15 米、长 11 米。也可以使用传统小篮球场的半个比赛场地。

（二）球队

每支球队应由 4 名队员组成，其中 3 名为场上队员，1 名为替补队员。比赛开始前，球队必须保证 3 名队员在场上，比赛预定开始时间 5 分钟以后，仍不足 3 名队员的一方按照弃权处理。比赛期间，教练员不可进入比赛场地，可以在观众席进行指导。

（三）比赛开始

比赛开始前，双方球队应同时进行热身。双方球队以掷硬币的方式决定第一次球权归属，获胜方可以选择拥有比赛开始时的球权或拥有可能进行的决胜期开始时的球权。每队必须有 3 名队员在场上才能开始比赛。

（四）得分

每次投篮中篮和罚球中篮均计 1 分。

（五）比赛时间／比赛胜者

常规的比赛时间为 5 分钟，在死球状态下和罚球期间应停止计时钟。在双方完成一次交换球后，当进攻队员获得防守队员的传球时，应立即重新开动计时钟。如果在常规比赛时间结束之前，某队率先得到 11 分（也可根据年龄采用 7 分、9 分）以上则获胜。如果常规比赛时间结束时比分相等，则进行决胜期比赛，在决胜期中率先取得 1 分的球队获胜。

（六）犯规和罚球

对正在做投篮动作的队员犯规，应判给 1 次罚球。对正在做投篮动作的队员犯规，如果球中篮应计得分，不再追加罚球。所有的技术犯规判给对方 1 次罚球以及随后的球权。所有的违反体育道德的犯规判给对方 2 次罚球以及随后的球权。执行技术犯规或违反体育道德的犯规产生的罚球之后，比赛将以互为对方队员之间在场地罚球线延长线以上交换球的方式继续进行。

（七）如何打球

（1）在每一次投篮中篮或最后一次罚球中篮后（除非某队拥有随后的球权）：非得分队的一名队员在场内球篮下方（而非端线以外），将球运或传至场地罚球线延长线以上的任意位置继续进行比赛。此时，防守队不得在球篮下方的限制区内抢断球。

（2）在每一次投篮没有中篮或最后一次罚球没有中篮后（除非某队拥有随后的球权）：如果进攻队抢到篮板球，则可以继续投篮，不必将球转移至罚球线延长线以上。如果防守队抢到篮板球，则必须将球转移到罚球线延长线以上（通过运球或传球的方式）。

（3）如果防守队通过抢断或者封盖获得控制球，则必须将球转移到罚球线延长线以上（通过运球或传球的方式）。

（4）死球状态下给予任一队的球权，应以双方在罚球线延长线以上交换球开始。即一次罚球线延长线以上（防守队与进攻队队员之间）的传递球。

（5）若罚球线延长线以上队员的双脚都不在罚球线延长线以下，也没有踩踏罚球线及延长线，则被认为处于"罚球线延长线以上"。

（6）发生跳球情况时，由之前场上的防守队获得球权。

（八）拖延比赛

拖延或消极比赛（即不尝试得分）应判违例。如果不主动积极尝试进攻球篮，裁判员应以最后 5 秒钟倒计时报数的方式警告该队。

（九）替换

当球成死球并且双方完成交换球或执行罚球之前，允许任一队替换队员。替补队员在其队友离开场地并与之发生身体接触后，方可进入比赛场地。替换只能在球篮对侧的中线外进行且无须临场裁判员或记录台人员发出信号。

（十）暂停

比赛中不允许暂停。

（十一）取消比赛资格

队员累计 2 次违反体育运动精神的犯规、2 次技术犯规或累计 1 次违反体育运动精神的犯规和 1 次技术犯规，将被取消比赛资格。

第五节　小篮球教学

小篮球教学是小学体育的重要组成部分，是实现小学体育教学任务的重要环节之一。因此，小篮球教学必须从小学体育整体教学任务出发，深入贯彻落实全民健身战略，推进健康中国建设，厚植以青少年为根基的篮球人口，让篮球运动更好地满足人民群众对美好生活的需要，帮助学生在篮球运动中享受乐趣、增强体质、健全人格、锤炼意志，促进身心健康发展。

一、小篮球教学任务

（1）落实"立德树人"的根本任务和坚持"健康第一"的教育理念。以发展学生运动能力、健康行为和体育品德等核心素养为引领，通过小篮球运动教学，促进学生身心健康、体魄健康等全面发展。

（2）落实"教会、勤练、常赛"要求，注重小篮球"学、练、赛"一体化教学。坚持课内外有机结合，指导学生提升基本运动技能、体能和小篮球专项技能，激发小学生参与篮球运动的兴趣，体验小篮球的魅力，提高小学生的健康水平，形成良好的体育品德。

（3）加强小篮球运动课程教学内容的整体化设计。建立结构化的小篮球知识内容体系，把基本运动技能、体能、健康技能，以及小篮球专项技能等有机融合，构建系统化和整体化的小篮球教学内容。

（4）创新教学方式改革。从"教师中心"向"学生中心"转变，从"以知识与技能为本"向"以学生发展为本"转变，打破传统技能传习式教学方式，创设多元化复杂的运动情境，创新基于比赛的小篮球教学方式，让学生在愉悦的学习情境中自主学习、探究学习和合作学习。

（5）探索教学评价改革。充分发挥评价的激励和反馈功能，围绕核心素养，创新评价主体多元、评价内容多维、评价方法多样的综合评价体系；注重过程性评价和终结性评价，既关注基本运动技能、体能、小篮球专项技能，又关注健康知识、行为和意识养成，以及学习态度、体育品格的形成，积极探索增值性评价，健全综合评价。

二、小篮球教学目标

（一）运动能力目标

享受小篮球乐趣，积极参与小篮球项目的游戏和比赛，形成运动兴趣；培养正确的身体形态和动作模式，发展体能水平，掌握小篮球运动基础知识和基本原理，理解小篮球规则；经常观看各类篮球比赛，并能简要分析比赛中的现象和问题，形成积极的体育态度。

（二）健康行为目标

了解小篮球运动促进健康的重要性，积极参与校内外小篮球运动，形成体育锻炼的意识和习惯；掌握常见运动损伤知识与处理方法，并运用到运动实践中；理解小篮球运动对心理健康的积极影响，学会调控自己的情绪，积极应对挫折和失败，保持良好心态；主动同他人交流与合作，学会适应自然环境。

（三）体育品德目标

积极参加小篮球运动，当遇到困难或挑战自我身体极限时，在保证安全的前提下能够克服困难、坚持到底，与同伴一起顽强拼搏；遵守小篮球游戏和比赛规则，尊重对手、教练员和裁判员，诚实守信、公平竞争，具有较好的竞赛礼仪，能正确看待成败。

三、小篮球教学原则

（一）面向全体与关注个体差异相结合

小篮球教学中应充分注意到学生的身体条件、兴趣爱好和运动技能等方面的个体差异，要根据学生的共性特征和个体差异性确定学习目标和评价方法，保证绝大多数学生能够完成学习目标，使每个学生都能体验到小篮球的乐趣。

（二）发展身体活动能力与增强体质相结合

在小篮球教学中，培养学生的知识、能力、意识与增强体质是相辅相成的。要注意小篮球运动的特点，将小篮球技能和竞赛作为锻炼身体的有效手段，在技术、技能传授的过程中，合理地安排练习密度和强度，以促进学生身心全面发展。

（三）理论与实践相结合

充分指导学生动体与动脑相结合，使科学锻炼能力在理论与实践的结合中得到提高。例如，在实践教学中有目的地结合理论知识，在游戏和竞赛中介绍小篮球运动规律、规则的基础知识，增强学生的自我保护意识，懂得安全、有序地进行小篮球运动。

（四）课内与课外相结合

小篮球教学只有课堂教学是不够的，还需要结合相应的课外活动进行。课外活动具有较强的灵活性和选择性，积极开展课外小篮球活动可以满足学生不同的兴趣和需求，有利于发挥学生的特长和弥补课堂教学的不足。

四、小篮球教学要求

（一）注重运动环境的安全

小篮球运动作为一项身体对抗项目，存在一定的风险。从事教学的体育教师应当定期对场地和器材进行检查，无论是组织教学、课余活动还是训练比赛，都要确保学生的身心安全。

（二）注重传授基本技战术的应用

向学生传授小篮球的基本技战术时，体育教师要时刻想到小篮球运动是一项积极的身体活动游戏，因此要确保他们从学习和参与中获得乐趣。这就要求体育教师根据学生的年龄特征及小篮球的发展规律，合理选择教材、教法，以帮助学生在学习中发挥出自己最大的潜能。

（三）注重传授篮球规则知识

在进行技能教学的基础上，体育教师还要向学生介绍小篮球运动的基本竞赛规则（如在教授行进间运球时，介绍带球走、两次运球和携带球违例等规则），并且在教学过程中找机会带领学生学习这些规则。

（四）注重结构化的技战术教学理念

要引导学生关注知识与技能的整体性、结构性和关联性，注重提高学生在游戏比赛情境中运用知识与技能的能力，尽量避免单一、孤立的知识和技能的传授。

（五）注重培养学生优良品格

优良品格包括认真学习、充满爱心、诚实有礼、拼搏进取、勇于担当责任等。这些品格养成的重要性丝毫不亚于技能提升的重要性。例如，在教授学生如何打比赛时，体育教师要强调与同伴配合、遵守规则、尊重对手，指导学生在规则允许的范围内夺取胜利，并使他们了解自己在球队胜利中所发挥的作用。

五、基于比赛的小篮球教学方法

传统技能传习式教学方法是以教师为中心、以技术为核心，对比赛所需的技巧和技术进行分析，然后向学生传授这些技巧和技术，指导学生能将这些技术运用到比赛中。这种教学方法倾向于教练员以命令方式传授技术和战术，教练员传授技能、组织练习、提供反馈，对于训练比赛和练习比赛指导相对较少。而基于比赛的小篮球教学方法是以学生为中心、以比赛场景为基础，通过实践和体验来提升学生的篮球比赛决策和技能的教学方法。即学习小篮球比赛要通过类似比赛的练习活动创造现实的和愉悦的学习情境。当学生理解了他们在比赛中所必须掌握的战术时，他们会积极地发展执行这些战术所需的技术技能。也就是说，以更加整体的方式学习打篮球，首先应注重帮助学生理解比赛是什么，然后帮助他们学习怎样比赛。通过这种方式，学生主动发现比赛中需要做什么，教练员再帮助他们理解已经体验到的内容，有了教练员指导，学生可以发现他们需求的技术，进而提高阅读比赛情境的能力。因此，教练员在小篮球教学过程中构建类似比赛情境至关重要，一般通过以下三种方式构建。

（一）变更比赛

小篮球变更比赛的关键在于重新设计比赛，如改变规则、队员数量、场地大小、比赛时间、比赛节奏等（表12-5-1）。

表12-5-1　小篮球变更比赛方式情境设计

变更方式	规则
加入特殊球员	进攻时加入 防守时加入 从底线进来 从对角线进来
改变规则	禁止运球 女生必须碰球后才能投篮 女生可以带球走 要传给所有的人后才能投篮 给特殊球员投第一球
场地限制	禁止进入区 仅能在此区投篮 不得从此区过半场 不得在此区进行防守
改变器具	改变球的大小、弹性、轻重 改变篮筐的高低、数量 放置障碍物
增减人数	三对三或四对四 进攻时增减一人 防守时增减一人

（二）专注比赛

小篮球专注比赛是通过解释练习赛的目的让学生在练习时注重比赛的关键要素，进行提问、冷冻重放、讨论，如专注抢前场篮板球、挡拆配合等。

（三）提升比赛

小篮球提升比赛是通过在练习期间赋予挑战，使用给弱者以有利条件的技术使比赛水平接近。

六、基于比赛的小篮球教学步骤

（一）进行变通的比赛

强调对比赛的某些条件作出限制，指导队员通过比赛发现某种战术。

（二）帮助队员理解比赛

定格关键时刻比赛，通过冷冻重放，针对发现的错误提出问题。

（三）传授比赛技术

当队员意识到技术在比赛中的重要性时，通过专门的练习传授该技术。

（四）在另外一个比赛情景中练习技术

学习完技术后，设置另外一个比赛场景进行检验。

思考题

1. 小篮球比赛有哪些与成人篮球比赛不同的要求？
2. 小篮球比赛可以培养少儿哪些体育品德？
3. 简述小篮球教学要求。
4. 举例设计基于比赛的小篮球教学方法。
5. 三人篮球比赛场上哪些情况必须清洁球？
6. 三人篮球比赛中攻守转换有何要求？
7. 三人篮球比赛如何决定排定名次？

即测即评

参考文献

REFERENCES

[1] 郭永波. 篮球 [M]. 北京：北京体育大学出版社，2007.

[2] 孙民治. 篮球运动教程 [M]. 北京：人民体育出版社，2007.

[3] 王家宏. 球类运动——篮球 [M].3 版. 北京：高等教育出版社，2015.

[4] 钟添发. 篮球大辞典 [M]. 北京：人民体育出版社，1993.

[5] 孙民治. 现代篮球高级教程 [M]. 北京：人民体育出版社，2004.

[6] 王世安. 篮球 [M]. 北京：北京体育大学出版社，1998.

[7] 韩国太. 篮球教学训练游戏 [M]. 北京：人民体育出版社，2006.

[8] 美国运动教育计划组. 青少年篮球教与练 [M]. 虞重干，张军献，译. 北京：人民体育出版社，2007.

[9] 李宇载. 篮球技战术阶梯训练法图解 [M]. 许博，徐广林，译. 北京：人民体育出版社，1997.

[10] 皮特·纽维尔，斯文·奈特. 篮球中锋位置技术与训练 [M]. 张学领，译. 北京：人民体育出版社，2011.

[11] 陈文彬. 探索中国篮球发展之道——中国篮球理论与实践 [M]. 北京：中国篮球博物馆，2009.

[12] 孙民治. 现代篮球运动教学与训练 [M]. 北京：人民体育出版社，2003.

[13] 宋占军. 小篮球教学 [M]. 北京：同心出版社，2012.

[14] 张秀华，刘玉林. 篮球系统战术 [M]. 北京：人民体育出版社，2005.

[15] 王家宏. 新中国篮球运动发展史 [M]. 北京：人民体育出版社，2004.

[16] 李杰凯. 运动项目广义进化规律与体育教学原理 [M]. 北京：北京师范大学出版社，2010.

[17] 王世安. 中国篮球教练员岗位培训 A 级教程 [M]. 北京：人民体育出版社，2007.

[18] 刘丹. 球类运动训练理念批判——篮球、足球、曲棍球、手球、冰球运动训练理论探索 [M]. 北京：北京体育大学出版社，2006.

[19] 叶国雄，陈树华. 篮球运动研究必读 [M]. 北京：人民体育出版社，1998.

[20] 国家体育总局科教司. 篮球教练员岗位培训教材：高级 [M]. 北京：人民体育出版社，2019.

[21] 杨改生. 中国篮球运动发展研究 [M]. 郑州：河南大学出版社，2014.

[22] 郭士强，刘光宇，崔鲁祥. 怎样打篮球 [M]. 北京：人民体育出版社，2016.

[23] 田麦久，刘大庆. 运动训练学 [M]. 北京：人民体育出版社，2011.

[24] 国家体育总局训练局国家队体能训练中心. 身体功能训练动作手册 [M]. 北京：人民体育出版社，2014.

[25] 仓石平. 篮球进攻技术训练 [M]. 孙守正，赵子江，杨铁黎，译. 北京：人民体育出版社，2003.

［26］中国篮球协会.中国男篮备战奥运会训练方法选编［M］.北京：人民体育出版社，2010.

［27］艾克.NBA篮球训练法［M］.高博，译.北京：化学工业出版社，2013.

［28］杨茂功，由世梁，崔鲁祥.篮球竞赛规则与裁判法问答［M］.2版.北京：人民体育出版社，2014.

［29］中国篮球协会.篮球规则2022［M］.北京：北京体育大学出版社，2022.

［30］中国篮球协会.国际篮联裁判员手册：个人执裁技术［M］.北京：北京体育大学出版社，2021.

［31］中国篮球协会.三人篮球规则［M］.北京：北京体育大学出版社，2018.

［32］中华人民共和国教育部.义务教育体育与健康课程标准：2022年版［M］.北京：北京师范大学出版社，2022.

［33］中国篮球协会.中国青少年篮球教学训练指导手册［M］.北京：北京体育大学出版社，2021.

［34］篮球运动教程编写组.篮球运动教程［M］.北京：北京体育大学出版社，2013.

［35］中国篮球协会.小篮球教师指导手册［M］.北京：北京体育大学出版社，2022.

［36］马滕斯.执教成功之道［M］.钟秉枢，等译.北京：北京体育大学出版社，2007.